Betriebswirtschaftliche Grundsätze für Compliance-Management-Systeme

Struktur, Elemente und Ausgestaltung nach IDW PS 980

Von
Dr. Karl-Heinz Withus

ERICH SCHMIDT VERLAG

Bibliografische Information der Deutschen Nationalbibliothek
Die Deutsche Nationalbibliothek verzeichnet diese Publikation in der
Deutschen Nationalbibliografie; detaillierte bibliografische Daten sind
im Internet über http://dnb.d-nb.de abrufbar.

Weitere Informationen zu diesem Titel finden Sie im Internet unter
ESV.info/978 3 503 15687 0

Zugl.: Hamburg; Helmut-Schmidt-Univ. – Univ. der Bundeswehr Hamburg,
Diss. 2014 unter dem Titel „Betriebswirtschaftliche Grundsätze für die Ausgestaltung
von Compliance-Management-Systemen"

Gedrucktes Werk: ISBN 978 3 503 15687 0
eBook: ISBN 978 3 503 15688 7

Alle Rechte vorbehalten
© Erich Schmidt Verlag GmbH & Co. KG, Berlin 2014
www.ESV.info

Dieses Papier erfüllt die Frankfurter Forderungen der Deutschen
Nationalbibliothek und der Gesellschaft für das Buch bezüglich der Alterungs-
beständigkeit und entspricht sowohl den strengen Bestimmungen der
US Norm Ansi/Niso Z 39.48-1992 als auch der ISO-Norm 9706.

Druck und Bindung: Hubert & Co., Göttingen

Geleitwort

Unternehmen sehen sich seit Jahren einer wachsenden Dynamik in den Rahmenbedingungen ihres Handelns ausgesetzt. Neue Technologien lassen ganze Branchen und neuartige Märkte entstehen und führen zum Verschwinden wiederum anderer Leistungsfelder. Durch die Globalisierung der Weltwirtschaft ergeben sich eine Vielzahl neuer potenzieller Kunden und Lieferanten, aber auch Konkurrenten. Zudem ändern sich durch supranationale Organisationen viele rechtliche Grundlagen sowie (global-)gesellschaftliche Normen, einhergehend mit einer kulturell und medienunterstützt gestiegenen Macht der öffentlichen Meinung. Gleichzeitig führen extrem volatile und z.T. von hohen Spekulationsvolumina geprägte Kapitalmärkte zu starken Schwankungen von Devisenkursen, Unternehmenswerten, Zinsen und auch Warenpreisen. Außerdem sieht sich schließlich jedes Unternehmen wirtschaftsprozesstypischen Unwägbarkeiten, wie Absatzeinbrüchen, Wettbewerberaktivitäten, technischen Fortschrittsschüben, Rechtsänderungen, Kostenschüben, Produzentenhaftung, Schadensfällen usw., ausgesetzt, da jeder unternehmerischen Tätigkeit Risiken immanent sind. Neben der betriebswirtschaftlichen Notwendigkeit wird die Diskussion um Corporate Governance und Risikomanagement weltweit auch getrieben von hohen Insolvenzhäufigkeiten und Schlagzeilen machenden Unternehmenskrisen. Vielfach haben Gesetzgeber darauf schon reagiert und mit dem Ziel einer verbesserten Unternehmensüberwachung Regelungen verschärft oder neu eingeführt. Hierbei stellt sich jedoch für Unternehmen die Herausforderung, die Überwachung dieser und anderer gesetzlicher Bestimmungen einzuhalten. Die Sicherstellung der Einhaltung gesetzlicher Regelungen und auch weiterer Normen ist dabei Teil der originären Managementfunktion. Nur innerhalb dieser Rahmensetzung ist freies unternehmerisches Handeln möglich, ohne direkt oder indirekt Sanktionen ausgesetzt zu sein. Angesichts der Fülle an Regelungen und dem Bewusstsein für die einem Fehlverhalten inhärenten Risiken bildet sich zunehmend die Notwendigkeit heraus, die originäre Managementfunktion durch ein Compliance Management System zu unterstützen. Diese Notwendigkeit wird auch durch die Rechtsprechung in immer größerem Ausmaß gefordert, wie aktuelle Urteile etwa des Landgerichts München zeigen. Allerdings ist in der betriebswirtschaftlichen Theorie und Praxis eine Vielzahl von Problemen im Zusammenhang mit Compliance-Management-Systemen völlig ungeklärt.

Mit der vorliegenden Veröffentlichung trägt Herr Dr. Withus zu einem deutlichen Abbau dieses Defizits bei, wobei das Werk ein gelungenes Beispiel für die Forschung im Verständnis von Betriebswirtschaftslehre als angewandte Wissenschaft darstellt. Einerseits werden die nötigen theoretischen Grundlagenklärungen geleistet, andererseits wird bis zu konkreten Vorschlägen zur praktischen Ausgestaltung von Compliance Management Systeme vorgedrungen, so dass insgesamt ein hochinteressanter Impuls für die aktuelle Diskussion gegeben wird.

Aufgrund der hohen praktischen und theoretischen Bedeutung sowie Aktualität des behandelten Themenkreises ist der Arbeit eine intensive Diskussion im wissenschaftlichen Schrifttum ebenso wie in der Praxis zu wünschen.

Hamburg, im März 2014   *Univ.-Prof. Dr. Stefan Müller*

Vorwort

Dass auch Unternehmen Gesetze einhalten müssen ist – mit den Worten eines Juristen – eine Binsenweisheit. Das systematische Bemühen um Compliance in Form eines Compliance-Management-Systems ist keine Modererscheinung, sondern eine unternehmerische Notwendigkeit.

Die vom IDW im Prüfungsstandard PS 980 vorgenommene Strukturierung eines Compliance-Management-Systems in sieben Grundelemente ist in Praxis und Literatur breit akzeptiert worden. Zur inhaltlichen Ausgestaltung dieser Grundelemente beinhaltet der Prüfungsstandard aber nur insoweit Aussagen, wie es für die Zielsetzung des Standards – Festlegung der Grundsätze einer ordnungsgemäßen Prüfungsdurchführung – zwingend notwendig ist. Es fehlt bisher eine über die Akzeptanz in der Praxis hinausgehende, nachvollziehbare Begründung, dass ein an diesen Grundelementen ausgerichtetes CMS tatsächlich geeignet ist, den juristischen Anforderungen an eine gehörige Aufsicht zu genügen und dass sich dies aus allgemeinen betriebswirtschaftlichen Grundsätzen ableiten lässt. Ebenso bedarf es einer weiteren Konkretisierung der im Prüfungsstandard inhaltlich eher knappen Darstellung der Grundelemente.

Dieses Buch legt dar, dass sich die definierten Grundelemente als Struktur für die Ausübung einer gehörigen Aufsicht eignen und leitet aus dem Standard sowie der betriebswirtschaftlichen Literatur auf dieser Basis Ausgestaltungsgrundsätze ab, die für eine praktische Umsetzung zu thesenförmigen, normativen Aussagen verdichtet sind.

Das Buch soll damit einen Beitrag leisten, um die Stellung der Betriebswirtschaftslehre und der Sozialwissenschaft in der aktuellen Diskussion um Compliance-Management-Systeme den ihnen zustehenden Platz einzuräumen und die Definitionslücke zu beseitigen, die Juristen – nicht zu Unrecht – als „Versagen der BWL als Primärwissenschaft" bezeichnen. Hierbei gehe ich insbesondere auf die Bedeutung der soziologischen Interaktionen in einem Unternehmen und die dadurch bedingte Bedeutung der Compliance-Kultur sowie von Werten und Normen ein.

Diese Monographie wurde von der Fakultät für Wirtschafts- und Sozialwissenschaften der Helmut Schmidt Universität/Universität der Bundeswehr Hamburg als Dissertation zur Verleihung des akademischen Grads ‚Dr. rer. pol.' angenommen. Sie richtet sich aber sowohl an die wirtschafts- und sozialwissenschaftliche Forschung und Lehre, die sich dem Thema Compliance-Management-System verstärkt annehmen muss, als auch an Praktiker, die Grundsätze für die Ausgestaltung eines CMS suchen, die sie bei der konkreten Einführung solcher Systeme zu beachten haben. Sie ist daher bewusst auch stark normativ angelegt.

Mein Dank gilt dem Promotionsausschuss der Fakultät und insbesondere dem Vorsitzenden Herrn Prof. Dr. Müller für die Bereitschaft, sich eines solchen Werkes an der Schnittstelle zwischen Forschung und Praxis anzunehmen.

Mein Dank gilt aber auch den vielen Kollegen und Compliance-Fachleuten, mit denen ich in den letzten Jahren dieses spannende Thema diskutieren durfte. Jede einzelne Diskussion führt immer wieder zu neuem Erkenntnisgewinn. Es würde mich freuen, wenn ich mit meinem Werk zur Fortsetzung der Diskussion – auch in gerade in Forschung und Lehre – beitragen und den Praktikern gleichzeitig Umsetzungshilfe geben kann. Gerne nehme ich hier entsprechende Rückmeldungen auf. Mir ist bewusst, dass auch die Ausführungen in diesem Buch noch weitergehende Konkretisierungen für die Praxis vertragen können. Diese soll in weiteren Diskussionen erarbeitet und in zukünftigen Veröffentlichungen vorgetragen werden.

Und ich möchte mich natürlich auch bei meinem privaten Umfeld, sprich meiner Familie und insbesondere meiner von mir geliebten Frau bedanken, die die Belastung einer nebenberuflichen Promotion mitgetragen haben.

Garbsen, im März 2014 *Dr. rer.pol. Karl-Heinz Withus*

Inhaltsübersicht

1. Einführung 1
2. Grundsätzliche Betrachtung der Thematik CMS 9
3. Bedeutung von Rahmenwerken 51
4. Betriebswirtschaftliche Grundsätze 73
5. Fazit: Betriebswirtschaftliche Grundsätze zur Struktur und Ausgestaltung von CMS 215
6. Anhang 227

Inhaltsverzeichnis

Geleitwort..V
Vorwort VII
Inhaltsübersicht..IX

1. **Einführung** 1
   1.1. Thematik *3*
   1.2. Ziele *4*
   1.3. Vorgehensweise *5*
   1.4. Beschränkte Aussagekraft empirischer Daten zu CMS *6*

2. **Grundsätzliche Betrachtung der Thematik CMS** 9
   2.1. Einleitung *11*
   2.2. Bestimmung des Begriffs ‚Compliance' *13*
      2.2.1. Begriffsherkunft 13
      2.2.2. Sprachliche Verwendung 13
   2.3. Relevanz von Regeln *16*
      2.3.1. Einleitung 16
      2.3.2. Relevanz für das Unternehmen 19
      2.3.3. Relevanz für Geschäftsleitung 22
   2.4. Compliance und ‚ehrbarer Kaufmann' – keine identischen Begriffe *25*
   2.5. Compliance-Management-System *29*
   2.6. IKS – RMS – CMS *34*
      2.6.1. Einleitung 34
      2.6.2. COSO Internal Control – Integrated Framework 35
      2.6.3. Internes Kontrollsystem – IKS 37
      2.6.4. Risikomanagementsystem (RMS) 39
      2.6.5. COSO Enterprise Risk Management – Integrated Framework 43
   2.7. Zwischenfazit zur grundsätzlichen Betrachtung der Thematik ‚Compliance' *48*

3. **Bedeutung von Rahmenwerken** 51
   3.1. Einleitung *53*
   3.2. Wesentliche Inhalte von COSO ERM *54*
      3.2.1. Einleitung 54
      3.2.2. Das Umfeld der Organisation 54
      3.2.3. Zielsetzung 56

	3.2.4.	Risiken erkennen und steuern... 57
	3.2.5.	Informationsverschaffung und Überwachung............................ 60
3.3.	*Andere allgemeine Rahmenwerke*... *62*
	3.3.1.	Unmittelbarer Bezug auf COSO... 62
	3.3.2.	Inhaltlicher Bezug auf COSO... 63
3.4.	*Anforderungs-Rahmenwerke*... *67*
	3.4.1.	Einleitung.. 67
	3.4.2.	US Sentencing Guidelines.. 67
	3.4.3.	Weitere Beispiele.. 70
3.5.	*Zwischenfazit zu Rahmenwerken*... *71*

4. Betriebswirtschaftliche Grundsätze.. 73
4.1.	*Einleitung*... *75*
4.2.	*Compliance-Ziele*... *76*
	4.2.1.	Einleitung.. 76
	4.2.2.	Zielbestimmung außerhalb des CMS.. 77
	4.2.3.	Zieldefinition im CMS 91
	4.2.4.	Zwischenfazit zum CMS-Grundelement Compliance-Ziele:......... 94
4.3.	*Compliance Kultur* *95*
	4.3.1.	Einleitung.. 95
	4.3.2.	Fraud-Triangle.. 99
	4.3.3.	Einfluss der Compliance-Kultur auf die Loyalität mit dem Unternehmen.. 104
	4.3.4.	Einfluss der Umfeldwerte auf die Unternehmenskultur............... 106
	4.3.5.	Einfluss anderer Unternehmenswerte auf die Compliance-Kultur... 108
	4.3.6.	Zero-Tolerance als Korrektiv für möglichen Verstoß-Druck...... 109
	4.3.7.	Compliance-Kultur und Gruppendynamik................................. 111
	4.3.8.	Zwischenfazit zum CMS-Grundelement Compliance-Kultur..... 113
4.4.	*Compliance-Risiken*... *114*
	4.4.1.	Grundlagen der Risikobetrachtung... 114
	4.4.2.	Ereignis-Identifikation.. 116
	4.4.3.	Risiko-Bewertung... 124
	4.4.4.	Reaktion auf identifizierte Risiken.. 128
	4.4.5.	Zwischenfazit zum CMS-Grundelement Compliance Risiken ... 131
4.5.	*Compliance-Organisation*... *132*
	4.5.1.	Einleitung.. 132
	4.5.2.	Begriff der Organisation... 133
	4.5.3.	Gesetzliche Vorgaben... 136
	4.5.4.	Wirksame Ausgestaltung der Organisation................................. 137
	4.5.5.	Zuständigkeit und Verantwortlichkeit... 138
	4.5.6.	Kompetenz.. 140
	4.5.7.	Objektive Kriterien... 142
	4.5.8.	Unabhängigkeit... 144
	4.5.9.	Ressourcen.. 147

4.5.10. Zwischenfazit zum CMS-Grundelement
Compliance Organisation 149
4.6. *Compliance-Programm* *150*
4.6.1. Grundlagen des Programms 150
4.6.2. CMS-Richtlinien 154
4.6.3. Präventive Maßnahmen 160
4.6.4. Detektivische Maßnahmen 163
4.6.5. Reaktionen auf Compliance-Verstöße 168
4.6.6. Zwischenfazit zum CMS-Grundelement
Compliance Programm 174
4.7. *Compliance-Kommunikation* *176*
4.7.1. Grundlagen der CMS-Kommunikation 176
4.7.2. Informationsbeschaffung 180
4.7.3. Kommunikation 184
4.7.4. Schulungen 187
4.7.5. Wissens-Management 190
4.7.6. Zwischenfazit zum CMS-Grundelement
Compliance-Kommunikation 194
4.8. *Compliance-Überwachung und Verbesserung* *195*
4.8.1. Grundlagen der Überwachung 195
4.8.2. Abgrenzung der internen Überwachung von externer Prüfung .. 196
4.8.3. Aufgabenstellung der Überwachung 200
4.8.4. Überwachungsverantwortlichkeit 203
4.8.5. Planung und Durchführung der Überwachung 207
4.8.6. Gegenstand der Überwachung 208
4.8.7. Überwachung der Compliance-Kultur 209
4.8.8. Dokumentation 211
4.8.9. Zwischenfazit zum CMS-Grundelement
Compliance Überwachung und Verbesserung 213

5. **Fazit: Betriebswirtschaftliche Grundsätze zur Struktur und Ausgestaltung von CMS** **215**
5.1. *Zusammenfassende Betrachtung* *217*
5.2. *Schlusswort* *225*

6. **Anhang** **227**
6.1. *Thesenförmige Zusammenstellung der Allgemeinen
Aussagen zu CMS* *229*
6.2. *Thesenförmige Zusammenstellung der
betriebswirtschaftlichen Grundsätze* *231*
6.2.1. Compliance-Ziele 231
6.2.2. Compliance-Kultur 232
6.2.3. Compliance-Risiken 233
6.2.4. Compliance-Organisation 234
6.2.5. Compliance-Programm 235

	6.2.6. Compliance-Kommunikation	236
	6.2.7. Compliance-Überwachung und Verbesserung	238
6.3.	*Abkürzungsverzeichnis*	*239*
6.4.	*Verzeichnis der Abbildungen und Tabellen*	*241*
6.5.	*Literaturverzeichnis*	*242*
6.6.	*Stichwortverzeichnis*	*261*

1. Einführung

1. Thematik
2. Ziele
3. Vorgehensweise
4. Beschränkte Aussagekraft empirischer Daten zu CMS

1.1. Thematik

Compliance ist seit einigen Jahren auch in Deutschland in aller Munde. Der, wenn auch oft nur in Hintergrundgesprächen oder ‚off the record' erhobene Vorwurf, dass dies alles nur eine der vielen aus den USA ‚herübergeschwappten' Modeerscheinungen sei, erscheint aber noch immer vielen mehr als berechtigt und erschwert die sachliche Auseinandersetzung mit der Problematik. Es dürfte unstrittig sein, dass Unternehmen eine Verpflichtung haben gesetzliche Regelungen einzuhalten und geeignete Maßnahmen ergreifen müssen, um Gesetzesverstöße aus dem Unternehmen heraus zu vermeiden[1] Unternehmen bzw. ihre Führungsorgane haben eine ‚gehörige Aufsicht'[2] auszuüben. Trotzdem gilt es als „unerforscht, welche Risikominderung aus einzelnen Aufsichtsmaßnahmen folgen", der Betriebswirtschaftslehre/Organisationslehre wird ein ‚Versagen' als Primärwissenschaft vorgeworfen[3]. Es fehle an eindeutigen theoretischen Aussagen zur unternehmensinternen Compliance[4]. Diese Arbeit soll einen Beitrag dazu leisten, dieses „Versagen" zu beseitigen und Anhaltspunkte für die systematische Strukturierung und Bewertung von Aufsichtsmaßnahmen ermöglichen.

Compliance-Management ist ein Teil der gesamten Managementaufgaben innerhalb eines Unternehmens und damit Teil der gesamten Unternehmensorganisation. Ein Compliance-Management-System (CMS), bzw. die Betrachtungen von CMS umfasst aber nicht nur die organisatorische Ausgestaltung oder die Managementmethode, sondern auch die mit der gewählten Managementmethode und organisatorischen Ausrichtung zu erreichende Zielsetzung.

Es soll hergeleitet werden, welche organisatorischen, soziologischen und betriebswirtschaftlichen Zusammenhänge und Abhängigkeiten zu berücksichtigen sind, um ein wirksames System zu errichten. Dabei soll die Bedeutung von Compliance und CMS aus betriebswirtschaftlicher Sicht erarbeitet werden. Hierzu wird die Problematik systematisch erschlossen und zu grundlegenden Feststellungen und Anforderungen verdichtet.

Compliance kommt insofern aus den USA, als der Begriff offensichtlich aus der englischen Sprache stammt. Einen vergleichbar griffigen Begriff in der deutschen Sprache zu finden ist schwierig. Inhaltlich handelt es sich bei Compliance aber keineswegs um eine amerikanische Idee, sondern schlicht und einfach um die Einhaltung von Regeln oder Bestimmungen. Der Begriffsinhalt macht klar, dass es bei Compliance um die grundsätzliche, geradezu selbstverständliche Anforderung geht, dass alle bestehende Gesetze oder Regelungen einzuhalten sind. Es könnte sich daher der deutsche Begriff ‚Gesetzestreue' anbieten. Nicht unumstritten ist, ob

---
1 Entsprechende Verpflichtungen werden regelmäßig aus §§ 30, 130 OWiG abgeleitet
2 Vgl. §§ 30, 130 OWiG
3 Vgl. Bock, Dennis Prof. Dr., Criminal compliance, 2011, S. 472, 473 (Bock [Criminal Compliance])
4 Vgl. Ebenda, S. 581, 582

sich Compliance ausschließlich auf die Gesetze aller Rechtsordnungen, in denen eine Organisation tätig ist bezieht oder auch Regelungen umfasst, die eine Organisation freiwillig übernommen hat (z.B. Verträge), hierunter können auch die freiwillige oder durch ‚öffentlichen Druck' eingegangene Verpflichtungen zur Beachtung von Verhaltenskodizes gehören.

Die Einhaltung von Regelungen wird außerdem in vielen Bereichen von Unternehmen und anderen Organisationen sichergestellt. Beispielhaft kann auf die Vielzahl von steuerrechtlichen Anforderungen verwiesen werden, die regelmäßig von spezialisierten Abteilungen überwacht werden. Diese könnten durchaus selber als CMS bezeichnet werden, was allerdings eher unüblich ist. Die Frage, was genau ein Compliance-Management-System leisten soll und wie es sich von der restlichen Organisation oder dem restlichen Managementsystem abgrenzt bzw. mit diesem interagiert, muss daher Teil der Betrachtung sein. Auch wenn die Diskussion um Compliance und Compliance-Management-Systeme vornehmlich im Kontext von Unternehmen geführt wird, darf nicht verkannt werden, dass auch viele andere Organisationen, die keine Unternehmen im betriebswirtschaftlichen Sinne darstellen sehr ähnliche Managementstrukturen und -probleme und insbesondere auch Complianceproblematiken haben. Soweit in dieser Arbeit von Unternehmen gesprochen wird, sind daher nicht nur solche im betriebswirtschaftlichen oder rechtlichen Sinn gemeint, sondern regelmäßig alle Organisationen angesprochen.

1.2. Ziele

Zielsetzung dieser Ausarbeitung ist es betriebswirtschaftliche Grundsätze für die Ausgestaltung und Einrichtung von Compliance-Management-Systemen (CMS) herauszuarbeiten, die als Basis für die Beurteilung der angemessenen Ausgestaltung eines CMS und somit der gehörigen Aufsicht der für Compliance Verantwortlichen im Unternehmen dienen. Hierbei soll eine systemtheoretische und betriebswirtschaftliche Sicht unter Berücksichtigung der soziologischen Beziehungen in einer Organisation im Vordergrund stehen, auf juristische Anforderungen soll nur soweit wie zwingend notwendig eingegangen werden.

Die Betrachtung soll darstellen, welche Gemeinsamkeiten zwischen unterschiedlichen Ansätzen zur Ausgestaltung von Compliance-Management-Systemen bestehen, hier insbesondere den Anforderungen der COSO[5] Rahmenwerke sowie den Aussagen des Prüfungsstandards des Instituts der Wirtschaftsprüfer in Deutschland e.V. (IDW) IDW PS 980[6] aber auch Anforderungen aus juristischer und betriebswirtschaftlicher Literatur. Dabei sollen auch die Überschneidungen mit dem allgemeinen Risikomanagement berücksichtigt werden und eine Klarstellung der unterschiedlichen Verwendung von Begriffen in der Praxis und Literatur erfolgen.

---

5   COSO = Committee of Sponsoring Organizations of the Treadway Commission
6   Institut der Wirtschaftsprüfer in Deutschland (IDW), IDW Prüfungsstandard: Grundsätze ordnungsmäßiger Prüfung von Compliance Management Systemen: IDW PS 980; 2011b (IDW [PS 980])

Aus diesen unterschiedlichen Anforderungen werden die bei der Ausgestaltung von CMS zu beachtenden allgemeinen Aussagen zu CMS abgeleitet sowie betriebswirtschaftliche Grundsätzen herausgearbeitet, die bei der Ausgestaltung eines CMS zu beachten sind. Die Ausarbeitung wird sich an dem zwischenzeitlich als Grundlage der Beurteilung eines CMS anerkannten IDW PS 980[7], konkret den dort genannten sieben Grundelementen ausrichten und gleichzeitig diese vorgenommene Einteilung theoretisch auf ihre Angemessenheit überprüft. Die inhaltlichen Aussagen des Prüfungsstandards zu den einzelnen Grundelementen sind eher kursorisch und bedürfen einer Konkretisierung, die in der Literatur bisher noch nicht umfassend erfolgt ist. Dies soll hier auch Gegenstand sein. Aufbauend auf diese Einteilung und den Definitionen bzw. Anforderungen an diese Grundelemente im Prüfungsstandard sollen die Grundsätze konkretisierende Sub-Anforderungen darstellen. Sie sollen als Basis für die Entwicklung von CMS und zur Beurteilung der konkreten Ausgestaltungselemente eines CMS in der jeweiligen Unternehmenspraxis dienen, aber nicht selber Ausgestaltungselemente darstellen.

1.3. Vorgehensweise

Nach der Einführung erfolgt im zweiten Kapitel eine grundsätzliche Betrachtung der Thematik CMS unter Bezug auf die Literatur zu Risikomanagementsystemen sowie die Ableitung allgemeiner Aussagen zu den Grundlagen eines CMS. Sie dienen vorrangig einer einheitlichen Verständigung im Rahmen dieser Ausarbeitung. Sie sollen aber darüber hinaus auch in der Praxis die Strukturierung und Einrichtung eines CMS durch Vereinheitlichung von Begriffen erleichtern. Dies soll helfen Missverständnisse bei der Auslegung von Anforderungen zu vermeiden. Bei der grundsätzlichen Betrachtung der Thematik CMS erschließt sich auch, warum Compliance und CMS für Unternehmen und andere Organisationen bedeutend sind und wieso es sich hierbei nicht nur um juristische Anforderungen, sondern um betriebswirtschaftliche Herausforderungen handelt.

Im dritten Kapitel wird die Bedeutung von Rahmenwerken für die Ausgestaltung und Einrichtung eines CMS dargestellt und unterschiedliche Rahmenwerke in ihren Grundzügen dargestellt und verglichen. Diese Darstellung dient als Grundlage für die Entwicklung der betriebswirtschaftlichen Grundsätze.

Im vierten und umfangreichsten Kapitel, in dem die betriebswirtschaftlichen Grundsätze zur Ausgestaltung und Implementierung von CMS als Sub-Anforderungen zu den sieben Grundelementen eines CMS nach IDW PS 980 hergeleitet werden, wird auf diese Ausführungen zu den Rahmenwerken Bezug genommen werden.

Die Ausführungen werden im fünften Kapitel zu einem Fazit verdichtet.

---

7 Vgl. Gnändiger, Jan-Hendrik Dr., Risikomanagementsystem, Internes Kontrollsytem & Compliance-Managementsystem, in: Steuer- und Bilanzpraxis (StuB), / 2013; S. 184 (Gnändiger [RMS,IKS,CMS])

1.4. Beschränkte Aussagekraft empirischer Daten zu CMS

Auf die Erhebung eigener empirischer Daten zu CMS wird verzichtet. Auch wenn das Sicherstellen des rechtstreuen Handelns durch Unternehmen oder andere Organisationen keine neue Anforderung ist, so ist die Implementierung von dezidierten CMS, um diese Rechtstreue zu sichern in der Praxis noch relativ jung und noch nicht umfassend umgesetzt. Dies zusammen mit der systemimmanenten Heterogenität in den Unternehmenswirklichkeiten und damit der Ausgestaltung von CMS lässt seriöse empirische Studien über allgemeine betriebswirtschaftliche Grundsätze noch nicht sinnvoll erscheinen. Darüber hinaus ist es fraglich, ob ein valider Zusammenhang zwischen empirisch unter Umständen nachweisbaren häufigen Ausgestaltungen von CMS und deren Wirksamkeit nachgewiesen werden kann. Hierzu wären objektivierte Aussagen zur Wirksamkeit der empirisch untersuchten CMS notwendig. Nur wenn objektiv zwischen wirksamen und mangelhaften CMS im Rahmen einer Stichprobe unterschieden werden kann, können empirische Zusammenhänge zwischen unterschiedlichen Ausgestaltungen und der Wirksamkeit nachgewiesen werden und auf dieser Basis bestimmte Ausgestaltungen eingefordert werden. Eine solche Studie muss schon daran scheitern, dass jede Wirksamkeitsaussage über ein CMS sich ausschließlich darauf stützen kann, dass eine Feststellung über die tatsächliche Durchführung der als angemessen beurteilten Ausgestaltung des Systems getroffen wird.

Die Wirksamkeitsaussage ist daher stets auf die zuvor festgestellte Angemessenheit angewiesen, sie kann entsprechend nicht ihrerseits als Beleg für die Angemessenheit der Ausgestaltung dienen. Hierfür wäre eine absolute, systemunabhängige Aussage über die Wirksamkeit notwendig. Dies würde voraussetzen, dass Kenntnis über jeglichen Compliance-Verstoß vorhanden wäre, auch gerade über solche, die durch Mängel am System nicht bekannt sind. Tatsächlich dürfte die Dunkelziffer aber hoch sein[8]. Selbst wenn diese absolute Kenntnis möglich wäre und eine absolute Aussage über die Abwesenheit von Compliance-Verstößen gegeben werden könnte, würde es an einer zwingenden Verknüpfung mit der gegebenen Ausgestaltung fehlen. Das Nichtvorhandensein von Verstößen könnte auch auf Zufall oder unbekannt gebliebenen besonderen Rahmenbedingungen begründet sein. Positiv kann allenfalls das Vorhandensein von Compliance-Verstößen festgestellt werden. Auch hieraus ist nicht automatisch eine Aussage über die Unwirksamkeit eines CMS möglich, da ein solches nicht die Möglichkeit und damit auch nicht die Aufgabe hat, Verstöße zu 100% zu vermeiden[9].

Daher wird die Arbeit vornehmlich auf vorhandene Rahmenwerke, Standards sowie die unterschiedlichen Literaturquellen aufgebaut, aber auch auf die umfangreichen Diskussionen mit Standardsettern und Praxisvertretern, die der Autor in den vergangenen Jahren zu diesem Thema geführt hat. Empirische Daten werden dane-

---

8 Vgl. Fissenewert, Peter Prof. Dr.: Compliance Management contra Wirtschaftskriminalität, in: Compliance Kompakt, 2013a, S. 69 (Fissenewert [Compliance Management])
9 Vgl. COSO, Internal Contol – Integrated Framework, S. 4 (COSO [IC updated]), IDW [PS 980], Tz. A12

ben verwendet, um die praktische Relevanz einzelner Aussagen zu unterlegen. Hierzu dient unter anderem eine Befragung der KPMG AG Wirtschaftsprüfungsgesellschaft, die diese bei insgesamt 72 Wirtschaftsunternehmen zur Ausgestaltung ihrer CMS durchgeführt hat. Aus dieser Studie, die in zwei Klustern (a) kleine und mittelgroße Unternehmen[10] ; (b) große und börsennotierte Unternehmen[11] veröffentlicht wurde, lassen sich nicht unmittelbar Grundsätze für ein CMS ablesen, sie dienen aber an verschiedenen Stellen um die Anwendung von unterschiedlichen Ausgestaltungsmaßnahmen in der Praxis darzustellen. Die Aufteilung der Kluster anhand der Größenmerkmale erfolgte dabei in Anwendung der Größenklassen aus § 267 HGB.

---

10 KPMG AG Wirtschaftsprüfungsgesellschaft, Compliance-Benchmarkstudie I Auswertung für kleine und mittelständische Unternehmen, 2013b (KPMG [Benchmark-I])
11 KPMG AG Wirtschaftsprüfungsgesellschaft, Compliance-Benchmarkstudie II – Auswertung für große und börsennotierte Unternehmen, 2013c (KPMG [Benchmark-II])

2. Grundsätzliche Betrachtung der Thematik CMS

1. Einleitung
2. Bestimmung des Begriffs ‚Compliance'
3. Relevanz von Regeln
4. Compliance und ‚ehrbarer Kaufmann' – keine identischen Begriffe
5. Compliance Management System
6. IKS – RMS – CMS
7. Zwischenfazit zur grundsätzlichen Betrachtung der Thematik ‚Compliance'

2.1. Einleitung

Für die Einrichtung eines Compliance-Management-Systems gibt es kein ‚One-fits-all'-Konzept. Vielmehr ist eine Vielzahl von Faktoren bei der Konzeption und Einrichtung eines CMS zu berücksichtigen. Branche, Unternehmensgröße, geografische Ausbreitung der Tätigkeit sind nur einzelne zu beachtende Einflussgrößen. Ein Versuch umfassend und konkret Anforderungen für die praktische Umsetzung durch die Auflistung von einzurichtenden Maßnahmen oder Prozessen zu geben muss daher scheitern. Entweder müsste eine nahezu unendlich große Anzahl von Empfehlungen oder Beispielen gegeben werden oder es kann nur eine begrenzte Anwenderzielgruppe erreicht werden. Management-Entscheidungen müssen stets auf die konkrete Situation abgestellt werden, „there is no ‚one best way' to manage"[12]. Das Ziel kann daher nicht sein eine Liste mit ‚Best Practice' Empfehlungen abzugeben, sondern Aussagen zur Implementierung eines CMS, die von Anwendern eigenverantwortlich umzusetzen und dabei den Notwendigkeiten der Bedingungen des Einzelfalls anzupassen sind. Dies soll durch die Herleitung von allgemein gültigen betriebswirtschaftlichen Grundsätzen zur Einrichtung eines CMS ermöglicht werden. Auch diese benötigen aber einen Unterbau, der zunächst die allgemeinen Anforderungen an Compliance und an ein CMS aus übergeordneter Perspektive beurteilt und damit die Rahmenbedingungen für solche Systeme debattiert.

Es kann somit zwischen allgemeinen theoretischen Grundlagen zum Thema Compliance und CMS und grundsätzlichen Anforderungen zur Ausgestaltung eines CMS unterschieden werden. Die Ausarbeitung folgt in ihrem Aufbau dieser Anforderung. In diesem Teil werden allgemeine Aussagen zu Compliance Managementsystemen hergeleitet. Diese dienen der Vereinheitlichung bei der Verwendung von Begriffen und tragen so zur Vermeidung von Missverständnissen bei. Ich stimme da Fredmund Malik zu, der ausführt: „Definitionen sagen über die Sache nichts aus. Sie legen unter gewissen Umständen den Sprachgebrauch fest. Begriffe selbst sind aber nicht entscheidend. Es sind die Aussagen, die wir mit ihrer Hilfe formulieren und somit die sprachliche Kommunikation, die sie ermöglichen."[13] Gerade im Zusammenhang mit Compliance herrscht allerdings eine Definitionslücke. In den Diskussionen und fachlichen Beiträgen zu Compliance tauchen eine Reihe Begriffe immer wieder auf: Corporate Governance, Fraud, Risiko, Compliance, Internes Kontrollsystem, Risikomanagement. Das wesentliche gemeinsame Merkmal der Verwendung dieser und anderer Begriffe in der Literatur und auch in Gesetzeswerken ist allerdings, dass meistens keine wirksame Definition der Begriffe und keine Abgrenzung von anderen Begriffsverwendungen erfolgt. So beschreibt Hof-

---

12 Mintzberg, Henry, Managers not MBAs – A hard look at the soft practice of managing and management development; 2005, S. 42 (Mintzberg [Not MBAs])
13 Malik, Fredmund, Management Das A und O des Handwerks, Band 1 der Buchreihe Malik Management Handwerk, 2005, S. 56 (Malik [Management])

mann ein ‚Fraud-Management-System'[14] und vermischt in seinem gleichnamigen Buch viele Komponenten von Risikomanagement miteinander, die nicht alle tatsächlich mit Fraud in Zusammenhang stehen. Das HGB erfordert in § 289 Abs. 5 HGB eine Beschreibung des rechnungslegungsbezogenen internen Kontroll- und Risikomanagementsystemen, ohne darzulegen, worin sich diese beiden voneinander abhängigen Systeme denn unterscheiden, bzw. was hierunter zu verstehen ist. Das Aktiengesetz verlangt die Einrichtung eines „Überwachungssystem, damit den Fortbestand der Gesellschaft gefährdende Entwicklungen früh erkannt werden"[15], allgemein als Risikofrüherkennungssystem bezeichnet. Erfolglos bleibt, wer im Gesetz oder anderswo eine allgemein gültige Definition eines solchen Systems, oder die Einordnung eines solchen Systems im Verhältnis zu einem allgemeinen Risikomanagementsystem sucht. Der Deutsche Corporate Governance Kodex (DCGK) „verlangt vom Vorstand den Aufsichtsrat regelmäßig über alle für das Unternehmen relevante Fragen der Planung, der Geschäftsentwicklung, der Risikolage, des Risikomanagements und der Compliance zu informieren"[16], ohne darzulegen, warum Compliance nicht Bestandteil des Risikomanagementsystems ist. Überhaupt taucht der Begriff ‚Compliance' geradezu inflationär in der Literatur auf, ohne dass immer wirklich klar ist, womit denn im Einzelnen eine Compliance erreicht werden soll.

Die Festlegung von Definitionen und allgemeinen Grundsätzen im Rahmen der grundsätzlichen Betrachtung des CMS im zweiten und den Ausführungen zu Rahmenwerken im dritten Kapitel soll dabei helfen diese babylonische Sprachverwirrung zu entknoten. Schon der englische Philosoph John Locke stellte 1689 in seinem Werk „An Essay Concerning Human Understanding" fest, dass Worte von allen Benutzern mit der gleichen Bedeutung genutzt werden sollten, tatsächlich unsere Sprache aber unvollkommen ist.[17] Die allgemeinen Aussagen dienen im vierten Kapitel der Ausarbeitung zur Formulierung betriebswirtschaftlicher Grundsätze um Anforderungen zu den CMS-Grundelementen des Prüfungsstandards

---

14 Vgl. Hofmann, Stefan, Handbuch Anti-Fraud-Management: Bilanzbetrug erkennen, vorbeugen, bekämpfen, 2008, (Hofmann [Anti Fraud])
15 § 91 Abs. 2 AktG
16 Regierungskommission DCGK, Deutscher Corporate Governance Kodex; 2013, Tz. 3.4 (Regierungskommission [DCGK 2013])
17 Locke, John, An Essay Concerning Human Understanding, 1989, (Locke [Essay]) Chapter II of the Signification of Words, Chapter III of the Imperfection of Words. Locke stellt zur Veranschaulichung eine Diskussion zwischen Medizinern im 17. Jhd. dar, bei der diese darüber streiten, ob in den Nervenbahnen ein „liquor" fließt. Die Meinungen hierzu sind in der beschriebenen Diskussion sehr kontrovers, es stehen sich zwei Lager gegenüber. Locke, der der Diskussion beiwohnt, fragt als medizinischer Laie nach, was denn genau unter „liquor" zu verstehen sei. Hierbei stellt sich hieraus, dass beide Lager eine völlig andere Auffassung von der Bedeutung des Wortes haben. Nachdem man sich schließlich auf die Bedeutung des Wortes geeinigt hat, stellt man fest, dass über die eigentliche Frage, was in den Nervenbahnen enthalten ist weitgehend Einigkeit herrscht.

IDW PS 980[18] zu konkretisieren und damit einen Handlungsrahmen zur Ausgestaltung eines CMS zu liefern.

2.2. Bestimmung des Begriffs ‚Compliance'
Die zentrale Definition ist ohne Zweifel der Begriff ‚Compliance' Diese Frage soll sowohl aus sprachlicher Sicht als auch inhaltlich betrachtet und geklärt werden.

2.2.1. Begriffsherkunft
Das Substantiv leitet sich vom englischen Verb ‚to comply' her. Das Meriam-Webster Dictionary gibt als Definition dieses Verbs folgendes wieder: „to conform, submit, or adapt (as to a regulation or to another's wishes) as required or requested[19]". Meriam-Webster Thesaurus erklärt den Begriff Compliance mit „a readiness or willingness to yield to the wishes of others"[20]. Vom Wortsinn ist somit die Definition der Begriffe in keiner Weise auf eine bestimmte Art von Anforderungen, Wünschen oder Erwartungen beschränkt. Ebenso wenig ist die Person oder Gruppe derjenigen, die die Anforderungen aufstellt in irgendeiner Weise eingegrenzt oder beschränkt. Soweit Unternehmen sich selbst interne Regelungen setzen, sind sie selbst diejenigen, die eine Compliance z.B. der Mitarbeiter erwarten. Zu diesen internen Regelungen gehören z.B. auch ethische Grundsätze, nach denen das Unternehmen sein Handeln auszurichten beabsichtigt. Thielemann sieht gesellschaftliche Normen, sprich das Ausrichten an Ethik sogar als externe Regeln – also als ‚wishes others' im Bedeutungssinn des Wortes – deren Missachtung durch ein Unternehmen riskant sein kann[21]. Zumindest vom Wortsinn ist auch eine solche Auslegung abgedeckt. Thielemann ist auch zuzustimmen, dass eine solche Missachtung z.B. durch Reputationsschäden für ein Unternehmen riskant sein kann.

2.2.2. Sprachliche Verwendung
Eine solche umfassende Definition des sprachlichen Begriffes bedeutet nicht, dass der Begriff in der aktuellen Diskussion zu Compliance und CMS in Unternehmen nicht tatsächlich enger verwendet wird, verwendet werden kann oder vielleicht sogar enger verwendet werden sollte. Eine engere Verwendung des Begriffes kann vorgenommen werden, da es keinerlei gesetzlich vorgegebene Definitionen dessen gibt, was von Unternehmen allgemein unter Compliance zu verstehen ist. Nur der Verweis auf den Wortsinn in sprachlicher Hinsicht erzeugt keinerlei verbindliche

---

18 IDW [PS 980], 2011b
19 Merriam-Webster.com, „comply" (Online), verfügbar unter: http://www.merriam-webster.com/dictionary/comply?show=0&t=1376498952, letzter Abruf am: 14.08.2013 (Merriam-Webster [comply])
20 Merriam-Webster.com, „Compliance" (Online), verfügbar unter: http://www.merriam-webster.com/thesaurus/compliance, letzter Abruf am: 14.08.2013 (Merriam-Webster [Compliance])
21 Vgl. Thielemann, Ulrich, Compliance und Integrity – Zwei Seiten ethisch integrierter Unternehmenssteuerung, in: ZFWU, 6/ 2005; S. 34 (Thielemann [Integrity])

Wirkung. Zumal der Begriff ‚Compliance' gesetzlich kaum verwendet und auch nicht näher definiert wird. Am ehesten lässt sich eine Definition noch aus den Mindestanforderung an Compliance-Funktionen von Wertpapierdienstleistungsunternehmen (MaComp) ableiten. Dort wird gefordert, dass die Compliance-Funktion darauf hinzuwirken hat, dass den „aufgestellten Grundsätzen und eingerichteten Verfahren, somit den Organisations- und Arbeitsanweisungen des Wertpapierhandelsunternehmens, nachgekommen wird."[22] Hieraus ergibt sich aber keine Ableitung, welche ‚Grundsätze und Verfahren' einzurichten sind, bzw. welche ‚wishes others' einzuhalten sind.

Es besteht keine abschließende Aufzählung der von einem CMS zu umfassenden Bereiche. Sofern teilweise von einzelnen Regelwerken die Einrichtung eines CMS zur Sicherstellung der Einhaltung der Anforderungen dieses Regelwerkes gefordert wird, ist diese Anforderung keine abschließende Anforderung, d.h. es wird damit nicht ausgedrückt, dass das CMS keine weiteren Aufgabenbereiche haben dürfte.

Eine engere Verwendung des Begriffes in der Praxis ist auch tatsächlich häufig zu beobachten. Mehrere Stellungnahmen, die das Institut der Wirtschaftsprüfer (IDW) zum Entwurf des Prüfungsstandards zur Prüfung vom CMS (IDW PS 980) erhielt kritisierten, dass die im Entwurf enthaltene Definition von Compliance auch die Einhaltung vertraglicher Regelungen umfasste[23]. Die Kritiker bemängelten nicht nur, dass hierdurch die Definition von der des Deutschen Corporate Governance Kodex (DCGK) abweiche und sich für Unternehmen hierdurch Anwendungsprobleme ergeben würden, da sie zwei unterschiedliche Definitionen beachten müssten. Es wurde vielmehr auch bemängelt, dass es Unternehmen nicht zumutbar sei für die Einhaltung vertraglicher Regelungen ein CMS einzurichten, bzw. dass „die Sorge um die Einhaltung der Vertragsverpflichtungen selbst ... getrost den Vertragsparteien überlassen bleiben (kann)"[24]. Die Richtigkeit beider Aussagen muss in Frage gestellt werden, sind sie unzutreffend, könnte dies zu einem falschen Verständnis eines CMS führen.

Die Aussage, eine solche Definition weiche von der Definition des Deutschen Corporate Governance Kodex ab ist schon deshalb nicht zutreffend, weil der DCGK keine verbindliche Definition enthält. Aufgabe des DCGK ist es Empfehlungen und Anregungen für eine gute Unternehmensführung zu geben. Hierbei werden alle Empfehlungen, deren Einhaltung grundsätzlich vorausgesetzt wird als

---

22 Bundesanstalt für Finanzdienstleistungsaufsicht, Rundschreiben 4/2010: Mindestanforderungen an die Compliance-Funktion und die weiteren Verhaltens-, Organisations- und Transparenzpflichten nach §§ 31 ff. WpHG für Wertpapierdienstleistungsunternehmen (MaComp), 2010 (BaFin [MaComp])

23 So z.B. BASF AG, Stellungnahme zum Entwurf des IDW Prüfungsstandards „Grundsätze ordnungsgemäßer Prüfung von CMS" (Online), verfügbar unter: http://www.idw.de/idw/download/IDWEPS980_BASF.pdf?id=596274&property=Datei, letzter Abruf am: 15.10.2013 (BASF [Stellungnahme PS 980])

24 Ebenda

‚Soll'-Vorschrift formuliert[25]. Anregungen, bei denen Unternehmen nicht zwingend die Nichtanwendung offenlegen müssen, werden dagegen als ‚sollte'-Sätze formuliert. Daneben gibt der Kodex noch verschiedene gesetzliche Anforderungen wieder (Formulierungen ohne ‚soll' oder ‚sollte'). Diese werden im Wesentlichen zur Ein- oder Überleitung für die Empfehlungen oder Anregungen benötigt und haben keinerlei Verbindlichkeitscharakter[26]. Wenn der DCGK somit in Tz. 4.1.3 feststellt, unter Compliance die Einhaltung von gesetzlichen Bestimmungen und unternehmensinternen Richtlinien versteht, dann ist dies keine vom DCGK verbindlich vorgegebene Definition, sondern nur der Versuch eine kurze prägnante Erklärung eines bis dato nicht definierten Begriffes zu geben. Mangels Verbindlichkeit hätte sich somit auch kein Widerspruch in der Anwendung oder Umsetzung für Unternehmen ergeben.

Gleichwohl konnte das IDW in der finalen Fassung des Standards aber auch problemlos die Definition dem Wortlaut im DCGK anpassen, inhaltlich war kein Widerspruch gegeben. Der im Standardentwurf enthaltene Wortlaut war lediglich ausführlicher und führte im Klammerzusatz ausdrücklich aus, dass auch die Einhaltung von Verträgen ein Aspekt von Compliance darstellt.

Die Aussage, dass „man die Einhaltung von Verträgen getrost den Vertragsparteien" überlassen kann, erscheint auch zumindest fraglich. Eher könnte man umgekehrt feststellen, dass Verträge grundsätzlich eingehalten werden müssen, dies sollte eine Selbstverständlichkeit sein. Verstößt eine Vertragspartei gegen vertragliche Bestimmungen, werden hieraus regelmäßig negative Konsequenzen erwachsen. Dies können z.B. Vertragsstrafen sein. Soweit die andere Partei nicht in der Lage ist, die Compliance einzufordern, durchzusetzen oder vertraglich zu sanktionieren drohen dem Vertragsbrecher doch zumeist Reputationsschäden. Diese können wiederum zu erheblichen monetären Schäden führen. Es sei nicht verkannt, dass es Situationen geben mag, in der die Folgen der Nicht-Einhaltung eines Vertrages für eine Partei sinnvoller (evtl. kostengünstiger) sind, als die Einhaltung. Eine solche Entscheidung ändert nichts an der zunächst notwendigen Compliance. Allenfalls lösen unterschiedliche Compliance-Anforderungen (z.B. gesetzliche oder auf freiwilligen Verträgen beruhende) unterschiedliche Konsequenzen aus, die wiederum unterschiedliche Entscheidungen ermöglichen.

---

25 Regierungskommission [DCGK 2013], 2013 Präambel S. 2
26 Der Kodex kann hier im Einzelfall auch einmal unzutreffende Aussagen zu gesetzlichen Anforderungen enthalten, so führte die Fassung des Jahres 2010 aus, dass der Geschäftsbericht Teil der Erklärung zur Unternehmensführung nach §298a HGB sei, obwohl in der abschließenden Aufstellung der EzU im Gesetz der GB nicht aufgeführt war.

2.3. Relevanz von Regeln

2.3.1. Einleitung

Folgt man dieser Definition von ‚Compliance' stellt sich somit zunächst die Frage danach, welche ‚wishes others' eingehalten werden sollen, d.h. welche Regelungen relevant sind. Der inhaltliche Umfang von Compliance ist somit davon abhängig, welche für die Organisation relevanten Regelungen und Anforderungen vorhanden sind. Ob eine Regelung eine Relevanz für das Unternehmen hat, ist dabei durchaus nicht unproblematisch zu beurteilen. Nur vordergründig scheint es eine ausschließlich juristische Frage zu sein. Jeder Jurist wird in der Lage sein, jegliches Gesetz oder jede andere rechtlich begründete Regelung auf ihre Anwendbarkeit, d.h. Relevanz für ein Unternehmen zu analysieren. Tatsächlich umfasst die Frage der Relevanz aber mehr als rein juristische Aspekte. Die Einhaltung von Gesetzen und anderen Regelungen kann durch den Wortlaut dieser Regelungen gefordert und die Nichteinhaltung sanktioniert werden. Dass alle von einer gesetzlichen Regelung betroffenen Personen folglich auch Unternehmen und ihre Organe sich an das geltende Recht halten müssen, dürfte ein „in allen Rechtsstaaten selbstverständliches Prinzip"[27] sein oder – wie Schneider es ausdrückt – eine „Binsenweisheit"[28] sein. Trotzdem bedarf es aber immer einer Entscheidung der handelnden Personen oder Unternehmen. Ob sich eine Person an eine (gesetzliche) Regelung gebunden fühlt, d.h. sie für sich als relevant betrachtet, ist regelmäßig erst in zweiter Linie eine Frage der zu erwartenden Sanktionen bei Nichtbefolgung. In erster Linie folgt die Einhaltung einer Gewissensentscheidung, die gegebenenfalls durch drohende Sanktionen beeinflusst wird. Hier wird die Verbindung von Compliance und Ethik deutlich.

Ohne für ein betriebswirtschaftlich ausgerichteten Werk zu stark auf tiefergehende philosophische Fragen einzugehen kann festgestellt werden, dass eine Organisation – anders als eine natürliche Person – nicht altruistisch handelt, eine Organisation als solche hat kein ‚Gewissen'. Ein Unternehmen hat vorrangig Ziele[29] und die Aufgabe des Managements ist es, diese Ziele zu erreichen[30]. Auf der Ebene der Organisation gibt es nur dann Raum für ethische Fragen, wenn ein Verstoß gegen Ethik zu einer Gefährdung der übergeordneten Unternehmensziele führen würde. Dann wäre das Wohl des Unternehmens gefährdet, damit ist aus Sicht des Unternehmens eine Handlungsnotwendigkeit für die Unternehmensleitung gegeben.

---

27 Hauschka, Christoph E.: Einführung, in: Corporate Compliance: Handbuch der Haftungsvermeidung im Unternehmen, 2010, (Hauschka [Einführung]) Tz. 2
28 Schneider, Uwe H. Prof. Dr. jur., Compliance als Aufgabe der Unternehmensleitung, in: ZIP Zeitschrift für Wirtschaftsrecht, 15/2003/ 2003(Schneider [Compliance]) S. 646
29 Vgl. Simons, Robert, Levers of Control, 1995, S. 13: „organizsations are instruments created to achieve specific goals such as the manufacture of machinery or the provision of services."; S. 14: „Organizations are created to serve a purpose" (Simons [Levers])
30 Vgl. Malik [Management], 2005, S. 107, Malik sieht Ziele als Voraussetzung für das Management „ohne Ziele kein Management"

Diese Aussage – dass ein Unternehmen kein Gewissen hat – klingt vielleicht zunächst zu absolut, ist aber letztlich juristisch herzuleiten. Das Bundesverfassungsgericht hat sich in seinem Beschluss zur Kriegsdienstverweigerung[31] bereits im Jahr 1960 mit dem Begriff des Gewissens befasst und dabei festgestellt: „ ‚Gewissen' im Sinne des allgemeinen Sprachgebrauchs und somit auch im Sinne des Art. 4 Abs. 3 GG ist als ein (wie immer begründbares, jedenfalls aber) real erfahrbares seelisches Phänomen zu verstehen, dessen Forderungen, Mahnungen und Warnungen für den Menschen unmittelbar evidente Gebote unbedingten Sollens sind." Da es unstrittig sein dürfte, dass Unternehmen keine Seele haben und diese juristische, aber auch dem allgemeinen Sprachgebrauch entsprechende Definition des Begriffs von ‚für den Menschen unmittelbare Gebote' spricht, ergibt sich eindeutig, dass der Begriff des ‚Gewissens' nicht auf Unternehmen als solches anwendbar ist. Auch aus dem Strafrecht lässt sich letztlich gleiches ableiten. So hat das Bundesverwaltungsgericht in seiner Entscheidung aus dem Jahr 1988[32] festgestellt, dass ein Verein nicht straffähig ist, da dies die Schuldfähigkeit voraussetzt[33]. „Bei einer juristischen Person oder einem Personenverband sind nach herkömmlichem Verständnis auch kein ‚natürlicher Wille' und kein entsprechend willensgesteuertes (eigenes) Verhalten denkbar."[34]

Zwar handeln immer Menschen für das Unternehmen und diese haben selbstverständlich ein Gewissen. Sie haben ihre Entscheidungen aber stets am ‚Wohle der Gesellschaft' (§ 93 AktG) auszulegen, ein Grundsatz, der nicht nur für die Aktiengesellschaft, sondern insgesamt für alle Leitungsorgane von Unternehmen zu gelten hat. Auch soweit aus der Sozialbindung des Eigentums (Art. 14 Abs. 2 GG) verlangt wird, dass „die Förderung der erwerbswirtschaftlichen Ziele nicht die Interessen der Arbeitnehmer und der Allgemeinheit beeinträchtigt[35]", muss jedes Unternehmenshandeln, auch solches, dass dem Allgemeininteresse dient, vorrangig im Interesse des Unternehmens liegen[36]. Die (Gewissens-) Entscheidungen der handelnden Personen wird somit durch das Unternehmen gesteuert oder zumindest begrenzt. Der Einfluss, den Organisations- oder Gruppenzugehörigkeit auf die Entscheidungen von Personen hat ist vielfach Gegenstand wissenschaftlicher Studien. Beispielhaft soll auf Bock verwiesen werden, der auf die „kriminogene Wirkung der Eingliederung in einer Organisation" verweist[37]. Bock führt aus, dass das

---

31 Bundesverfassungsgericht, BVerfGE 12, 45 – Kriegsdienstverweigerung I; 20.12.1960 (BVerfG [1 BvL 21/60])
32 Bundesverwaltungsgericht, BVerwG 1 A 89.83(BVerwG [1 A 89.83])
33 Vgl. Engelhart, Marc, Sanktionierung von Unternehmen und Compliance: eine rechtsvergleichende Analyse des Straf- und Ordnungswidrigkeitenrechts in Deutschland und den USA, 2010, S. 323 (Engelhart [Sanktionierung])
34 Justizministerium Nordrhein-Westfalen, Entwurf eines Gesetzes zur Einführung der strafrechtlichen Verantwortlichkeit von Unternehmen und sonstigen Verbänden; 2013, S. 29 (NRW [Unternehmensstrafrecht – Gesetzesinitiative])
35 Hefermehl, Wolfgang / Spindler, Gerald, Kommentar zu § 76 AktG, in: Münchner Kommentar zum Aktiengesetz, 2004/ 3(Hefermehl/Spindler [AktG]) Anm. 68 zu § 76 AktG
36 Vgl. Ebenda Anm. 92 zu § 76 AktG
37 Bock [Criminal Compliance], S.92

Normsystem eines Unternehmens Mitarbeiter so stark prägen kann, dass der Normapell von Gesetzen diese Mitarbeiter nicht mehr erreicht und dadurch Entscheidungsprozesse von Individuen sich verändern können, wenn sie in Organisationen eingegliedert sind. „Im Unternehmen behindere die äußere Beeinflussung eine Gewissensentscheidung, so dass der Täter die Tat nicht uneingeschränkt vor sich selbst rechtfertigen müsse"[38].

Handlungen und Entscheidungen die für ein Unternehmen von den Verantwortlichen getroffen werden verfolgen einen Zweck, der sich an den Zielsetzungen des Unternehmens ausrichtet oder zumindest ausrichten sollte. Diese Verpflichtung zur Handlung im Interesse des Unternehmens wird für AG und GmbH mit den Schlagworten ‚Sorgfaltspflicht', ‚ordentlich' und ‚gewissenhaft' festgeschrieben[39], mit denen die Pflichten des Vorstands bzw. der Geschäftsführung definiert werden. Allgemein lassen sich die Pflichten auch für alle Unternehmensleitungen aus allgemeinen Treue- und Sorgfaltspflichten ableiten. Hiernach hat die „Geschäftsleitung sämtliche Geschäfte der Gesellschaft im Interesse und zum Wohle der Gesellschaft wahrzunehmen und alles zu unterlassen, was die Gesellschaft schädigen könnte".[40]

Die Relevanz von bestehenden Regelungen und Anforderungen richtet sich daher vorrangig danach, ob die Nichtbeachtung einer Regelung/Anforderung sich potentiell negativ auf die Erreichung der gesetzten Unternehmensziele auswirken kann, d.h. nach den negativen Konsequenzen eines Verstoßes. Die negativen Konsequenzen eines Verstoßes von Organisationshandeln können sehr unterschiedliche Ausprägungen (Bußgelder, Verlust von Ausschreibungen oder ganzen Marktsegmenten, Schadensersatzzahlungen) haben. In den Medien bekannt gewordene Compliance Verstöße der letzten Jahre haben auch gezeigt, dass bereits der Verdacht eines Verstoßes zu erheblichen Kosten (Ermittlungs- und Verteidigungshandlungen) sowie oftmals gravierenden Reputationsschäden mit entsprechenden finanziellen Schäden (z.B. Umsatzverluste) führen kann. Diese Schäden gilt es aus Sicht des Unternehmens durch die Sicherstellung der Compliance zu vermeiden. Gleichzeitig unterliegen alle für das Unternehmen handelnden Personen auch anderen, externen Beeinflussungen oder ganz einfach ihren eigenen, persönlichen Wertvorstellungen. Die Relevanz für die Entscheidungen der für das Unternehmen handelnden Personen kann somit in die unmittelbare Relevanz für das Unternehmen, sowie in die Relevanz für die handelnden Personen unterschieden werden.

---

38 Ebenda, S. 93 mit Verweis auf Mittelsdorf, Kathleen, Unternehmensstrafrecht im Kontext, 2007, S. 184 (Mittelsdorf [Unternehmensstrafrecht])
39 Vgl. § 91 Abs. 1 AktG, § 43 Abs. 1 GmbHG
40 Wecker, Gregor / Galla, S.: Aufbau einer Compliance Organisation als Pflicht der Geschäftsleitung, in: Compliance in der Unternehmerpraxis, 2009, S. 49 (Wecker/Galla [Compliance Organisation])

2.3.2. Relevanz für das Unternehmen

Während in den USA das Strafrecht sich als „festes Element der Regulierung" bei Compliance-Verstößen von Unternehmen etabliert hat[41], kennt Deutschland kein eigenständiges Unternehmensstrafrecht. Entsprechende Überlegungen zur Einführung eines Unternehmensstrafrechts auch in Deutschland wurden bisher abgelehnt[42], Es bleibt abzuwarten, ob die Gesetzesinitiative aus Nordrhein-Westfalen hier für die Zukunft eine Änderung bewirken wird[43]. D.h. Straftaten werden (zumindest nach dem deutschen Rechtsverständnis) nicht von Unternehmen, sondern immer von Personen begangen und bei diesen sanktioniert. Dies bedeutet aber nicht, dass Unternehmen grundsätzlich nicht von Vorschriften des Strafrechts betroffen sein können. Eine solche unmittelbare Folge aus dem Strafrecht kann z.B. gegeben sein, wenn Gegenstände, die für eine Straftat verwendet wurden, auf richterlichen Beschluss hin eingezogen werden. Eine solche Einziehung ist auch möglich, wenn sich die Tatgegenstände nicht im Eigentum des Straftäters, sondern des Unternehmens befinden[44]. Diese Maßnahme ist zwar an bestimmte Voraussetzungen in Bezug auf die Stellung des Täters im Unternehmen und die Rechtsform des Unternehmens geknüpft, beide Abgrenzungskreise sind aber relativ weit gefasst[45]. Ebenso kann der „Verfall" von durch die Straftat erwirkten Mehrerlösen, der in den §§ 73 ff. StGB geregelt ist, für das Unternehmen eine erhebliche Folge darstellen. Insbesondere dadurch, dass hier das Bruttoprinzip greift, d.h. z.B. der gesamte Umsatzerlös aus einem per Straftat erlangten Geschäft abzuführen ist, der notwendige Waren- und Personaleinsatz nicht die abzuführende Summe kürzt[46].

Unmittelbare Strafen (juristisch genauer Geldbußen) für das Unternehmen sieht u.a. auch das Gesetz gegen Wettbewerbsbeschränkungen (z.B. Kartellrecht) vor, gleiches gilt bei Verstößen gegen Umweltschutzvorschriften sowie einer Reihe weiter spezialgesetzlicher Vorschriften. Unternehmen müssen zudem stets damit rechnen, dass schon ein relativ geringer Auslandsbezug dazu führen kann, dass ausländisches (Straf-)Recht anwendbar wird. So gilt z.B. nach dem U.S.-amerikanischen Foreign Corrupt Practice Act (FCPA) die Bestechung eines ausländischen (nicht U.S.-amerikanischen) Amtsträgers bereits dann als in den USA begangen und damit der U.S.-Gerichtsbarkeit unterlegen, wenn für die Bestechungshandlung ‚interstate commerce'[47] der USA genutzt wurde. Da diese Anforderungen sehr umfassend ausgelegt werden, kann eine Zuständigkeit der U.S.-Behörden bereits durch

---

41 Vgl. Engelhart [Sanktionierung], 2010, S. 318
42 Vgl. Ebenda S. 325 mit Verweis auf Abschlussbericht der Kommission zur Reform des Sanktionenrechts in Hettinger (Hrsg.), Verbandsstrafe S. 351 ff.
43 NRW [Unternehmensstrafrecht – Gesetzesinitiative], 2013
44 Vgl. §§ 74 ff. StGB
45 Vgl. Engelhart [Sanktionierung], 2010, S. 343
46 Vgl. Ebenda S. 339
47 The Foreign Corrupt Practices Act; § 78dd-1 (United States Code [FCPA])

„die Verwendung von Mails, Computerübertragungen und Telefonanrufe"[48] mit z.B. Server-Bezug zu den USA begründet werden.

Neben den möglichen Konsequenzen aus dem Strafrecht heraus sind aber vorrangig auch die Regelungen des Ordnungswidrigkeitengesetzes (OWiG) zu beachten, da hier stets eine unmittelbare Inanspruchnahme des Unternehmens droht. Maßgeblich ist hier § 30 OWiG, der Geldbußen für Unternehmen vorsieht, wenn von Organen oder leitenden Mitarbeitern Straftaten oder Ordnungswidrigkeiten begangen wurden. Die Geldbußen können dabei selbst bei ‚nur' fahrlässig begangenen Taten bis zu 5 Mio € betragen[49]. Hierbei ist der Kreis der betroffenen Unternehmen (genauer: juristischen Personen und Personenvereinigungen) zwar durch das Gesetz abschließend begrenzt, allerdings so weit gefasst, das „praktisch jede Unternehmensform[50],, erfasst wird. Der Kreis der möglichen Täter, für deren Tat das Unternehmen gegebenenfalls mit einer Geldbuße belegt wird, ist dagegen in § 30 OWiG eindeutig auf die „Führungspersonen im Unternehmen beschränkt"[51].

Zu beachten ist, dass über eine Verknüpfung zu § 130 OWiG Organmitglieder „grundsätzlich für alle Verletzungen bußgeldbewehrter Pflichten in einem Unternehmen zur Rechenschaft gezogen werden."[52] können. Eine faktisch deutliche Erweiterung des Täterkreises für die Straftat oder Ordnungswidrigkeit, die zu einer Geldbuße für das Unternehmen führen kann. Wenn nämlich diese Straftat oder Ordnungswidrigkeit durch die „gehörige Aufsicht,, der Unternehmensleitung hätte verhindert oder zumindest wesentlich erschwert werden können und es folglich an einer solchen gehörigen Aufsicht mangelte, dann liegt eine Ordnungswidrigkeit nach § 130 OWiG nahe, die dann auch von einer durch § 30 OWiG erfassten Person begangen wurde. Es ist im Ergebnis in der Praxis nicht notwendig, dass die Verfolgungsbehörden den Täter der eigentlichen Straftat oder Ordnungswidrigkeit dem Personenkreis des § 30 OWiG zuordnen können, der Täter muss noch nicht einmal konkret bekannt sein. Über die Anknüpfung an die fahrlässige Aufsichtspflichtverletzung wird „das Bußgeldverfahren gegen ein Unternehmen prozessual entscheidend erleichtert"[53].

Daneben bestehen als unmittelbare Folgen von Straftaten regelmäßig auch zivilrechtliche Ansprüche von geschädigten Personen oder Unternehmen[54]. So sah sich z.B. Siemens nach der Aufdeckung der Schmiergeldaffäre Ansprüchen ehemaliger Kunden ausgesetzt, die einen Ausgleich des entstandenen Schadens forderten.

---

48 Partsch, Christoph, The Foreign Corrupt Practices Act (FCPA) der USA, 2007, S. 29 (Partsch [FCPA])
49 Gesetz über Ordnungswidrigkeiten (OWiG); (OWiG) § 30 Abs.2 Nr. 2
50 Engelhart [Sanktionierung], 2010, S. 389
51 So auch ebenda S. 396
52 Vetter, Eberhard: Compliance in der Unternehmerpraxis, in: Compliance in der Unternehmerpraxis, 2008, S. 32 (Vetter [Compliance])
53 Engelhart [Sanktionierung], 2010, S. 402
54 Vgl. § 831 BGB

Alleine der griechische Staat bezifferte diesen auf rund zwei Milliarden Euro[55]. Das Unternehmen hat zwar bei solchen Inanspruchnahmen ein Rückgriffsrecht gegen die eigentlichen Straftäter sowie gegebenenfalls auch gegen Mitglieder der Unternehmensleitung und/oder des Aufsichtsrats[56], solche Rückforderungen müssen allerdings auch durchgesetzt werden. Selbst wenn sie erfolgreich gerichtlich geltend gemacht wurden, kann sich die tatsächliche Einforderung von Zahlungen schwierig gestalten. Hieraus folgt für das Unternehmen – auch ohne direkte strafrechtliche Sanktion – ein erhebliches Schadensrisiko.

Davon abgesehen, muss auch stets der drohende Reputationsschaden für das Unternehmen im Blick behalten werden. Die Reputation ist für viele Unternehmen ein „bedeutender Wirtschaftsfaktor und wichtiger immaterieller Vermögensgegenstand"[57]. Compliance Verstöße werden zunehmend von den Medien aufgegriffen und gelangen damit einer breiten Gruppe von Stakeholdern zur Kenntnis. Die Gefahr der Beschädigung der Reputation ist daher tendenziell groß. Die Geltendmachung eines Schadensersatzanspruchs gegenüber dem Täter ist allerdings auf Grund der schwierigen Bezifferung des Schadens kaum möglich. In Bezug auf drohende Reputationsschäden ist zu bedenken, dass diese nicht nur bei einem Verstoß gegen Gesetze drohen, Unternehmen müssen nicht nur legal, sondern ‚legitim' handeln, um die für die Reputation notwendige Akzeptanz der Stakeholder zu erfahren. „Das Vorliegen von Legitimität kann ... beschrieben werden als ein Zustand der Übereinstimmung von Unternehmensaktivitäten mit sozialen Normen und den damit verbundenen Erwartungen"[58]. Drohende Reputationsschäden können auch dazu führen, dass Unternehmen ‚vorauseilend' Schritte ergreifen zu denen sie rechtlichen nicht – oder zumindest noch nicht – verpflichtet sind, um Rechtsverfahren und damit drohender negativer Presse aus den Weg zu gehen[59].

Im Ergebnis gibt es folglich durchaus ernst zu nehmende mögliche Folgen von Non-Compliance, die unmittelbar das Wohl und damit die Zielerreichung des Unternehmens bedrohen. Diese sind daher auch zwingend in die Handlungsentscheidungen der Unternehmensorgane einzubeziehen, da sie – wie ausgeführt – gesetzlich gehalten sind, ihr Handeln an dem Wohl des Unternehmens auszurichten.

---

55 Vgl. Die Welt, Wegen Bestechung: Griechenland fordert Schadenersatz von Siemens – Nachrichten Wirtschaft – DIE WELT (Online), verfügbar unter: http://www.welt.de/wirtschaft/article12330834/Griechenland-fordert-Schadenersatz-von-Siemens.html letzter Abruf am: 25.8.2013 (Die Welt [Siemens])
56 Vgl. Moosmayer, Klaus, Compliance Praxisleitfaden für Unternehmen, 2010, (Moosmayer [Compliance]) S. 17
57 Brauer, Michael H., et al., Compliance Intelligence Praxisorientierte Lösungsansätze für die risikobewusste Unternehmensführung; 2009, S. 10 (Brauer et al. [Compliance])
58 Meyer, Frederik, Strafverhalten von Konsumenten Antezedenzien, Motive und Konsequenzen bei Unternehmensfehlverhalten, 2011, (Meyer [Strafverhalten]) S. 19 mit weiteren Verweisen
59 So stellte der Bauer Verlag einen Zeitschriftentitel ein, um möglichen rechtlichen Auseinandersetzungen aus den Weg zu gehen Alvarez, Sonja, Bauer-Verlag stellt Magazin „Der Landser" ein, in: Der Tagesspiegel, 2013/ 14.9.(Tagesspiegel [Bauer Verlag])

2.3.3. Relevanz für Geschäftsleitung

Neben den erwähnten gesetzlichen, vertraglich bedingten oder durch Reputationsverlust drohenden negativen Konsequenzen für die Organisation können Compliance-Verstöße auch Konsequenzen für die handelnden Personen auslösen und damit unmittelbar eine Relevanz erzeugen. Die Verantwortung für die Einhaltung der Gesetze durch ein Unternehmen liegt bei der Geschäftsleitung[60]. Zwar ist auch jeder einzelne Mitarbeiter bei seinem Handeln an Gesetze gebunden und muss bei Verstößen mit entsprechenden Konsequenzen rechnen, das CMS zielt aber auf die Einhaltung der Gesetze und Regeln durch das Unternehmen, daher sollen hier auf die daraus folgenden Konsequenzen für die Geschäftsleitung abgestellt werden. Konsequenzen können zum einen schlichtweg darin bestehen, dass der Compliance Verstoß gegen das eigene moralisch-ethische Gewissen verstößt. Es können aber auch sowohl zivilrechtliche als auch straf- und ordnungsrechtliche Konsequenzen für die verantwortlich leitenden Personen in der Organisation drohen. Diese Konsequenzen drohen dabei auch, wenn sie selbst nicht gehandelt haben, aber über die Handelnden eine gesetzliche Aufsicht ausüben. Erwähnt sei hier beispielshaft der § 130 OWiG, der als zentrale strafrechtliche Compliance-Norm gesehen wird[61]. Hiernach wird die mangelnde Erfüllung von Sorgfalts- und Organisationspflichten sanktioniert. D.h. für die Leitungsverantwortlichen besteht im Zweifel ein Dilemma zwischen einer rein ökonomischen Betrachtung des ‚Wohls' der Organisation und drohenden persönlichen negativen Konsequenzen aus Non-Compliance. Seien diese rein philosophisch-ethischer Natur oder auch in Form einer zivil- oder strafrechtlichen Haftung präsent. Es handelt sich praktisch um einen „umgekehrten" Agent-Principal-Konflikt. Dieser wird in der Literatur eher dahingehend diskutiert, dass der Agent zu Lasten des Unternehmens „Prestige, Macht und die Sicherung (des) Arbeitsplatzes[62]" in seine Betrachtungen einbezieht. Hier würde der Principal eine Handlung verlangen (so sie denn als für das Wohl des Unternehmens als erforderlich gesehen wird), die den Agenten Nachteile erbringen würde.

Während Überlegungen, die sich aus dem persönlichen Gewissen des Leitungsverantwortlichen ergeben dem Unternehmensinteresse untergeordnet werden müssen und ein Konflikt im Zweifel nur durch die Niederlegung des Amtes aufgelöst werden kann, stellen die zivil-, straf- oder ordnungsrechtlichen Konsequenzen eine gesetzlich zwingende Einschränkung der Ermessensentscheidung im reinen Unternehmensinteresse dar. Diese Konsequenzen dienen gerade dazu, auf die Entscheidungsträger des Unternehmens einen entsprechenden Lenkungseffekt auszuüben. Diese zivil- oder straf- bzw. ordnungsrechtlichen Konsequenzen die sich für die

---

60 § 130 OWiG spricht jurisitisch korrekt vom ‚Geschäftsherrn'
61 Vgl. Bock, Dennis Dr., Strafrechtliche Aspekte der Compliance-Diskussion – § 130 OWiG als zentrale Norm der Criminal Compliance, in: ZIS, 2009/ 2; S. 70 (Bock [Strafrechtliche Aspekte])
62 Vgl. Lentfer, Thies, Einflüsse der internationalen Corporate Governacne-Diskussion auf die Überwachung der Geschäftsführung; 2005, S.34 (Lenfter [Internationale Corporate Governance])

unmittelbar handelnden Personen oder für die Leitung der Organisation aus Non-Compliance ergeben können, sollen daher noch näher betrachtet werden. So können den Leitungsorganen von Betrieben und Unternehmen rechtswidrige Handlungen als Ordnungswidrigkeit vorgeworfen werden, wenn sie vorsätzlich oder fahrlässig ihre Aufsichtspflichten verletzen und hierdurch von Unternehmensangehörigen Zuwiderhandlungen gegen Pflichten begangen werden, die durch eine gehörige Aufsicht verhindert oder wesentlich erschwert worden wären (§ 130 OWiG). Eine solche Aufsichtsverletzung kann mit einer Geldbuße bis zu einer Million Euro geahndet werden. Ist für die jeweils begangene Pflichtverletzung eine noch höhere Geldbuße vorgesehen, erweitert sich der Bußgeldrahmen des OWiG entsprechend. Für erhebliche Unruhe bei Compliance Beauftragten hat das Urteil des 5. Strafsenats des BGH vom 17.7.2009[63] gesorgt, in dem der BGH erörterte, dass für die Compliance in Unternehmen Verantwortliche selbst strafrechtlich zur Verantwortung gezogen werden könnten, wenn sie Straftaten aus dem Unternehmen heraus nicht verhindern. Ein solches strafbares ‚Tun durch Unterlassen' (§ 13 StGB) wird in der juristischen Literatur im Zusammenhang mit Compliance Beauftragten als kritisch gesehen[64] und auch der BGH bezieht sich auf Sachverhalte, in denen die strafbare Handlung trotz Kenntnis nicht verhindert wurde. Der BGH lässt anklingen, dass sich für die Unternehmensleitung durchaus strafrechtliche Konsequenzen aus unternehmerischer Non-Compliance ergeben können, auch ohne dass die Unternehmensleitung unmittelbar selbst an den Handlungen beteiligt war[65]. Notwendig ist für die sogenannte ‚Garantenhaftung', dass jemand, der für die Compliance des Unternehmens beauftragt ist, von einer Zuwiderhandlung Kenntnis erhält und diese dann trotz Möglichkeit nicht unterbindet. Kenntnis liegt bereits vor, wenn der Compliance-Verantwortliche „eine einigermaßen konkrete Vorstellung von möglichen betriebsbezogenen Straftaten hat"[66]. Liegen folglich Anhaltspunkte, z.B. in Form sogenannter ‚Red-Flags' vor und Compliance-Verantwortliche ignorieren diese, kann dies gefährlich werden. „Denn gerade ein solches Verhalten können die Gerichte auch als Gehilfenvorsatz werten"[67]. Daneben drohen Leitungsverantwortlichen zivilrechtliche Haftungsfolgen aus § 831 BGB aus unerlaubten Handlungen von Personen, die ihrer Leitung und Aufsicht unterstehen. Gleichfalls droht Vorstand bzw. Aufsichtsrat eines Unternehmens grundsätzlich eine Inanspruchnahme durch das eigene Unternehmen auf Schadensersatz zum

---

63 Bundesgerichtshof, 5 StR 394/08; 17. Juli 2009 (BGH [5 StR 394/08] 2009)
64 Vgl. z.B. Campos Nave, Jose A. Dr. / Vogel, Henrik Dr., Die erforderliche Veränderung von Corporate Compliance-Organisationen im Hinblick auf gestiegene Verantwortlichkeiten des Compliance Officers, in: BB, 2009/ 48; S. 2550 (Campos Nave/Vogel [Gestiegene Verantwortlichkeiten])
65 Vgl. Withus, Karl-Heinz, Strafbare Handlungen durch Unterlassen: Gefahren für Aufsichtsräte und Compliance-Verantwortliche ; betriebswirtschaftliche Anmerkungen zum BGH-Urteil vom 17.7.2009, in: ZCG, 2/2010/ 2010; S. 71 ff. (Withus [Unterlassen])
66 Wybitul, Tim, Strafbarkeitsrisiken für Compliance-Verantwortliche, in: BB, 2009/ 2009; S. 2591 (Wybitul [Strafbarkeitsrisiken])
67 Ebenda

Ausgleich eines etwaigen Vermögensschadens als Folge einer Non-Compliance, die durch deren Pflichtverletzung aufgetreten ist[68].

Unternehmensverantwortliche tragen folglich selbst unmittelbar das Risiko von zivil-, straf- oder ordnungsrechtlichen Konsequenzen als Folge von Non-Compliance durch (andere) Unternehmensangehörige. Diese gesetzlich normierten Folgen aus der Non-Compliance mit gesetzlichen Vorschriften stellen quasi ‚Leitplanken' für die Ausübung der Ermessensentscheidungen ‚zum Wohle' einer Organisation dar. Die grundsätzliche Pflicht zum Wohle der Organisation zu handeln kann nicht erzwingen, dass der Handelnde selbst gegen Gesetze verstößt und negative Konsequenzen zu tragen hat. Bei gesetzlich zwingenden Entscheidungen, der Einhaltung von Gesetzen mag es Handlungsspielraum geben, „Maßstab seines Handelns (des Vorstands; d. Verf.) ist in diesen Fällen nicht allein das Gesellschaftswohl[69]".

Sowohl für das Unternehmen als auch für die Geschäftsleitung ergibt sich somit eine Vielzahl von Anknüpfungspunkten für eine Relevanz von Compliance:

---

68 Vgl. Moosmayer [Compliance], 2010, S. 17
69 Holle, Maximillian Friedrich, Rechtsbindung und Business Judgement Rule, in: AG Die Aktiengesellschaft, 2011/ 21; S. 784 (Holle [Rechtsbindung])

Betroffen	Sanktionen	Grundlagen (Beispiele)
Unternehmen	Geldbußen nach Einzelgesetzen (z.B. Kartellrecht, Umweltschutz, Datenschutz)	z.B. § 43 BDSG; § 81 GWB;
	Geldbuße	§ 30 OWiG
	Verfall von Vermögen / Einziehung	§§ 73, 74 StGB
	Gewerbeuntersagung	§ 35 GewO
	Eintragung ins Gewerbezentralregister	§ 150a GewO, § 21 SchwarzarG
	Reputationsschaden	Medien, Öffentliche Meinung, Kundenbeziehungen,
	Zivilrechtlicher Schadensersatz	§ 831 GBG
	Drohende Strafen nach ausländischem Recht	UK Bribery Act, FCPA, etc.
Geschäftsleitung	Geldbuße	§ 130 OWiG
	Drohende Straftat durch Unterlassen	§ 13 StGB, i.V.m. mit jeweiliger Strafvorschrift
	Zivilrechtlicher Schadensersatz / Inspruchnahme durch Dritte	§ 831 BGB
	Zivilrechtlicher Schadensersatz / Inspruchnahme durch das Unternehmen	§ 43 GmbHG; § 93 AktG,
	Reputationsschaden	‚Ruf-Mord', Soziales Umfeld, Medien, persönliches Umfeld

Tabelle 1 Beispiele für die Relevanz von Regeln für Compliance

2.4. Compliance und ‚ehrbarer Kaufmann' – keine identischen Begriffe

Zwischen Compliance und ethischem Verhalten besteht eine enge Verbindung. Compliance wird von Thielemann z.B. als „Schließung der Organisation für ethisch verfehlte Handlungsoptionen"[70] verstanden. Dies mag gesellschaftspolitisch wünschenswert sein und kann durchaus auch z.B. über die Steigerung der Reputation eine positive Auswirkung auf die Kundenzufriedenheit haben, die nach Malik[71] das eigentliche Ziel des Unternehmens ist. Diese Überlegung verkennt aber, dass Unternehmen und deren Geschäftsleitung vornehmlich an gesetzliche Pflichten gebunden sind. Diese bedingen die Ausrichtung des Unternehmens und seiner Ziele –

---

70 Thielemann [Integrity], 2005, S. 37
71 Malik, Fredmund, Unternehmenspolitik und Corporate Governance wie sich Organisationen von selbst organisieren Band 2 der Buchreihe Malik Management Handwerk, 2008, (Malik [Unternehmenspolitik]) S.148

innerhalb der gesetzlichen Regelungen – am Wohle des Unternehmens[72]. Ethisches Handeln, das über die Einhaltung von Gesetzen hinaus die Handlungen für das Unternehmen einschränkt, kann nur insoweit gerechtfertigt werden, wie es dem Wohle des Unternehmens dient. Für eine systematische Betrachtung muss zunächst ethisches Verhalten von Compliance getrennt betrachtet werden. Die getrennte Betrachtung verneint nicht, dass ethische Werte einen starken Einfluss auf das Handeln von Mitarbeitern haben und es der Compliance dienlich ist, wenn Mitarbeit die Compliance aus innerer Überzeugung einhalten[73].

Diese Feststellung, dass sich das Organisationshandeln an den Zielen des Unternehmens auszurichten hat, ist eine nicht zu unterschätzende Einschränkung zur Definition des Begriffs ‚Compliance'. Während der Begriff ganz allgemein die Einhaltung von Regelungen und Anforderungen aller Art betrifft, ist diese Forderung für die Ausgestaltung von CMS in Unternehmen tatsächlich einzuschränken. Es muss nicht nur verlangt werden, dass diese Regelungen oder Anforderungen relevant dahingehend sind, dass das Unternehmen in den Anwendungsbereich z.B. eines Gesetzes fällt, sondern zusätzlich, dass die Nichteinhaltung auch der Zielerreichung des Unternehmens entgegenstehen muss.

Dies könnte als Bestätigung für eine Ansicht gelten, die die Auftragseinholung mittels ‚nützlicher Aufwendungen' oder – weniger prosaisch umschrieben – mittels Bestechung als zulässig betrachtet. Zumindest solange ein geschicktes System eine Entdeckung nahezu unmöglich macht und der Vorgang sich ‚unterm Strich' für das Unternehmen ‚lohne', könnte Bestechung allenfalls als ein Kavaliersdelikt ausgelegt werden. Tatsächlich wurde und wird sie teilweise immer noch als unumgänglich angesehen[74]. Eine solche Auslegung ist unzutreffend, auch wenn das Bundesverfassungsgericht im Beschluss vom 23.10.2010[75] feststellte, dass es für das Vorliegen des Untreue-Tatbestandes eines konkreten Schadens bedarf. Ein CMS ist nicht auf die Vermeidung der Folgen von Non-Compliance ausgerichtet, sondern dient der Verhinderung von Regelverstößen[76]. Es ist somit nicht zulässig, die Frage der potentiellen negativen Konsequenzen von Compliance-Verstößen unter dem Gesichtspunkt einer ‚Entdeckungswahrscheinlichkeit' zu betrachten. Auch wenn die Wahrscheinlichkeit einer Entdeckung der Non-Compliance niedrig erscheint, müssen zum einen die Konsequenzen unter der Annahme der Aufdeckung betrachtet werden, dies erst recht, wenn versucht wird das Entdeckungsrisiko mit kriminellen Mitteln niedrig zu halten. Zum anderen müssen alle Konsequenzen eines Verstoßes betrachtet werden. Bei der Beurteilung, ob das Handeln der Zielerreichung des Unternehmens dient, geht es nicht um eine strafrechtliche Beurteilung mögli-

---

72 § 93 Abs. 1 S. 2 AktG
73 Vgl. Thielemann [Integrity], 2005, S. 33
74 Vgl. Roth, Monika, Der Compliance Officer und seine Instrumente; 2012 (Roth [Compliance Officer]) S. 59
75 Bundesverfassungsgericht, 2 BvR 2559/08, 2 BvR 105/09, 2 BvR 491/09 (BVerfG [2 BvR 2559/08])
76 Vgl. IDW [PS 980], 2011b, Tz. 6

cher Untreue (bei der das BVerfG einen konkreten Schaden voraussetzt), sondern um eine unternehmerische, wirtschaftlich geprägte Abwägung der Folgen. Das umfasst nicht nur die möglicherweise durchaus vorhandenen positiven Folgen eines Verstoßes, sondern auch alle nur mittelbar verursachten negativen Konsequenzen. Hierzu gehört neben eventuellen Ermittlungs- und Verteidigungskosten insbesondere auch das schon mehrfach erwähnte Reputationsrisiko. Dies kann oft gravierender sein, als unmittelbare Folgen in Form von gesetzlich oder vertraglich fixierten Strafen. Fehlt es aber, auch unter Berücksichtigung nur mittelbar entstehender Folgen in der Summe vollständig an negativen Konsequenzen der Nicht-Einhaltung einer Regelung oder Anforderung, würde die Compliance nur noch als Selbstzweck erfolgen und der Organisation unter Umständen sogar Schaden zufügen. Juristisch betrachtet geht es darum, ob die Handelnden vernünftigerweise annehmen, dass ihre Handlungen zum Wohle des Unternehmens erfolgen. Das Aktienrecht regelt hierzu in § 93 Abs. 1 S. 2 AktG, dass unternehmerische Entscheidungen auf der Basis angemessener Informationen erfolgen müssen (sog. Business Judgement Rule). Die Entscheidungsverantwortlichen müssen sich folglich umfassend informieren, welche Folgen eine beabsichtigte Entscheidung auslösen könnte und alle Folgen im Sinn des Unternehmenswohls gegeneinander abwägen.

Als Beispiel sei hier ein Kaufvertrag über die zukünftige Abnahme von Rohstoffen angeführt. Der Vertrag sieht den Kauf von n Tonnen eines Rohstoffes zu einem Preis X an einem in sechs Monaten liegenden Zeitpunkt vor. Bei Nichtabnahme ist eine pauschale Vertragsstrafe in Höhe von 0,1 X vereinbart. Eine Woche vor dem Lieferzeitpunkt sinkt der Rohstoffpreis auf 0,5 X pro Tonne. Außerdem ist der Absatz des mittels des Rohstoffes produzierten Produktes eingebrochen und der Käufer hat entsprechend geringeren Bedarf für den Rohstoff, den er jederzeit am Markt zum gesunkenen Einstandspreis decken kann. Es wäre wirtschaftlich nicht sinnvoll den geschlossenen Vertrag tatsächlich einzuhalten. Der Käufer wird sich hier vermutlich bewusst für eine Non-Compliance unter Zahlung der Vertragsstrafe entscheiden. Allerdings könnte eine Vielzahl von mittelbaren Folgen auch eine andere Entscheidung richtig werden lassen. Denkbar wäre z.B., dass die Beziehung zum Verkäufer im Interesse zukünftiger Geschäfte nicht belastet werden darf, denkbar wäre theoretisch auch, dass die Nichteinhaltung des Vertrags die Existenz des Lieferanten gefährden könnte, dies könnte z.B. über den Verlust von Arbeitsplätzen zu einer auch für den Käufer negativen Presse führen. Wohl gemerkt bedarf es aber solcher mittelbaren Folgen. Alleine ein ‚schlechtes Gewissen' könnte eine natürliche Person auch dazu bringen, dass sie den Vertrag entgegen ökonomischer Vernunft einhält. Ein Unternehmen hat per se kein solches Gewissen, öffentlicher Druck, der sich letztlich dann in ökonomische Nachteile auswirkt oder auszuwirken droht, kann dieses ‚Gewissen' ersetzen.

Die tatsächliche Entscheidung wird letztlich durch eine natürliche Person (Geschäftsführung) getroffen, d.h. in der Praxis kann die Entscheidung tatsächlich auch durch ein ‚schlechtes Gewissen' beeinflusst sein. D.h. durch dieses Handeln natürlicher Personen können ethische Maßstäbe die Organisationshandlung beeinflussen.

27

Es ist aber juristisch nicht vertretbar, dass die für eine Organisation handelnden Personen notwendigerweise ihr Handeln für die Organisation von ihrem eigenen Gewissen lenken lassen müssen[77]. Vielmehr ist das Handeln zunächst am Wohle der Organisation auszurichten. Dabei muss aber nicht das kurzfristige Wohl, sondern das langfristige Wohl der Organisation als Ziel gesehen werden und somit alle, auch zukünftigen Folgen des Handelns berücksichtigt werden. Ein Gesichtspunkt, der unter dem Stichwort ‚Nachhaltigkeit' immer stärker Eingang in Managemententscheidungen findet.

Insoweit ist ‚Compliance' nicht zwingend mit dem gesetzlich ebenso wenig definierten Begriff[78] des ‚ehrbaren Kaufmanns' gleichzusetzen. So heißt es in den Grundsätzen der Versammlung eines Ehrbaren Kaufmanns zu Hamburg e.V. (VEEK) „Der Ehrbare Kaufmann erkennt und übernimmt Verantwortung für die Wirtschafts- und Gesellschaftsordnung".[79] Eine solche Verantwortung für die Wirtschafts- und Gesellschaftsordnung klingt zunächst gleichbedeutend mit dem Bekenntnis, die Regeln dieser Ordnungen einzuhalten, sprich wie eine andere Beschreibung des Inhaltes von Compliance. Tatsächlich geht diese Forderung aber über die Inhalte einer Compliance hinaus und stellt die Einhaltung der ‚Wirtschafts- und Gesellschaftsordnung' in den Mittelpunkt der Betrachtung. Es soll nicht Gegenstand dieser Arbeit sein zu klären, ob eine solche vorrangig ethisch geprägte Ausrichtung von Organisationshandeln gesellschaftlich wünschenswert ist oder unter Umständen sogar betriebswirtschaftlich langfristig sinnvoll sein kann. Gerade letzteres ist sicherlich ein Standpunkt, der unter dem Gesichtspunkt einer nachhaltigen Organisationsführung vertreten werden kann. Wenn die Leitung der Organisation die Einschätzung teilt, dass die unbedingte Einhaltung von Regeln, unabhängig ob gesetzlicher, sozialer oder privater Natur im langfristigen Wohle der Organisation ist, dann wird sie sich zu Recht an diesen Vorgaben ausrichten. Grundsätzlich kann daher auch eine solche ethisch geprägte Ausrichtung von Unternehmenshandeln selber eine Zielsetzung des Unternehmens sein. Ethische Compliance würde dann originär unter der Definition „Zielerreichung" und damit „Wohl des Unternehmens" zu subsumieren sein. Die Entscheidung obliegt damit primär nicht der Unternehmensleitung, sondern den Stakeholdern des Unternehmens, in deren Verantwortungsbereich die Festlegung der übergeordneten Unternehmensziele liegt. Diese Überlegung wird bei der Betrachtung der Compliance-Ziele nochmals aufzu-

---

77 So z.B. so z.B.: Schechner, Erich, Gewissenlose Unternehmen, auf: no:os, 2007, 15, verfügbar unter: http://www.abile.org/documents/noos/NOOS_15_GEWISSEN.pdf, letzter Abruf am: 20.11.2013(Schechner [Gewissen])
78 §1 des IHK-Gesetzes überträgt zwar den IHKs die Aufgabe „für Wahrung von Anstand und Sitte des ehrbaren Kaufmanns zu wirken", der Begriff wird aber im Gesetz nicht näher definiert
79 Vgl. Versammlung Eines Ehrbaren Kaufmanns zu Hamburg e.V., Leitbild des Ehrbaren Kaufmanns (Online), verfügbar unter: http://www.veek-hamburg.de/wp-content/uploads/2011/07/VEEK-dtsch_2011.pdf, letzter Abruf am: 14.01.2014 (VEEK [Leitbild])

greifen sein. Eine solche Zielsetzung wird sich z.B. regelmäßig bei nicht gewerblich sondern gemeinnützig geprägten Organisationen finden.

2.5. Compliance-Management-System

Nachdem die Begriffsbedeutung ‚Compliance' eingegrenzt wurde, ist es notwendig zu beschreiben, was ein Compliance-Management-System im Grundsatz darstellt. Eine solche Definition zu Beginn der Ausarbeitung ist nicht unproblematisch, da gerade die zu erarbeitenden betriebswirtschaftlichen Grundsätze für die Ausgestaltung von CMS die Zielsetzung der Ausarbeitung darstellen und diese Grundsätze letztlich Teil der Definition darstellen, was ein CMS ausmacht. Umgekehrt können die Grundsätze nur erarbeitet werden, wenn zuvor festgelegt wird, welche Aufgabenstellung ein CMS haben soll und wie es sich von anderen Bereichen und Aufgaben innerhalb eines Unternehmens abgrenzt.

Es soll dazu an die dargestellte Kritik aus der Wirtschaft am Entwurf des IDW PS 980 angeknüpft werden. In Stellungnahmen wurde kritisiert, dass die Einhaltung von Verträgen als Gegenstand der Compliance und damit scheinbar als Aufgabe „des" CMS genannt war. Gleichwohl kann es wohl als Binsenwahrheit bezeichnet werden, dass Verträge einzuhalten sind (pacta sunt servanda!). Den in Verträgen enthaltenen Regelungen und Anforderungen ist zu entsprechen, d.h. sie bedürfen einer Compliance. Ebenso selbstverständlich sollte es entsprechend sein, dass Unternehmen tunlichst dafür Sorge tragen, dass diese Regelungen und Anforderungen eingehalten werden. Niemand wird ernsthaft behaupten wollen, dass z.B. ein Unternehmen einen Vertrag über die Lieferung einer Spezialmaschine abschließt, die besondere, auf die Bedürfnisse des Kunden abgestellte Spezifikationen erfordert und nicht bereits zuvor sicherstellt, dass es diese Spezifikationen erfüllen und die Lieferung sicherstellen kann. Alles andere könnte nicht nur einen Betrugsverdacht auslösen, sondern wäre vor allen Dingen wirtschaftlich kaum sinnvoll.

Wenn Compliance-Verantwortliche aber Kritik daran äußern, dass das IDW auch die Einhaltung von Verträgen in die Definition von Compliance aufnimmt, dann liegt das offenbar daran, dass sie bei einer Einordnung dieser Pflicht in den Begriff ‚Compliance' automatisch davon ausgehen, dass dann auch die Compliance-Organisation als Institution für die Sicherstellung der Compliance in dieser Hinsicht verantwortlich ist. Diese ‚Befürchtung' lässt eine mangelhafte Abgrenzung zwischen den Begriffen ‚Compliance' und ‚CMS' sowie der Compliance-Organisation als Prozess einerseits und als Institution andererseits erkennen. Da es bereits bei dem Begriff ‚Compliance-Organisation' der Unterscheidung zwischen der Institution und dem Prozess bedarf[80], bietet es sich zu besseren Unterscheidung zunächst an, die Institution, d.h. die mit Compliance beauftragten Mitarbeiter eines Unternehmens, soweit sie denn in gesonderten Organsiationseinheiten zusammengefasst sind, mit ‚Compliance-Abteilung' zu bezeichnen. Tatsächlich beschäftigen

---

80 Diesbezüglich wird auf die Ausführung im Kapitel zu ‚Compliance-Organisation' verwiesen

sich die entsprechenden Compliance-Abteilungen regelmäßig nur mit ausgewählten Rechts- bzw. Anforderungsgebieten.

Die Einhaltung von Verträgen ist hier zumindest nicht in größerer Anzahl als Aufgabengebiet zu finden.

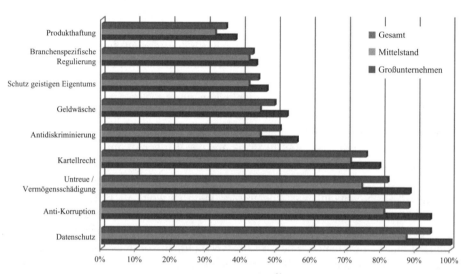

Abbildung 1 Für CMS als relevant erachtete Rechtsgebiete[81]

Dies bedeutet aber nicht, dass Unternehmen auf die Einhaltung von Verträgen keinen Wert legen. Vielmehr wird diese Aufgabe nicht durch die Compliance Abteilung wahrgenommen, sondern ist Teil des „regelmäßigen" operativen Handelns des Unternehmens. Die Aussage „die Sorge um die Einhaltung der Vertragsverpflichtungen selbst ... getrost den Vertragsparteien überlassen bleiben (kann)"[82] bestätigt dieses Feststellung, dass die Einhaltung von Vertragsverpflichtungen von Unternehmen sehr wohl sichergestellt wird, gleichwohl offenbar nicht als Teil der Compliance im Sinne von ‚Aufgabe der Compliance-Abteilung' erachtet wird. Bereits bei der Definition des Begriffs wurde hergeleitet, das es nicht zutreffend ist, die Einhaltung einzelner Pflichten nicht unter dem Begriff ‚Compliance' zu subsumieren. Unternehmen können trotzdem für diese Verpflichtung eine ‚gesonderte' Betrachtung und Behandlung in einer gesonderten Compliance-Abteilung verneinen, soweit eine Sicherstellung der Vertragseinhaltung bereits in den Beschaffungs- bzw. Absatzprozessen eingebettet ist und im Zweifel auch durch eine Rechtsabteilung begleitet wird. Auch hierdurch wird Compliance sichergestellt, denn Compli-

---

81 KPMG AG Wirtschaftsprüfungsgesellschaft, Compliance-Benchmarkstudie – Zusammenfassung, 2013a (KPMG [2013-Gesamt])
82 BASF [Stellungnahme PS 980], 15.10.2013 S. 1

ance ist, „organisatorisch gesehen, die Sicherstellung der Übereinstimmung der Handlungen der Organisationsmitglieder von relevanten Vorschriften"[83]. Die Organisation von Compliance muss kein abgeschlossener, institutioneller Organisationsteil sein. In der Unternehmenspraxis liegt die Sicherstellung der Einhaltung unterschiedlicher Regeln regelmäßig im Aufgabenbereich unterschiedlicher organisatorischer Einheiten, Abteilungen oder Arbeitsgruppen innerhalb der Gesamtorganisation.

Ein Compliance-Management-System ist entsprechend auch nicht von einer bestimmten organisatorischen Umsetzung oder Separierung abhängig, sondern stellt „die auf der Grundlage der von den gesetzlichen Vertretern festgelegten Ziele eingeführten Grundsätze und Maßnahmen eines Unternehmens ... (dar), die auf die Sicherstellung eines regelkonformen Verhaltens der gesetzlichen Vertreter und der Mitarbeiter des Unternehmens sowie ggf. von Dritten abzielen, d.h. auf die Einhaltung bestimmter Regeln und damit auf die Verhinderung von wesentlichen Verstößen"[84]. Unter CMS ist nicht die institutionelle Umsetzung von Compliance Maßnahmen zu verstehen. Der Begriff bezieht sich nicht auf den oder die konkreten Prozesse zur Sicherstellung von Compliance, sondern beschreibt ein komplexes System aus Maßnahmen, Regeln, Institutionen, usw. mit denen das Unternehmen insgesamt die Einhaltung von Regeln sicherstellt. Dabei kann es sich um ein einheitliches System zur Einhaltung aller Regeln handeln, ebenso können unterschiedliche einzuhaltende Regeln aber auch unterschiedliche System erfordern. Diese können mehr oder weniger starke Überlappungen und Verbindungen haben oder auch mehr oder weniger stark nebeneinander vorhanden sein.

Das IDW hat in seinem Prüfungsstandard den Begriff der ‚abgegrenzten Teilbereiche' definiert[85]. So kann sich z.B. in einem Konzern die systemische Ausgestaltung von Compliance Maßnahmen in einzelnen Tochterunternehmen sich – z.B. abhängig von der Rechtsform und damit von der Governance-Struktur – von dem System der Konzernmutter unterscheiden. Das Rechtsgebiet in dem die Einhaltung der Regeln sichergestellt werden soll, wird sich regelmäßig ebenso auf die Ausgestaltung des CMS auswirken. Regeln, die eng mit operativen Prozessen verbunden sind – wie z.B. die sozialversicherungsrechtlichen Vorschriften mit dem Prozess der Gehaltsabrechnung – werden effizient insgesamt direkt in diese Prozesse eingebunden sein. Die notwendigen Compliance Maßnahmen sind Teil des Personalmanagementsystems. Eine Trennung der betrieblichen Abrechnung von Löhnen und Gehältern einerseits und Sicherstellung der steuer- und sozialversicherungsrechtlichen Pflichten andererseits wäre wenig effizient. Umso allgemeiner und prozessübergreifender Regeln sind, umso mehr steigt die Notwendigkeit, die Maßnahmen separat – auch in eigenen institutionellen Formen – zu steuern. Z.B. besteht die Gefahr des Verstoßes gegen Vorschriften zum Verbot von aktiver oder passiver Bestechung zumindest theoretisch an einer Vielzahl von Prozessschritten

---

83 Thielemann [Integrity], 2005, S.34
84 IDW [PS 980], 2011b Tz. 6
85 Ebenda

im Unternehmen. Während auch hier möglichst eine Vielzahl von einzelnen Maßnahmen unmittelbar in operative Prozesse eingebaut werden sollte, verbleibt eine Vielzahl von Maßnahmen, Prozessen, Richtlinien, etc., die auf eine Mehrzahl von operativen Prozessen anwendbar sind. Es ergibt sich die Notwendigkeit, diese Maßnahmen, etc. insgesamt über die operativen Prozesse hinweg zu steuern, d.h. ein mit den operativen Prozessen zwar eng vernetztes, aber unabhängig von diesen ausgestaltetes CMS zu strukturieren.

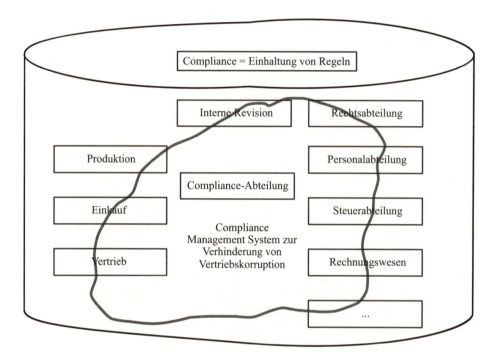

Abbildung 2 Organisatorische Einordnung eines CMS am Beispiel CMS-Vertriebskorruption

Die Einhaltung von Compliance wird somit nicht nur durch separate CMS sichergestellt, sondern regelmäßig auch in operativen Prozessen. Insoweit ist z.B. auch das Personalmanagementsystem ein CMS. Dieses ist nicht separat ausgestaltet und implementiert, sondern völlig in das Personalmanagementsystem integriert. Regelmäßig werden die entsprechenden Maßnahmen und Prozesse aber nicht als CMS bezeichnet. Obwohl es auch Literaturmeinungen gibt, die vorschlagen, alle Compliance Tätigkeiten in der Personalabteilung zu bündeln, „da hier die Fallstricke sich in Verstößen zu verheddern, besonders groß sind"[86]. Die Begrifflichkeit ‚CMS'

---

[86] Behringer, Stefan Prof. Dr., Die Organisation von Compliance in Unternehmen, S. 374, mit Verweis auf Hauschka, Corporate Compliance, S. 474 (Behringer [Compliance Kompakt])

ist eng mit dezidierten Compliance-Abteilungen verbunden, deren Maßnahmen sich dadurch auszeichnen, dass sie zwar mit operativen Prozessen vernetzt sind, gleichwohl aber oberhalb dieser Prozesse stehen und regelmäßig mehrere Prozesse betreffen. Die Anforderungen, die an solche dezidierte, separate CMS zu stellen sind, können regelmäßig auch auf andere Abteilungen oder Prozesstrukturen – wie z.B. das Personalmanagement – übertragen werden. Häufig wird hierbei aber der Kreis der Personen, die die relevanten Regeln zu beachten haben geringer sein und die Art und Weise der Sicherstellung von Regeln stärker strukturiert sein. Für diese Arbeit soll unter CMS stets ein mit den operativen Prozessen zwar eng vernetztes aber grundsätzlich neben oder oberhalb dieser Prozesse eingeführtes dezidiertes System zur Compliance verstanden werden.

Für alle Rechtsgebiete ist die Unternehmensführung für die Sicherstellung der Compliance verantwortlich. Gleichwohl wird – im Wesentlichen abhängig von der Unternehmensgröße – nur in den wenigsten Unternehmen das oberste Management selbst unmittelbar Compliance-Aufgaben wahrnehmen. Regelmäßig wird dies auf eine untere Leitungsebene delegiert werden. Der Unternehmensleitung obliegt dann die Beaufsichtigung derjenigen, auf die sie Compliance-Aufgaben delegiert hat.

Die KPMG Studie ergab, dass in 61% der kleinen und mittelständischen[87] und in 88 % der großen und börsennotierten Unternehmen[88] eine institutionalisierte Compliance-Organisation vorhanden ist. Jeweils 81% der befragten Unternehmen gaben an, dass es ein Topmanagement-Gremium zu Compliance gibt, d.h. auch insoweit Compliance nicht ausschließlich durch das Topmanagement selber verantwortet wird, sondern zumindest teilweise auf ein im Topmanagement angeordnetes Gremium übertragen wird.

Der Unternehmensleitung obliegt neben der Beaufsichtigung und der Auswahl der zu Beauftragenden aber zunächst die Festlegung notwendiger Vorgaben, d.h. die grundsätzlichen strategischen Entscheidungen zu Compliance. Damit ordnet sich das CMS in eine Zwischenstellung zwischen strategischen Entscheidungen einerseits und operativen Prozessen andererseits, wobei es mit beiden Bereichen eng vernetzt ist.

---

87 KPMG [Benchmark-I], 2013b, S. 27
88 KPMG [Benchmark-II], 2013c, S. 27

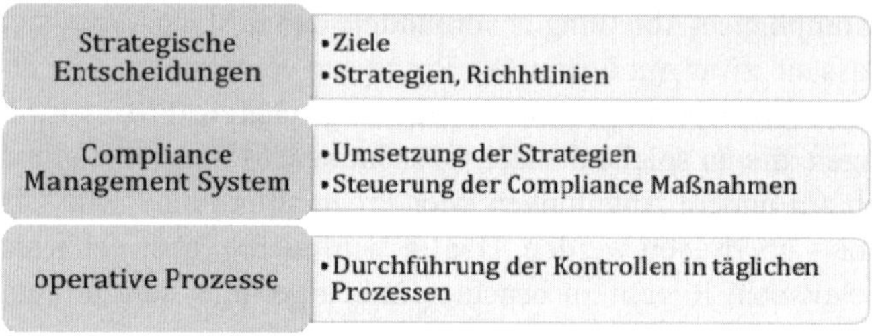

Strategische Entscheidungen	• Ziele • Strategien, Richhtlinien
Compliance Management System	• Umsetzung der Strategien • Steuerung der Compliance Maßnahmen
operative Prozesse	• Durchführung der Kontrollen in täglichen Prozessen

Abbildung 3 Hierarchische Stellung von CMS[89]

Diese Einordnung entspricht sowohl der Einordnung nach Anthony/Govindarajan[90], die Management Controls zu Strategie-Entscheidungen und zur Prozesssteuerung abgrenzen, wie auch der Abgrenzung, die COSO zwischen Enterprise Risk Management und Internal Controls[91] vornimmt. COSO verortet die strategischen Entscheidungen ebenfalls in Vorstand und Aufsichtsrat (Board oversight) des Unternehmens[92]. Die Governance Verantwortung von Vorstand und Aufsichtsrat richtet sich auf diese grundsätzlichen, strategischen Entscheidungen, Steuerungen und Überwachungen des Unternehmens. Hierzu gehört auch die übergeordnete Risikoanalyse, die zu der strategischen Entscheidung führt, in welchen Compliance Teilbereichen die Einrichtung eines CMS erforderlich ist.

2.6. IKS – RMS – CMS

2.6.1. Einleitung
Eine Beschäftigung mit CMS erfordert die Abgrenzung des CMS von oder die Einordnung des CMS im Verhältnis zu Risikomanagement- und Internen Kontrollsystemen. Beide Begriffe sind u.a. in das AktG aufgenommen worden[93]. Weder aus dem Gesetzestext selber, noch aus den Gesetzesmaterialien lassen sich verlässliche Definitionen ableiten.[94] „In der Literatur finden sich verschiedene Definitionen und Abgrenzungen, die einzelne Komponenten, verbunden, integriert oder unabhängig

---

89 in Anlehnung an Anthony, Robert Newton / Govindarajan, Vijay, Management control systems, 2007, S. 7 (Anthony/Govindarajan [Management])
90 Vgl. Ebenda S. 6 ff.
91 Vgl.COSO [IC updated], 2013 S. 181
92 Vgl. Ebenda S. 6
93 § 107 Abs. 3 AktG
94 Vgl. Withus, Karl-Heinz, Zur Umsetzung der HGB-Modernisierung durch das BilMoG: Wirksamkeitsüberwachung interner Kontroll- und Risikomanagementsysteme durch Aufsichtsorgane kapitalmarktorientierter Gesellschaften, in: DB, 23/ 2009; S. 85 (Withus [Wirksamkeitsüberwachung])

voneinander sehen"⁹⁵. Das wesentliche gemeinsame Merkmal der Verwendung dieser und anderer Begriffe in der Literatur und auch in Gesetzeswerken ist, dass meistens keine wirksame Definition der Begriffe und keine Abgrenzung von anderen Begriffsverwendungen erfolgt. Küting/Busch schreiben nicht unberechtigt vom „Wirrwarr der Überwachungsbegriffe⁹⁶", bieten aber selber auch keine schlüssige Definitionskette an.

Das CMS gilt als Bestandteil des Risikomanagementsystems[97], diese Aussage wird noch zu begründen sein, auch dafür ist es erforderlich sich auf eine verlässliche Definition und Abgrenzung zu einigen. Auch der Rückgriff auf anerkannte allgemeine Rahmenwerke erfordert eine entsprechende Klarstellung, da diese sich eben auf RMS oder IKS beziehen und Compliance als Bestandteil dieser Systeme behandeln[98].

2.6.2. COSO Internal Control – Integrated Framework

Die bekanntesten Vertreter der allgemeinen Rahmenwerke[99] im Themenbereich Risikomanagement und Interne Kontrollsysteme sind die COSO[100] Rahmenwerke. Für das interne Kontrollsystem (IKS) dient das COSO-Internal Control-Framework (COSO IC)[101] als „Best Practice"[102]. COSO ist eine US-Amerikanische Arbeitsgemeinschaft verschiedener berufsständischer Organisationen, die sich alle mit betriebswirtschaftlichen Fragen, insbesondere im Gebiet der internen und externen Prüfung von Unternehmen beschäftigen. Die Arbeitsgemeinschaft wurde in den 80er Jahren des letzten Jahrhunderts zur Unterstützung der nach ihrem ersten Vorsitzenden benannten Treadway Commission gegründet, die sich mit der Problematik betrügerischer Finanzberichterstattung beschäftigt. COSO untersuchte Ursachen solcher Bilanzierungsskandale und stellte dabei fest, dass diese häufig in fehlenden Internen Steuerungs- und Kontrollsystemen lagen. In der Folge untersuchte COSO welche Aspekte herangezogen werden können, um solche Systeme zu implementieren und deren Wirksamkeit zu beurteilen. Im Mai 2013 veröffentlichte COSO eine Aktualisierung des Internal Control Frameworks, die die wesentlichen Grundsätze von COSO IC beibehielt und durch die Benennung von Principles und leicht ver-

---

95 Arbeitskreis Externe und Interne Überwachung der Unternehmung der Schmalenbach-Gesellschaft für Betriebswirtschaft e.V. (AKEIÜ), Überwachung der Wirksamkeit des internen Kontrollsystems und des Risikomanagementsystems durch den Prüfungsausschuss – Best Practice, in: DB, 2011/ 38(Schmalenbach-Gesellschaft [Best Practice])
96 Küting, Karlheinz Prof. Dr. / Busch, Julia, Zum Wirrwarr der Überwachungsbegriffe, in: DB, 26/ 2009 (Küting/Busch [Wirrwarr])
97 Vgl.Campos Nave, Jose A. / Bonenberger, Saskia, Korruptionsaffären, Corporate Compliance und Sofortmaßnahmen für den Krisenfall, in: BB, 2008/ 15; S. 735 (Campos Nave/Bonenberger [Korruptionsaffären])
98 Vgl. u.a.COSO, Internal Contol – Integrated Framework; 1994, S. 13; sowie die anderen COSO Rahmenwerke (COSO [Internal Control])
99 Zur Definition des Begriffs „allgemeines Rahmenwerk", vgl. 3.1
100 Committee of the Sponsoring Organizations of the Treadway Commission
101 COSO [IC updated], 2013
102 Schmalenbach-Gesellschaft [Best Practice], 2011, S. 2102

änderten Definitionen konkretisierte. Die Änderungen sind evolutionär, nicht revolutionär[103]. In dieser Ausarbeitung wird durchgängig auf die COSO Rahmenwerke COSO Enterprise Risk Management – Integrated Framework (COSO ERM)[104] und COSO IC[105] Bezug genommen werden.

Die erste Fassung des Rahmenwerks COSO IC (1992)[106] befasste sich mit der Steuerung der internen Prozesse im Unternehmen zur Identifizierung von und Reaktion auf Risiken. Auf Grund der Unterschiede, die sich bei der praktischen Umsetzung von Internal Controls und der unmittelbaren oder mittelbaren Auswirkung von Risiken auf die Unternehmensziele ergeben können, unterscheidet COSO IC zwischen drei Kategorien:

- Unmittelbare operative Zielen (und diesbezügliche Risiken) einer Organisation
- Zielsetzungen in Bezug auf die Berichterstattung[107]
- Einhaltung von Regeln (Compliance), die sich aus den originären operativen Zielen ableiten bzw. die operative Zielerreichung beeinflussen.

Zum Verständnis des Namens ‚Internal Controls – Integrated Framework' ist es wichtig, dass der Terminus ‚Control' im Englischen nicht nur für Kontrolle im Sinne von etwas Überwachen steht, sondern die wesentlich umfassendere Bedeutung des ‚to be in control' im Sinne von Leitung, Steuerung beinhaltet[108].

Das als deutsche Übersetzung benutzte Wort ‚Kontrolle' leitet sich zunächst unmittelbar aus dem französischen Wort ‚contrôle' ab[109]. Es beinhaltet entsprechend „Überprüfung, durch die festgestellt werden soll, ob etwas in Ordnung, richtig durchgeführt ist"[110]. Entsprechende Synonyme sind ‚Überwachung' und ‚Revision'. Küting/Busch ist aber nicht zuzustimmen, wenn sie den Begriff eingeengt auf eine „Abstimmung zwischen Ist- und einem Soll-Zustand"[111] auslegen. Horváth weist zu Recht darauf hin, dass „in der angelsächsischen Literatur der Begriff ‚Con-

---

103 KPMG LLP, COSO Releases Internal Control – Integrated Framework (2013); 2013, S. 1 „The changes made to update the 1992 Framework are evolutionary, not revolutionary." (KPMG [Defining Issues 13–26])
104 COSO, Enterprise Risk Management – Integrated Framework; 2004a (COSO [ERM])
105 Soweit nicht anders ausgeführt wird auf die in 2013 aktualisierte Fassung Bezug genommen: COSO [IC updated], 2013
106 COSO [Internal Control], 1994
107 In der ursprünglichen Fassung aus 1992 noch beschränkt auf die Finanzberichterstattung
108 Merriam-Webster [comply], 14.08.2013 „a mechanism for adjusting the operation of a device, machine, or system", vgl. auch DIIR Deutsches Institut für Interne Revision, Grundsätze des Internen Kontrollsystems (IKS) – Version 06/2001 (Online), verfügbar unter: http://www.diir.de/arbeitskreise/ak09/pruefungshandbuch/iks/grundsaetze-des-internen-kontrollsystems-iks/, letzter Abruf am: 11.01.2014 (DIIR [IKS])
109 So auch Küting, Karlheinz Prof. Dr. / Busch, Julia, Zum Wirrwarr der Überwachungsbegriffe, in: DB, 2009/ 26; S. 1361 (Küting/Busch [Wirrwarr])
110 Wissenschaften, Berlin-Brandenburgische Akademie der, Das Digitale Wörterbuch der deutschen Sprache (Online), verfügbar unter: http://www.dwds.de/?qu=Kontrolle, letzter Abruf am: 30.08.2013 (DWDS [Stichwort Kontrolle])
111 Küting/Busch [Wirrwarr], 2009a, S. 1361

trol' seit jeher weiter gefasst[112]" ist. Die englische Sprachbedeutung umfasst neben der vergleichbaren Bedeutung ‚check, test or verify by evidence' auch die Bedeutung ‚to exercise restraining or directing influence over' bzw. ‚to have power over' im Sinne von ‚to regulate'[113]. Als Synonym wird im Englischen das Verb ‚to conduct' angeführt, die Wortbedeutung hierfür ist ‚the act, manner, or process of carrying on'[114]. Sjurts[115] stellt zwei Grundauffassungen des Begriffs Kontrolle in der deutschen betriebswirtschaftlichen Literatur dar: „Kontrolle als Überwachung und Kontrolle durch bzw. als Verhaltensbeeinflussung".

2.6.3. Internes Kontrollsystem – IKS

Das Institut der Wirtschaftsprüfer in Deutschland (IDW) greift die Definition aus COSO IC in seinen Prüfungsstandards auf[116] und wählt als Übersetzung den Begriff ‚Internes Kontrollsystems (IKS)'. Diese Übersetzung kann sicherlich als allgemein gebräuchlich bezeichnet werden, ohne das dadurch immer völlig klar ist, was mit dem Begriff gemeint ist, bzw. welche Tätigkeiten oder Bereiche in einem Unternehmen davon umfasst werden. Da im Sprachgebrauch das Wort „Kontrolle" vielfach – wie dargestellt – eher im Wortsinn von Überwachung verstanden wird[117], beinhaltet die Übersetzung die Gefahr, das IKS mit den Kontrollen im engeren Sinne gleich zusetzen, die von COSO als ‚Control Activities' bezeichnet werden. Das Rahmenwerk beschäftigt sich aber nicht nur mit Kontrollen im engeren Sinne, sondern ebenso mit den Zielen, der Risikobewertung, der Systemüberwachung sowie den Kommunikationsstrukturen, eben dem gesamten System zur Steuerung von Risiken im Unternehmen. So definiert das IDW im IDW PS 261 folgerichtig, dass das IKS aus zwei Subsystemen, dem internen Steuerungssystem und dem internen Überwachungssystem besteht[118]. Das IDW führt die von COSO IC bekannten Komponenten eines IKS auf, ordnet diese aber nicht den beiden Subsystemen zu. Lück verlangt dagegen eine Übersetzung des englischen Begriffs „Internal Control System" mit „Internes Überwachungssystem", da nur hierdurch die Interne Re-

---

112 Horvárth, Peter, Anforderungen an ein modernes Internes Kontrollsystem, in: WpG, Sonderheft Dezember 2003/ 2003; S. 212 (Horváth [Internes Kontrollsystem])
113 Merriam-Webster [comply], 14.08.2013
114 Merriam-Webster.com, „conduct" (Online), verfügbar unter: http://www.merriam-webster.com/dictionary/conduct letzter Abruf am: 30.08.2013 (Merriam-Webster [conduct])
115 Sjurts, Insa, Kontrolle, Controlling und Unternehmensführung: Theoretische Grundlagen und Problemlösungen für das operative und strategische Management, 1995, S. 112 (Sjurts [Kontrolle])
116 Institut der Wirtschaftsprüfer in Deutschland (IDW), IDW Prüfungsstandard: Feststellung und Beurteilung von Fehlerrisiken und Reaktionen des Abschlussprüfers auf die beurteilten Fehlerrisiken (IDW PS 261); 2006(IDW [PS 261])
117 Duden, „Kontrolle" (Online), verfügbar unter: http://www.duden.de/rechtschreibung/Kontrolle, letzter Abruf am: 22.8.2014 (Duden [Kontrolle])
118 Institut der Wirtschaftsprüfer in Deutschland (IDW), IDW Prüfungsstandard: Feststellung und Beurteilung von Fehlerrisiken und Reaktionen des Abschlussprüfers auf die beurteilten Fehlerrisiken (IDW PS 261 n.F.); 2012, Tz. 20 (IDW [PS 261 n.F.])

vision mit erfasst würde[119]. Auch wenn es zutreffend ist, dass die Interne Revision Bestandteil eines Internal Control Systems ist, bedeutet dies keineswegs, dass eine Übersetzung des Begriffs „Control" mit „Überwachung" zutreffender als die Übersetzung „Kontrolle" ist. Das Deutsche Instituts für Interne Revision stellt fest „die Begriffe ‚internal control system', ‚Internes Kontrollsystem (IKS)' und ‚Internes Überwachungssystem (IÜS)' werden häufig mit nahezu gleicher Wortbedeutung verwendet"[120]. Das macht die Verwirrung aber nicht geringer, denn was das IDW als eines der Subsysteme des IKS versteht, sieht das DIIR also als synonymen Begriff für das IKS.

Beide Übersetzungen umfassen – zumindest jeweils für sich genommen – nicht die gesamte Breite der Inhalte eines ‚Internal Control Systems'. Die englische Wortbedeutung von ‚to control' umfasst tatsächlich „the ability to direct the course of something"[121]. Eine zutreffendere deutsche Übersetzung des Wortes „control" wäre der deutsche Begriff „Lenkung"[122]. Die Lenkung eines Systems erfolgt sowohl durch grundsätzliche Vorgaben zu Prozessabläufen als auch durch Überwachung der Einhaltung dieser Vorgaben und gegebenenfalls notwendiges Nachsteuern in den Vorgaben oder Durchsetzen der Vorgaben durch Sanktionen. Robert Anthony definierte schon 1965 Management Control als „the process by which management influence other members of the organization to implement the organization's strategies[123]". Entsprechend wird von COSO ‚Internal Control' als Prozess verstanden, der die Zielerreichung im Unternehmen hinreichend sicherstellen soll[124]. Internal Control kann somit genauso gut als Internes Lenkungssystem bezeichnet werden. Definiert man als Aufgabe von Management „ein System unter Kontrolle zu bringen und unter Kontrolle zu halten"[125] und versteht dabei ‚Kontrolle' ebenfalls im Sinne von ‚lenken', kann ‚Internal Control' auch mit ‚Management' übersetzt werden.

Küting/Busch und auch Lück, auf den sich Küting/Busch beziehen, ist folglich zuzustimmen, wenn sie von einer falschen Übersetzung sprechen. Ebenso zutreffend ist aber, dass Sprache und damit die Verwendung von Begriffen lebt. Die betriebswirtschaftliche Praxis hat – sicherlich nicht zuletzt durch die inhaltlich zutreffende Anwendung von COSO Internal Control – dem Wort Kontrolle mit der Zeit auch die umfassendere englische Bedeutung im Sinn von ‚beherrschen, entschei-

---

119 Vgl. Lück, Wolfgang, WP/StB Prof. Dr. Dr. h.c., Elemente eines Risiko-Managementsystems, in: DB, 1998/ 01/02; mit Verweis auf Lück/Makowski,WPK-Mitteilungen1996 S.157. (Lück [Risikomanagement])
120 DIIR [IKS], 11.01.2014
121 Merriam-Webster.com, „Control" (Online), verfügbar unter: http://www.merriam-webster.com/thesaurus/control, letzter Abruf am: 23.08.2013 (Merriam-Webster [control])
122 dict.leo.org, „control" (Online), verfügbar unter: http://dict.leo.org/#/search=control&searchLoc=0&resultOrder=basic&multiwordShowSingle =on letzter Abruf am: 10.10.2013 (Leo.org [control])
123 Anthony, Robert Newton, The Management Control Fuction, 1965, S. 10 (Anthony [Control Function])
124 Vgl.COSO [Internal Control], 1994, Framework S. 13 ff.
125 Malik [Management], 2005, S. 65

denden (wirtschaftlichen) Einfluss ausüben'[126] zukommen lassen. Da es Ziel ist für diese Arbeit ein einheitliches Verständnis von Begriffen zu gewährleisten, sollen die Begriffe IKS und Internal Control daher synonym verwendet werden. Eine strenge Auslegung an Wortherkunft ist für Zwecke der inhaltlichen Auseinandersetzung nicht sinnvoll.

2.6.4. Risikomanagementsystem (RMS)

Vielfach wird in der Praxis unter Risikomanagement nur die Gesamtheit der Prozesse zur Identifizierung und Bewertung von Risiken verstanden. Dies wird dann entweder als dem Internem Kontrollsystem (IKS) vorgelagerte Organisation oder als Teil des IKS verstanden. Eine Betrachtungsweise, die sich scheinbar aus COSO IC ableitet, das einen Schwerpunkt auf die Control Activities legt und das die Risikoerkennung und Bewertung als Ausgangsbasis für die Internal Controls zu beschreiben scheint.

Bezogen auf die Identifizierung und Bewertung der Risiken, beschrieb das Institut der Wirtschaftsprüfer in seinen Prüfungsstandards noch bis ins Jahr 2010 hinein das RMS als Teil des IKS[127]. COSO stellt in seinem Rahmenwerk zum unternehmensweiten Risikomanagement aber klar, dass das Interne Kontrollsystem (IKS) ein integraler Bestandteil des RMS ist[128]. Diese unterschiedliche Darstellung verwirrte insbesondere vor dem Hintergrund, dass das IDW seine Definition eines internen Kontrollsystems aussagegemäß auf COSO I – Internal Control – Integrated Framework aufbaut[129]. Gleichzeitig kam das IDW aber bei dieser zentral wirkenden Definition zu genau entgegengesetzter Aussage zu den COSO Rahmenwerken, stimmte aber in einer Stellungnahme an COSO wiederum der Auffassung von COSO zu[130]. Bezogen auf COSO IC erschien diese Aussage begründet, schließlich wird hier auch das Erkennen und Bewerten von Risiken beschrieben. Tätigkeiten, die im Wesentlichen deckungsgleich mit dem nach § 91 Abs. 2 AktG erforderlichen Risikofrüherkennungssystem (RFES) sind[131]. Eine uneinheitliche Verwendung der Begriffe wurde bereits 2000 von Konradt/Engelmann festgestellt[132], hieran hat sich bis heute – zumindest in der Praxis – nicht wirklich etwas geändert. Die Schmalenbach-Gesellschaft stellt zu Recht fest, dass eine synonyme Verwendung der Begriffe Risikofrühererkennungssystem und Risikomanagementsystem nicht

---

126 DWDS [Stichwort Kontrolle], 30.08.2013
127 Vgl. IDW [PS 261], 2006Tz. 24
128 COSO [ERM], 2004a, Executive Summary
129 Institut der Wirtschaftsprüfer in Deutschland (IDW), IDW Prüfungsstandard: Die Prüfung des Internen Kontrollsystems beim Dienstleistungsunternehmen für auf das Dienstleistungsunternehmen ausgelagerte Funktionen (IDW PS 951); 2010, Tz. 14 (IDW [PS 951])
130 Institut der Wirtschaftsprüfer in Deutschland, IDW Stellungnahme: Enterprise Risk Management Framework, in: WpG, 24/2003/ 2003(IDW [Stellungnahme]) „… the internal control system, which represents a part of the system by which management responds to risk"
131 Küting/Busch bezeichnen das Risikofrüherkennungssystem als RMS im engeren Sinne
132 Vgl.Konradt, Thomas / Eggemann, Gerd, Risikomanagement nach KonTraG aus dem Blickwinkel des Wirtschaftsprüfers, in: BB, 2000/ 2000; FN. 7 (Konradt/Eggemann [KonTraG])

zutreffend ist.[133] Allerdings wird der Unterschied hier vorrangig damit begründet, dass das RFES sich gemäß gesetzlicher Anforderung nur auf bestandsgefährdende Risiken bezieht. Im Jahr 2009 wurde im PS 261 die Aussage, dass das RMS Teil des IKS ist ohne nähere Begründung ersatzlos gestrichen[134].

Im IDW PS 340 zur Prüfung des Risikofrüherkennungssystems wird bereits seit 2000 als Risikomanagementsystem „die Gesamtheit aller organisatorischen Regelung und Maßnahmen zur Risikoerkennung und zum Umgang mit den Risiken unternehmerischer Betätigung"[135] und das Risikofrüherkennungssystem als Teilaspekt des RMS bezeichnet. Diese Definition deckt sich im Wesentlichen mit der im Deutschen Rechnungslegungsstandard DRS 20[136], auch wenn hier systematisch zutreffend der Umgang mit Chancen auch zum RMS zugeordnet wird.

Kajüter grenzt den Begriff Risikomanagementsystem zunächst zum „Risikomanagement" im institutionellem Sinn ab, der die „organisatorische Einheit" beschreibt, die sich „mit Aufgaben des Risikomanagements befasst" und definiert RMS als „Gesamtheit aller organisatorischen Regeln und Maßnahmen zum strukturierten Umgang mit Risiken in Unternehmen"[137]. Dieser Abgrenzung ist zu folgen. Bezüglich des Risikomanagementssystems spricht Kajüter von drei Subsystemen[138]:

- Risikofrüherkennung
- Risikobewältigung und
- interne Überwachung.

Betrachtet man die von ihm vorgenommene weitere Definition zu diesen von ihm als „Subsysteme" bezeichneten Komponenten eines RMS zeigt sich, dass eine weitgehende Deckung mit den Komponenten eines IKS nach COSO IC vorliegt. Die von Kajüter außerdem dargestellten Gestaltungsparameter, die den Rahmen für die Subsysteme bilden, sollen zunächst bewusst ignoriert werden.

---

133 Vgl. Arbeitskreis Externe und Interne Überwachung der Unternehmung der Schmalenbach-Gesellschaft für Betriebswirtschaft e.V. (AKEIÜ), Aktuelle Herausforderungen im Risikomanagement – Innovationen undLeitlinien, in: DB, 2010/ 23; S. 1247 (Schmalenbach-Gesellschaft [Aktuelle Herausforderungen])
134 Der Autor hatte dies im Vorfeld der Änderungen durch Ausarbeitung entsprechender Vorlagen an die Entscheidungsgremien des IDW empfohlen
135 Vgl.Institut der Wirtschaftsprüfer in Deutschland (IDW), IDW Prüfungsstandard: Die Prüfung des Risikofrüherkennungssystems nach § 317 Abs. 4 HGB (IDW PS 340); 2011a, TZ. (4) (5) (IDW [PS 340])
136 DRSC Deutsches Rechnungslegungs Standards Committee, Deutscher Rechnungslegungs Standard Nr. 20 (DRS 20) Konzernlagebericht; 2012, Tz. 11 (DRSC [DRS 20])
137 Vgl.Kajüter, Peter, Riskomanagement im Konzern, 2012, S. 21 (Kajüter [Risikomanagement])
138 Vgl.Ebenda, S. 114

Insgesamt kann festgehalten werden, dass das von Kajüter definierte Risikomanagementsystem deckungsgleich ist mit den Inhalten von COSO IC und damit im Ergebnis auch der Definition nach IDW PS 261.

Begriff und Herkunft	Definition
Internal Control nach COSO IC 2013	Internal control is a process, effected by an entity's board of directors, management, and other personnel, designed to provide reasonable assurance regarding the achievement of objectives relating to operations, reporting, and compliance.
Internes Kontrollsystem nach IDW PS 261 n.F.	von dem Management im Unternehmen eingeführten Grundsätze, Verfahren und Maßnahmen (Regelungen) verstanden, die gerichtet sind auf die organisatorische Umsetzung der Entscheidungen des Managements • zur Sicherung der Wirksamkeit und Wirtschaftlichkeit der Geschäftstätigkeit (hierzu gehört auch der Schutz des Vermögens, einschließlich der Verhinderung und Aufdeckung von Vermögensschädigungen), • zur Ordnungsmäßigkeit und Verlässlichkeit der internen und externen Rechnungslegung sowie • zur Einhaltung der für das Unternehmen maßgeblichen rechtlichen Vorschriften.
Risikomanagementsystem nach Kajüter [Risikomanagement] (drei Subsysteme) sowie IDW PS 340 und DRS 20	Gesamtheit aller organisatorischen Regeln und Maßnahmen zum strukturierten Umgang mit Risiken im Unternehmen

Tabelle 2 Definitionsvergleiche IC – IKS – RMS

In allen drei Definitionen geht es um die Sicherstellung der Zielerreichung. Die Notwendigkeit die Risiken zu identifizieren, die das Erreichen der gesetzten Ziele gefährden könnten und darauf angemessen zu reagieren, d.h. der Umgang mit diesen Risiken wird in der Definition nach COSO IC und IDW PS 261 nicht erwähnt. Aus den weiteren Ausführungen in den jeweiligen Schriften ergibt sich aber, dass Risikoidentifikation und -bewertung zentraler Bestandteil des definierten Systems ist[139]. ‚Compliance' wird nur von COSO IC explizit als eine Risikokategorie aufgeführt. Die anderen zwei Definitionen erwähnen aber keinerlei Risikokategorien, sondern sprechen allgemein von Unternehmensrisiken. Damit sind auch dort die auf Compliance bezogenen Risiken enthalten. Die Definition eines RMS entspricht somit im Wesentlichen der des CMS, mit dem Unterschied, dass das CMS sich ausschließlich auf die auf Compliance bezogenen Risiken bezieht, folglich einen Teilbereich des RMS darstellt. Gleichzeitig soll aber auch festgehalten werden, dass ‚Risikomanagement' in der betrieblichen Praxis häufig auf ‚betriebliche' Risiken (Operational Risk im Sinne von COSO) bezogen wird.

---

139 Vgl. IDW [PS 261 n.F.], 2012, Tz. 29 COSO [IC updated], 2013, S. 59

In einer vom Autor im Jahr 2009 durchgeführten Analyse von Lageberichten der DAX 30-Unternehmen wurde untersucht, welche Risikobereiche Unternehmen im Lagebericht bei der Berichterstattung über Risiken und Risikomanagementsystem darstellen. Zwar werden hier auch rechtliche Risiken erwähnt, diese allerdings regelmäßig nur im Zusammenhang mit betrieblichen Risiken (z.B. Patentstreitigkeiten) oder aus konkreten regulatorischen Anforderungen (Banken und Versicherungen). Eine Erwähnung von Compliance-Risiken fand ebenso selten statt, wie die von Risiken aus der Rechnungslegung.

Risikokategorie	Nennungen
Rechtliche Risiken	22
Personalrisiken	21
Finanzrisiken	21
Umfeld und Branchenrisiken	15
Informationstechnische Risiken	15
Gesamtwirtschaftliche Risiken	13
Leistungswirtschaftliche/ Operative/Geschäftsbezogene Risiken	12
Beschaffungsmarkt / Lieferanten-Risiken	12
Umwelt- / Sozial-Risiken	11
Politische, Regulierungs- Risiken	10
Liquiditätsrisiken	10
Strategische Risiken	9
Nachfrage- / Absatzmarkt- Risiken	8

Tabelle 3 Darstelliung von Risiken in Lageberichten der DAX-30-Unternehmen (Stand: 20.02.2009) [140]

Nur in drei der untersuchten Lageberichte wurde auf Compliance-Risiken verwiesen[141]. Diese Erkenntnis ist auch weiterhin gültig, Ergün/Müller analysierten die Konzernlageberichte der zum 1.3.2012 im DAX gelisteten 25 Nicht-Finanzunternehmen und stellten fest, dass nur vier dieser Unternehmen eine Compliance-Abteilung als Bestandteil der Aufbauorganisation des Risikomanagements nannten[142]. Auch bei einem Blick auf den Mittelstand zeigt sich kein wesentlich anderes Bild. In der Studie „Risikomanagement im Mittelstand" nannten 2011 lediglich 30

---

140 Withus, Karl-Heinz, Neue Anforderungen nach BilMoG zur Beschreibung der wesentlichen Merkmale des Internen Kontroll-und Risikomanagementsystems im Lagebericht kapitalmarktorientierter Unternehmen, in: KoR IFRS, 7-8/2009/ 2009; S. 448 (Withus [BilMoG])
141 Ebenda, S. 449
142 Vgl. Ergün, Ismail / Müller, Stefan Prof. Dr., Einbindung des Risikomanagements in die Corporate Governance, in: Controlling – Zeitschrift für erfolgsorientierte Unternehmenssteuerung, / 1; S. 20 (Ergün/Müller [Controlling])

von 343 befragten Unternehmen Compliance-Risiken als wichtige oder sehr wichtige Einzelrisiken im Zusammenhang mit ihrem Risikomanagement[143].

Betrachtet man Risikomanagement in der nachvollziehbaren Aufteilung von Kajüter, kann festgehalten werden, dass Internal Control – IKS und Risikomanagement – zumindest in Bezug auf die von Kajüter dargestellten Sub-Systeme – unterschiedliche Begriffe für die gleichen Systeme im Unternehmen sind, mit denen sichergestellt werden soll, dass der Einfluss von Risiken auf die Zielerreichung ‚kontrolliert' werden soll. Gleichzeitig ist der Schmalenbach Gesellschaft zu folgen, die das Risikofrüherkennungssystem als Teil des gesamten Risikomanagementsystems definiert.

2.6.5. COSO Enterprise Risk Management – Integrated Framework

Kajüter beschreibt ‚konstitutive Gestaltungsparameter', die den „allgemeinen Rahmen für den Prozess des Risikomanagements"[144] im Unternehmen schaffen, d.h. er setzt die von ihm definierten Subsysteme des RMS in einen weiteren Rahmen mit zusätzlichen Komponenten. Eine ähnliche Einteilung fand sich bereits u.a. bei Polenz, der von einem „Risikomangement-Ordnungsrahmen"[145] sprach und anderen[146]. Gleiches hat COSO mit seinem 2004 veröffentlichen Rahmenwerk COSO Enterprise Risk Management – Integrated Framework[147] vorgenommen. Hierbei wurden die Grundsätze von COSO IC im Wesentlichen unverändert als integrativer Bestandteil nach COSO ERM übernommen und um eine ausführlichere Betrachtung insbesondere in Bezug auf die Risikoidentifizierung und Analyse sowie die Zielsetzung der Organisation und die hierüber stehende Strategie ergänzt. COSO selbst betrachtet die beiden Rahmenwerke als gleichberechtigt nebeneinander stehend und sieht keines von beiden als über- oder untergeordnet[148] sondern als ‚sich ergänzend'.

Bereits in COSO IC(1992) war der Ausgangspunkt die Steuerung von Risiken, die das Erreichen der gesetzten Unternehmensziele gefährden könnten. Die Ausgestaltung und Einrichtung von Internal Control erfolgt stets vor dem Hintergrund, dass hierdurch Risiken bzw. deren drohende Folgen (ein negativer Einfluss auf die Erreichung von gesetzten Zielen) vermieden oder zumindest gesteuert (kontrolliert) werden. Die Definition der Ziele, für die im Internal Control System Risiken er-

---

143 Vgl. Funk RMCE GmbH, et al., Risikomanagement im Mittelstand, 2011 (Funk et al [Benchmarkstudie])
144 Vgl.Kajüter [Risikomanagement], 2012, S. 114
145 Polenz, Manfred Dr., Konzeptionelle Überlegungen zur Einrichtung und Prüfung eines Risikomanagementsystems – Droht eine Mega-Erwartungslücke?, in: DB, 1999/ 8; S. 395 (Polenz [Konzeptionelle Überlegungen])
146 Vgl. Kajüter [Risikomanagement], 2012, der auf S. 114 in FN 1 auf weitere Quellen verweist
147 COSO [ERM], 2004a
148 COSO [IC updated], 2013, [S. II („The ERM Framework and the Framework are intended to be complementary, and neither supersedes the other. Yet, while these frameworks are distinct and provide a different focus, they do overlap. The ERM Framework encompasses internal control, with several portions of the text of the original framework reproduced within that document. The ERM Framework remains a viable and suitable framework for designing, implementing, and conducting and assessing the effectiveness of enterprise risk management.")

kannt und adressiert werden, wurde aber nicht als Gegenstand der Internal Control[149] gesehen. Internal Control dienen dem übergeordneten Management System, sind nur ein Mittel zum Zweck und haben keinen Wert für sich alleine[150].

COSO ERM geht damit über den Tätigkeitsbereich von Internal Control hinaus. COSO erweitert nicht nur die Betrachtung des ‚Risk Assessments' indem es diese Komponente in drei unterschiedliche Komponenten aufteilt, sondern es fügt eine vierte Kategorie ‚Strategic' und eine weitere Komponente ‚Objective Setting' hinzu. Diese beiden Ergänzungen hängen zusammen und sind durchaus mit den von Kajüter beschriebenen ‚allgemeinen Rahmen' zu vergleichen. Kajüter beschreibt diesen Rahmen als „konstitutive Gestaltungsparameter" und zählt dazu:

- Auswahl der Objekte des RMS
- Formulierung der Risikostrategie
- Bestimmung der Wesentlichkeitsgrenzen
- Abgrenzung des Risikokonsolidierungskreises
- Organisation des Risikomanagements
- Integration in das Controllingsystem
- Methodische Unterstützung des RMS
- Dokumentation des RMS[151].

Bei allen von Kajüter angeführten „konstitutiven Gestaltungsparametern" handelt es sich um Prozesse oder Tätigkeiten, die übergeordnet sind, für die konkrete Ausgestaltung der Internal Control quasi die Rahmenbedingungen nennen und für unterschiedliche Internal Control gemeinsam Gültigkeit haben. An dieser Stelle sei daran erinnert, dass eine Deckungsgleichheit zwischen dem Begriff ‚Internal Control' nach COSO und den von Kajüter als Sub-Systeme des RMS bezeichneten Bestandteilen des RSM festgestellt wurde. Eine detaillierte Studie, ob die von Kajüter vorgenommene Einteilung zwischen Sub-Systemen und konstitutiven Gestaltungsparametern vollständig deckungsgleich mit den Unterschieden im Umfang der COSO Rahmenwerke IC und ERM ist, würde über die Zielsetzung dieser Arbeit hinausgehen.

---

149 Vgl. COSO [Internal Control], 1994, Framework S. 21
150 Vgl. COSO [IC updated], 2013, S. 1 „Internal Control is … a means to an end, not an end in itself"
151 Vgl. Kajüter [Risikomanagement], 2012, S. 115

Grundsätzliche Betrachtung der Thematik CMS

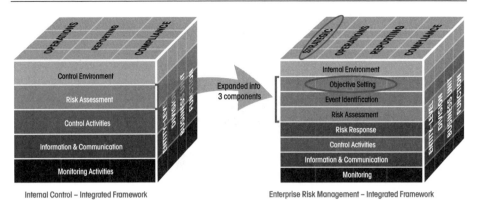

Abbildung 4 Unterschiede zwischen COSO IC und COSO ERM[152]

Hervorgehoben werden soll aber, dass sowohl COSO als auch Kajüter zwischen grundsätzlichen strategischen Entscheidungen und Zielen auf der Unternehmensebene insgesamt auf der einen Seite und den daran ausgerichteten Maßnahmen zur Identifizierung von und Reaktion auf Risiken unterscheidet.

So verweist Kajüter darauf, dass die „Festlegung, auf welche Objekte das RMS ... ausgerichtet werden soll, von den Zielen des RMS beeinflusst wird"[153] und COSO definiert „Objectives are set at the strategic level, establishing a basis for operations, reporting, and compliance objectives"[154]. Die Risikostrategie beinhaltet nach Kajüter auch die Entscheidung über die Risikoneigung[155], ein Gedanke, der sich bei COSO als „risk appetite" wieder findet und auch dort eine zentrale Rolle der strategischen Entscheidungen und des „objective settings" darstellt[156]. Auch für die anderen von Kajüter als konstitutive Gestaltungsparameter benannten Teile lassen sich entsprechende Parallelen in den Darstellungen von COSO ERM finden.

Die von Kajüter vorgenommene Einteilung in Sub-Systeme „Risikofrüherkennung, Risikobewältigung und interne Überwachung" und in konstitutive Gestaltungsparameter, erscheint durchaus klarer, als die überlappende Darstellung von COSO IC und COSO ERM, insbesondere wenn der Einteilung von COSO IC in die drei Zielkategorien „Operations, Reporting und Compliance" und möglichen Sub-Kategorien[157] gefolgt wird. Die vorhandenen Unterschiede in den Risikogruppen und in den mit dem RMS verbundenen Zielen erfordern regelmäßig separate Betrachtungen und auch separate Sub-Systeme.

---

152 Entnommen aus: COSO [IC updated], 2013, S. 183 (Appendix G)
153 Kajüter [Risikomanagement], 2012, S. 148
154 Vgl. COSO [ERM], 2004a, S. 35
155 Vgl. Kajüter [Risikomanagement], 2012, S. 118
156 Vgl. COSO [ERM], 2004a, S. 36
157 Vgl. COSO [IC updated], 2013, S. 11

Abbildung 5 Darstellung des Verhältnisses von IC – ERM – Governance nach COSO[158]

Abhängig von der Ausprägung der Unterschiede gibt es eine größere oder geringere Zahl von grundlegenden Entscheidungen, die über das gesamte RMS hinweg getroffen werden und für die einzelnen Sub-Systeme grundlegende Bedeutung haben. Die Sub-Systeme stehen nicht nebeneinander, sondern sind ineinander verschachtelt. COSO stellt dies recht gut in einem weiteren Bild im Verhältnis zur gesamten Governance-Struktur eines Unternehmens dar.

Dabei sind die Abgrenzungen zwischen den Subsystemen und den unterschiedlichen Ebenen nicht trennscharf. Unterschiedliche übergeordnete Governance-Strukturen auf Grund gesetzlicher Rahmenbedingungen lassen die Grenzen zwischen Governance und ERM fließen. Ebenso wird die genaue Abgrenzung – was zum „Sub-System" Internal Control und was zum ERM gehört – nicht völlig trennscharf und absolut möglich werden.

Für diese Arbeit soll daher der Abgrenzung von Kajüter gefolgt werden, der das Risikomanagementsystem im Ergebnis umfassend im Sinne von COSO ERM definiert. Innerhalb dieses RMS benennt Kajüter drei Sub-Systeme, die wiederum identisch sind mit dem Internal Controls nach COSO IC. Ebenso wie sich trotz der dargestellten Kritik von Lück[159] an der Übersetzung des Begriffs ‚Internal Control' als ‚Internes Kontrollsystem', der Begriff in Deutschland etabliert hat, kann festgestellt werden, dass für ein IKS im Sinne von COSO IC, dass in Richtung von Compliance Risiken ausgerichtet ist, der Begriff „CMS" verwendet wird. Insoweit werden in dieser Arbeit die Begriffe IKS und CMS synonym behandelt werden. Es bleibt der weiteren fachlichen Diskussion vorbehalten, ob der Begriff IKS – der heute schon sehr häufig in Richtung Rechnungslegungskontrollen verwendet wird – parallel zum Begriff CMS verwendet werden sollte oder tatsächlich ausschließlich in

---

158 entnommen aus: ebenda, S. 181 (Appendix G)
159 Vgl. Lück [Risikomanagement], 1998, vgl. Lück, [Risikomanagement], S. 9

Bezug auf die Teile des RMS, die sich mit der Zielkategorie „Berichterstattung" beschäftigen. Als dritter Baustein des übergeordneten Systems könnte dann der Begriff RMS ausschließlich für die operativen Risiken verwendet werden, heute teilweise als RMS im engeren Sinne bezeichnet. Eine solche „Dreiteilung" würde auch dem Bild der Risikoberichterstattung in den Lageberichten eher entsprechen. Es verbliebe dann die Notwendigkeit einen neuen zusammenfassenden Begriff für das „übergeordnete" RMS, einschließlich der konstitutiven Gestaltungsparameter zu finden. Hierfür würde sich der „Governance„ Begriff anbieten, der dann auch die Überwachung der Systeme durch die Aufsichtsgremien beinhalten würde.

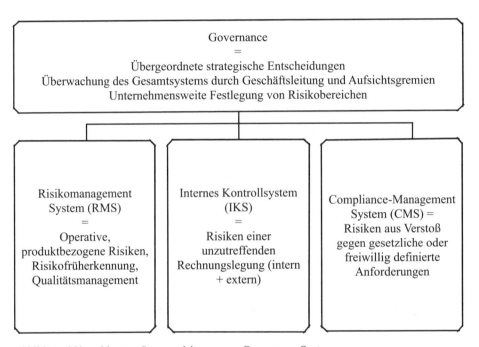

Abbildung 6 Vorschlag zur Systematisierung von Governance Systemen

2.7. Zwischenfazit zur grundsätzlichen Betrachtung der Thematik ‚Compliance'

Zusammenfassend können folgende allgemeine Aussagen zur Thematik festgehalten werden:

1. Unter ‚Compliance' ist die Einhaltung von gesetzlichen, vertraglichen oder anderen Regelungen und / oder Anforderungen aller Art an ein Unternehmen zu verstehen. Zielsetzung ist die Vermeidung von negativen Folgen einer Non-Compliance, d.h. von unmittelbar oder mittelbar negativen Konsequenzen auf die Zielerreichung der Organisation oder zivil-, straf- oder ordnungsrechtlichen Konsequenzen für die Personen, die für die Organisation handeln.
2. Die Einhaltung von ethischen Grundsätzen kann dann unter Compliance subsummiert werden, wenn die für die Unternehmensstrategie und -ziele verantwortlichen Personen entsprechende Strategieentscheidungen getroffen haben oder wenn der Verstoß gegen ethische Werte zwar nicht (z.B. gesetzlich) sanktioniert wird, aber trotzdem voraussichtlich z.B. über Reputationsschäden eine Erreichung der übrigen Unternehmensziele gefährden würde.
3. Als Compliance-Management-System wird die Gesamtheit aller miteinander vernetzten Maßnahmen, Prozesse und Richtlinien bezeichnet, die in einem Unternehmen auf der Basis von strategischen Entscheidungen, zur Einhaltung bestimmter Regeln, oberhalb der Ebene operativer Prozesse strukturiert und implementiert wurden und dabei auf die operativen Prozesse steuernd einwirken. In einem Unternehmen können mehrere CMS für unterschiedliche Regelungsbereiche bestehen, die sich mehr oder weniger stark überlappen.
4. Die Begriffe ‚Risikomanagementsystem' (RMS) und ‚Internes Kontrollsystem' (IKS) werden in Praxis und Literatur mit unterschiedlichen Inhalten und teilweise synonym verwendet. Beide Systeme fassen alle Maßnahmen in einem Unternehmen zusammen, mit denen Risiken, die die Zielerreichung gefährden erkannt und beurteilt werden und mit denen auf diese Risiken angemessen reagiert wird.
5. Eine mögliche Unterscheidung besteht darin, dass mit RMS die Maßnahmen zu Erkennung und Steuerung von operativen Risiken und mit IKS die Maßnahmen zur Erkennung und Steuerung von rechnungslegungsbezogenen Risiken verstanden wird.
6. COSO ERM unterscheidet dadurch, dass das RMS (COSO ERM) auch die Beurteilung von und Entscheidung über strategische Risiken und die strategische Entscheidung zu Risiken umfasst, während das IKS auf diesen strategischen Entscheidungen aufbaut. Dieses übergeordnete RMS wird auch als ‚Governance' System bezeichnet.
7. Das Management von Compliance Risiken ist ein Teil des gesamten Systems zum Management von Unternehmensrisiken. Die strategischen Entscheidungen

zum grundsätzlichen Umgang mit Compliance Risiken sowie die Identifikation von grundsätzlichen Risikobereichen sind als Teil des übergeordneten Systems Voraussetzung für das CMS. Das CMS ist somit als besondere Ausprägung eines IKS zu verstehen.

3. Bedeutung von Rahmenwerken

1. Einleitung
2. Wesentliche Inhalte von COSO ERM
3. Andere allgemeine Rahmenwerke
4. Anforderungs-Rahmenwerke
5. Zwischenfazit zu Rahmenwerken

3.1. Einleitung

Ein Rahmenwerk gibt im Wortsinn den äußeren Rahmen für etwas, das dann innerhalb dieses Rahmens ausgestaltet wird. Hierbei sollte ein solches Rahmenwerk einerseits klare Richtlinien und Grenzen des Handelns vorgeben, andererseits so wenig wie möglich enge Handlungs- oder Ausgestaltungsanweisungen geben. In Bezug auf ein System stellt es zunächst eine ganz allgemeine System-Beschreibung dar, in der die grundsätzlichen Systemparameter und ihr Zusammenwirken beschrieben werden. Dabei muss ein allgemein akzeptiertes Rahmenwerk zumindest in Teilen so ausführlich ausgestaltet sein, dass es Hinweise gibt, wie bestimmte Parameter definiert und beurteilt werden können und welche Faktoren bei der Ausgestaltung von Systemparametern zu beachten sind. Rahmenwerke stellen theoretische Überbauten dar, die regelmäßig das Ergebnis langer Studien und Diskussionen sind. Sie sollen „Kernprinzipien und -konzepte, eine einheitliche Terminologie, sowie klare Anweisungen und Hilfestellungen[160]" bereitstellen. Rahmenwerke bieten aber regelmäßig keine konkreten Lösungen für Einzelfragen an. Ein Rahmenwerk muss somit einen gewissen Spagat schaffen. Seine Regelungen müssen einerseits so allgemein gehalten werden, dass sie auf möglichst alle konkreten Einzelfälle Anwendung finden können. Gleichzeitig werden sie nur akzeptiert werden, wenn Nutzer in der Lage sind, für konkrete Einzelfragen Handlungsempfehlungen abzuleiten, um konkrete Lösungen für die Fragestellung finden zu können. Umso breiter die Zielgruppe eines Rahmenwerks ist, umso eingeschränkter wird es für Praktiker als Guidance zur Entwicklung konkreter Ausgestaltungen geeignet sein.

Für die Einrichtung von CMS kann auf unterschiedliche Rahmenwerke zurückgegriffen werden. Zu unterscheiden ist zwischen zwei verschiedenen Gruppen, die im Sprachgebrauch beide als Rahmenwerke bezeichnet werden. Zunächst sind die allgemeinen, konzeptionellen Ausarbeitungen zu nennen. Sie zeichnen sich durch rein generische Beschreibungen aus. Diese sind regelmäßig auf das Risikomanagement (RMS) im Allgemeinen oder auf das Interne Kontrollsystem (IKS) bezogen. Welche Relevanz für die Ausgestaltung von CMS solche Rahmenwerke haben, die sich auf RMS oder IKS beziehen wird Teil der weiteren Betrachtungen sein.

Daneben werden auch spezielle Anforderungskataloge zu bestimmten Compliancegebieten häufig als Rahmenwerk bezeichnet, obwohl hier meist der generische Rahmen verlassen wird und zumindest teilweise konkrete Maßnahmen eingefordert sind. Faktisch sind dies eher Soll-Konzepte für CMS als Rahmenwerke, auch wenn sie häufig noch weiterer Ergänzung bedürfen um ein konkretes CMS auszugestalten.

Im weiteren Verlauf der Ausarbeitung sollen unter dem Begriff ‚Rahmenwerk' ausschließlich konzeptionell, generisch orientierte Ausarbeitungen verstanden wer-

---

160 Vgl. COSO, Unternehmensweites Risikomanagement – Übergreifendes Rahmenwerk Zusammenfassung; 2004b, Vorwort (COSO [Zusammenfassung])

den, teilweise wird auch die Bezeichnung ‚allgemeines Rahmenwerk' verwendet werden. Solche Regeln, Normenwerke, etc. die diesen generischen Rahmen verlassen, sollen zur Unterscheidung als „Anforderungsrahmenwerke" bezeichnet werden, auch wenn die Grenzen naturgemäß fliesend sein mögen.

3.2. Wesentliche Inhalte von COSO ERM

3.2.1. Einleitung
Auf die COSO Rahmenwerke wurde im Zusammenhang mit der Definition von Internen Kontroll- und Risikomanagementsystemen bereits mehrfach verwiesen. Nachfolgend sollen zunächst die wesentlichen Inhalte des COSO Rahmenwerks ERM (und damit auch von COSO IC) dargestellt werden. Die Ausführungen werden dabei kurz gehalten. Es erfolgt eine Beschränkung auf die Inhalte, die notwendig sind, um Gemeinsamkeiten und Unterschiede zu anderen Rahmenwerken zu beschreiben. Eine kurze Darstellung erleichtert die Ausführungen zu den betriebswirtschaftlichen Grundsätzen.

3.2.2. Das Umfeld der Organisation
COSO ERM geht von der allgemeinen Strategie der Organisation aus und ergänzt diese als vierte Kategorie im Rahmenwerk, neben den Kategorien der Operativen Betriebstätigkeit, der Berichterstattung und der Compliance. Gleichzeitig wurde der – in COSO IC (1992) auf die externe Finanzberichterstattung verengte – Blick erweitert und jegliche externe und interne Berichterstattung innerhalb der gleichen Kategorie diskutiert. Eine Erweiterung, die auch in die Überarbeitung von COSO IC (2013) übernommen wurde. Eng mit der Betrachtung übergeordneter strategischer Ausrichtungen und deren Auswirkungen auf das Risikomanagement stehen die Überlegungen zum internen Umfeld des Unternehmens. Der Blick wurde von der reinen Betrachtung des Umfeldes in Bezug auf das IKS erweitert und zieht nunmehr alle Aspekte der Unternehmenskultur und des Umgangs mit Risiken in der Organisation (‚risk philosophie'[161]) mit ein. Ausführlich beschäftigt sich das Rahmenwerk mit der Auswirkung der Risikoneigung (‚risk appetite') einer Organisation auf die Ausgestaltung des Risikomanagements[162]. COSO ordnet dabei die Entscheidung über die Risikoneigung der strategischen Ebene und dem ‚Internal Environment' des Unternehmens zu[163]. Diese sind Teil der Gestaltungsparamter des übergeordneten RMS. Für die Vielzahl der im Rahmen des Risikomanagements zu treffenden Einzelentscheidungen in Bezug auf das Akzeptieren oder Vermeiden konkreter Risiken prägt COSO den Begriff der ‚risk tolerance'. Während die Risi-

---
161 Vgl. COSO [ERM], 2004a, S. 27
162 Vgl. Ebenda, S. 28
163 Vgl. Ebenda, S. 19, 30

koneigung für das gesamte Unternehmen strategisch festgelegt wird, bestimmt sich die Risikotoleranz für jede einzelne Zielsetzung des RMS[164].

COSO hebt die Bedeutung des tatsächlichen Umgangs mit Risiken in der Organisation hervor. Das Rahmenwerk behandelt ausführlich den Einfluss des gesamten internen Umfelds einer Organisation auf die Wirksamkeit eines Risikomanagementsystems. So wird in diesem Zusammenhang auf die von der Unternehmensleitung vermittelten und verkörperten ethischen Werte eingegangen, dem ‚tone at the top'. COSO stellt dabei zutreffend fest, dass die Leitung einer Organisation einen wesentlichen Einfluss darauf hat, welche ethischen Grundwerte andere Organisationsmitglieder ihrem Handeln zugrunde legen werden[165]. Nicht ausreichend ist es aber z.B. in einem Verhaltenskodex ethische Werte und Ausrichtungen für das Organisationshandeln festzulegen. Die Integrität der Organisationsleitung, aus der sich die Einhaltung der festgelegten Werte bei jeglichen Handlungen der Leitung erkennen lässt, ist das unabdingbar notwendige Vorbildverhalten. COSO stellt auch fest, dass die Einhaltung festgelegter ethischer Werte oft durch eine Vielzahl von Faktoren beeinflusst wird. So können z.B. betriebswirtschaftlich sinnvolle Strukturen wie u.a. Bonussysteme dazu führen, dass Mitarbeiter gegen Regelungen verstoßen, um persönliche Vorteile zu erzielen[166].

COSO definiert nicht, was genau unter ethischen Werten zu verstehen ist bzw. welche ethischen Werte von einer Organisation einzuhalten sind. Das Rahmenwerk verweist auf die Möglichkeit von Konflikten zwischen allgemeinen ethischen Werten und Unternehmenszielen, als Beispiel werden mögliche Umweltprobleme genannt, die bei der Produktion von Kernprodukten eines Unternehmens (z.B. Erdölprodukte) entstehen können. Während der Umweltschutz gegebenenfalls Teil der ethischen Werte des Unternehmens darstellt, ist die Produktion des Kernprodukts selbstverständlich Teil der Zielsetzung des Unternehmens. COSO sieht einen generellen Einfluss der Unternehmensleitung (CEO) auf die Festlegung der ethischen Werte eines Unternehmens[167]. Dies mag in der Praxis häufig der Fall sein, gleichwohl muss zumindest für den deutschen Rechtsraum auf die Verpflichtung des Managements zum Wohle des Unternehmens zu handeln hingewiesen werden[168]. Nur soweit, wie die Nicht-Einhaltung z.B. von Umweltschutzmaßnahmen zu Strafen direkter Art (Bußgelder) oder indirekter Art (Reputationsschaden) führt oder führen kann, wird letztlich auch im Sinne einer sorgfältigen Geschäftsführung den ethischen Werten Vorrang z.B. vor der Produktion des Kernproduktes einzuräumen sein. Nicht im Widerspruch steht hierzu, dass Unternehmen durchaus entscheiden können, ethische Ziele als (gleichberechtigte) Oberziele zu definieren, sei es um marktstrategisch auf gesellschaftliche Ansprüche zu reagieren (letztlich Reputationsschäden zu vermeiden), als eigenständige gesellschaftspolitische Entscheidung

---

164 Vgl. Ebenda, S. 116
165 Vgl. u.a. Ebenda, S. 29, 35, 84 ff, ebenda
166 Vgl. Ebenda, S. 30
167 Ebenda
168 Vgl. § 93 (1) S. 3 AktG

der Gesellschafter oder aus anderen Gründen. Unternehmen mögen kein Gewissen haben, in den Entscheidungsgremien werden strategische Entscheidungen aber von Menschen mit Gewissen gebildet und diese sind – im Rahmen der gesetzlichen Vorgaben – frei in ihrer Zielentscheidung und werden als Personen für diese Entscheidungen von Außenstehenden verantwortlich gemacht.

3.2.3. Zielsetzung

Die Festsetzung von Zielen ist die zweite wesentliche, grundlegende Komponente, die COSO beschreibt. Auch diese leitet sich aus der Strategie ab oder steht zumindest im engen unmittelbaren Zusammenhang mit der Strategie. COSO ERM behandelt unter der Komponente Zielsetzung nicht nur die strategischen Ziele der Organisation, sondern auch die konkreten Einzelziele in den einzelnen Kategorien des RMS. Diese im RMS definierten Ziele werden von COSO zusammen mit der Risiko-Toleranz als Voraussetzung für das IKS genannt[169]. Somit ist die Zielbestimmung nach COSO auf zwei Ebenen angesiedelt. Im übergeordneten RMS (COSO ERM) muss das Unternehmen zunächst die als Mindest-(Compliance)-Ziele aufzunehmenden externen Anforderungen unternehmensspezifisch ermitteln[170]. Auf der Basis der übergeordneten Zieldefinition, erfolgt dann, als Teil des Risk Assessments im IKS (COSO IC) eine Zielkonkretisierung.

COSO beschreibt dies als ‚Sub-Categories' in welche die ‚Objectives' (Zielkategorien) zu unterteilen sind. Dies erlaubt es, sich einerseits im Kontext des Rahmenwerks zu bewegen, aber gleichzeitig Umsetzung und Kommunikation des Risikomanagements den Erfordernissen des Unternehmens anzupassen[171]. Eine solche ‚Unterteilung' ist es z.B. wenn ein Unternehmen Compliance-Risiken in einem dezidierten CMS adressiert und hierbei auch risikobasiert bestimmte Rechtsgebiete (z.B. Korruptionsvermeidung) mit zumindest teilweise getrennten Systemen betrachtet. COSO beschreibt im Rahmenwerk IC (2013) beispielhaft folgende konkretisierten Compliance-Ziele:

- „Preventing and detecting criminal conduct and other wrongdoing
- Preparing and filing tax returns prior to the filing deadlines and in accordance with regulatory requirements
- Labeling nutritional information on food packaging in accordance with applicable guidelines
- Operating a vehicle fleet within maximum emission control requirements"[172]

Eng mit der Zielsetzung verbunden ist die zuvor diskutierte Frage der Risikoneigung und Risikotoleranz. Während die Risikoneigung eine allgemeine strategische Entscheidung ist, legt die Risikotoleranz bezogen auf die übergeordneten und die

---

169 Vgl. COSO [IC updated], 2013, S. 183
170 Vgl. COSO [ERM], 2004a, S. 38
171 Vgl. Ebenda
172 COSO [IC updated], 2013, S. 68

konkretisierten Ziele des RMS fest, welche Zielabweichung akzeptabel ist, bzw. mit welcher Sicherheit eine Zielabweichung vermieden werden soll. Gerade in Bezug auf Compliance-Risiken weist COSO darauf hin, dass die akzeptable Toleranzschwelle sich häufig an den von extern vorgegebenen, einzuhaltenden Regeln ausrichten wird[173]. Hierbei wird keine Risikotoleranz von Null gefordert. COSO ist zuzustimmen, wenn festgestellt wird: „There is no practical way to reduce risk to zero. Indeed, the decision to be in business incurs risk"[174]. Eine nicht angemessene Zieldefinition, z.B. die differenzierungslose Vorgabe einer Zero-Tolerance im Sinne einer 100% Compliance wird daher oftmals realitätsfern sein und die Akzeptanz eines CMS im Unternehmen beeinträchtigen[175].

3.2.4. Risiken erkennen und steuern

Auf diesen beiden Basis-Komponenten eines RMS aufbauend betrachtet COSO ERM ausführlich die Abläufe bei der Identifizierung und Bewertung von Risiken. Die Identifikation von Ereignissen, die ein Risiko darstellen können muss möglichst umfassend, aber immer mit Bezug zur Zielsetzung und auch der jeweiligen Bedeutung der Ziele für die Organisation erfolgen. COSO hebt dabei hervor, dass die Identifikation von Ereignissen, die ein Risiko darstellen könnten umfassend sein muss und zunächst ohne Berücksichtigung von Eintrittswahrscheinlichkeiten erfolgen sollte. Auf diese Weise soll sichergestellt werden, dass auch solche Risiken, die zwar eine geringe Eintrittswahrscheinlichkeit haben, aber deren Auswirkungen groß sein könnten nicht ignoriert werden[176].

Wie bei allen anderen Komponenten diskutiert das Rahmenwerk sehr ausführlich mögliche Aspekte und Einflussparameter der Ereignisidentifizierung und Risikobeurteilung, ohne konkrete Vorgaben zur Ausgestaltung einer angemessenen Aufbau- oder Ablauforganisation zu machen. In COSO ERM wird dabei auf Ereignisidentifikation, Risikobewertung und Reaktion auf Risiken deutlich ausführlicher eingegangen als in COSO IC. Während COSO ERM diese Punkte als getrennte Komponenten diskutiert, fasst COSO IC die entsprechenden Maßnahmen zur Komponente ‚Risk Assessment' zusammen. In der von COSO ERM geforderten ‚portfolio view' zeigt sich erneut die mehr auf übergeordneter Unternehmensebene erfolgte Betrachtung von COSO ERM. Während es sich beim IKS im Zweifel um mehre-

---

173 Vgl. Ebenda, S. 63
174 Ebenda, S. 60
175 Der Fehler liegt hier zumeist schon in der Gleichsetzung von ‚Zero-Tolerance' mit der Sicherstellung einer 100% Compliance. Zu der oft zu hörenden Anforderung, dass es bei Compliance ausschließlich eine Zero-Tolerance im Sinne von ‚es dürfen keine Verstöße auftreten' geben kann, sei als Beispiel eine Organisation mit einer größeren Anzahl von angestellten Fahrern dargestellt. Niemand wird ernsthaft ein System (!) fordern, dass zu 100% sicher stellt, dass jeder Fahrer immer alle Vorschriften der Strassenverkehrsordnung einhält. Dieses Ziel wäre kaum zu erreichen. Der Grad der Zielerreichung ‚Einhaltung von Regeln' muss somit zwingend relativiert werden und einer Risikobetrachtung geöffnet werden. Der Begriff ‚Zero-Tolerance' kann sich nur auf die Nicht-Tolerierung von auftretenden Verstößen beziehen.
176 Vgl. COSO [ERM], 2004a, S. 41, ebenda

re, zwar miteinander unterschiedlich stark vernetzte Systeme handelt, die aber unterschiedliche Risikokategorien behandeln, fordert COSO ERM eine Gesamtbetrachtung der Risikopositionen, konsolidiert über alle Systeme, aber auch alle Unternehmenseinheiten hinweg[177].

Bei der Risikobewertung wird sowohl auf die Wahrscheinlichkeit des Risikoeintritts, wie auf dessen mögliche Auswirkung eingegangen. Daneben wird aber auch der ‚Zeithorizont' thematisiert, hierbei handelt es sich um eine Ausprägung der Eintrittswahrscheinlichkeit. Diese wird dabei relativ zu einem Planungszeitraum gesetzt. COSO verweist darauf, dass es für die Entscheidung über eine Risikoreaktion einen Unterscheid machen kann, ob ein Ereignis grundsätzlich für möglich gehalten wird, oder ob der Eintritt innerhalb der nächsten zwei Jahre für Wahrscheinlich erachtet wird[178].

Als mögliche Reaktion auf Risiken stellt COSO die vier grundsätzlichen Möglichkeiten (Acceptance – Avoidance – Reduction – Sharing[179]) dar. Die Entscheidung des Managements, welche der Möglichkeiten ergriffen werden soll, wird von mehreren Entscheidungsparameter beeinflusst. Sowohl die Eintrittswahrscheinlichkeit als auch die potentiellen Folgen des Risikos sind ebenso zu berücksichtigen, wie der Einfluss den eine mögliche Reaktion jeweils auf den Risikoverlauf haben würde und das Kosten-Nutzen-Verhältnis[180]. Zielsetzung ist immer, dass das nach der Reaktion verbleibende Risiko innerhalb der strategisch festgelegten Risikoneigung liegt und zwar aus einer Gesamtsicht (portfolio view) heraus. Diese von COSO genannten Entscheidungsgründe stehen im Einklang mit der sogenannten ‚Business Judgement Rule' (BJR), nach der die Geschäftsleitung in ihren Entscheidungen frei ist, so lange sie auf der Basis vollständiger Information davon ausgehen kann, zum Wohle des Unternehmens zu handeln. Allerdings wird gerade in Bezug auf Compliance-Risiken das Ermessen faktisch durch gesetzliche Normen eingeschränkt. Denn die Einhaltung gesetzlicher Normen steht nicht im freien Ermessen der Unternehmensleitung, vielmehr ist sie im Rahmen ihrer Pflicht zur sorgfältigen Geschäftsführung[181] dazu verpflichtet, sicherzustellen, dass durch das Unternehmen bzw. von dem Unternehmen aus, keine Rechtsverstöße erfolgen[182].

Es ist zumindest umstritten, ob die Begrifflichkeit der ‚BJR', die in § 93 AktG geregelt ist, auf Entscheidungsvorgänge außerhalb von unternehmerischen Ent-

---

177 Vgl. Ebenda, S. 59 ff
178 Vgl. Ebenda, S. 50
179 Vgl. COSO [IC updated], 2013, S. 75
180 Vgl. COSO [ERM], 2004a, S. 56 ff
181 Für den Vorstand einer AG explizit in § 93 Abs. 1 S. 1 AktG geregelt, für GMBH in § 43 Abs. 1 GmbHG
182 Vgl. Busekist, R. Konstantin von / Schlitt, Christian, Der IDW PS 980 und die allgemeinen Mindestanforderungen an ein wirksames Compliance Management System (2) – Risikoermittlungspflicht, in: CCZ, 2012/ 3; S. 87 mit weiteren Quellen (Busekist/Schlitt [Mindestanforderungen]); Auf die Ausführungen in Kapitel 2.3.2 zu der Relevanz für Unternehmen und in Kapitel 2.3.3 bezüglich der Relevanz für handelnde Personen kann insoweit verwiesen werden.

scheidungen im Rahmen von § 93 Abs. 1 Satz 2 AktG Anwendung finden kann. Dies wird zumindest aus teleologischen Erwägungen heraus abgelehnt[183]. Die Verpflichtung zur Einhaltung von gesetzlichen Anforderungen ist keine unternehmerische Entscheidung im Sinne von § 93 AktG, sondern eine Pflichtaufgabe des Vorstands. Die Juristen sehen insoweit die Notwendigkeit, dass ein Richter nicht ausschließlich überprüft, ob die Entscheidung nach der BJR auf der Basis umfassender Informationen getroffen wurde, sondern auch eine inhaltliche Überprüfung der Entscheidung vornimmt. Allerdings weist Holle auch daraufhin, dass sich diese darauf beschränken wird, ob „der Entscheidungsinhalt im Hinblick auf die gesetzlichen Vorgaben vertretbar erscheint"[184]. Holle schlägt vor, deshalb für solche Entscheidungen außerhalb von § 93 AktG anstelle von Ermessensfreiraum eher von Beurteilungsspielraum zu sprechen. Im Ergebnis halten es auch Juristen für angemessen im Rahmen des § 130 OWiG „dieselben Entscheidungsfindungsregeln heranzuziehen, die für Fälle unsicherer Rechtslage im Rahmen des § 93 Abs. 1 Satz 2 AktG maßgeblich sind"[185]. Für den Betriebswirtschaftler ergibt sich als Konsequenz, dass bei der Auswahl der Informationsquellen (oder Berater) für die Ausgestaltung von CMS noch stärker darauf zu achten ist, dass diese tatsächlich den notwendigen Sachverstand zur Einrichtung von angemessenen und wirksamen CMS verfügen und Lösungen ausgewählt werden, die betriebswirtschaftlich sinnvoll und damit vertretbar sind. Bei der Einrichtung von CMS zur Einhaltung gesetzlicher Vorschriften darf Entscheidungsgrundlage dann nicht nur das ‚Wohl der Gesellschaft' sein, vielmehr ist auf den Schutzzweck der jeweiligen Norm abzustellen. „Die Ausrichtung muss bei § 130 OWiG primär auf Rechtsgüter abzielen, die im Interesse der Allgemeinheit geschützt werden sollen"[186].

Die Einschränkung der Entscheidungsfreiheit wird von COSO entsprechend in Verbindung mit der Risikotoleranz betrachtet, die in Bezug auf Compliance-Risiken von den einzuhaltenden Regeln determiniert wird. Die Entscheidung über die Reaktion auf identifizierte Risiken wird dadurch begrenzt, dass das verbleibende Restrisiko innerhalb der Risikotoleranz liegen muss, ist dies erkennbar nicht erreicht, muss das Management seine Entscheidung überdenken[187]. Risikoeinschätzungen sind nicht statisch, sondern müssen fortlaufend erfolgen und an sich ändernde Rahmenbedingungen angepasst werden[188].

Das einfache Akzeptieren des Risikos (Acceptance) ohne Maßnahmen zur Begrenzung der Eintrittswahrscheinlichkeit oder des potentiellen Schadens wird von COSO unter Beachtung von Kosten/Nutzen-Relationen diskutiert[189]. COSO weist

---

[183] Holle [Rechtsbindung], 2011, S. 785
[184] Ebenda, S. 785, mit Verweis auf weitere Quellen
[185] Busekist, R. Konstantin von / Hein, Oliver, Der IDW PS 980 und die allgemeinen rechtlichen Anforderungen an ein wirksames Compliance Management System (1) – Grundlagen, Kultur und Ziele, in: CCZ, 2012/ 2; S. 44 (Busekist/Hein [Grundlagen, Kultur, Ziele])
[186] Ebenda
[187] Vgl. COSO [IC updated], 2013, S. 75
[188] Vgl. Ebenda, S. 70
[189] Vgl. COSO [ERM], 2004a, S. 56

dabei darauf hin, dass sowohl die Kosten als auch die Nutzenseite von Maßnahmen häufig schwierig einschätzbar sein werden. Sind Risiken nicht angemessen begrenzbar, kann die Risikovermeidung (Avoidance), bei der z.B. bestimmte Geschäfte grundsätzlich ausgeschlossen werden[190] angemessen sein.

Bei Risikoteilung (‚Sharing') werden die Risiken ganz oder zumindest in wesentlicher Höhe auf Dritte übertragen, die häufigste Ausprägung ist der Abschluss von entsprechenden Versicherungen, eine Alternative, die sich bezüglich Compliance-Risiken in der Regel nicht anbieten wird. Die anspruchsvollste Risikostrategie, die von COSO und auch im Laufe dieser Ausarbeitung ausführlich behandelt wird, ist die Verminderung/Begrenzung von Risiken mittels Steuerung durch die Implementierung von Maßnahmen und Prozessen (Reduction), die hinreichend sicherstellen sollen, dass das Risiko entweder gar nicht eintritt oder beim Eintreten des Risikos die Folgen weitgehend vermieden werden. COSO fasst unter dem Begriff ‚Kontrollaktivitäten' grundsätzliche alle Formen der Risikoreaktion zusammen. Im Wesentlichen wird in dieser Komponente beschrieben, welche Möglichkeit zur Steuerung von Prozessen und den damit verbundenen Risiken bestehen. Hierbei umfassen die Maßnahmen sowohl solche zur Vermeidung der Realisierung von Risiken (Präventivmaßnahmen) als auch solche, die Maßnahmen zur Schadensbegrenzung oder -Behebung beinhalten (Detektivische Maßnahmen)[191]. Wie auch an anderen Stellen schreibt COSO hier keine einzige Maßnahme verbindlich vor, sondern nennt nur mögliche Ausgestaltungen.

In der Praxis wird selten eine solche scharfe Trennung zwischen unterschiedlichen Kategorien von Risiken bzw. der Reaktion auf Risiken möglich sein. Tatsächlich wird häufig eine Kombination von unterschiedlichen Reaktionen sinnvoll sein[192].

3.2.5. Informationsverschaffung und Überwachung
Insbesondere für die Identifizierung von Risiken aber auch in Bezug auf die angemessene Durchführung von Maßnahmen zur Risikosteuerung[193] ist es erforderlich, das „die richtigen Informationen – in der richtigen Aufbereitung und Detaillierung – zur richtigen Zeit – am richtigen Ort"[194] sind. Dies ist die grundlegende Aussage der sich mit Kommunikation und Information beschäftigenden Komponente der COSO Rahmenwerke. Diese gehen detailliert auf unterschiedliche Aspekte zur Informationsbeschaffung und zur Kommunikation von Informationen ein. Die Betrachtung erfolgt dabei allumfassend. Es muss eine Informations-Infrastruktur geschaffen werden, um sowohl extern als auch intern verfügbare Informationen zu

---

190 Vgl. z.B. die Berichterstattung über die Bahn AG N-TV, 30 Manager gefeuert: Deutsche Bahn zieht Korruptionsbremse – n-tv.de (Online), verfügbar unter: http://www.n-tv.de/wirtschaft/Deutsche-Bahn-zieht-Korruptionsbremse-article10839726.html, letzter Abruf am: 28.11.2013 (n-tv [Korruptionsbremse])
191 Vgl. COSO [IC updated], 2013, S. 93
192 Vgl. COSO [ERM], 2004a, S. 58
193 Vgl. Ebenda, S. 67
194 Vgl. Ebenda, S. 70

erlangen und diese zu analysieren und in relevante Informationen zu transformieren[195]. Dabei erwähnt COSO sowohl formelle Informationen (dies wären z.b. gesetzliche Vorschriften, Datenbanken, etc.) wie auch informelle Informationen, z.b. aus Gesprächen mit Kunden oder Lieferanten oder Teilnahme an Konferenzen als Quelle wertvoller Information.

Die Kommunikation muss sowohl das Erlangen von Informationen für das System sicherstellen als auch z.b. die Mitarbeiter über die Zielsetzung der Organisation (wir halten Gesetze bei unserem Handeln ein) und über Sinn und Zweck der Zielsetzung und die Bedeutung ihrer Tätigkeit für die Tätigkeit anderer Mitarbeiter informieren[196]. Die Kommunikation ist folglich immer in alle Richtungen zu verstehen und zu gewährleisten[197]. Dieser letztgenannte Aspekt hat eine enge Verknüpfung mit dem Organisationsumfeld, bzw. der Organisationskultur. Letztere soll eine offene Kommunikation sicherstellen und wird durch eben eine offene Kommunikation unterstützt[198]. Eine weitere enge Verzahnung besteht zu einer anderen ganz herausragenden Komponente von COSO, der systemimmanenten, fortlaufenden Überwachung des Systems. Werden Fehler bei der Durchführung von festgelegten Prozessen und Maßnahmen, z.b. implementierten Kontrollen festgestellt, so muss überprüft werden, wodurch es zu dem festgestellten Fehler gekommen ist und ob Änderungen an den Prozessen und Maßnahmen notwendig sind. Des Weiteren sind gegebenenfalls auch notwendige Sanktionen gegen die Fehler verursachenden handelnden Personen einzuleiten. Die Überwachung ist aber nicht nur auf die Entdeckung von Fehlern gerichtet, die Funktionsschwächen der vorhandenen Prozesse und Maßnahmen darstellen. Vielmehr soll die Überwachung auch feststellen, inwieweit die Prozesse und Maßnahmen des Systems sich verändert haben und folglich Anpassungen des Systems erforderlich sind[199]. Ausgehend von der Tatsache, dass weder die Rahmenbedingungen noch die Prozesse statisch sind, sondern permanenten Veränderungen unterliegen, muss sich das System diesen Veränderungen anpassen. Alle Prozesse und Maßnahmen müssen deshalb fortwährend daraufhin überprüft werden, ob sie noch angemessen sind und wirksam die jeweilige Zielsetzung erreichen können.

Bezogen auf das Management von Compliancerisiken kann dies zum Beispiel bedeuten, dass zu prüfen ist, ob alle relevanten Regeln bzw. Änderungen an solchen Regeln identifiziert wurden. Grundsätzlich ist dies ein Element der Ereignis- und Risikoidentifizierung. Weder kann dieser Prozess der Ereignis- und Risikoidentifikation nur einmalig stattfinden, noch sind die hierfür bestehenden Rahmenbedingungen statisch. Der Prozess muss fortlaufend erfolgen und sich an veränderte Rahmenbedingungen anpassen. So würde z.B. als Teil der Identifizierung

---

195 Vgl. Ebenda, S. 68
196 Vgl. Ebenda, S. 70
197 Vgl. Ebenda, S. 67: „Effective communication also occurs, flowing down, across, and up the organization"
198 Vgl. Ebenda, S. 70
199 Vgl. COSO [IC updated], 2013, S. 124

von Ereignissen die Veröffentlichung einer Gesetzesänderung im Bundesgesetzblatt festgestellt (unter Umständen auch schon die entsprechenden Gesetzeslesungen im Bundestag). Als Teil der Risikoidentifizierung und -Bewertung erfolgt die Beurteilung, ob diese Änderung für das Unternehmen relevant ist und welches Risikopotential sich ergibt. Selbstverständlich werden diese Schritte unter Umständen zusammenhängend und nicht als separate Prozesse durchgeführt. Eine laufende Überwachung der Prozesse würde prüfen, ob diese tatsächlich wie vorgesehen durchgeführt werden (z.b. wird das Bundesgesetzblatt fortlaufend auf relevante Gesetzesänderungen durchgesehen?). Teil der Überwachung wäre aber auch, ob die Prozesse (Kontrollen) noch angemessen d.h. ausreichend sind (so erfordern z.B. Tätigkeiten in anderen Staaten die Beobachtung ausländischer Gesetzesinitiativen) und ob sie effizient durchgeführt werden (können die Informationen vielleicht auf einfachere Weise gewonnen werden?).

3.3. Andere allgemeine Rahmenwerke

Insgesamt kann festgestellt werden, dass COSO sich zu einem „Quasi-Standard"[200] für Interne Kontrollsysteme (IKS) und auch für Risikomanagementsysteme (RMS) entwickelt hat. Insbesondere COSO Internal Control „gilt weltweit als einer der führenden Wegweiser für Aufbau und Umsetzung eines IKS"[201]. Diese Allgemeingültigkeit von COSO soll nachfolgend durch einzelne Vergleiche mit anderen Rahmenwerken zu Risikomanagement, IKS oder CMS dargelegt werden.

3.3.1. Unmittelbarer Bezug auf COSO

Zunächst sind die Rahmenwerke zu nennen, die sich selbst ganz explizit auf COSO beziehen. Beispielhaft sei das Cobit Framework[202] genannt, dass sich speziell mit Kontrollen im IT Bereich befasst und klar auf seinen Bezug zu COSO verweist: „It should be noted that COSO was used as source material for the business model"[203].

Ein weiteres prominentes Beispiel sind die vom kanadischen Berufsstand der Wirtschaftsprüfer (CICA) bereits 1995 veröffentlichten ‚guidance on controls'. Nach der Arbeitsgruppe des Verbandes, die die Guidance entwickelte, dem Criteria of Controls Board wird diese Guidance im Allgemeinen als ‚CoCo Guidance' bezeichnet. Die Guidance besteht im Wesentlichen aus 20 Prinzipien, die in vier Kategorien aufgeteilt wurden. Auch wenn das Board auf Unterschiede zum COSO-Framework verweist, stellt es klar, dass CoCo auf COSO aufbaut. „The board con-

---

200 Vgl. Hofmann [Anti Fraud], 2008, S. 377
201 Menzies, Christof / Engelmayer, Birgit, COSO als führendes Rahmenwerk für interne Kontrollsysteme, in: KoR IFRS, 2013/ 09; S. 426 (Menzies/Engelmayer [COSO])
202 ISACA, COBIT 5: A Business Framework for the Governance and Management of Enterprise IT (Online), verfügbar unter: http://www.isaca.org/cobit/pages/default.aspx letzter Abruf am: 12.01.2014 (ISACA [COBIT])
203 ISACA, COBIT FAQs (Online), verfügbar unter: http://www.isaca.org/cobit/pages/default.aspx letzter Abruf am: 12.01.2014 (ISACA [COBIT FAQ])

cluded that its guidance continues to be a worthwhile addition to the body of knowledge. While it builds on COSO, it provides a self- standing control framework based on distinct assumptions and perspectives. The board believes that organizations that follow its guidance will have thereby considered the components of the COSO framework "[204]. Der Fokus der Guidance liegt dabei stärker auf den Aspekten des Systems, die COSO als Unternehmensumfeld bzw. Kommunikation bezeichnet, d.h. insbesondere auf die Fragen von Unternehmenswerten und deren Vermittlung im Unternehmen. Aber auch die Identifizierung und Vermittlung von Unternehmenszielen, sowie die Überwachung und Weiterentwicklung des Systems wird problematisiert. Auf die Identifizierung und Bewertung sowie die konkrete Ausgestaltung von Prozessen und Maßnahmen zur Steuerung von Risiken wird dagegen weniger eingegangen. Zwischenzeitlich empfiehlt auch das CICA die Anwendung von COSO zur Implementierung von Internen Kontrollen und nennt das eigene Rahmenwerk CoCo nur noch als „weiteres mögliches Rahmenwerk"[205].

3.3.2. Inhaltlicher Bezug auf COSO

Neben diesen Rahmenwerken gibt es noch eine Reihe anderer Rahmenwerke, die sich nicht ausdrücklich auf COSO beziehen, in denen aber die gleichen Strukturen und Gedankengänge zu erkennen sind. Die Ähnlichkeiten in diesen Rahmenwerken mit COSO verdeutlichen, dass COSO nicht etwas Eigenständiges „erfunden" hat, sondern es geschafft hat, allgemeingültige Aussagen zu Risikomanagement umfassend zusammen zu tragen und zu beschreiben. Diese Allgemeingültigkeit zeigt sich darin, dass auch andere Rahmenwerke im Ergebnis inhaltlich zu vergleichbaren Schlüssen kommen.

3.3.2.1.   ISO Norm 31.000

Als ein Beispiel für Rahmenwerke, die sich zwar nicht auf COSO beziehen, aber trotzdem auf die gleichen Grundprinzipien zurückführbar sind, soll die ISO Norm 31.000 Risk Management – Principles and Guidance betrachtet werden[206]. ISO 31.000 unterscheidet zwischen Risikomanagement, Risikomanagementpolitik, Risikomanagementrahmen, Risikomanagementplan und Risikomanagementprozess. Inhaltlich finden sich die Bedeutungen dieser Begriffe, die innerhalb der Norm nicht immer streng getrennt verwendet werden, bei einem Vergleich mit COSO auf unterschiedlichen Ebenen wieder. Unter der Überschrift ‚Risikomanagementrahmen' wird eine allgemeine Beschreibung der organisatorischen Ausgestaltung des

---

204 Canadian Institute of Chartered Accountants, CA-Magazine, S. 45, Ontario, November 1995
205 Vgl. INTERNAL CONTROL 2006: THE NEXT WAVE OF CERTIFICATION Guidance for Management, S. 16; CiCa, Ontario, 2006
206 Die nachfolgenden Ausführungen zur ISO Norm wurden vom Autor bereits im Aufsatz „Genormtes Risikomanagement", ausführlich dargelegt, die Aussagen hier wurden dem Aufsatz entnommen; vgl. Withus, Karl-Heinz, Genormtes Risikomanagement: die neue ISO Norm 31000 zu Grundsätzen und Richtlinien für Risikomanagement, in: Zeitschrift für Risk Fraud Compliance, / 2010(Withus [Genormtes Risiko])

Risikomanagements dargestellt. Unter COSO finden sich entsprechende Inhalte insbesondere in den Ausführungen zum Internal Environment, Objective Setting, Information & Communication sowie Monitoring. Der Begriff „Risikomanagementprozess" wird von der ISO Norm als Überschrift für Hinweise zu konkreteren Abläufen des Risikomanagements verwendet. In diesem Abschnitt ist die Schnittmenge zu den COSO Bereichen ‚Event Identifikation, Risk Assessment, Risk Response and Control Activities' größer. Dies ist aber eine sehr grobe Zuordnung, die Überschneidungen sind tatsächlich vielfältig. Die allgemeinen Absichten und Ausrichtungen einer Organisation im Zusammenhang mit dem Risikomanagement, bei ISO als ‚Risikomanagementpolitik' bezeichnet finden sich bei COSO in den Ausführungen zur strategischen Ausrichtung sowie zum Internal Environment wieder. In diesem Zusammenhang spricht COSO u.a. von Risikoappetit und Risikophilosophie des Unternehmens. Beide Begriffe finden sich unter ISO als ‚risk appetite' und ‚risk attitude' wieder.

Zur Risikowertung zählt die Norm die Identifikation von Risiken auf der Grundlage von Ereignissen, die Analyse der identifizierten Risiken, sowie ihre Bewertung zur Unterstützung der Entscheidungsfindung in Bezug auf Notwendigkeit und Prioritäten der Risikobewältigung. Gleiche Anforderungen finden sich bei COSO wieder, z.B. die Feststellung, dass in die Risikoidentifikation „Personen mit entsprechenden Kenntnissen einzubeziehen sind". In Bezug auf Risikoanalyse und – Bewertung, von COSO IC unter dem Begriff ‚risk assessment' zusammengefasst, finden sich ebenfalls in der ISO Norm, wenn auch nur relativ knappe und allgemein gehaltene Hinweise. Während COSO die Möglichkeiten zur Reaktion auf Risiken in vier Kategorien – Vermeidung, Verringerung/Begrenzung, Teilung und Akzeptanz – einteilt, werden von der ISO Norm unter der Überschrift „Risikobewältigung" sieben Gruppen unterschieden. Bei dieser Aufteilung in mehr Unterscheidungen werden letztlich aber keine zusätzlichen Möglichkeiten dargestellt. Die nach COSO als Verringerung des Risikos aufgeführten und dann in der COSO-Komponente ‚Control Acitivities' ausführlich erläuterten Maßnahmen zur Steuerung von Risiken werden von der ISO Norm als ‚Beseitigung der Risikoquelle', ‚Veränderung der Wahrscheinlichkeit' und ‚Veränderungen der Auswirkungen' aufgelistet. Die Norm bleibt hierbei im Detaillierungsgrad deutlich hinter den Ausführungen in der COSO Komponente ‚Control Activities' zurück.

Relativ knapp ist die Norm auch bei der Darstellung der Überwachungsnotwendigkeiten sowie den Aussagen zur Informationsbeschaffung. Hinweise zur Art und Durchführung der Überwachung werden nicht gegeben. Als Zielsetzung wird die Wirksamkeit und Effizienz der Risikokontrollen genannt. Unter dem Begriff ‚Risikokontrolle' werden die Maßnahmen zur Veränderung von Risiken, d.h. alle Prozesse, Politiken, Instrumente, Verfahren und sonstige Handlungen, welche Risiken verändern, verstanden. Die Überwachung dient des Weiteren der Informationsbeschaffung zur Verbesserung der Risikobeurteilung, dem Erkennen neuer Risiken und von Veränderungen, die eine Überarbeitung der Risikobewältigungsmaßnahmen oder von Prioritäten erforderlich machen. Wie auch bei COSO wird festgestellt, dass derartige Überwachungen, die durch regelmäßige Kontrolle oder Aufsicht erfolgen können, sowohl periodisch als auch anlassbezogen durchgeführt werden können.

Insgesamt kann festgestellt werden, dass die ISO Norm 31000 alle COSO Elemente aufgreift und darüber hinaus keine erkennbaren Neuerungen oder Ergänzungen im Vergleich zum weltweit anerkannten und häufig verwendeten COSO Enterprise Risk Management – Integrated Framework enthält. Der Detaillierungsgrad (nicht zu verwechseln mit dem Konkretisierungsgrad) der ISO Norm bleibt dagegen hinter COSO ERM deutlich zurück.

3.3.2.2. IDW PS 980

Der Prüfungsstandard des Instituts der Wirtschaftsprüfer zu Prüfung von Compliance-Management-Systemen[207] verweist ebenfalls nicht unmittelbar auf COSO. Der Standard äußert sich zu grundlegenden Aspekten bei der Beurteilung der Wirksamkeit von CMS. Er listet hierbei sieben Grundelemente eines CMS auf, die sich relativ leicht den COSO Komponenten zuordnen lassen. Die weniger detaillierte Auseinandersetzung mit den Schritten zur Identifizierung und Bewertung von Risiken lässt hierbei eher eine Zuordnung zu COSO IC Komponenten, die ebenfalls weniger detailliert sind, als zu COSO ERM einfacher erscheinen. Das IDW stellt im Standard selbst keine unmittelbare Beziehung zwischen den sieben Grundelementen und COSO her und listet COSO lediglich als mögliches einem CMS zugrundeliegendes Rahmenwerk. Gleichwohl kann der Autor als eines der Mitglieder im IDW Arbeitskreis zur Entwicklung der Prüfungsstandards berichten, dass die Übereinstimmung nicht zufällig ist. Vielmehr hat der AK bei seiner Arbeit eine Vielzahl von unterschiedlichen Rahmenwerken analysiert und ist zu der Erkenntnis gekommen, dass die COSO Komponenten immer wieder zu erkennen sind und als grundlegend eingeordnet werden können. Gleichwohl oder auch gerade deswegen können ohne Zweifel auch andere Rahmenwerke einem CMS zu Grunde gelegt werden. Gerade die weniger generisch und mehr praxisbezogen angelegten Rahmenwerke mögen im Einzelfall sogar vorteilhafter sein. Aus diesem Grund wurden die Grundelemente bewusst nicht direkt an COSO ausgerichtet. Darüber hinaus ist nicht die Konzeption eines CMS sondern dessen Prüfung Gegenstand des Standards. Hierfür ist eine eher generalistisch gehaltene Befassung mit den Elementen eines CMS hinreichend. Der Standard fokussiert mehr auf die Grundlagen der Prüfungsplanung und Durchführung.

3.3.2.3. ASAE 3100

Auch der Australische „Standard on Assurance Engagements ASAE 3100 Compliance Engagements ASAE 3100", der anders als der IDW PS 980 nicht eine Systemprüfung des CMS, sondern eine Prüfung auf tatsächliche Einhaltung von be-

---

207 IDW [PS 980], 2011b

stimmten Vorschriften in einem Zeitraum regelt, geht auf notwendige Elemente eines „Compliance Frameworks" ein[208]:

- Procedures for identifying and updating compliance obligations.
- Staff training and awareness programs.
- Procedures for assessing the impact of compliance obligations on the entity's key business activities.
- Controls embedded within key business processes designed to ensure compliance with obligations.
- Processes to identify and monitor the implementation of further mitigating actions required to ensure that compliance obligations are met.
- A monitoring plan to test key compliance controls on a periodic basis and report exceptions.
- Procedures for identifying, assessing, rectifying and reporting compliance incidents and breaches.
- Periodic sign off by management and/or external third party outsourced service providers as to compliance with obligations.
- A compliance governance „ structure that establishes responsibility for the oversight of compliance Control Activities with those charged with governance, typically a Board Audit, Risk Management or Compliance Committee.

Die Verwandtschaft zu COSO ist leicht erkennbar, eine Eignung als Rahmenwerk für die Ausgestaltung eines CMS ist allerdings kaum gegeben, da die genannten Punkte letztlich zu generisch sind.

Neben den hier etwas ausführlicher dargestellten Rahmenwerken greift noch eine Vielzahl anderer Rahmenwerke und Richtlinien zu den Themenbereichen Interne Kontrollsysteme bzw. Risikomanagement explizit oder implizit die Struktur und Grundlagen der COSO Rahmenwerke auf. Beispielhaft können noch weitere Prüfungsstandards der Wirtschaftsprüfer genannt werden. So greift z.B. der internationale Prüfungsstandard ISA 315, Identifying and Assessing the Risk of Material Misstatement through Understanding the Entity and Its Environment im Appendix 1 Internal Control Components Formulierungen und Inhalte von COSO IC auf. Auch der IDW Standard PS 340 Prüfung des Risikofrüherkennungssystems geht bei der Definition des Risikomanagementssytems in Tz. 4 erkennbar auf COSO zurück. Ebenso lassen sich in den Regelungen der sogenannten Turnbull-Guidance[209], die die Anforderungen an Corporate Governance Systeme von im United Kingdom gelisteten Kapitalgesellschaften regelt, die COSO Strukturen wiederfinden.

---

208 Australian Goverment Auditing and Assurance Standard Board, Standard on Assurance Engagements ASAE 3100 Compliance Engagements; 2008(ASAE [3100])
209 The Financial Reporting Council (FRC), Internal Control: Revised Guidance for Directors on the Combined Code (October 2005), 2005 (Financial Reporting Council [Turnbull Guidance])

3.4. Anforderungs-Rahmenwerke

3.4.1. Einleitung

Als letzter Teil der Ausführungen zu den theoretischen Grundlagen soll auf einzelne sog. ‚Anforderungswerke' eingegangen werden. Hierunter sind Rahmenwerke zu verstehen, die generische Ausführungen zum RMS mehr oder weniger stark mit konkreten Anforderungen an solche Systeme verbinden. Wie oben schon ausgeführt, handelt es sich eher um Soll-Konzepte eines CMS, als um Rahmenwerke. Häufig findet man im Zusammenhang mit der Diskussion über Anforderungen an CMS Verweise auf die US Sentencing Guidelines, die sicherlich die bekanntesten Anforderungen an Compliance-Management-Systeme darstellen.

3.4.2. US Sentencing Guidelines

Bei den Sentencing Guidelines for United States Courts[210] (USSG) handelt sich um unverbindliche Richtlinien[211], die in den USA von Richtern bei der Festsetzung des Strafmaßes verwendet werden. Im Chapter 8 der Guidlines, die 1991 erstmals verfasst, aber seitdem mehrfach geändert wurden, sind Grundsätze für ein wirksames Compliance und Ethic Program (CEP) aufgeführt, ein solches CEP entspricht dem im Deutschland allgemein CMS genannten Systemen zur Sicherstellung der Compliance. Die Begriffe werden im Folgenden synonym verwendet[212].

Die Guidelines sehen vor, dass ein Unternehmen für den Fall, dass ein Compliance Verstoß aufgedeckt und von den Strafbehörden verfolgt wird, eine Strafbefreiung oder zumindest eine verringerte Strafe erhalten können, wenn der Nachweis erbracht wird, dass im Zeitpunkt des Verstoßes ein wirksames CMS eingerichtet war. Da kein CMS in der Lage sein kann, 100% aller Verstöße zu vermeiden, kann trotz des aufgedeckten Verstoßes nach den Guidelines die Wirksamkeit des CMS gegeben sein, wenn folgende Bedingungen erfüllt werden:

- Unternehmen sollen mit gegebener Sorgfalt kriminelle Handlungen vermeiden bzw. aufdecken und hierzu Richtlinien und Prozesse (CEP) entwickeln (§ 8B2.1 (a) (1) USSG), die sicherstellen, dass die Organisationskultur ethisches Verhalten und eine Selbstverpflichtung zur Einhaltung gesetzlicher Vorschriften unterstützt (§ 8B2.1 (a) (2) USSG),

---

210 USSC – United States Sentencing Commission, USSC Guidelines Manual (Online), verfügbar unter: http://www.ussc.gov/Guidelines/2012_Guidelines/Manual_PDF/index.cfm, letzter Abruf am: 10.08.2013 (USSC [Guidelines Manual])

211 Vgl. United States Supreme Court, UNITED STATES v. BOOKER; 12.01.2005, verfügbar unter: http://laws.findlaw.com/us/000/04-104.html.2005, (United States Court of Appeal [UNITED STATES v. BOOKER])

212 Die nachfolgenden Ausführungen wurden im Wesentlichen einem früheren Aufsatz des Verfassers entnommen: Withus, Karl-Heinz, Bedeutung der geänderten Compliance Anforderungen der US Sentencing Guidelines für deutsche Unternehmen, in: CCZ, / 2011(Withus [US Sentencing])

- Unternehmen sollen angemessen sicherstellen, dass keine Personen in leitende Stellungen der Organisation versetzt werden, von denen bekannt ist oder durch angemessene Anstrengungen hätte bekannt sein können, dass diese in illegale oder anderweitig gegen ein wirksames CMS verstoßene Handlungen verstrickt waren (§ 8B2.1 (b) (3) USSG)
- Die Richtlinien und Prozesse zur Sicherstellung des CMS sollen regelmäßig durch Schulungen und auf anderen angemessenen Wegen den Aufsichtsorganen, der Geschäftsleitung, leitenden und anderen Mitarbeitern der Organisation sowie auch, soweit notwendig, den für die Organisation tätigen Vertretern zur Kenntnis gebracht werden (§ 8B2.1 (b) (4) USSG)
- Das CMS soll durch angemessene Anreize gefördert und durch Sanktionen für Verstöße oder mangelnde Maßnahmen zur Einhaltung der Compliance durchgesetzt werden (§ 8B2.1 (b) (6))
- Der Geschäftsleitung und den Aufsichtsorganen sollen die Inhalte und die Durchführung des CMS bekannt sein und sie sollen die Einrichtung und Wirksamkeit angemessen überwachen (§ 8B2.1 (b) (2) (A) USSG).
- Die Sicherstellung der Wirksamkeit eines CMS soll in der Verantwortung von festgelegten, leitenden Mitarbeitern (high-level personnel) liegen (§ 8B2.1 (b) (2) (B) USSG). Hierbei wird der Begriff des „high-level personnel" dahingehend definiert, dass diese Person substanzielle Leitungsbefugnisse in der Organisation oder eine substanzielle Rolle bei der Festlegung von Unternehmensrichtlinien haben muss (§ 8A1.2 Commentary 3.(B))
- Die Verantwortlichkeit für die tägliche Durchführung des Programms soll eindeutig festgelegt sein, die verantwortlichen Personen sollen regelmäßig über die Wirksamkeit des Programms an die leitenden Mitarbeiter sowie, soweit angemessen an die Geschäftsleitung und die Aufsichtsorgane (governing authority) oder einem entsprechenden Ausschuss (z.B. Audit committee) berichten und hierfür über die notwendigen Ressourcen und Kompetenzen verfügen und eine unmittelbare Berichtsmöglichkeit zu Geschäftsleitung und Aufsichtsorgane verfügen (§ 8B2.1 (b) (2) (C) USSG).
- Die Wirksamkeit des Programms soll auch durch regelmäßige Überwachung des Programms, sowie Maßnahmen zur Aufdeckung krimineller Handlungen sichergestellt (§ 8B2.1 (b) (5) (A) USSG) und in regelmäßigen Intervallen überprüft werden(§ 8B2.1 (b) (5) (B) USSG).
- Es sollen angemessene Maßnahmen vorhanden sein, die es Mitarbeitern und für das Unternehmen tätigen Agenten ermöglicht, vermutete oder tatsächliche kriminelle Handlungen, auch anonym zu berichten oder hierzu eine Beratung einzuholen, ohne auf Grund dessen Nachteile befürchten zu müssen(§ 8B2.1(b)(5)(C) USSG)
- Werden kriminelle Handlungen aufgedeckt, soll hierauf hinreichend angemessen reagiert werden und Maßnahmen ergriffen werden, um vergleichbare Handlungen in der Zukunft zu verhindern (§ 8B2.1 (b) (7) USSG).

- Regelmäßig soll das Risiko für kriminelles Verhalten neu eingeschätzt werden und angemessene Schritte für die Entwicklung und Einrichtung neuer oder die Anpassung bestehender Maßnahmen zur Reduzierung dieses Risikos ergriffen werden (§ 8B2.1 (c) USSG).
- Bei Verwicklung von hochrangigen Mitarbeitern in Compliance Verstöße, ist Voraussetzung für eine trotzdem gegebene Wirksamkeit des CMS, dass Compliance Verantwortliche ausdrücklich eine persönliche Berichterstattungspflicht an die Governing Authority bzw. einen entsprechenden Ausschuss (Audit Committee) hatten. Mindestens einmal jährlich muss hier über die Einrichtung und Wirksamkeit des CMS unmittelbar berichtet werden. Darüber hinaus sind alle vermuteten oder tatsächlichen Compliance Verstöße unverzüglich an die Governing Authority zu berichten (§ 8C2.5 (f) (3) (C) (i) i.V.m. Application Note 11 USSG).
- Bei einer Verwicklung von hochrangigen Mitarbeitern in die kriminellen Sachverhalte ist eine Selbstanzeige eine der Voraussetzungen, die gegeben sein müssen, damit es zu einer Strafmilderung auf Grund eines wirksamen CMS kommen kann (§ 8C2.5 (f) (3) (C) USSG). Hierbei muss der Verstoß durch das CMS entdeckt worden sein, bevor er von Außenstehenden aufgedeckt wurde, oder eine solche Aufdeckung hinreichend wahrscheinlich war. Außerdem darf in den Verstoß niemand verwickelt gewesen sein, der operative Verantwortung für das CMS trug.

Die hier gestellten Anforderungen decken alle Komponenten des COSO Rahmenwerkes ab. Im Einzelnen lassen sich die Grundsätze 2, 4 und 6 zumindest auch der Komponente ‚Control Environment', der Grundsatz 11 den Komponenten der Ereignis- und Risikoidentifizierung und -Bewertung zuordnen. Die Komponente ‚Objective Setting' zieht sich natürlich durch alle Anforderungen durch, die Zielsetzung der Compliance ist letztlich die Grundanforderung der Sentencing Guidelines, ist in der ersten der Anforderungen aber auch explizit angesprochen. Die Kontrollaktivitäten nach COSO lassen sich in den Anforderungen 1 und 2 unterschiedlich detailliert finden. Gleich fünf verschiedene Anforderungen lassen sich der Komponente ‚Communication and Information' zuordnen: 3, 5, 7, 9, 12. Auch die Komponente zur Überwachung und Verbesserung ist in mehreren Komponenten (8, 9, 10) zu erkennen. Diese Zuordnung der Anforderungen der USSG ist dabei nur – teilweise grob – vereinfachend und dient ausschließlich der Darstellung, dass die USSG den gleichen Grundsätzen folgen wie COSO. Da die COSO-Komponenten nicht streng getrennt nebeneinander stehen sondern miteinander vernetzt sind[213], können auch die USSG Anforderungen nicht nur jeweils einer Komponente sondern mehreren Komponenten zugeordnet werden.

Beim Durchlesen der einzelnen Anforderungen erkennt man schnell, dass es sich hier um eine Mischung von teilweise sehr konkreten Anforderungen mit eher

---

213 Vgl. COSO [IC updated], 2013, S. 19

generischen Ausführungen handelt. So handelt es sich bei der Anforderung, dass „angemessene Maßnahmen vorhanden sein sollen, die es Mitarbeitern und für das Unternehmen tätigen Agenten ermöglicht, vermutete oder tatsächliche kriminelle Handlungen, auch anonym zu berichten oder hierzu eine Beratung einzuholen, ohne auf Grund dessen Nachteile befürchten zu müssen" um eine Konkretisierung der allgemeinen Anforderungen an angemessene Kommunikations- und Informationsstrukturen. Auch das COSO Rahmenwerk ‚Enterprise Risk Management' erwähnt die Notwendigkeit, dass alternative Kommunikationswege notwendig sind, um Informationen auch dann zu erhalten, wenn der Informationsgeber ansonsten z.B. Repressionen befürchtet oder die Informationen nicht weitergeben würde, weil er nicht sicher ist, ob diese an die richtige Stelle gelangen würde[214]. COSO legt aber nicht fest, wie solche Alternativen ausgestaltet sein müssen, insbesondere fordert COSO keine Anonymität der Berichtswege, was üblicherweise als Whistle-Blower Hotline bezeichnet wird.

Noch konkreter ist z.B. die Anforderung, dass „keine Personen in leitende Stellungen der Organisation versetzt werden, von denen bekannt ist oder durch angemessene Anstrengungen hätte bekannt sein können, dass diese in illegale oder anderweitig gegen ein wirksames CMS verstoßene Handlungen verstrickt waren". Sicherlich ein Aspekt des Control-Environments nach COSO: „Management integrity is a prerequisite for ethical behavior in all aspects of an entity's activities"[215] allerdings muss die generische Anforderung von COSO: „For example, standards for hiring the most qualified individuals, with emphasis on educational background, prior work experience, past accomplishments, and evidence of integrity and ethical behavior, demonstrate an entity's commitment to competent and trustworthy people"[216], nicht zwingend so eng ausgelegt werden, wie es in den Sentencing Guidelines geschieht.

3.4.3. Weitere Beispiele
Ein weiteres Beispiel für ein Auslegungswerk sind die Business Principles For Countering Bribery von Transparency International[217]. Auch hier lassen sich die COSO Komponenten erkennen, die einzelnen Prinzipien gehen aber über generische Ausführungen hinaus und stellen mehr oder weniger detailliert konkrete Anforderungen zur Ausgestaltungen eines Anti-Korruptionssystems. So wird z.B. gefordert, dass vor der Aufnahme von Geschäftsbeziehungen mit Agenten oder dem Eingehen eines Joint Ventures eine Due Dilligence durchgeführt und dokumentiert wird (vgl. Tz. 5.2.1 und 5.2.3.2 der Business Principles). Sicherlich Maßnahmen, die sowohl den COSO Grundsätzen zur Information und Kommunikation,

---

214 COSO [ERM], 2004a, S. 72
215 Ebenda, S. 29
216 Ebenda, S. 33
217 Transparency International, Business Principles for Countering Bribery, 2009 (Transparency [Principles])

wie auch den Kontrollaktivitäten zuzurechnen sind, von COSO aber nicht so konkret gefordert werden.

Diese engeren und konkreteren Anforderungen von Auslegungswerken engen zwar den Ermessensfreiraum für die Einrichtung von System ein, sind dadurch für den Praktiker aber einfacher in der Umsetzung. Sie geben quasi eine Best Practice für Systeme vor. Soweit Unternehmen in den verpflichtenden Anwendungsbereich solcher konkreten Anforderungswerke fallen, besteht ohnehin kein Wahlrecht der Beachtung. Aber auch andere Unternehmen können solchen Werken zumindest konkretisierte, hilfreiche Hinweise zur Ausgestaltung des Systems entnehmen, die sie in den generischen Rahmenwerken nicht finden werden. Neben den angeführten Beispielen zu Auslegungswerken gibt es eine Vielzahl von weiteren derartigen Anforderungswerken, denen Organisationen teils verpflichtend unterliegen (beispielhaft sei auf die Bestimmungen des Bundesdatenschutzgesetzes sowie auf die Mindestanforderungen an die Compliance-Funktion und die weiteren Verhaltens-, Organisations- und Transparenzpflichten nach §§ 31 ff. WpHG für Wertpapierdienstleistungsunternehmen (MaComp) verwiesen). Auch freiwillig anwendbare Anwendungswerke können wertvolle Hinweise zur Einrichtung von CMS geben, bzw. stellen bei freiwilliger Unterwerfung unter die Werke entsprechende Anforderungen (hier seien beispielhaft der Leitfaden ‚Wertemanagement in der Immobilienwirtschaft'[218] sowie der ‚Verhaltenskodex für den Vertrieb des Gesamtverbands der Deutschen Versicherungswirtschaft (GDV)'[219] genannt.)

3.5. Zwischenfazit zu Rahmenwerken
Zusammenfassend können die folgenden allgemeinen Aussagen zu Rahmenwerken festgehalten werden:

1. Ein Rahmenwerk stellt allgemeingültige und allgemein anerkannte Rahmenbedingungen für die Ausgestaltung eines (Risikomanagement-/Compliancemanagement-) Systems dar. Umso generischer die Darstellungen sind, umso größer ist der Kreis möglicher Anwender und umso geringer ist die Möglichkeit für den einzelnen Anwender, die Grundsätze einfach und unmittelbar praktisch umzusetzen.
2. Die COSO Rahmenwerke ERM und IC beschreiben umfassend die theoretischen Zusammenhänge und unterschiedlichen Aspekte eines Risikomanagementsystems. Die COSO Rahmenwerke besitzen eine breite Akzeptanz. Eine Vielzahl anderer systembeschreibender Rahmenwerke können den von COSO genannten Grundsätzen und der Systematik von COSO zugeordnet werden.

---

218 Initiative Corporate Governance der Deutschen Immobilienwirtschaft, Wertemanagement in der Immobilienwirtschaft; 2009(Initiative Corporate Governance [Leitfaden])
219 Gesamtverband der Deutschen Versicherungswirtschaft (GDV), Verhaltenskodex des Gesamtverbandes der Deutschen Versicherungswirtschaft für den Vertrieb von Versicherungsprodukten; 2013(GDV [Verhaltenskodex])

3. In den COSO Rahmenwerken werden die Compliance Risiken als eine von drei Risikokategorien beschrieben. Diese Rahmenwerke bieten sich entsprechend grundsätzlich auch zur Konzeption eines Systems zum Management von Compliance Anforderungen.
4. Die Abgrenzung von Compliance Mangement Systemen findet im übergeordneten RMS statt. Für die Austaltung des CMS bietet sich das COSO IC Rahmenwerk an.
5. Auf Grund der generischen Ausgestaltung eignen sich die COSO Rahmenwerke generell nicht optimal zu einer konkreten praktischen Umsetzung, da wenig konkrete praktische Hinweise enthalten sind.
6. Die grundlegenden Aussagen von COSO lassen sich aber auch in konkreter werdenden ‚Anforderungswerken' zu Risikomanagement oder Compliance-Management erkennen. Solche konkreteren ‚Anforderungswerke' eignen sich zu einer praktischen Umsetzung besser, die notwendige Anpassung an konkrete Situationen bei Unternehmen erfordert aber auch hier eine Auseinandersetzung mit den generischen Grundlagen von COSO.

4. Betriebswirtschaftliche Grundsätze

1. Einleitung
2. Compliance Ziele
3. Compliance-Kultur
4. Compliance-Risiken
5. Compliance-Organisation
6. Compliance-Programm
7. Compliance-Kommunikation
8. Compliance-Überwachung und Verbesserung

4.1. Einleitung

In diesem Kapitel werden die Grundlagen einer praktischen Umsetzung diskutiert und aufbauend auf die allgemeinen Grundsätze betriebswirtschaftliche Grundsätze für die praktische Umsetzung abgeleitet. Das Kapitel orientiert sich im Aufbau an dem IDW Prüfungsstandard PS 980 bzw. den dort genannten Grundelementen eines CMS. Das große Interesse, das diesem Standard schon im Entwurfsstadium entgegengebracht wurde, hat sich nach der Veröffentlichung gefestigt. Der Standard wird auch von juristischer Seite als „systematisch geschlossene Grundlage" anerkannt, aus der „eine Fülle von Anregungen für den Prüfungsausschuss abgeleitet werden kann"[220]. Insbesondere die grundsätzliche Betrachtung von CMS nach der Systematik des Standards – der Einteilung in die sieben Grundelemente – wurde in allen Diskussionen an denen der Verfasser in seiner beruflichen Praxis seit der Veröffentlichung des Standards teilgenommen hat zugrunde gelegt.

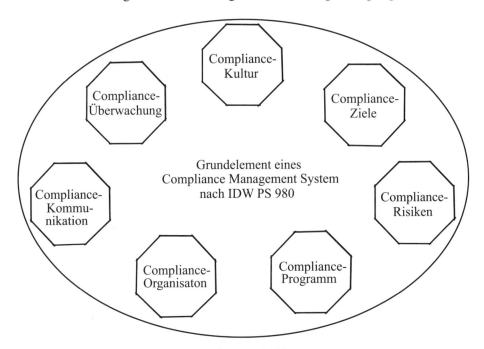

Abbildung 7 Grundelemente eines CMS nach IDW PS 980

---

[220] Hommelhoff, Peter Prof. Dr. Dres., Compliance aus der Sicht des Prüfungsausschusses, in: WpG, / 2013; S. I (Hommelhoff [WpG] 2013)

Insgesamt gilt der PS 980 als „Erfolg[221]" und ist als „Benchmark für die Ausgestaltung eines angemessenen und wirksamen CMS etabliert"[222], sowie als Grundlage einer Wirksamkeitsbeurteilung anerkannt[223]. Die teilweise geäußerten Zweifel von Juristen in Bezug auf die haftungsrechtliche Auswirkung einer durchgeführten Prüfung[224] werden letztlich erst dann bestätigt oder widerlegt werden können, wenn nach dem Standard durchgeführte Prüfungen im Rahmen von Gerichtsverfahren wegen Non-Compliance als Beleg für ein trotzdem wirksames CMS und der damit begründeten gehörigen Aufsicht eingebracht werden.

Eine Orientierung der Arbeit an IDW PS 980 gründet sich auch darauf, dass dieser grundsätzlich an den COSO Rahmenwerken ausgerichtet ist, die in der Praxis als insbesondere für die Beschreibung von Risikomanagement- bzw. Interne Kontrollsysteme geeignet bezeichnet werden[225]. Der IDW PS 980 leitet sich in Bezug auf die Aussagen zum CMS aus den COSO Rahmenwerken ab, dabei fokussiert es diese auf die Anforderungen an CMS. Gleichwohl bleibt der Prüfungsstandard grundsätzlich noch auf der generischen Ebene – nicht zuletzt – da er als Kerninhalt die Prüfung und nicht die Ausgestaltung eines CMS und damit vorrangig Fragen der Prüfungsmethodik und der Berichterstattung behandelt. Zu Beginn eines jeden der nach den Grundelementen aufgeteilten Kapitel, wird auf die Verbindung zwischen diesem Grundelement und den COSO Rahmenwerken eingegangen werden. Anschließend wird diskutiert, welche betriebswirtschaftliche Grundsätze sich aus dem Grundelement, in Verbindung mit COSO für ein CMS konkret ableiten lassen.

4.2. Compliance-Ziele

4.2.1. Einleitung

Der IDW PS 980 betrachtet das Grundelement ‚Compliance-Ziele' im Wesentlichen aus zwei unterschiedlichen Blickwinkeln. Zum einen wird festgestellt, dass sich die Compliance-Ziele aus den allgemeinen Zielen der Organisation sowie den

---

221 Vgl. Grüninger, Stephan Prof. Dr. / Remberg, Meinhard, Die Bedeutung eines Zertifikats nach IDW PS 980, in: Compliance Berater, 2013/ 5; S. 188 (Grüninger/Remberg [Bedeutung]); sowie Böttcher, Lars Dr., Compliance: Der IDW PS 980 – Keine Lösung für alle (Haftungs-) Fälle!, in: NZG, 2011/ 27; S. 1058 (Böttcher [IDW PS 980])
222 Eichler, Hubertus, Die Prüfung der Compliance-Kultur, in: ZCG, 2012/ 3; S. 133 (Eichler [Compliance-Kultur])
223 Vgl. Gnändiger [RMS,IKS,CMS], 2013, S. 183
224 Vgl. Grüninger, Stephan Prof. Dr. / Jantz, Maximilian, Möglichkeiten und Grenzen der Prüfung von Compliance Management Systemen, in: ZCG, 2013/ 3; S. 136 (Grüninger/Jantz [Prüfung])
225 Vgl. Nimwegen, Sebastian Dr. / Koelen, Peter Dr., COSO II als Rahmen für die Beschreibung der wesentlichen Merkmale des internen Kontroll- und des Risikomanagementsystems, in: DB, 2010/ 37; S. 2015 (Nimwegen/Koelen [COSO])

für die Organsiation relevanten Regeln ableiten[226]. Zum anderen stellt der Prüfungsstandard heraus, dass im Rahmen der Bestimmung der Compliance-Ziele auch „die Festlegung der relevanten Teilbereiche und der in den einzelnen Teilbereichen einzuhaltenden Regeln[227]" erfolgen muss. Hier spiegelt sich die ebenfalls zweiteilige Einordnung der Zieldefinition in den COSO Rahmenwerken wieder. Während COSO ERM ‚Compliance Objektives' als Teil der COSO Komponente ‚Objective Settings' sieht[228], diskutiert COSO IC die Festlegung von Zielen nicht als eigene Komponente, sondern innerhalb des Risk Assessments. COSO verortet die Zielbestimmung somit auf zwei Ebenen. Während im übergeordneten RMS, als Teil der Gestaltungsparameter die grundsätzliche Festlegung der Compliance-Ziele erfolgt, werden diese im IKS als Teil des Risk Assessments nicht nur überprüft, sondern auch konkretisiert[229]. Da die Festlegung von Compliance-Zielen naturgemäß einen maßgeblichen Einfluss auf Konzeption und Struktur des CMS haben muss, soll auf dieses Grundelement, abweichend von der Darstellung im PS 980 zunächst eingegangen werden.

4.2.2. Zielbestimmung außerhalb des CMS

4.2.2.1. Teilbereiche

Der Begriff ‚Compliance' ist grundsätzlich allgemein zu verstehen und deckt die Einhaltung sämtlicher Regeln ab[230]. Ebenso ist ein CMS zunächst allgemeingültig als das System zu verstehen, dass diese Einhaltung aller Regeln sicherstellen soll. Bereits im Kapitel zur Definition des Begriffs Compliance Management System wurde festgestellt, dass für eine Vielzahl von Regeln die Einhaltung durch regelmäßige operative Prozesse sichergestellt wird und es keines dezidierten CMS bedarf[231]. Der IDW Prüfungsstandard geht daher davon aus, dass ein dezidiertes CMS sich nur mit einer Auswahl von Regeln beschäftigt, die – regelmäßig aus Risikogesichtspunkten – eine spezielle Berücksichtigung erfordern. Dies entspricht auch dem Vorgehen in der Praxis. In der von der KPMG AG durchgeführten Compliance-Benchmarkstudie 2013 kann deutlich erkannt werden, dass CMS in der Regel nur für einzelne Teilbereiche eingerichtet werden. Am weitesten verbreitet sind die Teilbereiche Datenschutz, Korruptionsvermeidung, Kartellrecht und Schutz vor Vermögensschädigungen[232].

Das Unternehmen kann sich die Abgrenzung des Teilbereichs, in denen es besondere Maßnahmen zur Sicherstellung der Compliance durchführt, allerdings auch nicht beliebig aussuchen. Grundsätzlich gilt das Legalitätsprinzip und die Ge-

---

226 IDW [PS 980], 2011b, Tz. 23
227 Ebenda
228 COSO [ERM], 2004a, S. 35
229 Vgl.COSO [IC updated], 2013, S. 68
230 Vgl. Bestimmung des Begriffs ‚Compliance' auf Seite 19 ff.
231 Vgl. 2.5Compliance-Management-System S. 39 ff.
232 Siehe Abbildung 1 für als relevant erachtete Rechtsgebiete

schäftsleitung ist verpflichtet umfassend das Risiko zu analysieren, dass es zu Compliance-Verstößen kommen könnte[233]. Hierbei sind nicht nur die Regelungen zu beachten, bei deren Nichtbeachtung unmittelbar das Unternehmen selber sanktioniert wird (z.B. Kartellrecht) sondern auch solche, bei denen das Unternehmen ‚nur' über den Umweg über §§ 130, 30 OWiG eine Sanktionierung befürchten muss, weil ihm (bzw. der Geschäftsleitung) eine Pflicht zur Vermeidung von Regelverstößen aus dem Unternehmen heraus obliegt. Die Entscheidung über die Teilbereichsabgrenzung lässt sich regelmäßig nicht aus rechtlichen Vorschriften ableiten[234], sondern ist eine unternehmerische Organisationsentscheidung. Als solche muss sie aber bewusst getroffen werden und auf der Grundlage angemessener Informationen beruhen[235]. Nur eine umfassende Analyse aller relevanter Regeln und den sich hieraus grundsätzlich ergebenden Risiken für Compliance-Verstöße kann daher Basis einer zulässigen Teilbereichsabgrenzung zur Definition von dezidiert notwendigen CMS darstellen.

Die Unternehmensführung muss entscheiden, ob das CMS sich eng an die Anforderungen aus §§ 30, 130 OWiG ausrichten soll oder – z.B. zur Vermeidung von Reputationsschäden oder Belastungen im Verhältnis zu Kunden oder Lieferanten – eine darüber hinausgehende Sicherheit zur Aufgabe haben soll. Die Geschäftsleitung muss auch stets die gesellschaftsrechtlichen Pflichten aus § 91 AktG im Auge behalten. In Konzernstrukturen gehört hierzu auch die Entscheidung, welche Konzernunternehmen vom CMS abgedeckt werden sollen. Das Auseinanderfallen von tatsächlichen Unternehmenssteuerungsstrukturen und gesellschaftsrechtlichen Organisationsstrukturen, kann insbesondere im Zusammenhang mit grenzüberschreitender Tätigkeit und den dann oftmals unklaren Geltungsbereichen von Strafrechtsordnungen nicht einfach vorhersehbare Aufsichts- und Haftungsfolgen haben[236]. Eine eingehende rechtliche Beratung ist hier unbedingt zu empfehlen.[237]

Jedes Unternehmen muss entsprechend Prozesse implementieren um alle relevanten Regeln zu identifizieren und zu beurteilen, welche der hiermit verbundenen Risiken bereits im Rahmen der vorhandenen Organisationsprozesse hinreichend adressiert werden. Beispielsweise müssen Unternehmen eine hohe Anzahl von gesetzlichen oder auch (tarif)-vertraglichen Regelungen beim Einsatz von Mitarbei-

---

233 Diese Verpflichtung leitet sich nicht zuletzt aus §130 OWiG ab
234 Im Einzelfällen gibt es spezifische gesetzlichen Vorschriften, z.B. die Vorschriften des Wertpapierhandelsgesetzes zu Compliance Organisationen bei Finanzdienstleistern oder die Vorschriften zu Datenschutz oder Geldwäsche
235 Vgl. Bundestag, Gesetzentwurf der Bundesregierung: Entwurf eines Gesetzes zur Unternehmensintegrität und Modernisierung des Anfechtungsrechts (UMAG); 2005, S. 11 (BT-Drucksache [15/5092])
236 Vgl. Pelz, Christian Dr., We observe local law – Strafrechtskonflikte in internationalen Compliance-Programmen, in: CCZ, 2013/ 6(Pelz [Strafrechtskonflikte])
237 zur Komplexität der Abgrenzung von Aufsichtspflichten aus §§ 30,130 OWiG vgl. u.a. Grützner, Thomas Dr. / Leisch, Franz Clemens Dr., §§ 130, 30 OWiG – Probleme für Unternehmen, Geschäftsleitung und Compliance-Organisation, in: DB, 2012/ 14 (Grützner/Leisch [Probleme für Unternehmen])

tern beachten. Die hierfür notwendigen Prozesse und Maßnahmen erfüllen grundsätzlich die Definition für ein Compliance-Management-System. Gleichwohl wird in der Praxis die entsprechend zuständige Personalabteilung nicht als CMS bezeichnet und auch nicht als Aufgabengebiet für eine Compliance Abteilung betrachtet. Trotzdem bleibt festzustellen, dass die hier für ein CMS herausgearbeiteten betriebswirtschaftlichen Grundsätze allgemeingültig sind. Sie sind auch zutreffend für die Ausgestaltung und Umsetzung von Maßnahmen in anderen Unternehmensbereichen, die die Einhaltung von Regeln sicherstellen sollen. So geht auch die Aufgabenstellung einer Personalabteilung weit über die klassische Lohnabrechnung hinaus. Beispielhaft kann auf Vogt[238] verwiesen werden, der in seiner Aufstellung zehn Gesetze mit Bezug zur Personalabteilung auflistet, die er als ‚besonders hervorzuheben' bezeichnet, d.h. nicht als vollständige Auflistung. Alleine das Allgemeine Gleichbehandlungsgesetz (AGG) stellt Unternehmen schon vor eine Reihe nicht einfach zu befolgender Anforderungen, die im Ergebnis auf eine Vielzahl von Unternehmensprozessen Auswirkung haben können und deren Einhaltung sicherzustellen ist. Ein zusätzliches Kritierium für die Notwendigkeit von dezidierten CMS ist die Gefahr fraudulenter Handlungen. Für alle rechtlichen Vorschriften, deren Umgehen für die handelnde Person einen persönlichen Vorteil bringen könnte, besteht ein zu bewertendes Fraud-Risiko. Dieses wird regelmäßig nicht durch die vorhandenen Organisationsprozesse hinreichend adressiert werden können.

Kritisch ist der Prozess zur Erkennung derjenigen relevanten Regeln, die nicht durch solche vorhandenen Organisationsprozesse adressiert sind, aber gleichwohl ein entsprechendes Risikopotential haben, das die Einrichtung spezieller Compliance-Management-Systeme erfordert. Regelmäßig werden hierbei eine Vielzahl von relevanten Regeln identifiziert werden, insbesondere bei Unternehmen, die in mehreren Rechtsordnungen tätig sind. Zudem ist eine kontinuierliche Überprüfung der CMS-Ziele anhand der Ergebnisse der Risikoidentifizierung erforderlich. Diese Analyse ist Aufgabe der Unternehmensleitungsebene und Teil des übergeordneten RMS, als Grundvoraussetzung[239] eines CMS.

Ob eine solche Analyse in der Praxis immer vorgenommen wird, muss zumindest bezweifelt werden, wenn eine Erhebung der KPMG AG in Deutschland, Österreich und der Schweiz zum Risiko von Wirtschaftskriminalität ergeben hat, dass „die Eigenwahrnehmung des Risikos nicht mit den tatsächlichen Fällen und deren Schaden übereinstimmt"[240]. Die Vermutung besteht, dass sich Unternehmen bei Ihrer Risikoanalyse zumindest teilweise eher auf vage Risikoeinschätzungen verlassen, statt objektive Beurteilungen zur Grundlage zu nehmen.

---

238 Vgl. Vogt, Volker: Labour Compliance and Investigations, in: Compliance Kompakt, 2013, S. 81 (Vogt [Labour Compliance])
239 COSO [IC updated], 2013, spricht auf S. 6 davon, dass „setting objectives ... a prerequisite to internal control" sei
240 KPMG AG Wirtschaftsprüfungsgesellschaft, Wirtschaftskriminalität Deutschland, Österreich, Schweiz im Vergleich, 2013e (KPMG AG [Wirtschaftskriminalität])

(Gesamtschaden innerhalb von zwei Jahren in Euro, Basis: n = 32 – deliktspezifische Risikowahrnehmung; n = 18 – deliktspezifischer Schaden)

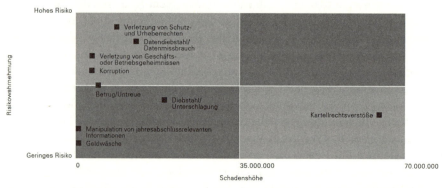

Abbildung 8 KPMG: Gegenüberstellung von deliktspezifischer Risikowahrnehmung und deliktspezifischem Schaden[241]

Neben der Risikogewichtung und der Feststellung, dass eine Vielzahl von Regeln durch die Organisation insgesamt bzw. im Rahmen der allgemeinen Geschäftstätigkeit sichergestellt wird, können Unterschiede in den Regelanforderungen, sowie unterschiedliche Herausforderungen bei der Sicherstellung der Einhaltung unterschiedlicher Regeln, zumindest in Teilen unterschiedliche Systemkomponenten erfordern. Zur Verteilung von Verantwortlichkeiten und der Entwicklung sowie Implementierung und Durchführung jeweils angemessener Maßnahmen und Prozesse kann es daher sinnvoll sein, für unterschiedliche Regelgruppen auch unterschiedliche CMS zu organisieren, auch wenn es im Einzelnen zwischen diesen unterschiedlichen CMS Überschneidungen geben wird und die wesentlichen Unterschiede bei den Compliance-Risiken sowie dem Compliance-Programm zu finden sein werden. So kann sich ein CMS gegebenenfalls auch nur auf einzelne, organisatorisch abgegrenzte Unternehmensbereiche beziehen, in denen ein gegenüber anderen Unternehmensbereichen höheres Risiko für einen Verstoß gegen bestimmte Regeln erkannt worden ist. Nur wenn der Geltungsbereich eines CMS klar definiert ist, „lässt sich auch im Sinne des § 130 OWiG bestimmen, was denn im Sinne des Aufsichtsanspruchs des CMS überhaupt ‚erforderlich' oder ‚gehörig' sein soll"[242].

Es ist die Aufgabe der Unternehmensleitung bei der Zieldefinition auch Zielkonflikte zwischen einzelnen Abteilungen, Prozessen bzw. zwischen strategischen und anderen Oberzielen des Unternehmens und Compliance-Zielen zu erkennen und aufzulösen. COSO verweist hier auf die notwendige ‚Portfolio'-Sicht[243], die als Teil des übergeordneten RMS erforderlich ist.

---

241 Ebenda, S. 16
242 Busekist/Hein [Grundlagen, Kultur, Ziele], 2012, S. 47
243 Vgl. COSO [IC updated], 2013, S. 183

4.2.2.2. Exkurs: Konflikte zwischen Compliance- und anderen Zielen, Einfluss der Werte

COSO stellt den Zusammenhang zwischen den allgemeinen Zielen einer Organisation, strategischen Entscheidungen, der Risikobereitschaft sowie den unterschiedlichen Zielkategorien dar. „Effective enterprise risk management does not dictate which objectives management should choose, but that management has a process that aligns strategic objectives with the entity's mission and that ensures the chosen strategic and related objectives are consistent with the entity's risk appetite[244]". IDW PS 980 stellt ebenfalls den Zusammenhang zwischen den allgemeinen Zielen der Organisation sowie den relevanten Regeln dar[245]. Während die allgemeinen, strategischen Ziele einer Organisation (im Rahmen der Einflüsse des Organisationsumfelds) zunächst frei wählbar sind, werden ihnen durch den gesetzlichen (oder freiwillig übernommenen) Zwang zur Einhaltung von Regeln gewissermaßen Grenzen gesetzt. Es geht darum, die Ziele der Organisation zu erreichen, ohne gegen relevante Regeln zu verstoßen. Da die Einhaltung von Regeln selbst auch ein Ziel darstellt, handelt es sich somit um einen klassischen Zielkonflikt. Hierbei sind die Compliance-Ziele regelmäßig als Restriktionen zu betrachten, nicht als übergeordnete Ziele.

Die übergeordneten Ziele einer Organisation werden von den Gründern der Organisation sowie ihrer Leitung festgelegt. Je nach Rechtsform einer Organisation können hier unterschiedliche Instanzen alleinigen oder maßgeblichen Einfluss ausüben. So liegen die Ziele einer Stiftung bereits in der Stiftungsurkunde fest, bei einer Personengesellschaft bestimmen die Gesellschafter ausschließlich über Ziele und Strategien zur Umsetzung der Ziele. Bei einer Aktiengesellschaft ist der Gegenstand der Gesellschaft in der Satzung definiert, die Gesellschaft wird vom Vorstand in alleiniger Verantwortung geleitet. Durch die Pflicht zur Überwachung der Geschäftsführung nimmt der Aufsichtsrat allerdings faktisch Einfluss auf diese Leitung. Letztlich ist es für die generelle Betrachtung der Systematik auch unerheblich wer die Entscheidungen trifft. Wesentlich ist nur die Tatsache, dass es diesbezüglicher Entscheidungen bedarf.

Die Festlegung der übergeordneten Organisationsziele muss die Restriktion beachten, dass nur solche Wege zur Zielerreichung zulässig sind, die in Übereinstimmung mit relevanten Regeln stehen. Soweit es sich um gesetzlich festgeschriebene Regeln handelt, ist die Restriktion absolut, es liegt eine sogenannte „gebundene Entscheidung" vor. Compliance-Ziele sind nicht nur an verbindlichen Regeln ausgerichtet, da Compliance auch die Einhaltung von freiwillig übernommenen Regeln beinhaltet. Insgesamt muss bei der Festlegung von Compliance-Zielen berücksichtigt werden, dass diese – mit unterschiedlichem Verpflichtungsgrad – nur restriktiv zu verstehen sind und für das Unternehmen zunächst keinen Wert an sich darstellen. Der bestehende starke Zusammenhang zwischen den Werten einer Organisati-

---

244 COSO [ERM], 2004a, S. 39
245 Vgl. IDW [PS 980], 2011b, Tz. 23

on und ihren Zielen, soll an dieser Stelle zunächst unabhängig von der Bedeutung der Werte für die Compliance-Kultur und damit das CMS insgesamt erläutert werden.

Unternehmen kennen keine Werte als Werte an sich. Unternehmen stellen Zweckgemeinschaften zur Erreichung von Zielen dar. „Der Unternehmenszweck definiert was richtige Ergebnisse sind und was nicht" stellt Malik völlig zutreffend fest. Selbst bei einer gemeinnützigen Organisation, die in einem hohen Maße werteorientiert ist, steht ein Ziel – hier z.B. die Verbreitung des Wertes – im Zentrum. Malik nennt dies Unternehmenszweck und ihm ist zuzustimmen, wenn er das Schaffen von zufriedenen Kunden als eigentlichen Unternehmenszweck nennt[246]. Ebenso ist ihm zuzustimmen, dass ein Unternehmen nicht ohne Moral und Ethik (anders ausgedrückt Werte) auskommt, diese Wertedimension aber nicht der Ursprung, sondern (allenfalls) „die Folge richtiger und guter Unternehmenspolitik"[247] ist. Anders ausgedrückt, die Beachtung von Werten, dient dem Erreichen der Unternehmensziele, des Unternehmenszwecks. Sie sind aber selbst nicht Ziel oder Zweck des Unternehmens. Die Geschäftsleitung hat zuvorderst diesen Unternehmenszweck zu erfüllen. So erfordert die Rechtsprechung vor unternehmerischen Entscheidungen die Auswirkungen auf den Gesellschaftszweck zu prüfen[248].

Werte einer Organisation müssen dementsprechend der Zielerreichung dienen oder dürfen dieser zumindest nicht zuwiderlaufen. Ein Wirtschaftsunternehmen wird z.B. regelmäßig die Umsatz- und Gewinnmaximierung (und damit nach Malik die Zufriedenheit der Kunden) als Ziel anstreben. Eine freie Marktwirtschaft wäre daher ein hiermit in Einklang stehender Wert. Werte, die der Zielerreichung nicht nur nicht dienen, sondern dieser entgegenstehen würden, können von keiner Organisation glaubhaft vertreten werden. So würde ein Unternehmen, das als Geschäftsmodell Geld an Privatpersonen verleiht, sich aber dem islamischen Wert verpflichtet fühlt, dass Geld nicht gegen Zinsen verliehen werden soll, entweder diesen Wert nicht glaubhaft leben können oder nicht lange im Markt bestehen, da es ihm an der Einnahmequelle zur Deckung seiner Kosten fehlt.

Nicht sachgerecht ist es, wenn Unternehmen nur auf unmittelbare Verbindungen zwischen Zielen und Werten abstellen würden, d.h. die von der Organisation beachteten Werte nur aus den Zielen der Organisation unmittelbar ableiten würden. Jede Organisation besteht in einem Umfeld und muss sich daher auch mit den Werten des Umfelds auseinandersetzen. Hierzu gehören auch alle Werte aller Personen, die ein Interesse an der oder in der Organisation haben, der sog. Stakeholder.

Ein Einklang der Organisationswerte mit den Werten der Stakeholder dient der Akzeptanz der Organisationswerte durch die Stakeholder und erleichtert die Zielerreichung. Anderherum ausgedrückt kann festgestellt werden, „eine systematische

---

246 Vgl. Malik [Unternehmenspolitik], 2008, S. 148
247 Ebenda, S. 111
248 Vgl. Klindt, Thomas Prof. Dr., et al., Complincae im Spiegel der Rechtsprechung, in: NJW, / 2010; S. 2385 (Klindt/Pelz/Theusinger [Rechtsprechung])

Missachtung moralischer Anliegen ist nicht renditeträchtig"[249]. Fraglich ist, ob die ausschließliche oder zumindest als im Vordergrund stehende Fixierung auf die Kundenzufriedenheit, die z.B. Malik hervorhebt[250] unumstößlich ist. Zumindest muss beachtet werden, dass das Ziel der Kundenzufriedenheit unterschiedliche Herausforderungen beinhaltet. Abhängig vom Produkt und vom Markt kann es leichter oder schwieriger zu erreichen sein. Gleichzeitig kann die Zielerreichung durch die Zufriedenheit anderer Stakeholder, z.B. Mitarbeiter erleichtert oder erschwert werden. Beinhaltet das Wertesystem der Organisation z.B. freiwillige, erhöhte Arbeitsschutzmaßnahmen, kann dies Mitarbeitern die Sicherheit vermitteln, dass ihr Schutz ernst genommen wird. Hierdurch können sich die Arbeitsmoral und die Leistungsbereitschaft der Mitarbeiter erhöhen und als Folge unter Umständen die Fehlerquote bei Endprodukten verringern. Die erfolgreiche Vermittlung, dass Umweltschutz in den Werten eines Unternehmens verankert ist, kann bei potentiellen Kunden mit gleichen Wertvorstellungen einen positiven Effekt auf das Kaufverhalten und damit das Erreichen des Umsatzzieles auslösen. Beides dient somit einmal indirekt, einmal direkt der Zielsetzung der Kundenzufriedenheit, die Malik in den Vordergrund stellt.

Ein gutes Beispiel für die Verknüpfung von Zielen einer Organisation und Werten des Umfelds ließ sich im Zusammenhang mit dem Atomausstieg in Deutschland beobachten. Die hiervon betroffenen Stromkonzerne haben sich zu Beginn der „Energiewende" auffällig zurückgehalten und nicht zu einer einheitlichen Linie für ein juristisches Anfechten der Beschlüsse finden können. Nicht nur die Wochenzeitschrift ‚Die Zeit' vermutete, dass diese Zurückhaltung der „hierzulande emotional aufgeladenen Stimmung" geschuldet war[251]. Offensichtlich bestand ein Konflikt zwischen den Zielen der Unternehmen (Gewinnerzielung und daraus als unmittelbares Ziel abgeleitet das Sichern von Schadensersatzansprüchen) und den Werten im Umfeld der Unternehmen. Ein Verstoß gegen diese Werte besaß zumindest das Potential zu einem Umsatzrückgang durch den Verlust von Kunden zu führen. Der Konflikt bestand darin, dass nicht klar erkennbar war welcher Weg – a) Verfolgung von unmittelbaren Zielen oder b) Übernahme der Werte des Umfelds und Modifizierung der Ziele – dem übergeordneten, strategischen Ziel der Gewinnmaximierung besser dienlich wäre.

Es kann also festgehalten werden, dass Unternehmen zunächst Ziele haben und aus diesen Zielen dann Werte ableiten oder ermitteln, die der Zielerreichung dienlich sind. Dabei müssen Sie die Werte ihres Umfelds, ihrer Stakeholder beachten und vermeiden den Eindruck zu vermitteln, dass ihnen deren Werte gleichgültig sind. Sogar umgekehrt müssen Unternehmen sich die Werte ihres Umfelds und ihrer Stakeholder glaubhaft aneignen, soweit dies langfristig die eigene Zielerrei-

---

249 Vgl. Bock [Criminal Compliance], 2011, S. 271
250 Vgl. Malik [Management], 2005, S. 55
251 Zeit-Online, Atomkonzerne prüfen Klagen gegen Meiler-Aus, auf: 2011, 22.11., verfügbar unter: http://www.zeit.de/wirtschaft/2011-03/akw-laufzeit-atomkonzerne-schadensersatz, letzter Abruf am: 12.01.2014(Zeit-Online [17.3.2011])

chung sichert oder auch nur unterstützt. Soweit einzelne Ziele nur unter Verstoß gegen Werte des Umfelds erreichbar sind, muss geprüft werden, ob hierdurch die übergeordneten, strategischen Ziele der Organisation gefährdet werden. Ist dies der Fall, werden Umfeldwerte übernommen und eigene, untergeordnete Ziele angepasst.

Neben dieser unmittelbaren Auswirkung der Verletzung von Umfeldwerten auf die Zielerreichung kann auch ein mittelbarer Einfluss durch Sanktionen eines Regelverstoßes gegeben sein. Die wachsende Bedeutung, die z.B. Korruptionsverstößen in der Bevölkerung zugemessen wird[252] kann gegebenenfalls mit dazu beitragen dass Strafverfolgungsbehörden nach medialen ‚Druck' und auch unter Druck der Politik sich verstärkt um die Aufdeckung von Korruptionsverstößen kümmern und Richter unter Umständen auch den möglichen Strafrahmen höher ausnutzen. So stellt Peter Fries in seinem 2009 erschienen Aufsatz „Bußgelder in Wirtschaftsverfahren" in Bezug auf die verhängten Bußgelder fest: „Die Tarife scheinen also deutlich gestiegen zu sein."[253] Diese Entwicklung ist seit Jahren im Bereich der Compliance-Risiken zu beobachten. Die gestiegene öffentliche Aufmerksamkeit für Verstöße gegen gesetzliche Vorschriften (Korruption wird längst nicht mehr als Kavaliersdelikt betrachtet) sowie gegen Freiwillige Selbstverpflichtungen (z.B. Vermeidung von Kinderarbeit auch bei Zulieferern in Schwellen- und Entwicklungsländern) könnte eine wesentliche Triebfeder für die gestiegene Bedeutung von Compliance-Zielen für Unternehmen sein.

4.2.2.3. Festlegung der strategischen Compliance-Ziele
Nach diesem Exkurs zum Zusammenhang zwischen Werten und Zielen einer Organisation sollen diese Erkenntnisse nun auf die Festlegung der Compliance-Ziele auf Unternehmensebene, der strategischen Compliance-Ziele bezogen werden. Compliance-Ziele haben ‚nur' restriktiven Charakter und stellen weder einen Wert an sich noch ein strategisches Oberziel dar. Ein Unternehmen wird nicht mit dem Gesellschafszweck ‚Gesetze einhalten' gegründet, sondern muss beim Erreichen seines Zweckes die Einhaltung von Gesetzen beachten. Es muss auf der strategischen Ebene entschieden werden, welchen Stellenwert Compliance insgesamt einnimmt, bzw. welche Compliance-Ziele mit dem CMS erreicht werden sollen. Anders ausgedrückt, die Intensität der Restriktionswirkung von Compliance-Zielen auf andere Ziele der Organisation oder die Relativierung der geplanten Zielerreichung von Compliance-Zielen ist eine strategische Entscheidung. Compliance-Ziele sind ein Teil der Risikostrategie des Unternehmens. Kajüter weist zu Recht darauf hin, dass die Risikostrategie als Teil der Unternehmensstrategie anzusehen

---

252 Der Corruption Perception Index von Transparency International, der weltweit die Wahrnehmung von Korruption in einer Vielzahl von Ländern misst, stufte Deutschland in 2011 auf Platz 14 ein, http://www.transparency.de/Korruptionsindices.382.0.html
253 Fries, Peter, Bußgelder in Wirtschaftsverfahren, in: Transparency International – Scheinwerfer, Februar 2009/ 2009(Fries [Bußgelder]) S. 8,

ist[254]. Die Besonderheit der Compliance-Ziele innerhalb der Risikostrategie ist, dass soweit sich Compliance auf gesetzlich vorgegebene Normen bezieht, diese als ‚No-Choice'-Risiken anzusehen sind. D.h. das Unternehmen ist gesetzlich verpflichtet, eine Strategie zu verfolgen, die die Einhaltung der Regeln angemessen sicherstellt, entsprechend sind die Compliance-Ziele vorgegeben. Dies spiegelt sich auch in der KPMG Studie wieder. Die Auswirkung der Umfeld-Werte auf eine Gefährdung der Zielerreichung zeigt sich darin, dass neben der – erwartungsgemäßen – Aussage aller befragten Unternehmen, dass gesetzliche Vorgaben die Zielbestimmung des eigenen CMS beeinflusst, auch interne Vorgaben sowie freiwillige und vertragliche Selbstverpflichtungen eine bedeutende Rolle spielen.

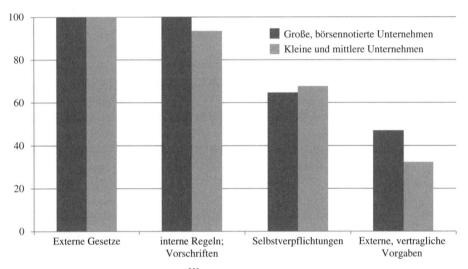

Abbildung 9 Zielbestimmung des CMS[255]

Es wurde bereits festgestellt, dass die Einhaltung von Regeln (Compliance) keine zu hundert Prozent erfüllbare Anforderung an Unternehmen darstellt, eine Rechtspflicht besteht zu „erstens möglichen, zweitens erforderlichen und drittens zumutbaren Maßnahmen"[256]. „Für illegales Verhalten gibt es keinen ‚sicheren Hafen' im Sinne einer haftungstatbestandlichen Freistellung, es kann hier im Einzelfall aber am Verschulden fehlen[257]". Die Prozesse und Maßnahmen eines CMS müssen auch nicht jeglichen Compliance-Verstoß mit gleicher Sicherheit ausschließen, notwendig sind nur die Maßnahmen, die unter Abwägung von Wahrscheinlichkeit und Folge eines Verstoßes einerseits und Wahrscheinlichkeit des Erfolges einer Maßnahme und den Folgen (z.B. Kosten) einer Maßnahme andererseits zumutbar

---

254 Kajüter [Risikomanagement], 2012, S. 115
255 Vgl. jeweils Abb. 7 in KPMG [Benchmark-I], 2013b, KPMG [Benchmark-II], 2013c,
256 Vgl. Bock [Criminal Compliance], 2011, S. 458 mit Verweis auf diverse Urteile
257 BT-Drucksache [15/5092], 2005, S. 11

sind[258]. Es gilt somit – unter Beachtung der Business Judgment Rule (BJR) – eine Abwägung vorzunehmen, die auf der einen Seite die kaufmännischen Ziele und auf der anderen Seite den Aufwand zur Sicherstellung der Compliance, die Wahrscheinlichkeit eines Verstoßes und die Folgen eines Verstoßes, sowohl für fremde Dritte als auch bzw. insbesondere auf die Zielerreichung berücksichtigt[259].

4.2.2.4. Kosten-Nutzen-Analysen

Im Ergebnis gilt auch für Compliance-Ziele die allgemeine Unternehmensprämisse, dass unternehmerisches Handeln stets einer betriebswirtschaftlichen Kosten-Nutzen-Analyse unterliegen muss. Eine Kosten-Nutzen-Analyse beschränkt sich aber nicht auf rein ökonomische Folgen einer Non-Compliance. „Die Frage der ökonomischen Vorteilhaftigkeit greift in der Gesamtbetrachtung ... zu kurz"[260]. Als Folgen eines Verstoßes gegen gesetzliche Bestimmungen sind vielmehr auch die Folgen für Dritte zu berücksichtigen. Umso höher das Rechtsgut einzuschätzen ist, umso höher wird die Rechtsprechung die Zumutbarkeitsgrenze setzen. Dabei wird es schwieriger sein bei „Kollektivrechtsgütern einen determinierbaren Bezug zu menschlichem Interesse"[261] herzustellen. Eine drohende Beeinträchtigung eines sog. Individualrechtsguts, d.h. z.B. eine Gefährdung von Leib und Leben Dritter, wird einfacher zu ermitteln sein, Bock verweist als Beispiel auf die Problematik der Produkthaftung oder des Arbeitsschutzes. Trotzdem bleiben auch die Juristen eine eindeutige Antwort auf die Bemessung eines möglichen Schadens und damit im Ergebnis auf die inhaltliche Beurteilung der ‚gehörigen Aufsicht' schuldig.

Sowohl die Kosten-, wie auch insbesondere die Nutzenseite von Compliance-Anstrengungen sind daher schwierig ermittelbar. Die Rechtswissenschaft spricht dabei zunächst von einem „Versagen der Betriebswirtschaftslehre", die „nicht einmal einen Kernbereich von Strukturen" geschaffen hat, dies sei Grund dafür, dass „recht unerforscht ist, welche Risikominderungen aus einzelnen Aufsichtsmaßnahmen folgen"[262], sprich welcher Nutzen bestimmten Maßnahmen zuzuordnen ist. Es ist sicherlich zutreffend, dass für eine Kosten-Nutzen-Analyse von möglichen Maßnahmen im CMS es regelmäßig einfacher sein wird, die Kosten einer Maßnahme zu beurteilen, als den potentiellen Nutzen. Allerdings darf auch hier nicht zu sehr vereinfacht werden. Compliance-Maßnahmen sind nicht immer unmittelbar in monetären Größenordnungen erfassbar. Von Maßnahmen des CMS sind regelmäßig Mitarbeiter in Form von zusätzlichen Genehmigungprozeduren,

---

258 Vgl. Bock, Dennis Prof. Dr., Strafrechtlich gebotene Unternehmensaufsicht (Criminal Compliance) als Absenkung des Schadenserwartungswerts aus unternehmensbezogenen Straftaten, in: Onlinezeitschrift für Höchstrichterliche Rechtsprechung zum Strafrecht, 2010/ 7/8; S. 318 ff. zur Zumutbarkeit (Bock [Unternehmensaufsicht])
259 Vgl. Bock [Criminal Compliance], 2011, S. 463, der von einem Nutzenüberschuss spricht
260 Görtz, Birthe / Roßkopf, Michael, Kosten von Compliance Management in Deutschland, in: ZFRC, / 2010; S. 154 (Görtz/Roßkopf [Kosten])
261 Bock [Unternehmensaufsicht], 2010, S. 320
262 Zitate aus: Bock [Criminal Compliance], 2011, S. 472, 473

Arbeitsschritten, Schulungen etc. betroffen. Die unmittelbaren Kosten hierfür können meist ermittelt werden; welche Auswirkungen die Maßnahmen auf die Motivation von Mitarbeitern haben, lässt sich schwierig einschätzen. Auch die Frage, ob Compliance-Maßnahmen tendenziell eher Geschäftsabschlüsse (und damit Umsatz und Ertrag) erschweren oder unter Umständen sogar erleichtern ist nicht leicht zu beantworten. Trotzdem werden auf der Aufwandsseite regelmäßig mehr Kostenfaktoren verlässlich einschätzbar sein, als auf der Nutzenseite.

Gleichwohl kann bei einer Vielzahl von Maßnahmen zumindest eine Einschätzung erfolgen, welches Risikominderungspotential diese Maßnahme hat. Dies ist entweder anhand von faktischen Gegebenheiten oder aus Erfahrungswerten möglich, auch der Rückgriff auf Erkenntnisse der Psychologie und Soziologie lässt Rückschlüsse auf die Wirksamkeit von Maßnahmen zur Risikominimierung zu. Faktisch lässt sich z.B. eine Maßnahme beurteilen, die durch bestimmte Prozessschritte das Auftreten von Fehlern minimiert. So verringert eine Vier-Augen-Kontrolle das Risiko, dass eine Einzelperson durch ihr Handeln gegen Regeln verstößt gegen Null, es verbleibt aber das Risiko, dass beide Personen (handelnde Person und die Gegenkontrolle durchführende Person) gemeinsam gegen die Regel verstoßen. Erfahrungen aus Studien zu Wirtschaftskriminalität legen den Schluss nahe, dass insbesondere Systeme, bei denen Mitarbeiter oder Dritte Verdachtsmomente für Non-Compliance im Unternehmen zur Anzeige bringen können, ein hohes Aufdeckungspotential haben[263]. Es bleibt aber trotzdem eine relativ hohe Unschärfe bei der Festlegung der Intensität der Wirksamkeit einer Maßnahme. Hier bleibt abzuwarten, ob es in Zukunft gelingen kann, das Potential zur Verringerung der Eintrittswahrscheinlichkeit, das bestimmten Compliance-Maßnahmen innewohnt, empirisch zu untermauern. Die Schwierigkeit wird hierbei stets darin liegen, das Nicht-Eintreten von Compliance-Verstößen bestimmten vorhanden Maßnahmen ursächlich zuzuordnen. Zumal die ‚Dunkelziffer' nicht bekannt gewordener Compliance-Verstöße kaum eingrenzbar ist und eine zwingende Korrelation zwischen Maßnahmen und (vermuteter) Compliance somit unmöglich werden lässt. Die Verringerung der Wahrscheinlichkeit von Compliance-Verstößen ist allerdings nur ein Aspekt der ‚Nutzen'-Seite einer Kosten-Nutzen-Analyse. Wesentlich komplexer ist die Beurteilung der notwendigen Höhe der Wahrscheinlichkeitsreduzierung, der von Bock „geschuldeten Senkung des Schadenserwartungswerts"[264] genannten Anforderung.

Diese hängt maßgeblich von der Bewertung des potentiellen Schadens ab. Diese Bewertung ist nicht ausschließlich unternehmensbezogen, d.h. es stellt sich nicht die Frage, welcher Schaden ist für das Unternehmen zu erwarten. Dieser könnte gegebenenfalls anhand von drohenden Sanktionen, seien es gesetzliche Strafandrohungen oder Sanktionen Dritter z.B. in Form von Umsatzeinbußen als Folge eines Reputationsschadens berechnet werden. Die Notwendigkeit zur Begrenzung

---

263 Vgl. KPMG AG [Wirtschaftskriminalität], 2013e, S. 16
264 Bock [Criminal Compliance], 2011, S. 482

der Eintrittswahrscheinlichkeit kann entsprechend aus der Schadenstragfähigkeit des Unternehmens abgeleitet werden. Solche Bewertungen sind im allgemeinen Risikomanagement der Unternehmen üblich. Bei gesetzlich sanktionierten Verstößen ist die Höhe der ‚gehörigen Aufsicht', die von einem Unternehmen verlangt wird um einen Verstoß aus dem Unternehmen heraus zu vermeiden auch vom „Interesse an der Unversehrtheit der Rechtsgüter … der Schwere der (denkbaren) Schädigung"[265] abhängig. „Je gewichtiger die Rechtsgüter..umso mehr muss also die Wahrscheinlichkeit des Verstoßes gesenkt werden", diese Aussage von Bock ist nachvollziehbar und wird von ihm auch mit einer Vielzahl von Quellen in Literatur und Rechtsprechung belegt[266]. Bei den Schutzgütern des § 130 OWiG „stehen die Interessen der Allgemeinheit im Vordergrund"[267]. Außer der Feststellung, dass ‚Unmögliches' nicht verlangt wird und eine 100%-ige Senkung der Eintrittswahrscheinlichkeit nicht möglich ist, finden sich aber keine konkretisierenden Hinweise zur Berechnung des Schadenserwartungswertes und damit der Beurteilung der erforderlichen Anstrengungen. Zwar leitet Bock einen noch „geduldeten Schadenserwartungswert" von fünf Euro je Mitarbeiterhandlung ab[268], erklärt aber auch nicht, wie dieser sich ermitteln soll. Solange aber eine eindeutige Ermittlung nicht möglich ist, ist auch eine hierauf aufbauende denkbare Hilfsrechnung nicht zielführend. Bock fordert die Emperie oder den Gesetzgeber auf, dem „Rechtsanwender bei der Ermittlung des Schadenserwartungswertts zu helfen"[269]. Eine denkbare Ableitung des Schadenserwartungswerts wäre der Blick auf den gesetzlich vorgesehenen Bußgeld- oder Strafrahmen. Diesem kann sicherlich zumindest die Vermutung zugeordnet werden, dass er die Bedeutung der strafbewehrten Vorschrift abbildet, die der Staat dieser Vorschrift zuordnet[270]. Aber auch diese Bezugsgröße kann letztlich nur ein Puzzleteil bei der Beurteilung des potentiellen Nutzens (Vermeidung von Schaden) eines CMS sein, der den Kosten gegenübergestellt werden muss. Wird eine derart abgeleitete Berechnung der Schadenshöhe als angemessen unterstellt, bleibt trotzdem noch die nur schwer greifbare Beurteilung der Eintrittswahrscheinlichkeit, die identifizierten Risiken für Verstöße ohne gesonderte Maßnahmen innewohnt. Auch insoweit erscheint der Vorschlag von Bock eine Berechnung anzustellen, die den Schadenserwartungswert je Mitarbeiter abbildet und die Maßnahmen für notwendig und zumutbar zu halten, die diesen Wert auf fünf Euro senken allenfalls als pragmatischer Ansatz. Eine verlässliche Berechnung wird auch hierdurch nicht möglich. Gefordert werden kann sicherlich, dass solche Maßnahmen ergriffen werden, die die Wahrscheinlichkeit von regelmäßigen, eventuell systematischen Verstößen sowie von wesentlichen Einzelverstößen deutlich senken, solange diese keine für das Unternehmen gravierenden kostenmäßigen Nachteile

---

265 Ebenda, S. 469
266 Ebenda, S. 503
267 Busekist/Schlitt [Mindestanforderungen], 2012, S. 90
268 Bock [Criminal Compliance], 2011, S. 486, 780
269 Ebenda, S. 486
270 So auch Busekist/Schlitt [Mindestanforderungen], 2012, S. 90

erbringen. Auch dies mag keine greifbare, berechenbare Größe sein. Letztlich werden Risikoentscheidungen im Unternehmen aber regelmäßig anhand von wenig konkreten, tatsächlich belastbar berechenbaren Größen vorgenommen. Dies zeichnet unternehmerische Entscheidungen geradezu aus. Zu verlangen ist aber auf jeden Fall, dass die Entscheidung auf umfassend ermittelten Informationen zu potentiellen Risiken und den Möglichkeiten ihrer Reduzierung getroffen werden.

4.2.2.5. *Freiwillig übernommene Regelungen oder Vereinbarungen*
Weniger problematisch erscheint die Kosten-Nutzen-Analyse bei freiwillig übernommenen oder vereinbarten Regelungen. Hier ist das Unternehmen zu Beginn frei, sich diesen Regelungen zu unterwerfen. Wird eine solche Verpflichtung aber eingegangen, ist grundsätzlich davon auszugehen, dass diese (vertragliche) Verpflichtung auch eingehalten wird (Pacta sunt servanda!). Die Unternehmensleitung muss sowohl beim Abschluss der Vereinbarung als auch während der Laufzeit der Vereinbarung das Wohl der Organisation berücksichtigen. Dies schließt auch eine einseitige Kündigung eines Vertrages ein, z.B. auch den bereits diskutierten bewussten Vertragsbruch. Ein solcher ist im Einzelfall nicht nur zulässig, sondern erforderlich und verstößt nicht gegen die Anforderungen an die Compliance. Denn anders als bei staatlich normierten Anforderungen beinhaltet die Vertragsfreiheit auch den Vertragsbruch, auch wenn sich hieran negative Konsequenzen (Schadensersatz) knüpfen[271]. Es handelt sich dann um eine Einzelfallentscheidung[272]. Dass bei einem Vertragsbruch die negativen Folgen für das Unternehmen die positiven wirtschaftlichen Auswirkungen nicht überschreiten sollten, ist dabei selbsterklärend. Zu den negativen Auswirkungen können z.B. auch aus dem Vertragsbruch resultierende Reputationsschäden gehören.

Hieraus ergibt sich für die Bestimmung der Compliance-Ziele ein bedeutender Unterschied zwischen der Sicherstellung der Compliance zu gesetzlichen Anforderungen und der Compliance zu privatrechtlichen Vereinbarungen. Bei gesetzlichen Anforderungen muss das Ziel stets die grundsätzliche Compliance umfassen und Kosten-Nutzen Überlegungen im Rahmen der Ausgestaltung der notwendigen Maßnahmen müssen zwingend auch die Auswirkungen einer Non-Compliance auf den potentiell Geschädigten und die Bedeutung der Rechtsnorm umfassen. Bezieht sich die Compliance-Anforderung auf (ausschließlich) privatrechtliche Vereinbarungen[273], kann eine Non-Compliance bei der Zieldefinition berücksichtigt werden und Kosten-Nutzen Überlegungen im Rahmen der Methodenauswahl können sich primär auf das Unternehmen beziehen. Die Folgen von Verstößen gegen Verträge

---

271 Rechtlich wird die Vertragserfüllung in der Regel zivilrechtlich durchsetzbar sein, faktisch wird zumeist – häufig bereits vertraglich vorgesehen – die vertragsbrechende Partei ‚lediglich' eine Verpflichtung zum Schadensersatz haben, so dass wirtschaftlich von einer kostenauslösenden Freiheit zum Vertragsbruch gesprochen werden kann
272 Vgl. Beispiel auf Seite 36
273 Nicht zu verkennen ist, dass auch bei privatrechtlichen Vereinbarungen gegebenenfalls zivil- oder strafrechtliche Folgen aus Non-Compliance drohen.

lassen sich häufig monetär berechnen. Entweder sind unmittelbar Vertragsstrafen vorgesehen oder ein möglicher Schaden lässt sich unter Berücksichtigung von Umsatzzahlen der Vergangenheit, Marktanteilen oder auch Erfahrungswerten abschätzen. Wobei sich ein Reputationsschaden insbesondere dann schwierig bemessen lässt, wenn das Unternehmen mit seiner Produktpalette keine Alleinstellung hat, die Kunden also problemlos auf die Angebote von Mitbewerbern ausweichen können. Zudem wird ein Reputationsschaden umso schwieriger abzuschätzen sein, umso größer und heterogener ein Kundenstamm ist.

Es muss zunächst auf der strategischen Unternehmensebene relativ abstrakt beurteilt werden, ob für drohende Regelverstöße ein spezielles System zur Vermeidung solcher Verstöße einzurichten ist. Eine Vielzahl von rechtlichen Vorschriften gehören zwar definitionsgemäß zur Thematik ‚Compliance', werden aber regelmäßig nicht innerhalb einer Compliance-Abteilung überwacht, sondern sind Teil der laufenden Geschäfts- und Betriebsführung im Unternehmen[274].

Eintrittswahrscheinlichkeit und mögliche Folgen von Verstößen, unter Beachtung der allgemeinen Unternehmensprozesse und den darin bereits enthaltenden regelmäßigen Abläufen und Kontrollen werden sich maßgeblich auf die strategische Entscheidung auswirken, ob für bestimmte Compliance-Risiken dezidierte CMS eingerichtet werden sollen. Ist ein Regelverstoß bei der Zielverfolgung auszuschließen, entfaltet die Regelung naturgemäß keine Restriktion, besondere Maßnahmen sind nicht erforderlich. Löst die Zielverfolgung dagegen mit 100 % Wahrscheinlichkeit einen Regelverstoß aus, wird das Ziel zumindest dann zwingend aufzugeben sein, wenn es sich um eine gesetzliche Regelung handelt. Auch hier kann die Notwendigkeit eines CMS entfallen. Stattdessen wird z.B. die strategische Entscheidung getroffen, dass Geschäfte mit bestimmten Ländern/Auftraggebern ausgeschlossen werden oder dass das Unternehmen sich aus der Geschäftstätigkeit in bestimmten Ländern oder Branchen zurückzieht. Die Compliance Maßnahmen können sich gegebenenfalls auf wenige Anweisungen und Kontrollen beschränken. Eine solche Beeinflussung von Geschäftsentscheidungen durch Compliance-Ziele scheint in großen Unternehmen häufiger gegeben zu sein. Dies kann mit der häufig auch komplexeren Unternehmensstruktur großer, börsennotierter Unternehmen zusammenhängen oder auch Hinweis auf eine geringere organisatorische Rückkoppelung in kleinen und mittleren Unternehmen sein. Letzteres ließe sich daraus ableiten, dass bei den großen oder börsennotierten Unternehmen auch eine häufigere Einbindung von Compliance in strategische Kernprozesse erfolgt.

---

274 Vgl. Hein, Oliver / Withus, Karl-Heinz, Prüfung oder Zertifizierung eines Compliance Management Systems, in: CCZ, 4/ 2011; S. 126 (Hein/Withus [Prüfung])

Betriebswirtschaftliche Grundsätze

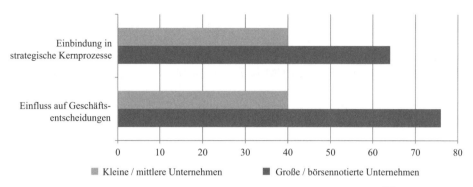

Abbildung 10 Auswirkung von Compliance auf Geschäftsleitungsentscheidungen[275]

Zwischen diesen beiden Extrempunkten („Ignorieren" bzw. „Vermeiden" des Restriktionsrisikos) muss eine sorgfältige Abwägung zwischen Intensität der Zielverfolgung und Sicherstellung der Compliance erfolgen. Es ist dabei sinnvoll, Compliance-Management-Systeme und deren Augestaltung, Einrichtung und Durchführung nach Teilbereichen getrennt zu betrachten. Ausgestaltung und Durchführung eines einheitlichen Systems für alle Compliance-Anforderungen würde voraussichtlich schnell zumindest zu Ineffizienzen, wenn nicht zur Unwirksamkeit führen. Im Rahmen dieser strategischen Entscheidung im allgemeinen Risikomanagement wird dabei zunächst eine ‚Grobdefinition', z.B. ‚Korruptionsvermeidung' deklariert werden. Diese stellt quasi den Anlass für die Ausgestaltung eines dezidierten CMS für den Bereich ‚Korruptionsvermeidung' dar. Die Festlegung der im Compliance-Programm adressierten Rechtsgebiete wurde entsprechend in der KPMG Studie von 69 % der befragten Unternehmen als Teil der Strategie-Entscheidungen genannt[276]. Hierbei sind Einflüsse von gesetzlichen Rahmenbedingungen ebenso zu beachten wie externe Einflüsse auf die Unternehmens- und Compliance-Kultur sowie die prozessualen Abläufe der Organisation.

4.2.3. Zieldefinition im CMS
Innerhalb des CMS muss eine auslegungsfreie Abgrenzung der Zielsetzung des CMS in Übereinstimmung mit der strategischen Zielsetzung erfolgen[277]. Dies kann z.B. durch genaue Bezeichnung von einzuhaltenden Gesetzen vorgenommen werden, aber auch durch eine Bezugnahme auf anerkannte, übergeordnete Normen (z.B. die OECD Anti-Bribery Konvention[278]).

---

275 Vgl. jeweils Abb. 8 in: KPMG [Benchmark-I], 2013b, KPMG [Benchmark-II], 2013c,
276 So fordert z.B. KPMG AG Wirtschaftsprüfungsgesellschaft, Das wirksame Compliance Management System; 2013d, dass der Prüfer des CMS sich mit der Unternehmensstrategie beschäftigen muss, soweit sie für die zu prüfenden Teilbereiche relevant ist (KPMG [Compliance Management])
277 Vgl. IDW [PS 980], 2011b, Tz. 23, A15
278 OECD, Convention on combating bribery of foreign public officials in international business transactions; 2011(OECD [Combating Bribery])

Die Zielsetzung des CMS-Teilbereichs umfasst auch die grundsätzliche Ausrichtung des CMS anhand der tatsächlichen Risiken für Verstöße durch das Unternehmen. Die genaue Abgrenzung des CMS-Teilbereichs ist Bestandteil der Aufgabenstellung des Grundelements CMS-Ziele und beinhaltet die Abgrenzung in Bezug auf Geschäftsprozesse oder organisatorische bzw. regionale Ausrichtungen. Diese Abgrenzung muss entgegen der außerhalb des CMS vorgenommenen ‚Grobdefinition' konkretisiert werden. Wurde z.B. von der Unternehmensleitung als Zielsetzung eines CMS die Vermeidung von Korruption bestimmt, muss innerhalb des CMS beachtet werden, dass sich Vertriebs- und Einkaufskorruption sowohl in Bezug auf das konkrete, unternehmensbezogene Risiko, als auch in Bezug auf die Prozesse und die geeigneten Maßnahmen zur Sicherstellung der Compliance unterscheiden.

Unterschiede in den von einzelnen Organisationsteilen des Unternehmens zu beachtenden gesetzlichen Vorschriften, Anforderungen der Rechtsprechung oder Unterschiede in Rechtsdurchsetzung können ebenso zu unterschiedlichen Anforderungen führen, wie unterschiedliche Werte- und Normen aufgrund kulturellem oder soziologischem Hintergrund. So wird ein Unternehmen, das (vor dem Hintergrund der Werte des Unternehmensumfelds in Deutschland) eine Selbstverpflichtung zur Vermeidung von Kinderarbeit eingegangen ist, an Betriebsstätten innerhalb der EU einem geringen Verstoßrisiko ausgesetzt sein. Ein entsprechendes CMS wird sich für die dort tätigen Produktionsstätten erübrigen. Bei Produktionsstätten in anderen Kulturkreisen, in denen Kinderarbeit aus einer Vielzahl von Gründen zur täglichen Realität gehört, wird das gleiche Unternehmen dagegen umfangreiche Maßnahmen ergreifen müssen, um Verstöße gegen die Selbstverpflichtung zu vermeiden.

In der KPMG-Studie zeigt sich allerdings, dass solche Unterschiede bezogen auf das CMS in einzelnen Unternehmensteilen in der Praxis nur von einer Minderheit der befragten Unternehmen als relevant empfunden werden. Dies obgleich die Mehrheit der Unternehmen die Ausgestaltung des CMS als Teil der Compliance-Ziele einordnet. Insbesondere wenn Unternehmen Landesgrenzen und damit auch die Grenzen zwischen unterschiedlichen Rechtsordnungen überschreiten, kann diese genaue Zieldefinition maßgeblich werden, denn es bestehen teilweise „erhebliche Unterschiede in den Strafrechtsordnungen einzelner Länder"[279]. Erschwert wird die Abgrenzung durch die Extraterritorialität strafrechtlicher Vorschriften in vielen Ländern sowie der Tatsache, dass „nach vielen Rechtsordnungen ... strafbares Verhalten von Führungskräften unmittelbar dem Unternehmen zugerechnet werden (kann)"[280].

---

279 Pelz [Strafrechtskonflikte], 2013, S. 235
280 Ebenda, S. 240

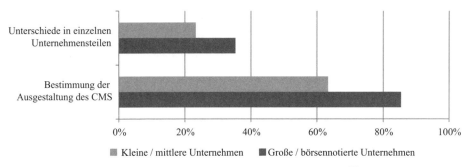

Abbildung 11 Bedeutung einzelner Aspekte als Teil der Compliance-Ziele[281]

Sowohl für die normenbezogene Abgrenzung als auch für eine organisatorische, regionale oder prozessuale Abgrenzung bedarf es einer detaillierten Risikoanalyse. Aus der Studie könnte abgeleitet werden, dass gerade die Risikoanalyse unter organisatorischer, regionaler oder prozessualer Sicht noch verbesserungswürdig ist. Hier besteht eine starke Interdependenz zwischen den Grundelementen ‚Compliance-Ziele' und ‚Compliance-Risiken'. Während die Zieldefinition in Form der konkretisierten Abgrenzung des Teilbereichs voraussetzt, dass eine Risikoanalyse betrieben wird, (wo und wie besteht die Gefahr des Verstoßens gegen das strategisch definierte Ziel der Compliance), setzt die detaillierte Risikoanalyse wiederum eine Konkretisierung der Compliance-Ziele voraus (welche konkreten Regelungen / Normen sind einzuhalten, was ist als Verstoß zu beurteilen, welche Folgen sind zu erwarten). An diesem Beispiel wird einmal mehr der iterative, vernetzte Prozess eines CMS deutlich.

Diese Bedeutung der Zielkonkretisierung und der dafür erforderlichen Risikobetrachtung bei der Zielbestimmung erfordert eine hinreichende Expertise. Nur wenn die Ziele sachkundig bestimmt werden, kann eine Zielerreichung gesichert werden. Einschlägig sind auch hier wieder die Anforderungen nach der BJR, die klarstellen, dass nur eine auf angemessener Information getroffene Entscheidung haftungsbefreiend ist. Auch aus der Rechtsprechung des Bundesgerichtshofs wird die Notwendigkeit der Hinzuziehung von „sachkundigen, unvoreingenommen Personen" für die Entscheidungsfindung abgeleitet[282]. „Die juristisch gebotene ‚gehörige Aufsicht' im Sinne von § 130 OWiG (verlangt) von der Geschäftsleitung möglichst aktuelle Kenntnisse über die unternehmensspezifischen Compliance-Risiken."[283] Aus diesen Risiken leitet sich dann die Zieldefinition innerhalb des CMS ab.

Die Compliance-Ziele müssen nicht nur eindeutig die zu beachtenden Regeln bestimmen, sondern auch den Grad der Zielerreichung erkennbar werden lassen

---

281 Vgl. jeweils Abbildung 8 in KPMG [Benchmark-I], 2013b, KPMG [Benchmark-II], 2013c.
282 Vgl. Schemmel, Alexander / Minkoff, Andreas, Die Bedeutung des Wirtschaftsstrafrechts für Compliance Management Systeme und Prüfungen nach IDW PS 980, in: CCZ, / 2012; S. 52ff (Schemmel/Minkoff [Wirtschaftsstrafrecht])
283 Hein/Withus [Prüfung], 2011, S. 131

und sowohl in sich als auch im Verhältnis zu anderen Unternehmenszielen widerspruchsfrei sein. Im Verhältnis zu anderen Unternehmenszielen muss Bedeutung und Auswirkung der Restriktionswirkung von Compliance-Zielen klar erkennbar sein.

4.2.4. Zwischenfazit zum CMS-Grundelement Compliance-Ziele:
Als Zwischenfazit lassen sich zu den Compliance-Zielen die folgenden grundlegenden betriebswirtschaftlichen Aussagen festhalten:

1. Die Gesamtverpflichtungen eines Unternehmens zur Einhaltung von gesetzlichen, vertraglichen oder anderen Regelungen und / oder Anforderungen aller Art (Compliance) können in einzelne Compliance-Teilbereiche unterteilt werden.
2. Ein Compliance-Teilbereich grenzt sich dabei regelmäßig anhand von bestimmten rechtlichen Teilanforderungen ab (z.B. Vorschriften zum Verbot von Korruption). Die Abgrenzung kann aber auch anhand von organisatorischen Einheiten oder Unternehmensprozessen erfolgen.
3. Ein großer Teil vom Unternehmen zu beachtender Vorschriften wird durch die laufenden betrieblichen Prozesse oder besonderen Unternehmensabteilungen sichergestellt. Diese stellen definitionsgemäß auch CMS-Teilbereiche dar. Üblicherweise werden sie in der Praxis aber nicht dezidiert als CMS bezeichnet.
4. Die Festlegung der Compliance-Teilbereiche, für die ein dezidiertes CMS – als einheitliches CMS oder in Form mehrerer sich gegebenenfalls überschneidender Systeme – einzurichten ist, erfolgt auf der übergeordneten Risikomanagementebene als strategische Entscheidung der Geschäftsleitung auf der Basis einer übergeordneten Risikoanalyse. Hierbei sind die möglichen Restriktionen aus rechtlichen Anforderungen ebenso zu beachten wie die sich aus den Werten des Unternehmens-Umfelds ergebenden Grenzen für Verstöße.
5. Die strategischen Entscheidungen sind im Einklang mit der allgemeinen Unternehmensstrategie und den Unternehmenszielen unter Beachtung von Kosten-Nutzen Analysen und der Verbindlichkeit der Restriktionswirkung der zu beachtenden Regeln zu treffen.
6. Die gesetzliche Restriktion leitet sich nicht nur unmittelbar aus der gesetzlichen Einzelvorschrift (z.B. Kartellrecht) ab, sondern aus der Pflicht des Unternehmens durch gehörige Aufsicht die Einhaltung von Restriktion (z.B. Verbot von Korruption) sicher zu stellen. Die Zielsetzung muss entsprechend beachten, welche Anforderungen an die gehörige Aufsicht im Einzelfall gestellt werden und die Kosten-Nutzen Analyse daran ausrichten.
7. Innerhalb des CMS legen die Compliance Ziele fest, wie der Teilbereich im Einklang mit den strategischen Entscheidungen abgegrenzt wird. Die Abgrenzung muss sich auf die einzuhaltenden Regeln sowie den räumlichen Geltungsbereich des CMS beziehen und auf der Basis einer umfassenden Risikoanalyse erfolgen.

8. Die Abgrenzung von CMS zu rechtlich bezogenen Teilgebieten erfordert detaillierte rechtliche Expertise, insbesondere soweit mehrere Rechtsordnungen berührt werden.
9. Die Abgrenzung des Teilbereichs muss eindeutig sein und den Grad der angestrebten Compliance sowie die Bedeutung im Verhältnis zu anderen Zielen möglichst auslegungsfrei erkennen lassen. Unterschiedliche Risiken und / oder Anforderungen können dabei unterschiedlich ausgeprägte CMS oder CMS-Komponenten notwendig werden lassen.

4.3. Compliance Kultur

4.3.1. Einleitung

Compliance-Kultur wird im IDW PS 980 als erstes Grundelement eines CMS genannt. Sie kann als Fundament und als solches als wichtigstes Grundelement bezeichnet werden. Zugleich ist es das am schwierigsten zu gestaltende Grundelement, dessen Beurteilung „eine besondere Herausforderung darstellt"[284]. Die Compliance-Kultur „wird vor allem durch die Grundeinstellung und Verhaltensweisen des Managements sowie durch die Rolle des Aufsichtsorgans (‚tone at the top') geprägt"[285]. Diese Feststellung des IDW PS 980 ist zutreffend, insgesamt umfasst der Begriff „Kultur" aber die „commons beliefs, shared values, norms of behavior and assumptions[286]" aller Mitglieder einer Organisation. Anthony/Govindarajan stellen fest, dass nicht nur explizit festgelegte ‚Normen' die Kultur ausmachen, sondern ebenso die implizit vorhandenen und gelebten.

COSO äußert sich in den Ausführungen zur Komponente ‚Control Environment' (COSO IC) bzw. ‚Internal Environment' (COSO ERM) zu diesen Fragen der ethischen Ausrichtung und Integrität in der Organisation. Die COSO Komponenten beinhalten außerdem allgemeine Aussagen zum Umfeld des Unternehmens, z.B. auch zu organisatorischen Ausgestaltungen[287;288]. Im IDW PS 980 wird dieser Aspekt als ein gesondertes Grundlement Compliance-Organisation[289] angesprochen. Hierzu gehört auch die Anforderung bei der Ausgestaltung der Organisation auf die notwendige Kompetenz der Mitarbeiter Wert zu legen[290], die im PS 980 sowohl bei der ‚Compliance-Kultur', wie auch im Grundelement ‚Compliance-Organisation' thematisiert wird[291]. Den Schwerpunkt legt auch COSO auf den ‚Tone at the top',

---

284 Eichler [Compliance-Kultur], 2012, S.134
285 IDW [PS 980], 2011b, Tz. 23
286 Vgl. Anthony/Govindarajan [Management], 2007, S. 100
287 Vgl. z.B. COSO [IC updated], 2013, S. 31 Principle 3
288 Vgl. COSO [ERM], 2004a, S. 31
289 Vgl. IDW [PS 980], 2011b, Tz. 23; A18
290 Vgl. COSO [IC updated], 2013, S. 31 Principle 4
291 Vgl. IDW [PS 980], 2011b, Tz. A14, A33

der ein ‚commitment to integrity and ethical values' vermitteln muss[292]. Auf die U.S.-Amerikanischen Unterschiede in der Unternehmensverfassung zurückzuführen ist die COSO Anforderung, dass das Board of Directors die notwendige Unabhängigkeit vom Management haben muss und eine Überwachung des Managements vorzunehmen hat[293]. Da die Überwachung der Geschäftsleitung in Deutschland durch den Aufsichtsrat, also ein getrenntes, unabhängiges Organ erfolgt, ist diese Überwachung nicht unmittelbar Systembestandteil, sondern überwacht das (Compliance-Management) System grundsätzlich von außerhalb. Eine solche Überwachung von außerhalb, auf die die Anforderungen nach COSO IC Principle 2 dann auch zutreffen würden, liegt auch vor, wenn der Vorstand die Compliance-Verantwortung grundsätzlich auf einen Chief Compliance Officer delegiert hat. Die Verantwortung für das CMS obliegt dann zunächst diesem CCO, der Vorstand muss aber eine entsprechende Überwachung gewährleisten. Der Vorstand wird sich hier regelmäßig der Internen Revision oder externer Dienstleister bedienen, „ohne ständige Überwachung und Überprüfung des Compliance-Management Systems kann ein derartiges Systems nicht erfolgreich sein"[294]. Die von COSO IC im Principle 5 angesprochene Notwendigkeit, alle mit Aufgaben des Systems betrauten Personen in die Verantwortung zu nehmen, klingt selbstverständlich. Die in den ‚Focus-Points' vorgenommene nähere Erläuterung verdeutlicht aber, dass es hierbei nicht nur um eine Anforderung an die Personen geht, sondern darum, dass das Unternehmen diese Verantwortung der handelnden Personen ernst nimmt und das entsprechende Unternehmensumfeld schafft, damit diese ihre Verantwortung wahrnehmen können. COSO spricht hier z.B. nicht nur notwendige Reaktionen auf Verstöße gegen Systemanforderungen an, sondern auch die Notwendigkeit keine Widersprüche zwischen den Systemanforderungen und anderen Zielen des Unternehmens zuzulassen. Explizit erwähnt COSO die Notwendigkeit, Unternehmensziele so zu definieren, dass kein unangemessener Leistungsdruck entsteht, der dann wiederum zu Verstößen führen könnte[295].

Die vom COSO ERM genannten „preferences, value judgments, and management styles"[296] sind eine Umschreibung des Begriffs ‚Unternehmens-Kultur'. Es geht darum, wie diese Unternehmens-Kultur ausgestaltet ist, nicht ob eine solche vorhanden ist. Letzteres ist immer der Fall „die Unternehmenskultur stellt für jedes Unternehmen – unabhängig von seiner Größe und der Anzahl seiner Mitarbeiter – eine conditio sine qua non dar"[297]. „Unabhängig von Modetrends, Präferenzen, Er-

---

[292] Vgl. COSO [IC updated], 2013, S. 31 Principle 1, S. 32
[293] Vgl. Ebenda, S. 31 Prinicple 2
[294] Arbeitskreis Externe und Interne Überwachung der Unternehmung der Schmalenbach-Gesellschaft für Betriebswirtschaft e.V. (AKEIÜ), Compliance: 10 Thesen für die Unternehmenspraxis, in: DB, 2010/ 27/28; S. 1518 (Schmalenbach Gesellschaft [Compliance])
[295] Vgl. COSO [IC updated], 2013, S. 53
[296] COSO [ERM], 2004a, S. 29
[297] Paul, Walter Prof. Dr., Die Bedeutung der Unternehmenskultur für den Erfolg eines Unternehmens und ihre Bestimmungsfaktoren, in: DB, 2005/ 30; S. 1587 (Paul [Unternehmenskultur])

folg oder Misserfolg, hat jedes Unternehmen, ob es will oder nicht, eine spezifische Unternehmenskultur"[298]. Sackmann versteht hierunter die „grundlegenden, kollektiven Überzeugungen, die das Denken, Handeln und Empfinden der Führungskräfte und Mitarbeiter im Unternehmen maßgeblich beeinflussen und insgesamt typisch für das Unternehmen bzw. eine Gruppe im Unternehmen sind"[299]. Eine Definition, die zwar umfassender klingt, im Kern aber auch die COSO Definition von „preferences, value judgments, and management styles" trifft. Aus den Ausführungen von Sackmann lassen sich aber zwei Erkenntnisse ableiten. Zum einen, dass es nicht ‚die' Kultur des Unternehmens an sich gibt. Vielmehr handelt es sich bei der Unternehmenskultur um eine kollektive Einstellung, d.h. die Summe der Einstellungen vieler Personen, die das Unternehmen oder eine andere Organisation nicht als juristisches Gebilde, sondern als Summe der im oder auch für die Organisation handelnden Individuen determiniert. Zum Zweiten lässt sich die Erkenntnis ableiten, dass es innerhalb einer Organisation nicht nur zwingend eine Kultur als Summe der Kulturen aller Handelnden gibt. Vielmehr können auch „Sub-Kulturen" im Wortsinn als Summe der Kulturen von nur einer beschränkten Anzahl von Handelnden bestehen[300]. „Kultur beginnt dort, wo mehrere Menschen miteinander interagieren[301]".

Menschen gehören nicht nur einer Gruppe an, sondern unterschiedlichen Gruppen, je nach Situation. Es gibt eine „Multikollektivität" (Rathje), jeder einzelne kann mehreren Gruppen angehören, die „nach außen und innen divergente kulturelle Gewohnheiten hervorbringen[302]". Für jede einzelne Gruppenzugehörigkeit gilt: „entweder man gehört dazu, oder man gehört nicht dazu ... entweder man wird anerkannt oder nicht[303]". Gigerenzer bezeichnet den sich heraus ableitenden Gruppenzwang in seinem Buch „Gut Feelings – Short Cuts To Better Decision Making" als eine der grundlegenden Regeln für moralische Entscheidungen „Don't break ranks"[304]. Solche Gruppendynamiken können von einzelnen Personen überproportional beeinflusst werden. Hierbei kann es sich um Personen handeln, die Kraft ihrer Position in der Gruppe (gewählter Gruppenführer, Vorgesetzter, etc.) oder auch auf Grund persönlicher Ausstrahlung eine Dominanz besitzen

---

298 Vgl. Sackmann, Sonja A, Erfolgsfaktor Unternehmenskultur: Mit kulturbewusstem Management Unternehmensziele erreichen und Identifikation schaffen; 2004, S. 39 (Sackmann [Unternehmenskultur])
299 Ebenda, S. 34, vgl. auch Baetge, Jörg Prof. Dr., Messung der Korrelation zwischen Unternehmenskultur und Unternehmenserfolg (Online), veröffentlicht von: Bertelsmann-Stiftung, letzter Abruf am: 15.12. S. 3 mit Verweis auf weitere Literaturquellen (Baetge [Unternehmenskultur und Unternehmenserfolg])
300 Vgl. Sackmann [Unternehmenskultur], 2004, S. 42
301 Rathje, Stefanie Prof. Dr.: Der Kulturbegriff – Ein anwendungsorientierter Vorschlag zur Generalüberholung, in: Konzepte kultureller Differenz – Münchener Beiträge zur interkulturellen Kommunikation, 2009, (Rathje [Kulturbegriff])
302 Ebenda
303 Ebenda
304 Gigerenzer, Gerd, Gut feelings: the intelligence of the unconscious; 2007, S. 180 (Gigerenzer [Gut Feeling])

Der prägende Einfluss der Unternehmenskultur auf das Verhalten der Unternehmensangehörigen insgesamt und damit auch in Bezug auf Compliance lässt sich auch mit dem Einfluß von Ähnlichkeiten auf das Befolgen oder Ablehnen von Anweisungen[305] begründen. Sylvia weist in seiner Studie nach, dass Menschen dazu neigen, Handlungsvorschläge von Personen, deren Werte und Einstellungen ihren eigenen zu ähneln scheinen, grundsätzlich weniger als Eingriff in ihre Entscheidungsfreiheit empfinden[306] und entsprechend eher folgen. Sind diese gemeinsamen Werte in der Compliance-Kultur ‚pro Compliance' ausgerichtet und fühlen sich alle der Gruppe, für die diese Kultur maßgeblich ist, zugehörig, wird dies daher die Bereitschaft erhöhen, Maßnahmen des CMS auch dann zu befolgen, wenn diese Maßnahmen die eigene Entscheidungsfreiheit einschränken und daher tendenziell Reaktanz auslösen würden. Als Reaktanz oder „Romeo- und Julia-Effekt"[307] wird in der Psychologie der bekannte Effekt bezeichnet, dass Menschen dazu neigen bei mehreren Handlungsalternativen gerade die abzulehnen, die ihnen vorgeschlagen oder sogar vorgeschrieben wird, wenn solche Vorschläge als Einschränkung der eigenen Handlungsfreiheit empfunden werden[308], unabhängig von einer unter Umständen vorliegenden objektiven Vorteilhaftigkeit des Vorschlags. Ein psychologischer Effekt im Übrigen, der insgesamt bei der Ausgestaltung eines CMS beachtet werden sollte.

Die Leitungsebene einer Organisation hat einen erheblichen Einfluss auf diese Organisationskultur und hat die Aufgabe, „die Unternehmenskultur in die von ihm gewünschte Richtung zu entwickeln"[309]. COSO stellt fest: „Management integrity is a prerequisite for ethical behavior in all aspects of an entity's activities. The effectiveness of enterprise risk management cannot rise above the integrity and ethical values of the people who create, administer, and monitor entity activities"[310]. Sackmann und andere[311] bezeichnen Führungskräfte als „Rollenmodelle und Vorbilder für ihre Mitarbeiter – in positiven wie im kritischen Sinne". Aufbau sowie die interne und externe Vermittlung der richtigen Compliance-Kultur, muss somit als entscheidend für den gesamten sonstigen Aufbau eines CMS beurteilt werden. Die als gemeinsam gültig vereinbarten Werte „dienen als Orientierung bei der Auswahl des „richtigen Verhaltens" und damit der „impliziten Spielregeln" in einer

---

305 Vgl. Sylvia, Paul J., Deflecting reactance: The role of similarity in increasing compliance and reducing resistance., in: Basic and Applied Social Psychology, 27/2005/ 2005; S. 277–284 (Sylvia [Reactance])
306 Ebenda, „The main effect of similarity shows that similarity reduced per-ceptions of threat."
307 Vgl. Niedermeier, Sandra, Psychologische Reaktanz: Der „Romeo-und Julia-Effekt" in der griechischen Mythologie, 2010, S. 8 (Niedermeier [Romeo und Julia])
308 Vgl. Brehm, Jack W., A theory of psychological reactance, 1966, (Brehm [Reactance])
309 Baetge [Unternehmenskultur und Unternehmenserfolg], Abruf
310 Vgl. COSO [ERM], 2004a, S. 26 (Die Integrität des Managements ist eine Voraussetzung für ethisches Verhalten bei allen Arten von Unternehmensaktivitäten. Die Wirksamkeit des RMS kann nicht besser sein, als die Integrität und die ethischen Werte der Menschen, die die Unternehmensaktivitäten gestalten, lenken und überwachen.)
311 Vgl. Sackmann [Unternehmenskultur], 2004, S. 37, mit weiteren Quellen

gegeben Situation³¹²". „Persönliches Vorbildverhalten und Engagement zum Thema Compliance auf allen Ebenen eines Unternehmens"³¹³ werden als Voraussetzung für die Funktion eines CMS gesehen.

4.3.2. Fraud-Triangle

Compliance-Verstöße können zumindest soweit sie vorsätzlich erfolgen in die Regel der sog. Fraud-Triangle³¹⁴ eingeordnet werden. „Die Fraud-Triangle ist der meistverbreitete Erklärungsansatz für wirtschaftskriminelle Handlungen"³¹⁵. Danach speisen sich die Risikofaktoren für Fraud – und analog auch für vorsätzliche Compliance-Verstöße – aus dem Vorliegen eines persönlichen Drucks, bestehenden Gelegenheiten, um den Verstoß zu begehen und der notwendigen Einstellung beim Täter, mit der dieser sein Handeln für sich selbst rechtfertigt³¹⁶. Diese drei Elemente wirken in unterschiedlicher Ausprägung zusammen, wenn jemand vorsätzlich gegen Regeln verstößt. Es ist aber nicht zwingend notwendig, dass alle drei Faktoren einen gleich großen Einfluss ausüben oder überhaupt alle drei Faktoren vorhanden sind³¹⁷. So kann ein sehr starker persönlicher Druck, z.B. ausgelöst durch hohe Geldsorgen alleine dafür sorgen, dass ein Verstoß begangen wird und hierfür unter Umständen auch hohe kriminelle Energie aufgewendet wird, um die drohende Entdeckung zu vermeiden. Dies ist einer der Gründe dafür, dass auch ein angemessenes CMS niemals für einen 100% Schutz sorgen kann.

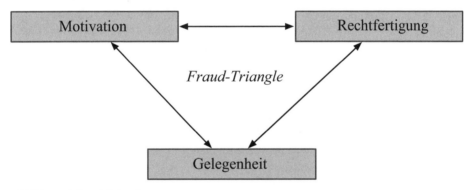

Abbildung 12 Fraud Triangle

---

312 Ebenda, S. 25
313 Wieland, Josef Prof. Dr. habil / Grüninger, Stephan Prof. Dr.: Die 10 Bausteine des Compliance Management:, in: Handbuch Compliance-Management, 2010, S. 120 (Wieland/Grüninger [Grundsätze], 2010)
314 Vgl. Hofmann [Anti Fraud], 2008, S. 205
315 Baetge, Jörg, et al.: Die Bedeutung der Unternehmenskultur für die Fraud-Prävention, in: Festschrift für Klaus J. Hopt zum 70. Geburtstag am 24. August 2010, 2010, S. 359 (Baetge et.al. [Unternehmenskultur])
316 Vgl. Vona, Leonard W., Fraud risk assessment: building a fraud audit program; 2008, S. 23 (Vona [Fraud Risk])
317 Vgl. Ebenda, S. 25

4.3.2.1. Vermeiden von Gelegenheiten
Bevor auf die Fraud-Triangel Elemente Rechtfertigung und persönlicher Druck als Faktoren eines Compliance-Verstoßes eingegangen wird, soll – an dieser Stelle nur kurz – auf den Aspekt der ‚Gelegenheit' eingegangen werden. Vorrangig gehört die Vermeidung von Gelegenheiten für Compliance-Verstöße zum Grundelement ‚Compliance-Programm'. Es wäre fahrlässig, wenn bei Akteuren in Unternehmen grundsätzlich rationales Handeln vorausgesetzt würde, das heißt primär die Ursache von Compliance-Verstößen in Unkenntnis oder in Drucksituationen gesehen würde. Ariely stellt sehr schön den Gewissenskonflikt zwischen „mit reinem Blick in den Spiegel schauen wollen und dem egoistischen Wunsch durch Betrug einen Vorteil erschleichen zu wollen"[318] dar. Dieser Konflikt wird nach Ariely häufig dadurch gelöst, dass ‚nur ein bisschen' betrogen wird, er nennt dies den ‚individuellen Mogelfaktor' im Falle von Interessenskonflikten. Ariely hält dies für eine ganz normale menschliche Schwäche[319] der nur durch das Ausräumen von Interessenskonflikten[320] begegnet werden kann. Volkstümlich könnte man dies mit ‚nicht-in-Versuchung-bringen' bezeichnen. Bezogen auf die Aspekte des Fraud-Triangles bedeutet dies, dass nicht nur die Rechtfertigung und der persönliche Druck als Motivationsfaktoren durch das CMS adressiert werden müssen, sondern auch die ‚Gelegenheit' für Compliance-Verstöße, denn nichts anderes lässt sich aus Arielys Studien ableiten, als dass der Mensch dazu tendiert eine Gelegenheit sich einen Vorteil – auch durch Betrug – zu verschaffen tendenziell nicht völlig ungenutzt verstreichen lässt. Allenfalls das Ausmaß des Betrugs wird durch Gewissensbisse beschränkt.

Maßnahmen zur Vermeidung von ‚Gelegenheiten' zu CMS-Verstößen sind regelmäßig Bestandteil des Compliance-Programms. Weite Teile des CMS tragen in der Regel dafür Sorge, dass Compliance-Verstöße durch Kontrollen verhindert werden, d.h. die potentiellen Gelegenheiten für einen Verstoß verringert werden. Diese Zielrichtung lässt sich z.B. auch aus der Anforderung des § 130 OWiG erkennen, in der für eine gehörige Aufsicht das wesentliche Erschweren eines Verstoßes gefordert wird. Dies wird im Wesentlichen im Compliance-Programm abgebildet.

Zum Grundelement ‚Compliance-Kultur' gehört diese Erkenntnis aber in soweit, wie ein sinnvoll, effizient und effektiv ausgestaltetes Compliance-Programm auch vertrauensbildend sein kann, da Gelegenheiten für Verstöße eliminiert werden.

---

318 Vgl. Ariely, Dan / Zybak, Maria, Denken hilft zwar, nützt aber nichts: warum wir immer wieder unvernünftige Entscheidungen treffen; 2008, Pos. 4531 der eBook-Ausgabe (Ariely [Denken])
319 Vgl. Ebenda, Pos. 4543 der eBook-Ausgabe Pos. 4543
320 Vgl. Ebenda, Pos. 4566 der eBook-Ausgabe Pos. 4566

4.3.2.2. Normen erschweren Rechtfertigung und erleichtern Beachtung von Werten

Primäres Ziel einer guten Compliance-Kultur ist den zweiten Aspekt des Fraud-Triangles, die innere Rechtfertigung für mögliche, vorsätzliche Verstöße bei allen handelnden Personen zu erschweren. Compliance-Kultur ist „ein dynamisches Gefüge aus von den Mitarbeitern geteilten Werten, Normen und Überzeugungen, das über einen längeren Zeitraum gewachsen ist und das Verhalten des Kollektivs aller Mitarbeiter eines Unternehmens in eine bestimmte Richtung lenkt"[321]. Die Zielsetzung dieser Arbeit bietet nicht den Raum um eine tiefergehende Diskussion über unterschiedliche Abgrenzungen der Begriffe ‚Werte' und ‚Normen' aus philosophischer, psychologischer, sozialwissenschaftlicher oder sonstiger Sicht sowie den hier dann noch bestehenden unterschiedlichen ‚Schulen' zu führen. Es soll daher im Folgenden der Abgrenzung von Heistermann gefolgt werden. Er definiert die Beziehung zwischen Norm und Wert dergestalt, dass normiertes Handeln im Interesse der Verwirklichung eines Wertes erfolgt.[322] Die Norm hat somit keinen Selbstzweck, sondern dient der Umsetzung von Werten. Solche Normen sind z.B. konkrete Geschenkerichtlinien, die den Organisationswert ‚Wir vermeiden Korruption' umsetzen oder auch allgemeiner gehaltene Verhaltenskodizes (Code of Conduct / Code of Ethics), die allgemeiner ein wertebasiertes Verhalten einfordern.

Die Festlegung von Normen kann die Rechtfertigung von Handlungen, die zu einem Regelverstoß führen dadurch erschweren, dass sie eine eindeutige Unterscheidung zwischen ‚richtigem' und ‚falschem' Verhalten ermöglichen. Sie „legen fest, welche Handlungen von bestimmten Personen als angemessen und korrekt erachtet werden[323]". Wahrend das normgerechte Verhalten die Einhaltung der Werte unterstützt, fehlt dem ‚unnormalen' Verhalten entweder diese Unterstützungsfunktion oder das Verhalten steht sogar im Gegensatz zu den vereinbarten Werten.

Normen sollen nicht nur die Rechtfertigung von Fehlverhalten erschweren. Dies ist nicht ausreichend, Normen sollen auch eine unmittelbare Wirkung entfalten, in dem die handelnden Personen diese Norm auch einhalten. Das schlichte Vorhandensein einer Norm stellt noch nicht sicher, dass diese auch eine Wirkung entfaltet. Hierbei kann davon ausgegangen werden, dass „individuelles Verhalten … auf der individuellen Bewertung der erwarteten Kosten und Nutzen (beruht) und … sich … nach der eigenen Nutzenmaximierung (ausrichtet)"[324]. Dieser Nutzen kann sich allerdings sehr unterschiedlich gestalten.

In der Literatur wird im Allgemeinen unterschieden zwischen internalisierten Normen und solchen, deren Einhaltung durch äußere Zwänge und Sanktionen si-

---

321 Baetge et. al. [Unternehmenskultur], 2010, S. 361
322 Vgl. Heistermann, Walter, Das Problem der Norm, in: Zeitschrift für philosophische Forschung, 1966/ 20; S. 202 (Heistermann [Norm])
323 Steßl, Antonia, Effektives Compliance Management in Unternehmen; 2012, S. 110 (Steßl [Compliance])
324 Ebenda, S. 112

chergestellt werden[325]. Interessant ist die an der Spieltheorie angelehnte Einordnung von Beweggründen zur Normenbefolgung nach:

- autonomer Zustimmung zur Norm (internalisiere Norm),
- Inkaufnahme der Norm als Zugangsvoraussetzung und
- Normbefolgung zur Erzielung eines persönlichen Vorteils[326].

Betrachtet man die Erfüllung der Zugangsvoraussetzung als einen möglichen persönlichen Vorteil und subsumiert die Vermeidung von Sanktionen unter dem Begriff des Vorteils (Nichtentstehen eines Nachteils), lässt sich diese Theorie in eine Zweiteilung von:

- internalisierte Normen und
- durch äußeren Zwang durchgesetzte Normen

vereinfachen. Hier muss auch die Einhaltung von Normen aus Loyalität zur Organisation eingeordnet werden. Loyalität entsteht aus einem „Dazugehörigkeitsgefühl" und ist regelmäßig auf Gegenseitig begründet. Das loyale Verhalten wird in diesem Sinne auch mit dem Vorteil der Zugehörigkeit zu einer Gruppe „belohnt". Baetge beschreibt diese Identifikation mit dem Unternehmen als ‚Wir-Gefühl'[327].

Internalisierte Normen, sind solche Normen, deren Einhaltung nicht durch äußeren Zwang, sondern durch die Einsicht in die Notwendigkeit sichergestellt ist. Sie sind aus den eigenen Wertvorstellungen der handelnden Personen abgeleitet bzw. mit diesen hoch kompatibel. Werden Normen des Unternehmens von den Mitarbeitern internalisiert, ordnen sie im Zweifel abweichende persönliche Ziele diesem „mit dem Unternehmen gemeinsamen Satz von Normen und ethischen Werten unter"[328]. Die Einhaltung von internalisierten Normen wird auch durch drohende Nachteile nicht oder zumindest deutlich niedriger gefährdet, da die Nichteinhaltung dieser Norm selbst als Nachteil empfunden wird. Soweit Normen des CMS dergestalt von den Angehörigen der Organisation internalisiert wurden, wird es nur durch Unkenntnis oder durch Versehen zu Normverstößen kommen. Fehlt es an dieser „inneren Einsicht" bzw. dem „inneren Druck" zur Einhaltung der Norm, ist ein „äußerer Druck" erforderlich. Anders als bei einer eigenen inneren Sanktionierung erfordert die äußere Sanktionierung aber zunächst eine Entdeckung der Tat. Ist die Befolgung der Norm daher primär durch drohende Sanktionen motiviert, ist

---

325 Vgl. Klamt, Martin, Verortete Normen: öffentliche Räume, Normen, Kontrolle und Verhalten; 2007, S. 237 ff (Klamt [Verortete Normen])
326 Vgl. Durner, Wolfgang: Normakzeptanz und Regelakzeptanz, in: Recht und Spielregeln, 2003, S. 250ff (zitiert von Klamt [Verortete Normen] S. 244 (Durner [Normakzeptanz])
327 Baetge [Unternehmenskultur und Unternehmenserfolg], Abruf
328 Mentzel, Klaus Prof. Dr.: Integritätsmanagement als Waffe gegen Wirtschaftskriminalität, in: Compliance Aufbau – Management – Risikobereiche, 2013, S. 219 (Mentzel [Integritätsmanagement])

die Bereitschaft zur Einhaltung „anfällig für Faktoren, welche die zugehörige (subjektive) Sanktionswahrscheinlichkeit (bzw. vorgelagert: Entdeckungswahrscheinlichkeit einer Normübertretung) berühren"[329].

4.3.2.3. Schaffen von Anreizen, Vermeiden von Druck

Der oben angeführte persönliche Druck, der zum regelbrechenden Handeln führen kann, folgt daher, dass das normgerechte Verhalten für den Handelnden Nachteile bewirkt. Diese können im einfachsten Fall in zusätzlichen Arbeitsschritten bestehen. Die Nachteile können auch darin bestehen, dass ein normwidriges Verhalten Vorteile bewirken würde, der „Nachteil,, somit im Verzicht auf den Vorteil begründet ist. Als einfaches Beispiel hierfür kann Korruption genannt werden, die normwidrige Annahme von Bestechungsgeldern ist für den Mitarbeiter (zumindest kurzfristig) vorteilhaft. Welche konkrete Bedeutung Vorteil / Nachteil für den einzelnen hat, lässt sich schwerlich verallgemeinern. So wird ein Mitarbeiter mit persönlichen finanziellen Problemen tendenziell eher eine sich anbietende Bestechung akzeptieren.

Die einzelnen Komponenten des Fraud-Triangles sind schwerlich messbar, stehen aber zueinander in einer Wechselbeziehung[330]. Ein hoher Druck zu regelbrechendem Handeln kann durch hohe drohende Sanktionen in Verbindung mit einer entsprechenden Aufdeckungswahrscheinlichkeit ebenso kompensiert werden, wie durch entsprechende Anreize, die die entstehenden Nachteile ausgleichen. Ebenso kann eine hohe Internalisierung der zu brechenden Norm dazu führen, dass auch hohe reale Nachteile des regelkonformen Handelns akzeptiert werden. Das durch den Regelverstoß eventuell verursachte „schlechte Gewissen" hat dann mehr Bedeutung, als die unmittelbaren eigenen Nachteile bzw. verpassten Vorteile.

Anders ausgedrückt: Neben den konkreten Maßnahmen des Compliance-Programms, die z.B. durch Vier-Augen-Kontrollen oder Genehmigungen die Gelegenheit für Verstöße verringert, wirkt eine Kombination aus sozialen Sanktionen (schlechtes Gewissen) und weiteren Anreizen oder Sanktionen darauf, die Einhaltung der Regeln zu forcieren. Anreize und Sanktionen müssen zusammen mit dem schlechten Gewissen alle Nachteile für den Handelnden aus der Normeneinhaltung bzw. nicht erzielten Vorteile aus einem Regelverstoß kompensieren. Liegt eine solche Kompensation nicht wirksam vor, würde der rationell Handelnde bei Gelegenheit eher den Regelverstoß begehen, als sich an die Regeln zu halten. Zudem kann eine tatsächliche Internalisierung von Normen weder vorausgesetzt werden, noch ist sie einfach zu beurteilen. Das Schaffen positiver Anreize zur Einhaltung von Normen verbessert daher auf jeden Fall die Ausgangslage für eine Internalisierung der Normen und erhöht dadurch die Sicherheit für das Unternehmen. Ebenso erhöhen drohende Sanktionen für den Fall eines Verstoßes (zusammen mit einem hohen

---

329 Engel, Uwe, Normakzeptanz und Orientierung am Verhalten Dritter, / 2002; S. 14 (Engel [Normakzeptanz])
330 Vgl. Vona [Fraud Risk], 2008, S. 25

Entdeckungsrisiko durch wirksame Überwachungsmaßnahmen) die Bereitschaft Normen einzuhalten. Auf der anderen Seite besteht die Gefahr, dass Unternehmen selbst negative Anreize setzen, d.h. die Einhaltung von Regeln zwar einfordern, aber gleichzeitig (zumindest für den Mitarbeiter gefühlt) negativ sanktionieren. Dieser Effekt kann durch die Vorgabe von Leistungszielen erfolgen, deren Einhaltung der Mitarbeiter – nach seiner Meinung – nur durch die gleichzeitige Verletzung von Regeln erreichen kann (z.B. Korruption zur Erfüllung von Umsatzzielen) oder solche Verstöße zumindest das Erreichen der vorgegebenen Ziele deutlich erleichtert. Die Einhaltung der Regeln würde dann durch die mit der Zielverfehlung verbundenen Sanktionen (z.B. geringerer Bonus) verknüpft. Es lägen negative Anreize vor, die zu einem Verstoßdruck führen können.

4.3.3. Einfluss der Compliance-Kultur auf die Loyalität mit dem Unternehmen
Wie oben bereits erwähnt, kann die Normverfolgung zur Erzielung eines persönlichen Vorteils auch dadurch ausgelöst werden, dass eine hohe Loyalität mit dem Unternehmen besteht. Jedes Handeln, das den Interessen des Unternehmens zuwiderläuft, wird dann mittelbar als negativ empfunden und nach Möglichkeit vermieden. Mitarbeiter, die die sich mit dem Unternehmen identifizieren, „werden regelmäßig ... diese Tat nicht vor sich rechtfertigen können"[331], es stellt sich quasi ein ‚schlechtes Gewissen', gegenüber dem Unternehmen oder anderen Mitarbeitern ein. Über diese soziale Sanktionierung des Fehlverhaltens wird letztlich also auch eine, wenn auch nur mittelbare Konsequenz für den Handelnden ausgelöst, die auf seine Entscheidung zur Auswahl der Handlungsalternative Einfluss nimmt. Diese Loyalität ergibt sich daraus, dass man sich einerseits unbedingt der Gemeinschaft zugehörig fühlt und andererseits die jeweiligen Werte und Normen als allgemeingültig für die Gemeinschaft anerkennt, in der Philosophie wird dies als ‚Universalisierungsgrundsatz' bezeichnet[332]. Dieser Zusammenhang zwischen Bindung an das Unternehmen und der Erfüllung von Erwartungen und Bedürfnissen des Mitarbeiters durch die Verhältnisse im Unternehmen, lässt sich aus dem Engagement Index Deutschland 2012 erkennen, den das Meinungsforschungsinstitut Gallup erhebt. Umso mehr die Mitarbeiter ihre Erwartungen und Bedürfnisse zu 12 Aspekten der Unternehmenskultur erfüllt sahen, umso stärker stuften sie auch ihre Bindung an das Unternehmen ein[333]. Aus der Studie ist auch gut erkennbar, dass ein enger Zusammenhang zwischen der Bindung an das Unternehmen und verschiedenen Aspekten der Arbeitsqualität besteht. Auch wenn Gallup keine unmittelbare Befragung zu der Bereitschaft sich regelgetreu zu verhalten abgefragt hat – es kann be-

---

331 Baetge et.al. [Unternehmenskultur], 2010, S. 366
332 Vgl. u.a.Habermas, Jürgen, Moralbewusstsein und kommunikatives Handeln; 1983, S. 74 mit Verweis auf Kant und andere (Habermas [Moralbewusstsein])
333 Gallup, Engagement Index Präsentation 2012 – Pressegespräch 6. März (Online), verfügbar unter:
http://www.gallup.com/file/strategicconsulting/160904/Engagement%20Index%20Präsentation%202012.pdf letzter Abruf am: 28.11.2013 (Gallup [Engagement Index])

zweifelt werden, dass hier ohne weiteres ehrliche Antworten erhältlich wären – so kann aber genau dies aus den anderen Fragen abgeleitet werden.

Die Unternehmenskultur sollte daher eine Loyalität zum Unternehmen unterstützen. Baetge weist darauf hin, das ein Mitarbeiter eine Identifikation mit dem Unternehmen nur entwickeln kann, „wenn er die Vision und Ziele des Managements kennt und sich zu eigen macht"[334]. Wobei auch die übrigen Aspekte, die aus der Gallup Umfrage als entscheidend für die Bindung an das Unternehmen erkennbar sind beachtet werden sollten[335]. Die Loyalität muss primär dem Unternehmen als solches gelten, falsch verstandene Loyalität zu einzelnen im Unternehmen handelnden Personen kann umgekehrt zu einer Gefahr für die Compliance führen. Bei der Förderung der Loyalität mit der Organisation darf der Einfluss von Vergütungsstrukturen nicht unterschätzt werden. Große Vergütungsunterschiede, auch oder vielleicht gerade zwischen dem Top-Management und dem mittleren Management können eine hohe Unzufriedenheit im mittleren Management verursachen und zwar auch dann, wenn dieses selber eine gute Entlohnung erhält. Dan Ariely stellt in seinem unterhaltsam geschrieben Buch[336] die Auswirkungen von Gehaltsauswüchsen sehr gut dar. Ariely wies in vielen Versuchen nach, dass Menschen ihre Entscheidungen häufig weniger rational treffen und sich u.a. sehr stark von Relativitätsbetrachtungen beeinflussen lassen[337]. So könnten z.B. in Relation zu den Vergütungen anderer Mitarbeiter extrem hohe Vorstandsvergütungen alleine auf Grund eines relativen Vergleichs, bei den anderen Mitarbeitern das Gefühl aufkommen lassen, dass sie unterbezahlt sind und ein Anrecht auf ‚mehr' hätten. Dieses Gefühl kann dann einen Rechtfertigungsgrund für einen Regelverstoß erzeugen.

Das Fraud-Triangle kann somit für die Betrachtung von (vorsätzlichen) Compliance-Verstößen genutzt werden. Jedem ‚Eckpunkt' des Dreiecks können unterschiedliche CMS-spezifische Schwachstellen zugeordnet werden.

---

334 Baetge [Unternehmenskultur und Unternehmenserfolg], Abruf
335 Vgl. Gallup [Engagement Index], 28.11.2013
336 Ariely [Denken], 2008
337 Vgl. Ebenda, Pos. 342, 558 ff. Pos. 342, 558 ff.

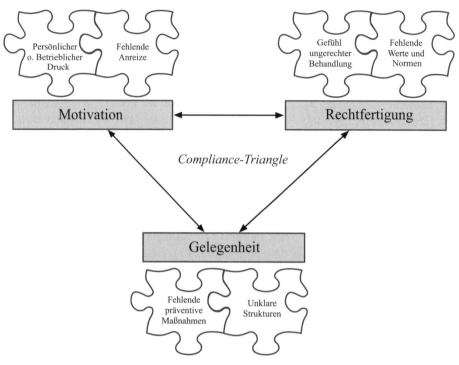

Abbildung 13 Compliance-Triangle

Die Unternehmenskultur kann somit auch als Einflussfaktor gesehen werden, um aus einem Agent-Principal-Verhältnis zu einem Stewardship-Verhältnis zu gelangen. Während nach der Agency Theorie die Interessen der Mitarbeiter eines Unternehmens als Agenten nicht grundsätzlich gleichgerichtet sind wie das Interesse des Unternehmens (Principals), geht die Stewardship-Theorie davon aus, dass für die Mitarbeiter ein „pro-kollektives Verhalten einen höheren Nutzen (hat) als das opportunistische"[338]. Es muss angestrebt werden, dass die „Individualziele der Mitarbeiter mit den mit den Gesamtzielen des Unternehmens harmonieren"[339].

4.3.4. Einfluss der Umfeldwerte auf die Unternehmenskultur

Akzeptierte soziale Normen und ihre glaubhafte Einbindung in die Unternehmenskultur können eine positive Wirkung auf Compliance ausüben. Es kann aber ein Widerspruch zwischen sozialen Normen und Marktnormen entstehen. Ariely weist in Versuchen nach, dass soziale Normen verschwinden, wenn sie mit Marktnormen

---

338 Stiglbauer, Markus Dr., Corporate Governance: Führung und Kontrolle im Insider System, 2010, (Stiglbauer [Corporate Governance]) S. 22
339 Mentzel [Integritätsmanagement], 2013, S. 222

kollidieren[340]. Werden soziale Normen angesprochen (z.B. Nachbarschaftshilfe) ist es daher einfacher von jemanden eine Tätigkeit ohne Bezahlung zu erhalten, als von der gleichen Person die gleiche Tätigkeit für eine unter Marktkonditionen liegende Bezahlung zu erhalten. Übertragen auf die Anforderungen eines Compliance-Management-Systems bedeutet dies, dass die Verankerung regelkonformen Verhalten mittels sozialer Normen für den Erfolg des CMS relevanter sein kann, als die Koppelung der CMS-Anforderungen z.B. an das Entlohnungssystem des Unternehmens. Wird Compliance durch finanzielle Anreize unterstützt, werden Mitarbeiter (unbewusst) einen eventuell als zusätzlich empfunden Aufwand gegen den möglichen finanziellen Anreiz abwägen. Eine solche ‚Kosten-Nutzen-Abwägung' wird dagegen eher nicht stattfinden, wenn Compliance als soziale Norm verankert ist.

Eine Bedeutungssteigerung des Wertes „Compliance" kann auch durch Einflussnahme auf externe Faktoren erreicht werden. Die Unternehmenskultur und damit die Compliance-Kultur entsteht nicht im „luftleeren" Raum, sondern wird auch von außerhalb des Unternehmens liegenden Faktoren beeinflusst. Auch Sackmann verweist auf diese „Umfeld- und Kontextfaktoren"[341]. Wenn z.B. Siemens zusammen mit der Weltbank 100 Millionen US-Dollar für gemeinnützige Organisationen zur Verfügung stellt, um diese beim Kampf gegen Korruption zu unterstützen, geschieht dies nicht nur um sich mit der Weltbank in einem Korruptionsverfahren zu einigen[342]. Gleichzeitig versucht Siemens hiermit sein Umfeld so zu beeinflussen, dass die Siemens-Werte „geschäftliche Integrität und faire Marktbedingungen" einfacher umzusetzen sind[343], gleiches gilt für die „Vereinbarung Unternehmensübergreifender Integritätslösungen (Collective Actions)"[344,345]. Allgemein kann festgestellt werden, dass es für Unternehmen einfacher ist, solche Werte zu leben und umzusetzen, die auch im relevanten Organisationsumfeld als anerkannt und richtig angesehen werden. Dies liegt nicht nur darin begründet, dass das Unternehmen bei der Umsetzung im Zweifel Unterstützung aus dem Umfeld erwarten kann (z.B. indem auch Kunden und Lieferanten sich gegen Korruption einsetzen und die eigenen Mitarbeiter keinen „Versuchungen" ausgesetzt sind. Nicht übersehen werden darf auch, dass die Mitarbeiter im Zweifel auch Teil des Umfeld des Unternehmens sind (in ihrer ‚Freizeit'). Die innerhalb des jeweiligen

---

340 Vgl. Ariely [Denken], 2008Pos. 1385
341 Vgl. Sackmann [Unternehmenskultur], 2004, S. 32
342 Weltbank, Press Release 2010/182/EXT (Online), verfügbar unter: http://www.veek-hamburg.de/wp-content/uploads/2011/07/VEEK-dtsch_2011.pdf, letzter Abruf am: 12.01.2014 (Weltbank [Siemens])
343 Höpner, Axel, Siemens will zum Musterschüler werden (Online), verfügbar unter: http://www.handelsblatt.com/unternehmen/industrie/korruption-siemens-will-zum-musterschueler-werden/3454312.html letzter Abruf am: 28.11.2013 (Handelsblatt [Siemens])
344 Schaupensteiner, Wolfgang: Grundzüge innerbetrieblicher und konzertierter Compliance-Management Systeme, in: Compliance- und Risikomanagement, 2011, S. 27 (Schaupensteiner [Grundzüge])
345 International Center for Collective Action, (Online), verfügbar unter: http://www.collective-action.com letzter Abruf am: 22.11.2013 (Collective Action [Web page])

Umfelds (innerhalb vs. außerhalb der Unternehmensorganisation) zu verinnerlichenden Werte sollten möglichst deckungsgleich sein und vor allen Dingen sich nicht widersprechen. Hieraus folgt aber auch zwingend, dass ein Unternehmens-Umfeld, in dem Compliance kein Wert an sich darstellt, es für Unternehmen schwieriger macht eine Compliance-förderliche Compliance-Kultur im Unternehmen zu schaffen. Dieser Aspekt wird im Rahmen einer Risikobewertung zu berücksichtigen sein. In der Praxis erfolgt dies z.B. durch die Gewichtung von Länderrisiken bei CMS zur Korruptionsvermeidung (z.B. anhand des Corruption Perception Index von Transparancy International).

4.3.5. Einfluss anderer Unternehmenswerte auf die Compliance-Kultur
Neben den Compliance-Werten im engeren Sinne sind für die Compliance-Kultur auch andere Wertvorstellungen des Unternehmens, d.h. die Unternehmenskultur insgesamt von Bedeutung, da sie einen direkten oder mittelbaren Einfluss auf die Einhaltung der Compliance-Werte haben können. Hierzu gehört z.B. ein offenes und ehrliches Umgehen miteinander innerhalb der Organisation. Solche vertrauensbildende Elemente haben eine hohe Bedeutung für die Unternehmenskultur. Versuche des Center for Neuroeconomics Studies in Pennsylvania belegen, dass Menschen auf entgegengebrachtes Vertrauen ‚natürlich', d.h. durch unbewusste biologische Reaktionen im Gehirn mit vertrauenswürdigem Handeln reagieren[346]. Vertrauensvolle Offenheit in der Organisationskultur verringert dadurch nicht nur die Gefahr von (bewussten) Compliance-Verstößen, sondern erlaubt es auch Verständnisschwierigkeiten, die zu versehentlichen Compliance-Verstößen führen könnten anzusprechen, ohne dass dies als Schwäche oder Inkompetenz ausgelegt würde. Eine offene Kommunikation erlaubt es zudem (vermutetes) Fehlverhalten anderer zu adressieren, ohne dass hieraus ein Mangel an Vertrauen abgeleitet würde oder solche Kommunikationen als unerwünschtes „Spitzel-Verhalten" gebrandmarkt wird.

Eine Kultur der umfassenden Information ist eine weitere wichtige Voraussetzung zur Einhaltung der Compliance. Inhalt und Bedeutung der Compliance-Ziele und die Ernsthaftigkeit der Organisation im Erreichen der Ziele muss ebenso klar erkennbar sein wie die Unternehmenswerte an sich. Die Verbindungen und Überschneidungen zum Grundelement Compliance-Kommunikation und zur COSO-Komponente „Communication and Information" sind deutlich erkennbar.

Der Wert „Compliance" an sich sollte daher Teil der erwünschten grundlegenden Überzeugungen des Kollektivs sein. Eine feste Verankerung des Zieles „Compliance" und eine starke Akzeptanz dieses Zieles bei allen Beteiligten führt dazu, dass dieses Ziel als verhaltensleitend betrachtet wird[347]. Compliance stellt somit sowohl das Ziel der Compliance-Kultur als auch einen Teil des Weges dahin dar.

---

346 Vgl. Zak, Paul, Trust, in: Capco Institute Journal of Financial Transformation, / 2003; S. 23 (Zak [Trust])
347 Vgl. Jost, Peter-J., Organisation S. 412

Dies gilt insbesondere für ein entsprechendes, regelkonformes Verhalten der Führungsebene. Tatsächlich bestimmt die Führung einer Organisation nicht nur die Rahmenbedingungen für die Organisationskultur, sondern prägt diese entscheidend durch ihr eigenes Verhalten, d.h. Führungsverantwortliche sind „Rollenmodelle und Vorbilder für ihre Mitarbeiter – im positiven wie im kritischen Sinne – und erhalten bzw. verstärken die entsprechend vorgelebte Unternehmenskultur"[348]. Die Führungskräfte der Organisation müssen selbst die Einhaltung von Regeln und Normen und eine die Compliance unterstützende offene und loyale Organisationskultur vorleben und Wege finden, dies in der Organisation entsprechend transparent zu machen. Wichtig ist dabei, dass diese Vorbildfunktion auf allen Leitungsebenen gelebt wird, um auch in den sich bildenden Sub-Kulturen eine zuverlässige Compliance-Kultur zu schaffen.

Die in der KPMG Studie befragten Unternehmen haben entsprechend in der Mehrheit die Bedeutung der Compliance-Kultur erkannt und aktiv Maßnahmen für eine positive Kultur ergriffen. Bemerkenswert ist aber, dass zwar 70,6% der befragten großen und börsennotierten Unternehmen aber nur 54,8% der kleinen und mittelgroßen Unternehmen solche aktiven Maßnahmen ergriffen haben[349]. Hieraus könnte abgeleitet werden, dass eine erhebliche Zahl von Unternehmen, insbesondere im Mittelstand, entweder die Bedeutung der Unternehmenskultur nicht sieht oder der Ansicht ist, dass keine aktiven Maßnahmen für eine positive Kultur notwendig sind. Eine solche Einschätzung könnte durchaus selbsttrügend sein. Studien legen nahe, dass die Einschätzungen der Unternehmenskultur durch die Unternehmensverantwortlichen durchaus deutlich von den Einschätzungen der Mitarbeiter abweichen können. Während in einer weltweiten Erhebung 48 % der 911 befragten Mitarbeiter auf Führungsebene das Vertrauen im Unternehmen als hoch oder zumindest mittel einstuften, folgten von den ca. 35 Tds. befragten Mitarbeitern nur 23% dieser Einschätzung. Ähnlich fiel der Unterschied bei der Beachtung von Werten in der Unternehmenskultur aus (79% zu 57%)[350].

4.3.6. Zero-Tolerance als Korrektiv für möglichen Verstoß-Druck

Neben der im Wesentlichen durch das Compliance-Programm adressierten Gelegenheit zu einem Verstoß und der von der Compliance-Kultur primär adressierten Rechtfertigung für einen möglichen Verstoß, ist der persönliche Druck oft der höchste Motivationsbeitrag für Verstöße gegen Normen und Regeln. Dieser dritte Einflussfaktor des Fraud-Triangles lässt sich vom Unternehmen vermutlich am schwierigsten beeinflussen. Insbesondere finanzielle Sorgen oder auch nur überhöhte Ansprüche sind zumeist der privaten Lebensführung zuzurechnen. Allenfalls kann das Unternehmen in einem gewissen Rahmen hier auf Hinweise für das Bestehen solcher potentieller Druckfaktoren achten und diese als erhöhtes Risiko für

---

348 Vgl. Sackmann [Unternehmenskultur], 2004
349 Vgl. jeweils S. 10 KPMG [Benchmark-I], 2013b; KPMG [Benchmark-II], 2013c,
350 Vgl. Corporation, LRN, The HOW Report; 2012, S. 24 (LRN [HOW Report])

(vorsätzliche) Compliance-Verstöße einordnen. Gleichwohl kann ein angemessenes Sanktionsmanagement dafür sorgen, dass die Auswirkung eines potentiellen persönlichen Drucks zur Begehung eines Verstoßes mittels eines potentiellen Nachteils für den Fall der Entdeckung kompensiert wird. Steßl wies in ihrer Studie nach, dass drohende Konsequenzen in der Form von Aufdeckung (und Sanktion) einen hohen positiven Einfluss auf die Korruptionsprävalenz haben[351]. Ein Effekt, der zumindest bei rationaler Betrachtung von Handlungsalternativen nicht überrascht.

Im Unternehmen muss der häufig genannte[352] „Zero-Tolerance" Grundsatz gelten. Jeder Verstoß muss zu angemessenen Reaktionen führen, diese werden regelmäßig auch Sanktionen beinhalten, zumindest wenn der Verstoß auf vorsätzliches Handeln zurückzuführen ist. Die Argumentation, dass Unternehmen sich eine solche „Zero-Tolerance" Politik nicht leisten können, weil z.B. manche Mitarbeiter nicht ersetzbar[353] sind, ist falsch. Diese Argumentation ist genauso gefährlich, wie die „Rechtfertigung" von Korruption mit dem Hinweis, dass Geschäfte anders nicht möglich seien. Genauso unzutreffend ist es aber auch, wenn Kark „Zero-Tolerance" Politik so versteht, dass jeglicher Verstoß zu einer außerordentlichen Kündigung führen müsse[354]. Der von ihm dargestellte Gegensatz zwischen „Zero-Tolerance" und abgestuften Sanktionskatalog besteht nicht. Der „Zero-Tolerance" Grundsatz beinhaltet ausschließlich, dass Verstöße eine Reaktion auslösen, die klarstellt, dass der Verstoß nicht toleriert oder ignoriert wird.

Die Reaktion muss dabei nicht zwingend eine Sanktion umfassen. Wurden (unbeabsichtigte) Verstöße vom Verursacher bereits „innerlich sanktioniert" („schlechtes Gewissen") kann eine äußere Sanktionierung unter Umständen sogar hinderlich sein. Erfolgsversprechender sind unter Umständen eine Aufklärung der Umstände die – trotz besten Willens zu normgerechten Verhalten – tatsächlich zum Compliance-Verstoß führten sowie anschließende Unterstützungsangebote an den Normbrecher, um zukünftig normgerechtes Verhalten zu sichern. Würde das normwidrige Verhalten ohne weitere Reaktion toleriert, würde dies dem unabsichtlichen Normbrecher, der sich ja eigentlich an die Norm halten will, da er sie als eigenes normgerechtes Verhalten verinnerlicht hat, signalisieren, dass die Organisation die Norm weniger wichtig nimmt, als er selbst. Langfristig könnte dies dazu führen, dass die eigene, verinnerlichte Normeinschätzung negativ verändert wird. Eine Reaktion im Rahmen einer ‚Zero-Tolerance-Policy' muss nicht zwingend in tatsächlichen Sanktionen bestehen, sondern kann auch in zusätzlichen Schulungen oder Veränderungen von Abläufen und Kontrollen bestehen. Gerade bei unbeabsichtig-

---

351 Vgl. Steßl [Compliance], 2012, S. 303
352 Vgl. ThyssenKrupp, Beschreibung des Compliance Management Systems des ThyssenKrupp Konzerns, 2011, S. 2 (ThyssenKrupp [CMS Beschreibung])
353 Vgl. Schlueter, Katharina, Die Zero-Tolerance-Illusion, in: Compliance – Die Online-Zeitschrift für Compliance-Verantwortliche, September/ 2010(Compliance-Platform [Zero-Tolerance])
354 Vgl. Kark, Andreas, Die Zero-Tolerance-Regel – Aus der Bronx in die Welt der Unternehmen, in: CCZ, 5/2012/ 2012; S. 184 (Kark [Zero-Tolerance])

ten Verstößen sollte der Normbrecher hierbei in Veränderungsprozesse einbezogen werden.

Die Reaktion auf einen Normenverstoß muss in einem angemessenem Verhältnis zur gebrochenen Norm (z.b. der hierdurch entstandenen Gefährdung für die Organisation oder Schädigung Dritter) stehen. Sie soll primär einen präventiven Charakter haben, das Nichteintreten von Sanktionen soll als anzustrebender persönlicher Vorteil die Wirksamkeit der Norm sicherstellen. Präventiv kann normgerechtes Verhalten daher insbesondere auch durch positive Belohnung gesichert werden. Das Nichterhalten der Belohnung im Falle eines Verstoßes stellt dann die negative Konsequenz als Reaktion auf den Verstoß dar.

Wesentlich ist, dass die Reaktionen, insbesondere drohende Sanktionen als Konsequenz für Non-Compliance feststehen und bekannt sind. Nur wenn Handelnde bei der Entscheidung für oder gegen Compliance sich über negative Konsequenzen einer Non-Compliance aktiv bewusst werden, kann dies ihr Verhalten im Sinne einer Einhaltung der Vorschriften des CMS stützen. Personen, die sich vor einer Entscheidung aktiv darüber Gedanken machen, ob und wie sehr sie bereuen könnten, bei der Entscheidung Handlungsempfehlungen nicht berücksichtigt zu haben, folgen eher der Handlungsempfehlung[355].

4.3.7. Compliance-Kultur und Gruppendynamik

Eingangs zu diesem Kapitel wurde bereits dargestellt, dass in einem Unternehmen nicht nur eine Unternehmenskultur und damit eine Compliance-Kultur vorhanden ist, sondern tendenziell Sub-Kulturen bestehen. Dieser Aspekt verdient es nochmals gesondert betrachtet zu werden. Stießl wies in Ihrer Studie nach, dass es einen unmittelbaren Einfluss sozialer Netzwerke innerhalb eines Unternehmens auf die Bereitschaft zu illegalen Aktivitäten gibt[356]. Sie stellt dabei fest, dass das Nichtmitwirken an Compliance-Verstößen zu informellen Sanktionen durch solche Netzwerke führen kann. Im Zusammenhang mit der ebenfalls von ihr nachgewiesenen Bedeutung sozialer Netzwerke für die eigene Karriere kann dies einen signifikanten Einfluss zur Bereitschaft für illegales Handeln erwirken. Aber auch ohne solchen sozialen Druck besteht eine hohe Wahrscheinlichkeit, dass neue Gruppenmitglieder die vorhandene Kultur der Gruppe übernehmen. Gigerenzer[357] stellt die Tendenz des Menschen zur Imitation von Gruppenverhalten ausführlich dar.

Unternehmen sollten daher sehr genau darauf achten, ob sich im Unternehmen unterhalb der allgemeinen Unternehmens- und Compliancekultur Subkulturen herausbilden, die eventuell konterkarierend sind. Die mögliche Existenz solcher Netzwerke für illegales Agieren sollte auch bei der Einrichtung des CMS beachtet wer-

---

355 Vgl. Crawford, Matthew T., et al., Reactance, Compliance, and Anticipated Regret, in: Journal of Experimental Social Psychology, 2002/ 2002; S. 62 (Crawford [Reactance]) S. 62
356 Vgl. Steßl [Compliance], 2012, S. 95
357 Vgl. Gigerenzer [Gut Feeling], 2007, S. 272 ff.

den. Überwachungsmaßnahmen sollten daher möglichst so strukturiert sein, dass eine „Selbstüberwachung" eines Netzwerks vermieden wird. Dies trifft auch für Genehmigungsprozesse und detektivische Maßnahmen des Compliance-Programms (siehe dort) zu. Für die Durchführung von Schulungsmaßnahmen sollte beachtet werden, dass diese insbesondere bei neuen Mitarbeitern möglichst frühzeitig erfolgen sollten. Hintergrund ist die Tatsache, dass die Verhaltensökonomik nachweist, dass das allgemein als „Herdenverhalten" bekannte Verhaltensmuster nicht nur eine populärwissenschaftliche Aussage ist, sondern sich mit dem prägenden Eindruck erster Erlebnisse erklären lässt[358]. Dies beinhaltet die Gefahr, dass neue Mitarbeiter in bestehende Netzwerke mit non-compliant Verhalten geraten und deren Wertemuster als „normalen" Teil der Unternehmenskultur übernehmen. Umgekehrt können erfolgreich absolvierte Schulungen zu Beginn einer neuen Tätigkeit die gewünschte Unternehmenskultur eines compliant Verhalten vermitteln und verankern.

---

358 Vgl. Ariely [Denken], 2008, S. 75

4.3.8. Zwischenfazit zum CMS-Grundelement Compliance-Kultur
Als Zwischenfazit lassen sich zu der Compliance-Kultur die folgenden grundlegenden betriebswirtschaftlichen Aussagen festhalten:

1. Die Compliance-Kultur ist ein Teilaspekt der Unternehmens-Kultur, als solche gibt es in allen im Unternehmen bestehenden Sub-Kulturen auch Compliance-Sub-Kulturen. Subkulturen müssen aktiv erkannt und deren Einfluss auf die Mitglieder der Sub-Gruppen und auf die Unternehmenskultur insgesamt sowie auf andere Sub-Kulturen beurteilt werden.
2. Die Führungsebene hat als Rollenmodell und Vorbild einen wesentlichen Einfluss auf die Unternehmens- und Compliance-Kultur. Durch aktives Kommunizieren von regelgerechtem Verhalten der Führungsebene muss diese Rollenmodell- und Vorbildfunktion zur Verankerung einer positiven Compliance-Kultur genutzt werden.
3. Die Unternehmens- und Compliance-Kultur sind sich teilweise selbststeuernde Systeme: Wichtigster Baustein für eine gute Compliance-Kultur ist eine gute Compliance. Um diesen positiven Rückkoppelungseffekt zu nutzen, muss die tatsächliche Einhaltung von Regeln im Unternehmensalltag allen Unternehmensbeteiligten bekannt sein, d.h. aktiv kommuniziert werden.
4. Unternehmens- und Compliance-Kultur werden durch das Umfeld beeinflusst. Das Unternehmen muss sein Umfeld entsprechend analysieren und wo notwendig und sinnvoll die Umfeldkultur positiv beeinflussen
5. Normen dienen der eindeutigen Umsetzung von Werten der Compliance-Kultur. Sie erschweren dadurch die Rechtfertigung von Compliance-Verstößen. Normen dienen auch als konkrete Handlungsanweisung. Das Unternehmen muss Normen so vermitteln, dass diese von den potentiellen Normanwendern entweder als eigne Verhaltensmuster internalisiert werden oder das Einhalten der Normen durch hierdurch ausgelöste persönliche Vorteile angestrebt wird. Ein persönlicher Vorteil kann in der Vermeidung von Sanktionen bestehen.
6. Fehlende Reaktionen auf Normverstöße können die Wertigkeit der Normeinhaltung verringern und wirken sich dann negativ auf die Compliance-Kultur aus. Jeglicher bekannt gewordener Compliance-Verstoß erfordert daher eine Reaktion („Zero-Tolerance"). Diese muss nicht zwingend in Sanktionen bestehen, sondern kann auch Schulungen, Belehrungen oder andere angemessene Maßnahmen umfassen.

4.4. Compliance-Risiken

4.4.1. Grundlagen der Risikobetrachtung
„Unternehmerisches Handeln ist immer mit Risiken verbunden"[359]. Das Erkennen von und die Reaktion auf Risiken ist eine zentrale Aufgabe jeglichen unternehmerischen Handelns[360] und untrennbar mit der Zielerreichung verbunden. Ziele, auch das Ziel der Compliance mit Regeln sind Ereignisse oder Zustände der Zukunft, „deren Erreichen durch künftige Entwicklungen und Ereignisse beeinträchtigt werden kann"[361]. Ist keine angemessene Identifizierung und Bewertung der Risiken für einen Compliance-Verstoß erfolgt, ist die Angemessenheit und Wirksamkeit aller sonstigen Maßnahmen eines CMS nicht sichergestellt, sondern mehr oder weniger zufallsabhängig. „Ein Geschäftsherr kann nur auf Zuwiderhandlungsrisiken reagieren, von denen er weiß[362]".

Für die Herleitung des Wortes „Risiko" gibt es verschiedene Theorien, mehrere leiten sich auf griechische, ägyptische oder lateinische Wortstämme zurück[363]. Im Lateinischen bezeichnete „risicare" die Gefahren, die mit dem Umschiffen von Klippen durch Handelsschiffe verbunden sind[364]. In einer weiteren Betrachtung des Begriffs, werden sowohl negative als auch positive Zielabweichungen (im Sinne einer Zielübererfüllung) als Risiko bezeichnet[365]. Jonen weist darauf hin, dass sich das chinesische Schriftzeichen für Risiko (Wej-ji) aus den Zeichen für Chance und Gefahr zusammensetzt und bezeichnet selbst positive und negative Abweichungen vom Ziel als „spekualtives Risiko[366]". Für Zwecke des Compliance-Managements soll auf die von Kajuter für das unternehmerische Risikomanagement vorgenommene engere, nur die Zielverfehlung umfassende Definition abgestellt werden. Der Begriff „Risiko" wird entsprechend in dieser Ausarbeitung im Sinne eines auf dem Weg zum Ziel liegenden Hindernisses verwendet, das die Gefahr für eine Non-Compliance darstellt. Für die Zielerreichung verantwortliche Personen müssen diese Hindernisse erkennen und ihre Bedeutung und potentielle Auswirkung einschätzen, ausschlaggebend ist die „potenzielle Zielgefährdung für das Unternehmen[367]".

---

359 Vgl. Kajüter [Risikomanagement], 2012, S. 1
360 Vgl. Pampel, Jochen R. Dr. / Glage, Dietmar: § 5. Unternehmensrisiken und Risikomanagement, in: Corporate Compliance: Handbuch der Haftungsvermeidung im Unternehmen, 2010, Tz. 1 (Pampel/Glage [Unternehmensrisiken])
361 Vgl. Kajüter [Risikomanagement], 2012, S. 17
362 Bock [Criminal Compliance], 2011, S. 589
363 Vgl. Jonen, Andreas, Semantische Analyse des Risikobegriffs; 2007, S. 4 (Jonen [Risikobegriff])
364 Vgl. u.a. Kromschröder, Bernhard: Risiko, in: Lexikan der Rechnungslegung und Abschlussprüfung, 4. Auflage, 1998, S. 684 (Kromschröder [Risiko])
365 Vgl. Kajüter [Risikomanagement], 2012, S. 18
366 Vgl. Jonen [Risikobegriff], 2007, S. 25
367 Withus, Karl-Heinz: B. 5 Prognose-, Chancen- und Risikobericht, in: Handbuch Lagebericht Kommentar von § 289 und § 315 HGB, DRS 20 und IFRS Management Commentary, 2013a, Tz. 88 (Withus [Risikobericht])

Zielsetzung ist es „die Parameter der Situation einschätzen zu können"[368]. Teil dieser durchzuführenden Risikoüberlegungen ist die Einhaltung oder zumindest Berücksichtigung von Regeln, d.h. Compliance-Fragen. Dies zeigt sich auch in den COSO Rahmenwerken, die das gesamte RMS in unterschiedliche Zielkategorien ‚Strategie', ‚Operative Tätigkeiten', ‚Berichterstattung' und ‚Compliance' unterteilen[369]. Das CMS ist insoweit in das übergeordnete RMS integriert. „In der Regel werden jedoch nicht alle Compliance-Risiken im Rahmen des Risiko-Managements betrachtet"[370]. Es ist auch nicht erforderlich, dass die Risikoidentifizierung in einem einheitlichen Prozess erfolgt. Eine Aufteilung nach unterschiedlichen Risikobereichen kann umgekehrt vorteilhaft sein. Die Studienergebnisse von Kajüter belegen entsprechend auch, dass „der überwiegende Teil der Konzerne die Risikoinventur konzernweit anhand festgelegter Risikofelder durchführt"[371]. Eine solche Definition von Risikofeldern dient der Sicherstellung von zielgerichteten Maßnahmen der Risikoidentifikation. So wird für Compliance-Risiken in der Literatur nachvollziehbar die Hinzuziehung rechtlichen Sachverstands gefordert[372]. Andere Risikofelder erfordern völlig andere Sachkenntnisse. Ein einheitliches Verfahren der Risikoerkennung wäre regelmäßig ineffizient.

Die COSO ERM Komponenten, die sich unmittelbar mit Risiken beschäftigen, unterscheiden zwischen den drei Stufen: ‚event identification', ‚risk assessment' und ‚risk response'. In der ersten Stufe werden allgemein Ereignisse identifiziert, deren Eintreten eine negative oder positive Auswirkung auf die Zielerreichung haben können. Das sich aus diesen Ereignissen ergebende Risiko wird in der zweiten Stufe nach Eintrittswahrscheinlichkeit und qualitativen sowie quantitativen Auswirkungen bewertet, um einen Schadenserwartungswert[373] zu ermitteln. Auf dieser Basis entscheidet das Unternehmen in der dritten Stufe wie auf diese Risiken reagiert werden soll. Wobei diese Entscheidung zunächst die grundsätzliche Frage der Reaktion betrifft und noch nicht die genaue Festlegung von Maßnahmen, die im Zweifel nach COSO ‚Control Activities' darstellen und im PS 980 dem ‚Compliance-Programm' zuzuordnen sind. Diese ‚ganzheitliche' Analyse von und Reaktion auf Risiken wird regelmäßig auch in allen Unternehmen vorhanden sein, auch wenn die entsprechenden Prozesse völlig anders bezeichnet sein mögen. IDW PS 980 fasst die Betrachtung im Grundelement ‚Compliance-Risiken' zusammen. Dies ist auch in COSO IC so zu finden[374]. COSO ordnet dem Risk Assessment auch

---

368 Fernuni Hagen, Der Risikobegriff im Wandel der Gesellschaft (Online), verfügbar unter: http://www.fernuni-hagen.de/PRPH/lehmris.html, letzter Abruf am: 28.11.2013 (Fernuni Hagen [Risikobegriff])
369 Vgl. COSO [ERM], 2004a, S. 23 spricht von „objektives categories"
370 Knoll, Thomas / Kaven, Aram: Compliance Risk Assessment: Einordnung und Abgrenzung, in: Handbuch Compliance Management, 2010, S. 462 (Knoll, et.al. [Compliance])
371 Vgl. Kajüter [Risikomanagement], 2012, S. 290
372 Vgl. Bock [Criminal Compliance], 2011, S. 594
373 vgl. S. 167 Kajüter [Risikomanagement], 2012,
374 Vgl. COSO [IC updated], 2013, S. 59 Principle 7

die Festlegung der Zielsetzung zu[375]. Hierbei handelt es sich um die im PS 980 Grundelement ‚Compliance-Ziele' besprochene Zielidentifikation im CMS[376]. Auf der anderen Seite bespricht COSO IC die Notwendigkeit zur fortlaufenden Informationsbeschaffung, um notwendige Änderungen des Risk Assessments erkennen zu können bereits unmittelbar in dieser Komponente[377] und nicht erst bei der Information oder Überwachung. In beiden Rahmenwerken wird dieser Punkt aber adressiert. Aus der Historie von COSO bzw. der Treadway Commission, deren Gründung mit dem Ziel der Vermeidung betrügerischer Rechnungslegung erfolgte, ist zu verstehen, dass die Berücksichtigung von ‚Fraud' durch COSO explizit erwähnt wird[378]. Gerade bei Compliance-Management Systemen wird das Risiko vorsätzlicher Verstöße selbsterklärend einen bedeutenden Raum einnehmen müssen.

4.4.2. Ereignis-Identifikation

4.4.2.1. Grundlagen der Identifikation von Risiko-Ereignissen

Zunächst bedarf es einer Analyse, an welchen Punkten der Organisationstätigkeiten es zu Compliance-Verstößen kommen kann, nach COSO die sog. Event Identification. Diese Identifizierung von Ereignissen, die ein Risiko für die Organisation darstellen könnten, ist auch eine juristisch erforderliche, grundlegende Maßnahme[379]. Organisationsverantwortliche müssen eine Vielzahl von Ermessensentscheidungen treffen. Nach der Business Judgement Rule sind Entscheidungen dann nicht angreifbar, wenn der Entscheidende „vernünftigerweise annehmen durfte, auf der Grundlage angemessener Information zum Wohle der Gesellschaft zu handeln[380]". Voraussetzung ist folglich, dass der Entscheidung eine umfassende, vollständige Information zugrunde liegt. Dies erfordert nicht nur eine fachkundige Leitung der Ereignis-Identifikation, zu der auch die Hinzuziehung von juristischem Sachverstand zählt, sondern es muss auch sichergestellt sein, dass alles im Unternehmen potentiell vorhandene Wissen zu Compliance-Risiken erhoben und dem Risk Assessment zugrunde gelegt wird. Busekist/Schlitt verweisen zutreffend auf die Problematik der Wissenszurechnung, die mit „einer Pflicht zur Organisation des unternehmensinternen Wissens begründet wird"[381]. Zu diesen vollständigen Informationen gehört bei Entscheidungen zur Einrichtung und Ausgestaltung eines CMS, „die Ermittlung aller potentiellen Mitarbeiterhandlungen sowie strafrechtliche Prüfung jeder einzelnen Handlung[382]". Zunächst sind Arbeitsabläufe oder Prozessschritte zu identifizieren, an denen potentiell ein Compliance-Verstoß auftreten

---

375 Vgl. Ebenda, S. 59 Principle 6
376 Vgl. S. 91
377 Vgl. COSO [IC updated], 2013, S. 59 Principle 9
378 Vgl. Ebenda, S. 59 Principle 8
379 Vgl.Busekist/Schlitt [Mindestanforderungen], 2012, S. 86
380 § 93 Abs. 1 Satz 2 AktG
381 Busekist/Schlitt [Mindestanforderungen], 2012, S. 91, mit Verweis auf Rechtsprechung
382 Bock [Criminal Compliance], 2011, S. 590

könnte. Hierbei ist nicht nur auf das Handeln von Mitarbeitern abzustellen. Das Unternehmen muss auch prüfen, inwieweit Handlungen von beauftragten Dritten dem Unternehmen verantwortlich zuzurechnen ist. Sind diese Ereignispunkte identifiziert, so gilt es zu beurteilen wie wahrscheinlich das tatsächliche Eintreten eines solchen Ereignisses ist und welche potentielle Auswirkung dieses Ereignis haben könnte.

In der praktischen Umsetzung gibt es hierzu eine Vielzahl von Methoden. „die Wahl der Befragungsmethode ist einzelfallabhängig und muss auf die Methode entfallen, die – selbstverständlich unter Beachtung der Grenzen der Zumutbarkeit – den größten ‚Erfolg' verspricht, d.h. voraussichtlich die genauesten Erkenntnisse über die Compliance-Risiken des Unternehmens hervorbringen wird"[383].

Häufig werden Erhebungen bei den relevanten Mitarbeitern in Form von standardisierten Fragebögen oder durch Interviews und in Workshops durchgeführt.

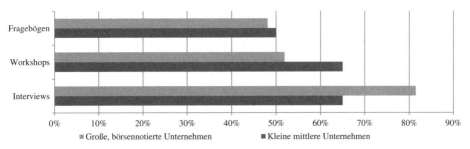

Abbildung 14 Verwendung unterschiedlicher Methoden zur Risikoerhebung[384]

Daneben können Indikatoren zur Identifikation von Risiken genutzt werden.

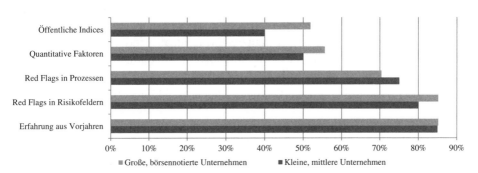

Abbildung 15 Verwendung von Indikatoren zur Risikoidentifizierung[385]

---

383 Busekist/Schlitt [Mindestanforderungen], 2012, S. 92
384 Vgl. jeweils S. 17 in KPMG [Benchmark-I], 2013b, KPMG [Benchmark-II], 2013c,
385 Vgl. jeweils S. 18 in KPMG [Benchmark-I], 2013b, KPMG [Benchmark-II], 2013c,

Für Korruptionsrisiken bietet sich z.B. an, den Corruption Perception Index[386] als Indikator für das Vorliegen eines erhöhten Korruptionsrisikos bei Geschäften mit der öffentlichen Hand in bestimmten Ländern zu verwenden. Ein Bezug auf quantitative Faktoren, wie z.B. der Marktanteil und eine daraus ableitbare marktbeherrschende Stellung kann als Indikator für ein Kartellrechtsrisiko verwendet werden. Indikatoren können dabei Hinweise auf das Vorliegen eines Risikos an sich geben, auf die Höhe der Eintrittswahrscheinlichkeit von bekannten Risiken oder für beide Faktoren Bedeutung haben.

Unabhängig von der konkret gewählten Vorgehensweise zur Identifikation von Risiken muss stets sichergestellt sein, dass diese vollumfänglich erfolgt. Nur eine Entscheidung auf der Basis umfassender Information kann den Aufsichtspflichten genüge tun. „Der Unternehmensleiter muss seine Unternehmensstruktur, die aktuelle und absehbare Geschäftstätigkeit all seiner Mitarbeiter erfassen[387]". Dies und auch die ebenfalls notwendige Erfassung aller relevanten Normen und Gesetze ist zweifelsfrei eine enorme Herausforderung insbesondere für international tätige Unternehmen. Bock ist aber zuzustimmen, wenn er Äußerungen zurückweist, dass diese Herausforderung nicht erfüllbar sei, da eine solche Unmöglichkeit bedeuten würde, dass die zugrundeliegenden rechtlichen Normen bzw. deren „Pönalisierung delegitimiert[388]" würde.

Regelmäßig wird es nicht möglich sein, eine solche umfassende Risikoidentifizierung ‚am grünen Tisch', d.h. ausschließlich ‚top-down' aus einer zentralen Compliance-Abteilung heraus, ohne Einbeziehung der in den Prozessen tätigen Personen durchzuführen. Bei einer ausschließlich zentral vorgenommene Identifizierung von Risiken, besteht die Gefahr, dass Unterschiede aus rechtlichen Gegebenheiten in unterschiedlichen Ländern oder aus abweichenden Risiken in verschiedenen Geschäftsbereichen nicht hinreichend berücksichtigt werden[389]. Ebensowenig kann auf umfassenden juristischen Rat verzichtet werden. Eine Vielzahl von Risiken kann nur ‚bottom-up' aus den Prozessen heraus, mit genauester Kenntnis der Prozesse und Entscheidungsschritte identifiziert werden, die sich in der Praxis durchaus von theoretischen Vorgaben und deren Dokumentation unterscheiden mögen. Eine umfassende Risikoidentifikation wird insofern stets sowohl ‚top-down' als auch ‚bottom-up' durchzuführen sein. Auf allen Stufen muss hierzu jeweils angemessene Informationen über die relevanten Regeln und deren Auslegung sichergestellt sein, hierzu muss spezifischer juristischer Beistand vorhanden sein, bzw. soweit sich die einzuhaltende Regeln auf andere als gesetzliche Vorgaben beziehen (z.B. technische Spezifikationen, Sozialstandards, etc.) dementspre-

---

386 Transparency International, Corruption Perception Index 2013 (Online), verfügbar unter: http://www.transparency.de/Tabellarisches-Ranking.2400.0.html, letzter Abruf am: 12.01.2013 (TI [CPI])
387 Bock [Criminal Compliance], 2011, S. 590
388 Ebenda
389 Vgl. Inderst, Cornelia Dr.: Compliance-Programm und praktische Umsetzung, in: Compliance Aufbau – Management – Risikobereiche, S. 127 (Inderst [Praktische Umsetzung])

chender Sachverstand. „Begrenzt wird das Streben nach vollständiger Risikoerfassung durch Wirtschaftlichkeitsüberlegungen"[390], „Unmögliches wird auch strafrechtlich nicht geschuldet"[391].

4.4.2.2. Regelungsrahmen- und Regelungsverstoß-Risiko
Unternehmen müssen anhand ihrer eigenen, konkreten Bedingungen entscheiden, welche Methode die Risikoidentifikation effektiv und effizient sicherstellt. Wesentlich ist, dass bei der Identifikation beachtet wird, dass es unterschiedliche Risikogruppen gibt, deren Erkennen regelmäßig unterschiedliche Methoden oder zumindest unterschiedliche Ansatzpunkte erfordert.

Wird der Begriff Compliance-Risiken näher analysiert, können unterschiedliche Risikogruppen erkannt werden. Risiken können bereits aus der Existenz von einzuhaltenden Regeln entstehen. Diese Regeln können (ihre Einhaltung vorausgesetzt) das Erreichen eines Ziels erschweren oder auch unmöglich machen. Generell wird die Tätigkeit einer Organisation durch Regelungsrahmen eingeschränkt sein. Bestimmte Tätigkeiten sind untersagt oder unterliegen besonderen Genehmigungen. Hierdurch kann die Zielerreichung einer Organisation grundsätzlich beschränkt sein. Der **Regelungsrahmen** muss bei der Zielbestimmung berücksichtigt werden. Ein Risiko im Sinne des Eintritts eines nicht vorhergesehenen Hindernisses entsteht aus möglichen Änderungen des Regelungsrahmen. Solche Änderungen können die bisherige Zielfestlegung obsolet machen und entsprechende Änderungen der Zielsetzung oder auch Änderungen am CMS erfordern. Die Stromindustrie musste in Deutschland nach der Atomwende ihre Zielsetzung in Bezug auf die Nutzungsdauer von Kernkraftwerken ändern, da diese durch gesetzliche Änderungen nicht mehr erreichbar sind. Das Risiko der Änderung von gesetzlichen Rahmenbedingungen für das unternehmerische Handeln, das **Regelungsrahmen-Risiko** hatte sich manifestiert.

Eine andere Risikogruppe im Zusammenhang von Compliance ist das **Regelungsverstoß-Risiko**, d.h. die Gefahr, dass durch Organisationshandeln absichtlich oder versehentlich gegen bestehende, relevante Regelungen verstoßen wird, obwohl die Zielbestimmung unter der Prämisse der Einhaltung des Regelungsrahmens definiert wurde.

Die erste Risikogruppe, das Regelungsrahmen-Risiko erfordert vornehmlich, dass relevante Informationen zeitnah zur Verfügung stehen und zutreffend ausgewertet werden. Die Betrachtungsebene ist hierbei die Kenntnis des Unternehmens, nicht zwingend die Kenntnis der jeweils handelnden Personen. Diese erlangen ihre Kenntnis durch Schulungen, die allerdings nur dann zielgerichtet erfolgen können, wenn die Kenntnisse im Unternehmen vorhanden sind. Die zugrundeliegenden Ereignisse liegen im Wesentlichen außerhalb des Unternehmens. Eine Befragung von Mitarbeitern, die potentiell von den Regelungen betroffen sind, wird regelmäßig

---

390 Bock [Criminal Compliance], 2011, S. 591
391 Ebenda, S. 459

keine Erkenntnisse bringen. Die Informationen müssen aus dem Umfeld des Unternehmens erlangt werden, z.b. durch einen gesicherten Prozess zur Verfolgung einschlägiger Fachpresse oder der Gesetzgebung. Die Einbeziehung von Juristen ist Grundvoraussetzung, soweit es sich bei den einzuhaltenden Regeln um gesetzliche Vorgaben handelt. Andere Regelungsrahmen (z.B. technische Normen, Sozialstandards, etc.) erfordern gegebenenfalls andere Spezialisten. Unabhängig von der Fachrichtung müssen diese Spezialisten auch grundlegende Kenntnisse des Unternehmens besitzen, um relevante Regelungsrahmen zu identifizieren. Die Identifikation des relevanten Regelungsrahmens ist bereits im allgemeinen Risikomanagements notwendig, um eventuelle Restriktionen für die Zielerreichung zu kennen.

Bei der zweiten Risikogruppe, dem Regelungsverstoß-Risiko liegen die Ereignisse, die zu einem Verstoß führen, dagegen regelmäßig im Unternehmen oder zumindest im Einflussbereich des Unternehmens. Hierzu ist ein Blick auf die gesamten Ereignisse im Unternehmen bzw. im Einflussbereich des Unternehmens zu betrachten, d.h. sämtliche Unternehmensprozesse.

Für das engere Compliance-Management müssen aus dem als grundsätzlich relevant erkannten Regelungsrahmen die Regeln isoliert werden, die beim konkreten, geplanten Organisationshandeln verletzt werden könnten. Insbesondere muss analysiert werden, an welchen Stellen im Unternehmen, d.h. bei welchen Prozessschritten und von welchen handelnden Personen eine Verletzung auftreten könnte, (z.B. bei der Vertriebskorruption u.a. die Auftragsanbahnung). Anschließend sind alle Rahmenparameter zu identifizieren, die das tatsächliche Eintreten eines Regelungsverstoßes herbeiführen. Auch wenn diese Tätigkeit ebenfalls einer kompetenten regelungsbezogenen, zumeist juristischen Unterstützung bedarf, liegt ein Schwerpunkt der Tätigkeit auf der genauen Analyse der betrieblichen Abläufe und Rahmenbedingungen.

4.4.2.3. Risiken aus Unkenntnis vs. Risiken aus Vorsatz
Zusätzlich muss die Risikogruppe „Regelungsverstoß" nochmals in zwei Kategorien unterteilt werden, die höchst unterschiedliche Rahmenparameter haben. Zum einen können Regelungsverstöße durch Unwissenheit oder andere „unbeabsichtigte" Gründe auftreten. Zum anderen kann der Verstoß mehr oder weniger vorsätzlich erfolgen. Die Unterscheidung ist sowohl in Bezug auf die Eintrittswahrscheinlichkeit als auch mögliche Konsequenzen aus Verstößen wichtig. So können z.B. abhängig von gesetzlichen Vorschriften, die strafrechtliche Konsequenzen aus versehentlichen Verstößen weniger gravierend sein als solche bei vorsätzlichen Regelbrüchen. Noch wesentlicher kann die Unterscheidung für die Beurteilung der angemessenen Maßnahmen zur Verhinderung der möglichen Verstöße sein. Während versehentliche Verstöße häufig schon durch Schulungsmaßnahmen und einfache Ablaufkontrollen vermieden werden können, bedarf es zur Verhinderung von vorsätzlichen Verstößen meist umfangreicherer Kontroll- und Überwachungsmaßnahmen.

Ein unbeabsichtigter Compliance-Verstoß kann durch Unkenntnis der einzuhaltenden Regeln auftreten. Die Betrachtung kann entsprechend auf die regelgerechten Prozessabläufe beschränkt werden und bereits vorhandene prozessimmanente Kontrollen, die ohne Ausrichtung auf Compliance-Fragen vorhanden sind berücksichtigen. Hat ein Unternehmen, das der Ausfuhrkontrolle unterliegende Güter herstellt, aus allgemeinen Risikoüberlegungen heraus (z.B. Verringerung des Ausfallrisikos, geringeres Frachtrisiko) die Grundsatzentscheidung getroffen, dass es grundsätzlich nur an inländische Abnehmer liefert, liegt das Risiko eines versehentlichen Verstoßes gegen Ausfuhrkontrollvorschriften deutlich niedriger. Eine Schulung der Mitarbeiter über die Grundsätze und Anforderungen der Vorschriften für Ausfuhrlieferungen erscheint überflüssig. Die Prozesse müssen nur sicherstellen, dass eine eindeutige Identifikation von inländischen und ausländischen Abnehmern gegeben ist. (Die rechtliche Komplexität der Ausfuhrvorschriften, die unter Umständen auch zu Sorgfaltspflichten bei Lieferungen an inländische Abnehmer führt, soll hier zur Vereinfachung bewusst nicht betrachtet werden). Die Ereignisgruppe ‚unbeabsichtigter Verstoß' hat Überschneidungen mit dem Regelungsrahmen-Risiko. Auch dort droht der Eintritt von Compliance-Verstößen durch die nicht (rechtzeitige) Kenntnis von relevanten Regelungen, bzw. deren Veränderungen. Während das Regelungsverstoß-Risiko aus unbeabsichtigten Verstößen die Ebene der einzelnen handelnden Person (oder Personengruppe) anspricht, betrachtet das Regelungsrahmen-Risiko das Unternehmen als solches und die Kenntnis des Unternehmens.

Die zweite Ereignisgruppe betrifft vorsätzliche Verstöße. So wird sich z.B. ein Mitarbeiter an eine Unternehmenspolicy, die Lieferungen in das Ausland grundsätzlich untersagt nicht halten, wenn er – evtl. aus Bereicherungsabsicht heraus – ein Produkt, das Ausfuhrbeschränkungen unterliegt, illegal an einen ausländischen Abnehmer verkaufen will. Das Risiko eines solchen vorsätzlichen Verstoßes ist schwieriger zu erkennen, zu bewerten und auch schwieriger durch Maßnahmen einzuschränken, nicht zuletzt, weil hier meist mit mehr oder weniger krimineller Energie gearbeitet wird. Notwendig ist die Identifikation aller Prozessschritte, an denen eine Gelegenheit für absichtliche Compliance-Verstöße bestehen könnte. Die Einschätzung der jeweils notwendigen kriminellen Energie, letztlich die Frage wie leicht oder wie schwierig es für einen potentiellen Täter sein könnte diese Gelegenheit auszunutzen, ist für die anschließende Beurteilung von notwendigen und angemessenen Maßnahmen erforderlich. Der Hauptfokus liegt aber nicht auf der Identifikation der einzuhaltenden Regeln – wobei diese natürlich bekannt sein müssen – sondern auf der Frage bei welchen einzuhaltenden Regeln eine Motivation für einen Verstoß liegen könnte.

Diese Identifikation von Risiken bzw. Ereignissen, die ein Risiko auslösen ist Startpunkt jeglicher CMS-Konzeption, sie darf „kein singuläres Ereignis darstellen, sondern bedarf der regelmäßigen Aktualisierung"[392]. Eine Vielzahl von Faktoren führt zu einer sich permanent verändernden Risikolandschaft. So, wie es für das

---

392 Busekist/Schlitt [Mindestanforderungen], 2012, S. 95

allgemeine Risikomanagement in der Literatur einhellig gefordert wird, muss auch für die Identifikation von Compliance-Risiken gelten, dass die Risikoindentifikation kontinuierlich erfolgen und alle zur Verfügung stehenden Instrumentarien nutzen muss[393]. Veränderungen können sich jederzeit ergeben und ein System, dass nur „alle paar Jahre" Risikoszenarien analysiert, wird scheitern[394]. Allerdings wird eine permanente Aktualität und vollständige Erfassung aller Risiken weder gefordert werden können, noch wäre diese tatsächlich möglich, nicht zuletzt auch unter Wirtschaftlichkeitsaspekten[395]. Zeitpunkt und Umfang von Aktualisierungen müssen selbst ebenfalls unter Risikogesichtspunkten festgelegt werden. Hierzu muss für alle identifizierten Risiken beurteilt werden, wie hoch die Wahrscheinlichkeit von Änderungen ist. Außerdem muss eine fortlaufende Beobachtung von Prozessen implementiert sein, die sicherstellt, dass wesentliche Veränderungen an Prozessen erkannt und an die für die Risikoidentifzierung zuständige Stelle kommuniziert werden. Auf Basis dieser Informationen muss dann jeweils entschieden werden, ob und welche Maßnahmen zur Aktualisierung des Risko-Inventars erforderlich sind.

Für Compliance muss damit neben den Fraud-Kriterien ‚Motivation – Gelegenheit – Rechtfertigung' auch noch das Kriterium ‚Unkenntnis' als möglicher auslösender Faktor für Compliance-Verstöße identifiziert werden und das ‚Fraud-Triangle' zu einem ‚Compliance-Viereck' erweitert werden.

---

393 Vgl. Kajüter [Risikomanagement], 2012, S. 156
394 Vgl. Malik [Unternehmenspolitik], 2008, S. 208
395 Vgl. Pampel/Glage [Unternehmensrisiken], 2010, Tz. 27

Betriebswirtschaftliche Grundsätze

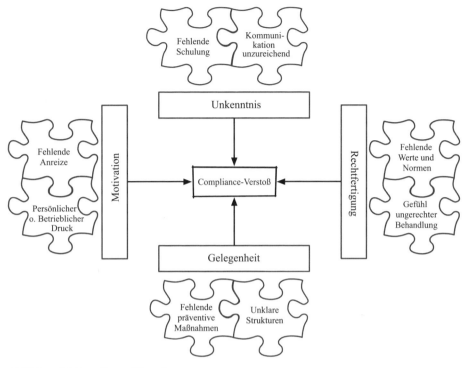

Abbildung 16 Compliance-Viereck

Sowohl beim ‚Fraud-Triangle', als auch dem hieraus abgeleiteten ‚Compliance-Viereck' stehen die Kriterien in keinem eindeutigen Abhängigkeitsverhältnis. Sie wirken häufig zusammen, es müssen aber nicht alle Kriterien gleichermaßen vorhanden sein, um Compliance-Verstöße zu provozieren. Allerdings kann ein stärkeres Zusammenspiel von ‚Unkenntnis' und ‚Gelegenheit' sowie ‚Motivation' und ‚Rechtfertigung' gesehen werden. Die fehlende Kenntnis von Compliance-relevanten Vorsschriften wird regelmäßig dann nicht zu einem Verstoß führen, wenn die betreffende Person keine Gelegenheit hat, Fehler zu machen. Sprich ein hohes Maß an Kontrollen und automatischen Abgleichverfahren kann fehlende Kenntnis zumindest teilweise ausgleichen. Die Rechtfertigung für einen Verstoß ist regelmäßig nur bei vorsätzlichem Handeln erforderlich und dieses bedarf einer Motivation. Wobei auch fahrlässiges Handeln mit einer Motivation zur ‚Gleichgültigkeit' in Verbindung steht. Zwar bedarf es auch einer Gelegenheit für vorsätzliche Verstöße, da hier aber in mehr oder weniger großem Umfang kriminelle Energie vorhanden ist, ist die Absicherung mittels Kontrollen zumindest schwieriger, d.h. bei genügend hoher Motivation wird sich eine Gelegenheit finden. Der Schwerpunkt wird hier auf der Aufdeckung von Verstößen liegen müssen.

4.4.3. Risiko-Bewertung

4.4.3.1. Eintrittswahrscheinlichkeiten

Im Rahmen der Risikobeurteilung ist zu analysieren, wie hoch die Gefahr (Wahrscheinlichkeit) einer Regelungsänderung, bzw. eines (unbewussten/bewussten) Regelverstoßes ist und welche Auswirkungen (potentielle Höhe des Schadens) eine solche Verletzung haben würde. Beide Dimensionen (Eintrittswahrscheinlichkeit und potentielle Höhe des Schadens) müssen zunächst unabhängig voneinander eingeschätzt werden. Die Betrachtung der potentiellen Auswirkung darf nicht deshalb unterbleiben, weil ein (unbeabsichtigter oder vorsätzlicher) Verstoß als sehr unwahrscheinlich gilt. Auch sogenannte ‚graue Schwäne'[396], Ereignisse, deren Eintreten als zwar möglich, aber gleichzeitig als sehr unwahrscheinlich bis nahezu ausgeschlossen eingeschätzt werden, können dramatische Folgen auslösen, so sie denn eintreten. Unterschiedliche Eintrittswahrscheinlichkeiten werden sich auf die konkreten Reaktionen auf identifizierte Risiken auswirken. Umso höher die Eintrittswahrscheinlichkeit, umso umfassendere Maßnahmen werden notwendig sein[397].

Noch kritischer sind die ‚schwarzen Schwäne'[398], Ereignisse deren mögliches Eintreten überhaupt nicht vorhergesehen wird. Die Pleite der Lehmann Brother's Bank und das Reaktorunglück in Japan sind nur zwei solcher in jüngster Zeit zu zweifelhaftem Ruhm gekommener ‚schwarzen Schwäne'. Compliance-Verstöße können ebenfalls solche ‚schwarzen Schwäne' sein. Studien zu Wirtschaftskriminalität zeigen, dass in einem Drittel der Fälle leitende Mitarbeiter als Täter identifiziert werden[399]. Ein Ereignis, dessen Eintritt außerhalb der Vorstellungswelt der betroffenen Unternehmensverantwortlichen gelegen haben mag. Solche ‚schwarzen Schwäne' zeichnen sich dadurch aus, dass sie regelmäßig gar nicht identifiziert werden. Ein Ereignis, dass nicht als theoretisch möglich und relevant erkannt wird, entzieht sich naturgemäß einer Einschätzung der Eintrittswahrscheinlichkeit. Diese Ereignisse, von denen wir „nicht wissen, dass wir sie nicht kennen"[400] können tatsächlich noch relevanter für das Gesamtrisiko aus Compliance-Verstößen sein als die Risiken, die grundsätzlich bekannt sind[401]. Das Vorhandensein von ‚Schwarzen Schwänen' muss bei der Reaktion auf Risiken, sprich im Compliance-Programm entsprechend berücksichtigt werden. Hierzu werden im Wesentlichen Mechanismen sinnvoll sein, die das Eintreten solcher Risiken frühzeitig erkennen. Im Rah-

---

396 Vgl. Taleb, Nassim Nicholas, The Black Swan: the impact oft he highly impossible 2nd edition; 2007; 2010, S. 309 (Taleb [Black Swan])
397 Vgl. Janssen, Helmut: Kartellrechts-Compliance, in: Compliance in der Unternehmerpraxis, 2009, S. 186 (Janssen [Kartellrechts-Compliance])
398 Der Begriff „black swan" wurde m.W. erstmals von Nassim Taleb in die moderne Diskussion über Risikomanagement eingeführt vgl. Taleb [black swan] S. 20 er verweist allerdings selbst darauf, dass bereits Hume und Philosophen der Antike das Problem erkannten vgl. Taleb [black swan] S. 92 ff.
399 KPMG AG [Wirtschaftskriminalität], 2013e,
400 Taleb [Black Swan], 2007; 2010, S. 225
401 Vgl. Ebenda, S. 22

men der Risikoidentifikation ist vorab dafür sorgen, dass potentielle schwarze Schwäne durch die Identifikation zu ‚Grauen Schwänen' werden und nicht mehr völlig überraschend und unvorbereitet eintreten[402].

Die Einschätzung der Eintrittswahrscheinlichkeit eines Risikos ist stets von Unsicherheit geprägt, dies ist immanent zum Risikobegriff. Jeder Versuch diese Unsicherheit durch komplexe Berechnungsverfahren zu beseitigen und eine exakte Eintrittswahrscheinlichkeit zu berechnen kann somit nur eine Scheingenauigkeit erreichen. Wäre die Eintrittswahrscheinlichkeit verlässlich berechenbar, gäbe es kein Risiko. Risiken für Compliance Verstöße eignen sich insbesondere sehr wenig für eine mathematische Berechnung. Ihre Ursache liegt im absichtlichen oder unbeabsichtigten Handeln von Menschen. „Das Bestimmen einer Eintrittswahrscheinlichkeit ist nicht nur ein mathematisches, sondern vor allem ein zwischenmenschliches Problem"[403]. Eine verlässliche Ableitung von zukünftigem Handeln aus Statistiken, die auf der Vergangenheit beruhen, ist nicht möglich. Auch empirische Daten aus vergleichbaren Unternehmen oder Branchen können allenfalls ein Risikobewusstsein schaffen, aber keine Vorhersage für die Handlungen von Menschen geben. Der Versuch einer konkreten quantitativen Bewertung würde lediglich eine nicht vorhandene Genauigkeit vortäuschen[404].

In der Regel wird es ausreichend sein die Risiken in verschiedene Wahrscheinlichkeitsgruppen (z.B. sehr unwahrscheinlich, möglich, wahrscheinlich, sehr wahrscheinlich) einzuteilen. Die Zuordnung muss auf passende Kriterien gestützt werden, die der Situation des Einzelfalls bzw. dem einzelnen Risiko angemessen sind. So können z.B. der Bestimmtheitsgrad von Regeln, die Komplexität von zur Regelbeachtung notwendigen Berechnungen / Tätigkeiten oder auch die Häufigkeit von Geschäftsvorfällen als Kriterien definiert werden. Das Risiko vorsätzlicher Compliance-Verstöße muss z.B. Betrachtungen über mögliche Vorteile eines Verstoßes für handelnde Personen, Prozessschritte mit besonderen Gelegenheiten für Verstöße und auch der potentiellen Auswirkung persönlichen Drucks auf die Nichteinhaltung von Vorschriften beinhalten. Jeder Abschätzung, mit welcher Wahrscheinlichkeit ein für das Unternehmen handelnder Mitarbeiter oder Beauftragter vorsätzlich Regeln brechen könnte, liegt ein „Menschenbild zugrunde, nach dem dieser stets eine gewisse Wahrscheinlichkeit schädigenden Verhaltens in sich trägt"[405]. Bock nennt dies sicherlich zu Recht „emotional kränkend", Studien belegen aber, dass ‚Gelegenheit Diebe macht', d.h. zumindest nicht nur die ‚Charakterfestigkeit' Menschen von Regelverstößen abhält, sondern eine Reihe unterschiedlicher Faktoren hier mitentscheiden. Ratzka weist z.B. in ihrer Studie nach, dass nicht nur persönliche Einstellungen, sondern auch das Vorbildverhalten des Umfelds sowie eine persönliche Nutzenabwägung die Entscheidung für oder gegen

---

402 Vgl. Ebenda, S. 309
403 Knoll, et.al. [Compliance], 2010, S. 469
404 Vgl. Strohmeier, Georg, Ganzheitliches Risikomanagement in Industriebetrieben; 2007, S. 66 (Strohmeier [Ganzheitliches Risikomanagement])
405 Bock [Criminal Compliance], 2011, S. 468

Regelverstöße beeinflusst[406]. Bei der Beurteilung der Wahrscheinlichkeit von Regelverstößen muss somit nicht nur eine Einschätzung der konkret mit einer bestimmten gefahrgeneigten Tätigkeit betrauten Menschen erfolgen, sondern auch die Beurteilung der Unternehmenskultur, einschließlich evtl. Subkulturen (Vorbildfunktion) sowie die potentielle ‚Kosten/Nutzen-Situation' dieser Beauftragten, die nicht selten völlig andere Determinanten haben wird, als die ‚Kosten/Nutzen-Analyse' des Unternehmens. D.h. in welchem Maße Beauftragte eine Gelegenheit für sich ausnutzen würden, weil sie die möglichen Vorteile eines regelwidrigen Verhaltens höher einschätzen, als drohende Konsequenzen.

4.4.3.2. Beurteilung des Schadenserwartungswertes
Die potentielle Auswirkung eines möglichen Regelverstoßes muss auf verschiedenen Ebenen untersucht werden. Das Unternehmen wird primär auf die Folgen für das Unternehmen sowie die Unternehmensverantwortlichen abstellen. Dies werden beim Regelungsverstoß-Risiko im Wesentlichen die angedrohten Sanktionen sein. Hierbei kann es sich um Geldbußen für Mitarbeiter, Organe oder die Organisation selbst handeln, es können aber auch Sanktionen in Form von Marktzutrittsbeschränkungen entstehen. Allen diesen Sanktionen ist gemein, dass zumeist eine quantitative, monetäre Bestimmung möglich erscheint. Diese Folgen für das Unternehmen bzw. seine Verantwortlichen sind aber nur mittelbare Folgen des Verstoßes und werden durch die unmittelbaren Folgen determiniert. Unmittelbar wird durch einen Regelverstoß, insbesondere einem Verstoß gegen gesetzliche Vorschriften, eine abstrakte Norm verletzt, die regelmäßig eine Schutzfunktion gegenüber Dritten oder der Rechtsordnung an sich hat. In logischer Folge werden diese Dritten bzw. die Rechtsordnung an sich verletzt. Das Ausmaß der Beeinträchtigung der „Unversehrtheit der Rechtsgüter"[407], bestimmt dann in Folge, durch gesetzliche Sanktionen die mittelbaren Folgen für das Unternehmen. Eine quantitative Bestimmung dieser Rechtsgüterbeeinträchtigung wird nicht ohne Weiteres möglich sein. Auf die Schwierigkeiten bei der Beurteilung des Schadenserwartungswertes, gerade bezüglich der Verletzung von Rechtsgütern wurde bereits im Kapitel Kosten-Nutzen-Analysen auf Seite 86 eingegangen, hierauf kann grundsätzlich verwiesen werden. Da bei gesetzlichen Regeln, in der Regel ein Strafrahmen für Verstöße vorgesehen ist, kann dieser Strafrahmen bei der Berechnung des Schadenspotentials sicherlich eine gute Hilfsgröße sein, so dass im Ergebnis dann auch eine monetäre Berechnung möglich wäre.

Daneben sind aber auch weitere indirekte Auswirkungen zu betrachten. Die Auswirkungen auf Dritte können auch z.B. über Reputationsverluste zu einem eigenen Schaden führen. So kann z.B. der Fall eines bewussten Vertragsbruchs in seinen unmittelbaren Folgen (Vertragsstrafe vs. wirtschaftlicher Vorteil durch

---

406 Vgl. Ratzka, Melanie: Differentielle Assoziationen, Rational Choice und kriminelles Handeln, in: Gelegenheitsstrukturen und Kriminalität, 2001, S. 56 (Ratzka [Kriminelles Handeln])
407 Bock [Criminal Compliance], 2011, S. 469

Wegfall der Vertragspflichten) sogar positiv zu betrachten sein. Bringt dieser Vertragsbruch aber das andere Vertragsunternehmen in wirtschaftliche Probleme, die vielleicht in einem Verlust von Arbeitsplätzen resultieren, kann hieraus eine negative Berichterstattung in den Medien erfolgen und dies zu einem (schwierig kalkulierbaren) Reputationsschaden führen.

Insgesamt wird es regelmäßig nicht möglich sein, ein exaktes Schadenspotential zu ermitteln. Es bietet sich ebenso wie bei der Eintrittswahrscheinlichkeit die Einordnung in Schadensgruppen an.

Die Gesamtbeurteilung der identifizierten Risiken ergibt sich schließlich aus einer Funktion zwischen Eintrittswahrscheinlichkeit und Schadenspotential[408]. Kajüter nennt dies den „Schadenserwartungswert", der sich aus der „multiplikativen Verknüpfung" der beiden Dimensionen Eintrittswahrscheinlichkeit und mögliche Schadenshöhe ergibt[409]. Dem ist allenfalls theoretisch zuzustimmen. Praktisch ist eine tatsächliche ‚multiplikative Verknüpfung' regelmäßig nicht möglich, da es an konkret bestimmten Werten für die beiden Dimensionen fehlt. So weist Kajüter dann auch a.a.O. selber darauf hin, dass eine sich so ergebende Maßzahl wichtige Informationen vermissen lässt[410]. Bock fordert „die Anzahl der strafrechtlich riskanten Mitarbeiterhandlungen muss mit der Wahrscheinlichkeit einer Strafbarkeit pro einzelner Handlung multipliziert werden[411]." Stellt dann aber auch fest, dass hierzu empirisches Wissen notwendig ist. Letzteres wird durch die Komplexität und Heterogenität menschlichen Verhaltens und unternehmerischer Gegebenheiten allerdings kaum der Fall sein. So bleibt nur eine detaillierte Risikoanalyse unter Einbeziehung aller bekannter Kriterien und allgemeiner soziologischer Erkenntnisse.

Nicht das Produkt aus Eintrittswahrscheinlichkeit und Schadenshöhe (so es sich denn berechnen ließe) ist für die Auswahl der Reaktion relevant, sondern beide Informationen jeweils für sich genommen. Es empfiehlt sich daher, die Risiken in Risikoklassen[412] einzuteilen, die das Ausmaß der notwendigen Beachtung des Risikos im CMS beschreiben. Die beiden „Extrempunkte" werden dabei einerseits von Risiken gebildet, die eine sehr geringe Eintrittswahrscheinlichkeit und gleichzeitig ein zu vernachlässigendes Schadenspotential besitzen und andererseits von Risiken mit sehr hoher Eintrittswahrscheinlichkeit und sehr hohem, unter Umständen sogar bestandsgefährdenden Schadenspotential. Während der „untere Extrempunkt" keine zwingende Reaktion seitens des Unternehmens erfordert, erfordern Risiken im oberen Cluster umfangreiche Reaktionen.

Aus den Extrempunkten beider zu beachtender Variablen können mindestens vier Cluster abgeleitet werden:

---

408 Vgl. u.a. Busekist/Schlitt [Mindestanforderungen], 2012, S. 89
409 Vgl. Kajüter [Risikomanagement], 2012, S. 167
410 Strohmeier [Ganzheitliches Risikomanagement], 2007, weist auf S. 36 ebenfalls auf den Informationsverlust durch die multiplikative Verknüpfung hin
411 Bock [Criminal Compliance], 2011, S. 490
412 Kajüter verwendet den Begriff „Risikoportfolio", beschreibt aber ein ähnliches Vorgehen

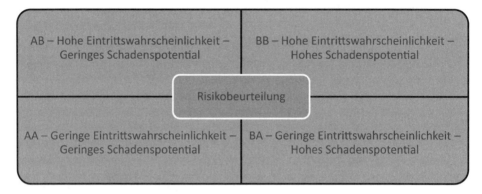

Abbildung 17 Risikocluster

Diese initiale Einteilung kann je nach Gegebenheiten und vor allen Dingen zur Verfügung stehenden Informationen weiter aufgeteilt werden. So könnten die Cluster BA und BB, die sich beide durch ein hohes Schadenspotential auszeichnen z.B. noch in BA1 / BB1 – potentiell bestandsgefährdend und BA2 / BB2 – nicht potentiell bestandsgefährdend unterteilt werden. Die Cluster AB und BB, die durch eine hohe Eintrittswahrscheinlichkeit gekennzeichnet sind, könnten in Abhängigkeit der Beeinflussung der Wahrscheinlichkeit unterteilt werden, z.B. durch interne oder externe Faktoren oder Umfang der Beinflussung durch Mitarbeiter. Jede höhere Detailliertheit einer Klassifizierung kann bei der Festlegung von Reaktionen auf identifizierte Risiken helfen, soweit diese Detaillierung entscheidungsrelevant ist.

4.4.4. Reaktion auf identifizierte Risiken

Die Gesamtbetrachtung von Ereignisidentifikation (welche Compliance-Risiken bestehen) und Ereignisbewertung (Eintrittswahrscheinlichkeit und potentieller Schaden) bildet die Basis für die „Risk response" die Entscheidung, wie mit den Risiken umgegangen werden soll. Zielsetzung muss es sein, durch eine angemessene Reaktion auf die identifizierten Risiken jedes einzelne Risiko auf „ein vertretbares Restrisiko"[413] zu reduzieren. Im Allgemeinen wird zwischen vier unterschiedlichen Möglichkeiten zur Reaktion auf identifizierte Risiken unterschieden[414]:

– **Akzeptanz**

Die einfachste Reaktion auf identifizierte Risiken ist die Risikoakzeptanz. D.h. es werden keine weiteren Maßnahmen ergriffen und damit akzeptiert, dass das Ereignis, dessen Eintritt als riskant für die Zielerreichung eingeschätzt wird, tatsächlich eintritt. Der Grund hierfür kann sowohl darin liegen, dass das Risiko als vernachlässigbar gehalten wird oder kein angemessenes Mittel zur Begrenzung des Risikos

---

413 Busekist/Schlitt [Mindestanforderungen], 2012, S. 89
414 Beispielhaft sei auf Kajüter [Risikomanagement], 2012, S. 188 verwiesen, der weitere Quellen anführt

zur Verfügung steht. Im Bereich von Compliance-Risiken in Bezug auf gesetzlich einzuhaltende Regeln ist dies nur denkbar, wenn faktisch kein relevantes Risiko vorliegt. Das bewusste Inkaufnehmen eines Verstoßes gegen gesetzliche Regeln wäre zumindest ein bedingter Vorsatz, der jegliche Compliance-Bemühungen konterkarieren würde. Bezüglich eines Risikos des Verstoßes gegen freiwillig eingegangene Regeln (z.B. Verträge) kann eine solche bewusste Inkaufnahme von Risiken bei hinreichender Risikodeckungsmasse[415] eine angemessene Entscheidung der Geschäftsleitung sein. Nicht zur Risikoakzeptanz gehört eine Strategie, die zwar keine Begrenzung des Risikoeintritts vorsieht (weil es u.U. hierfür keine hinreichend sichere Methode gibt) aber Maßnahmen ergreift, die auftretende Compliance-Verstöße, d.h. die Realisierung des Risikos zeitnah erkennen und dann entsprechende Reaktionen zur Beseitigung oder Verringerung der Folgen auslösen.

– **Begrenzung**

Soweit Risiken nicht ohne weitere Reaktion einfach akzeptiert werden, wird zunächst eingeschätzt, welche angemessenen Maßnahmen eine Begrenzung des Risikos ermöglichen. Diese können sowohl auf die Eintrittswahrscheinlichkeit (d.h. auf die Vermeidung von Compliance Verstößen) als auch auf die potentielle Schadenshöhe (z.B. durch zeitnahe Aufdeckung von aufgetretenen Verstößen und anschließenden Maßnahmen zur Schadensbegrenzung) ausgerichtet sein. Diese Maßnahmen bilden das Compliance-Programm.

Als Ergebnis der Prozesse im Grundelement Compliance-Risiken ist eine konkrete Zuordnung aus identifizierten Risiken, deren Bewertung und den jeweils festgelegten Maßnahmen als Reaktion auf diese Risiken notwendig. Ohne eine solche eindeutige Zuordnung ist regelmäßig nicht erkennbar, ob alle relevanten Risiken bewertet und angemessen mit Reaktionen versehen sind. Art und Umfang einer solchen Risk-Response-Matrix sind dabei von Größe und Komplexität des Unternehmens und des jeweiligen CMS-Teilbereichs abhängig. Einfache Datenbank- oder Tabellenkalkulationslösungen haben sich zur Nachvollziehbarkeit bewährt.

– **Überwälzung**

Die Risikoüberwälzung ist in Bezug auf Compliance-Risiken regelmäßig eingeschränkt. Sind mit einem beabsichtigten Organisationshandeln Risiken für Compliance-Verstöße verbunden, so kann die Organisation nicht ihr Handeln auf einen Dritten übertragen und damit jegliche Verantwortung für Compliance-Verstöße negieren. Der Übertragung muss eine sorgfältige Auswahl des Dritten vorangehen, die Anforderungen an die „Auswahl-, Instruktions-, Überwachungs- und Eingriffspflichten" entsprechen den bei innerbetrieblicher Arbeitsteilung[416]. Der Dritte muss außerdem angehalten werden, selbst bei der Durchführung der übertragenen Aufgaben keine Compliance-Verstöße zu begehen. Der Übertragende läuft ansonsten

---

415 Vgl. Ebenda, S. 189
416 Vgl. Bock [Criminal Compliance], 2011, S. 723 mit weiteren Quellen

Gefahr, dass ihm Verstöße des mit der Handlung Beauftragten als eigenes Verschulden angerechnet werden. So wird z.B. der Versuch ein Korruptionsrisiko „auszulagern", in dem man sich der Einschaltung von „Vermittlern" bedient, regelmäßig ins Leere laufen, da die Strafverfolgungsbehörden genau diese Absicht unterstellen und den Nachweis führen, dass dem Auftraggeber sehr wohl bewußt sein konnte, dass der Vermittler die an ihn gezahlten Honorare für Bestechungshandlungen einsetzen wird. Eine teilweise Risikoüberwälzung in Form z.B. einer D&O Versicherung[417] kann durchaus Erfolg haben, hier wird es aber regelmäßig um die Absicherung von „Restrisiken" gehen. D.h. es sind grundsätzlich Maßnahmen zur angemessenen Reaktion auf die Risiken implementiert, die Versicherung deckt aber das trotzdem noch verbleibende Restrisiko ab, regelmäßig nicht die strafrechtlichen Risiken, sondern zivilrechtliche Forderungen.

– **Vermeidung**
Die Risikovermeidung empfiehlt sich, wenn erkennbar ist, dass es nicht möglich sein wird, den Eintritt des potentiellen Schadens angemessen zu verhindern. Ist eine solche Reduktion des Risikos für einen Compliance-Verstoß auf ein akzeptables Maß nicht möglich, bleibt nur die Alternative das Risiko durch Verzicht auf die entsprechenden risikobehafteten Geschäfte auszuschließen. Ein solcher (partieller) Marktaustritt wird nur selten die angemessene Maßnahme sein, auch wenn es durchaus Praxis ist, dass Unternehmen in Ländern mit hohem Korruptionsrisiko bestimmte Geschäfte gar nicht oder nur mit ausgewählten Geschäftspartner tätigen[418]. Diese Situation kann nicht nur vorliegen, wenn das Risiko auch nach denkbaren Begrenzungsreaktionen im Cluster BB liegt, d.h. sowohl die Eintrittswahrscheinlichkeit als auch das Schadenspotential sind hoch. Auch wenn die Eintrittswahrscheinlichkeit nahe 100% liegt und der potentielle Schaden zwar niedrig, aber nicht völlig zu vernachlässigen ist, kann die generelle Meidung des Risikos angemessen sein, dies ist immer dann der Fall, wenn sich eine Risikokumulation ergeben kann, d.h. das identifizierte Risiko mehrfach eintreten könnte und damit insgesamt die Schadenshöhe auf ein nicht akzeptables Maß wächst. Auch das Vorliegen eines „grauen Schwans", d.h. eine sehr geringe Eintrittswahrscheinlichkeit bei einem potentiell extrem hohen Risiko, das u.U. existenzbedrohend sein könnte, kann die Risikovermeidung unumgänglich werden lassen.

---

417 Directors and Officers Versicherung = Versicherungsschutz für Führungskräfte gegen Haftpflichtschäden aus ihrer beruflichen Verantwortung
418 Die Bahn AG hat z.B. angekündigt, in mehreren Ländern mit hohen Korruptionsrisiko keine Geschäfte mehr zu tätigen vgl. n-tv [Korruptionsbremse], 28.11.2013

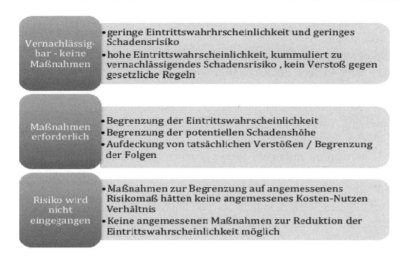

Abbildung 18 Einordnung von Risiken nach Reaktionsnotwendigkeit

Die eigentliche Konsequenz für das Unternehmenshandeln ergibt sich somit nicht aus der Risikoidentifizierung oder der Risikobewertung, sondern aus der Entscheidung über die Risikoreaktion, die sich aus der Bewertung des Risikos ableitet. Sinnvoll kann es daher sein, die Zuordnung der Risiken zu Risikoclustern unmittelbar mit Blick auf die mögliche Reaktion vorzunehmen.

4.4.5. Zwischenfazit zum CMS-Grundelement Compliance Risiken

Als Zwischenfazit lassen sich zu den Compliance-Risiken die folgenden grundlegenden betriebswirtschaftlichen Aussagen festhalten:

1. Compliance-Risiken lassen sich in drei Risikogruppen einteilen:

Risikogruppe	Risikoausprägung
Regelungsrahmen-Risiko	Das Risiko, dass sich zu beachtende Regeln verändern oder neue zu beachtende Regeln auftreten und durch diese Veränderungen zusätzliche Compliance-Risiken entstehen
Regelungsverstoß-Risiko – Fahrlässigkeit	Das Risiko, dass aufgrund nicht beabsichtigtem Fehlverhalten gegen einzuhaltende Vorschriften verstoßen wird
Regelungsverstoß-Risiko – Vorsatz	Das Risiko, dass aufgrund vorsätzlichem Fehlverhalten gegen einzuhaltende Vorschriften verstoßen wird

Tabelle 4 Einteilung der Compliance-Risiken nach Risikogruppen

2. Die Risikogruppenzugehörigkeit beeinflusst die Kriterien zur Beurteilung der Eintrittswahrscheinlichkeit sowie die Auswahl angemessener Reaktionen auf die Risiken. Die Risikoidentifikation muss dies entsprechend berücksichtigen.
3. Die Risikoidentifikation muss umfassend erfolgen, eine Beschränkung auf Risiken mit vermutet relevanter Eintrittswahrscheinlichkeit widerspricht dem

Grundsatz der umfassenden Information und kann daher nicht Grundlage einer gehörigen Aufsicht sein.
4. Bei der Risikoidentifikation ist sicherzustellen, dass alles im Unternehmen verfügbare Wissen über Risiken berücksichtigt wird. Die Risikoidentifikation muss daher sowohl „top-down" wie „bottom-up" erfolgen. Sie muss auf jeder Stufe von relevanter, fachlicher (zumeist juristischer) Beratung unterstützt werden.
5. Bei der Beurteilung von Risiken muss jeweils Eintrittswahrscheinlichkeit und potentielle Schadenshöhe beachtet werden. Für beide Faktoren werden regelmäßig keine konkreten quantitativen Werte gegeben sein. Die qualitative Beurteilung beider Faktoren beeinflusst die Festlegung angemessener Reaktionen auf identifizierte Risiken.
6. Bei der Beurteilung des Schadenspotentials sind auch die Bedeutung der verletzten Rechtsgüter und drohende Schäden für Dritte maßgeblich. Die Höhe des Straf- und Bußgeldrahmens kann einen Anhaltspunkt für die Bedeutung der verletzten Rechtsgüter geben.
7. Identifizierte Risiken müssen nach Eintrittswahrscheinlichkeit und Schadenspotential gruppiert werden.
8. Angemessene Reaktionen auf Compliance-Risiken werden sich in der Regel auf Vermeidung und Begrenzung der Risiken beschränken. Auch eine beabsichtigte Risiko-Teilung (Versicherung) erfordert regelmäßig Begrenzungsmaßnahmen. Eine vollständige Überwälzung von Compliance-Risiken auf Dritte ist in der Regel rechtlich nicht möglich.
9. Für alle identifizierten Risiken ist die grundsätzliche Reaktion festzulegen und zu dokumentieren. Eine Zuordnung zu den im Rahmen des Compliance-Programms festgelegten Maßnahmen muss möglich sein.

4.5. Compliance-Organisation

4.5.1. Einleitung
Das IDW hat in seinem Prüfungsstandard die Fragen der organisatorischen Ausgestaltung des CMS in einem eigenen Grundelement zusammengefasst[419]. In den COSO Rahmenwerken findet sich keine vergleichbare Zusammenfassung, vielmehr sind Fragen der organisatorischen Ausgestaltung von IKS bzw. RMS an unterschiedlichen Stellen der Standards angesprochen. Wobei der Begriff ‚organization' sich bei COSO stets auf das Unternehmen als solches bezieht (z.B.: *„COSO believes the Framework will enable organizations to effectively and efficiently develop and maintain systems of internal control that can enhance the likelihood of achieving the entity's objectives and adapt to changes in the business and operat-*

---

[419] Vgl. IDW [PS 980], 2011b, Tz. 23

ing environments."[420]) Dies entspricht nicht der Begriffsverwendung des IDW PS 980, der hierunter die Aufbau- und Ablauforganisation mit ihren Rollen und Verantwortlichkeiten darstellt. Entsprechende Äußerungen zu ‚roles and responsibilities' sowie der Art und Weise, wie diese ihren Aufgaben nachkommen und hierzu kommunizieren, um die Zielsetzung des Unternehmens zu erreichen, befindet sich bei COSO bereits bei der Definition von ‚Internal Controls'[421]. Im Rahmenwerk werden diese Faktoren dann durchgängig bei allen Komponenten angesprochen. Zusätzlich wird die Frage der Verantwortlichkeiten und Zuständigkeiten nochmals im Appendix B erörtert. Vor dem Hintergrund, dass gerade zu der Frage der organisatorischen Ausgestaltung von Compliance – sowohl im Hinblick auf die Ablauf- wie auch die Aufbauorganisation – in den letzten Jahren zunehmende Diskussionen stattfinden[422] und in der Praxis auch Veränderungen zu beobachten sind, erscheint die Entscheidung des IDWs diesen Bereich in einem eigenen Grundelement zusammenzufassen folgerichtig.

4.5.2. Begriff der Organisation

In Stellungnahmen, die das IDW zu seinem Entwurf eines Standards zur Prüfung vom CMS (IDW EPS 980) erhielt, wurde dem IDW z.B. die Fokussierung auf eine separate Compliance-Organisation vorgeworfen[423]. Hieraus lässt sich die Notwendigkeit erkennen, den Begriff „Compliance-Organisation" zu konkretisieren. Dabei soll nicht umfassend der Begriff „Organisation" abschließend beschrieben oder definiert werden, aber auf die unterschiedlichen Verwendungen des Begriffs in der Literatur eingegangen werden. „Kaum ein anderer Ausdruck weist eine derartige Vielfalt auf, wie derjenige der Organsiation"[424].

Dem Organisationsbegriff lassen sich, je nach Sichtweise zwei[425] oder drei Grundauffassungen zuordnen. Danach ist ein Unternehmen einerseits eine Organisation, im Sinne eines dauerhaften sozialen Gebildes, einer Gruppe von Menschen (Institutioneller Organisationsbegriff). Gleichzeitig hat ein Unternehmen eine Organisation im Sinne der koordinierten Tätigkeit von Menschen als Instrument zur Zielerreichung (Instrumentaler Organisationsbegriff), hierbei wird dann regelmäßig noch in Aufbau- und Ablauforganisation zu unterscheiden. Schulte-Zurhausen er-

---

420 COSO [IC updated], 2013, S. I
421 Ebenda, S. 3
422 Vgl. z.B.Campos Nave/Vogel [Gestiegene Verantwortlichkeiten], 2009, Baumert, Wolf-Tilman, Handlungssicherheit in der Compliance-Arbeit an Beispielen, in: CCZ, 2013/ 6 (Baumert [Handlungssicherheit]), Schmalenbach Gesellschaft [Compliance], 2010a, These 2
423 Vgl. BDI Bundesverband der Deutschen Industrie, Stellungnahme IDW-Prüfungsstandard/EPS 980, auf: 2010, verfügbar unter: http://www.idw.de/idw/download/IDWEPS980_BDI.pdf?id=601986&property=Datei, letzter Abruf am: 22.11.2013(BDI [Stellungnahme])
424 Schulte-Zurhausen, Manfred, Organisation, 2010, S. 1 (Schulte [Organisation])
425 Vgl. Schanz, Günter: Organisation, in: Handwörterbuch der Organisation, 1992, S. 1460 (Schanz [Organisation])

gänzt diese Einteilung um einen funktionalen Organisationsbegriff, im Sinne der Schaffung von Organisationstrukturen.

Compliance ist ein zentraler, integrierter Baustein des unternehmensweiten Risikomanagements[426] und damit der gesamten Unternehmensorganisation, es handelt sich nicht zwingend um eine eigenständige, institutionale (Sub)-Organisation. Diese zentrale Aussage muss näher ausgeführt werden, damit bei der Sicherung der Compliance nicht grundlegende Fehler gemacht werden.

Als Compliance-Management-System werden alle Grundsätze, Maßnahmen und Prozesse bezeichnet, die dem Zweck dienen mit hinreichender Sicherheit sowohl Risiken für wesentliche Regelverstöße rechtzeitig zu erkennen als auch solche Regelverstöße zu verhindern und eingetretene Regelverstöße zeitnah zu identifizieren, um angemessene Reaktionen auf diese Verstöße zu ergreifen[427]. Der IDW PS 980 beschreibt die CMS-Organisation als integralen Teil der Unternehmensorganisation und subsumiert sie unter dem Begriff der Aufbau- und Ablauforganisation. Hierbei geht er auf die Rollen und Verantwortlichkeiten sowie insgesamt die notwendigen Ressourcen ein[428]. Es besteht keine generelle Notwendigkeit, dass die CMS-Organisation eine eigenständige Institution darstellt, aber sehr wohl die Notwendigkeit, dass das CMS im Sinne eines instrumentalen Organisationsbegriffs organisiert ist. Diese Pflicht zur Organisation von Compliance Maßnahmen besteht schlicht aus der Erkenntnis, dass „Organisation überall dort erforderlich ist, wo Aufgaben arbeitsteilig erledigt werden"[429]. Erst die Organisation von unterschiedlichen Compliance-Maßnahmen fügt diese zu einem System zusammen. Die einzelnen Maßnahmen an sich sind regelmäßig nicht wichtig, „ihre Organisation, das Muster, die Ordnung, die sie aufweisen, oder die Informierung, welche (sie) in eine Ordnung bringt"[430] ist wichtig und macht das Managementsystem aus. Hierbei ist es aber weder notwendig, noch ist es zwingend sinnvoll, dass diese Grundsätze, Maßnahmen und Prozesse in einer einheitlichen, von den sonstigen Organisationsstrukturen getrennten Struktur, Abteilung oder sonstigen Organisationsform zusammen geführt sind. Im Gegenteil zeichnen sich „Systeme" dadurch aus, dass sie „aus mehreren verschiedenen Teilen (Organen), die in einer bestimmten dynamischen Ordnung zueinander stehen, zu einem Wirkungsgefüge vernetzt sind[431]". Maßgeblich ist nicht in welcher institutioneller Ausgestaltung ein CMS organisiert ist, sondern dass die instrumentale Ausgestaltung systematisch durchgeführt wird.

---

426 So auch: Bürkle, Jürgen: § 8 Compliance-Beauftragte, in: Corporate Compliance: Handbuch der Haftungsvermeidung im Unternehmen, 2010, S. 52, der eine organisatorische Einbindung der Compliance Organisation in die RMS-Organsiation aber ablehnt (Bürkle [Beauftragte])
427 Vgl. IDW [PS 980], 2011b, Tz. 20
428 Vgl. Ebenda, Tz. 23
429 Spindler, Gerald Prof. Dr., Unternehmensorganisationspflichten Zivilrechtliche und öffentlich-rechtliche Regelungskonzepte; 2011, S. 599 (Spindler [Unternehmensorganisation])
430 Malik [Management], 2005, S. 68
431 Vester, Frederic, Die Kunst vernetzt zu denken, 2008, S. 25 (Vester [Kunst vernetzt zu denken])

Es ist umgekehrt zutreffend, dass die Organisationsform eines CMS, die einen geringen eigenen Institutionsrahmen hat und möglichst umfassend in die allgemeine Organisationsinstitute eines Unternehmens integriert ist, häufig die effizienteste und oft auch effektivste Sicherstellung der Compliance herstellt.[432] Die Integration von Compliance Maßnahmen in die allgemeinen Organisationsstrukturen, Prozesse und Maßnahmen vermeidet nicht nur Doppelstrukturen sondern dient der Effizienz auch damit, dass Prozesse und Maßnahmen so ausgestaltet werden, dass einzelne Arbeitsschritte aufeinander abgestimmt durchgeführt werden und unterschiedliche Zielsetzungen mit möglichst geringem zusätzlichem Aufwand zeitgleich erreicht werden. Dies ändert nichts an der Tatsache, dass Compliance auch immer eine Auswirkung auf die institutionelle Organisation haben wird. Die vom IDW im Grundelement Compliance-Organisation beschriebenen Grundsätze sind entsprechend allgemein gehalten[433]. In den Anwendungshinweisen werden nur Beispiele und einzelne Rahmenkriterien für die konkrete Ausgestaltung der (institutionellen) Organisation gegeben[434]. Es muss folglich unterschieden werden, zwischen der Compliance-Organisation als personenbezogene, soziale Gruppe von Menschen (die Organisation in institutioneller Betrachtung), diese soll im Weiteren zur Unterscheidung als ‚Compliance-Abteilung' bezeichnet werden und der Compliance-Organisation als Tätigkeit, bzw. als Betrachtung einer Gruppe von Tätigkeiten (etwas organisieren, bzw. Organisation in instrumentaler Betrachtung). Damit eine Gruppe von Tätigkeiten gut organisiert ist, ist es nicht zwingend notwendig, dass es sich hierbei um eine nur mit dieser oder diesen Tätigkeiten beschäftigte Personengruppe (Abteilung als institutionelle Organisation) handelt.

Eine gut organisierte Personalabteilung ist ein Beispiel für effiziente Integration von betrieblichen Abläufen mit Zielen der Rechnungslegung und der Compliance in bestimmten Rechtsgebieten. Zur Erreichung der betrieblichen Ziele ist eine regelmäßige Entlohnung der Mitarbeiter notwendig. Die Kalkulation der Verkaufspreise erfordert die detaillierte Erfassung der geleisteten Mitarbeiterstunden in der Produktion. Gleichzeitig wird diese Information zur Berechnung der Löhne sowie der anzumeldenden und abzuführenden Steuern und Sozialabgaben benötigt, d.h. zur Sicherstellung der Einhaltung gesetzlicher Vorschriften. Alle diese Informationen werden für die zutreffende Erfassung des Aufwandes in der Rechnungslegung und damit richtigen Abbildung im Abschluss benötigt. Es würde wenig Sinn machen und kein Unternehmen käme auf die Idee, diese Informationen völlig getrennt voneinander zu erfassen und verarbeiten zu lassen. Vielmehr werden hier in einer (personellen, institutionellen) Organisation mehrere verschiedene Aufgaben organisiert.

Eine solche vollumfängliche Integration der Sicherstellung von Compliance ist nicht für alle Regelungsgebiete geeignet. CMS werden in der Regel dort institu-

---

432 So auch: COSO [IC updated], 2013, S. 3 „Internal control embedded within these business processes and activities are likely more effective and efficient than stand-alone controls."
433 Vgl. IDW [PS 980], 2011b, Tz. 23
434 Vgl. Ebenda, Tz. A18

tionalisiert, wo Regelungsrahmen über eine Vielzahl auch unterschiedlicher Prozesse hinweg einzuhalten sind. Dabei können – abhängig von unterschiedlichen Anforderungen zur Sicherstellung der Compliance – auch mehrere dezidierte Systeme zum Management der Compliance bestehen. Diese haben dann aber regelmäßig sich überschneidende Prozesse und Maßnahmen. So kann es zwar unterschiedliche Compliance-Subkulturen geben, diese beziehen sich aber auf relevante Sub-Gruppen im Unternehmen und nicht primär auf unterschiedliche Rechtsgebiete.

„Compliance-Organisation" muss ebenso wie der Begriff „CMS" im weiten, umfassenden Sinn verstanden werden. Compliance-Organisation ist nicht beschränkt auf eine abgeschlossene, hierarchisch geordnete Struktur (Abteilung, Gruppe, etc.) innerhalb einer Gesamtorganisation, sondern ist der Sammelbegriff für alle Maßnahmen und Prozesse, die innerhalb einer Gesamtorganisation die Einhaltung von Regeln unterstützt bzw. Regelverstöße aufdeckt. Angelehnt an die Definition von Unternehmensorganisation handelt es sich bei dem Grundelement „Compliance-Organisation" somit nicht um ein „sozio-technisches System verschiedener interaktiver Elemente, sondern um die Gesamtheit aller Regelungen zur Aufbau- und Ablaufstruktur"[435] der Compliance-Bemühungen. Wichtig ist nicht, dass Compliance eine Organisation (Abteilung) ist, sondern dass Compliance organisiert ist. Es ist „schwierig, wenn nicht unmöglich, eine allgemeinverbindliche Empfehlung für die Einordnung der Compliance-Organisation zu geben."[436]

4.5.3. Gesetzliche Vorgaben
Eine allgemeingültige Vorgabe für die Ausgestaltung einer Compliance-Organisation lässt sich aus gesetzlichen Anforderungen nicht ableiten. Auch im § 130 OWiG, der eine gehörige Aufsicht fordert, bleiben „die gebotenen organisatorischen Vorkehrungen ... unklar[437]". Grundsätzlich unterliegt die Ausgestaltung des ‚wie' auch der Compliance-bezogenen Organisation eines Unternehmens der Organisationsfreiheit als Teil der unternehmerischen Dispositionsfreiheit nach Art. 12 GG[438], „für jedes Unternehmen stellt sich der Aufwand und der Umfang einer für die spezielle Situation des Unternehmens erforderlichen und sinnvollen Compliance Organisation anders dar"[439]. Dies schließt nicht aus, dass der Staat beim Vorliegen von Kausalitäten zwischen konkreten organisatorischen Maßnahmen und der Eindämmung von Risiken berechtigt ist, diese Maßnahmen vorzuschreiben und die Organisationsfreiheit zulässig einzuschränken[440], „insbesondere die Gesetzgebung der letzten Jahre ist dazu übergangen, Aufsichtsanforderungen zu statuieren[441]".

---

435 Vgl. Spindler [Unternehmensorganisation], 2011, S. 13
436 Inderst [Aufbau], S. 123
437 Bock [Criminal Compliance], 2011, S. 454
438 Vgl. Spindler [Unternehmensorganisation], 2011, S. 453
439 Lampert, Thomas Dr.: § 9 Compliance-Organisation, in: Corporate Compliance: Handbuch der Haftungsvermeidung im Unternehmen, 2010, (Lampert [Organisation]) Tz. 7
440 Vgl. Spindler [Unternehmensorganisation], 2011, S. 457
441 Bock [Criminal Compliance], 2011, S. 517

Solche Einschränkungen sind in einer Vielzahl von spezialgesetzlichen Regelungen zu finden, seien es atomrechtliche Vorschriften, solche zum Immissionsrecht oder auch nur Vorschriften zum Bundesdatenschutzgesetz. Diese Einschränkungen werden regelmäßig „durch überwiegende Gemeinwohlaufgaben gerechtfertigt"[442], sind somit immer für den Einzelfall begründet und entfalten keine Allgemeingültigkeit. Ein staatlicher Eingriff in die Organisationsfreiheit erfordert eine aus Schadenspotential und Rang der zu schützenden Rechtsgüter abgeleitete Rechtfertigung, wobei die Anforderungen an die Rechtfertigung steigt, um so geringer der erkennbare Kausalbeitrag zwischen Organisationsrisiken und möglichen Schadensverläufen wird[443]. Ist für staatliche Einschränkungen der Organisationsfreiheit von Unternehmen eine Begründungsnotwendigkeit gegeben, muss diese in mindestens gleichem Umfang auch für die Einschränkungen gelten, die aus Normen, Rahmenwerken oder einer sogenannten ‚Better Practice' abgeleitet werden. Spindler stellt dar, dass Organisationsnormen keinen Rechtnormcharakter haben und diesen weder durch Gewohnheitsrecht noch durch „richterliche Umsetzung" entfalten können und ihre „Befolgung aber jedermann freisteht"[444].

Wie bereits oben ausgeführt, ergeben sich aus spezialgesetzlichen Vorschriften vielfach konkrete Anforderungen an bestimmte Organisationsformen (z.B. zur Bestellung eines Datenschutzbeauftragten nach BDSG). Auf diese rechtlichen Organisationspflichten muss an dieser Stelle hingewiesen werden, allerdings soll auf sie nicht weiter eingegangen werden, da gerade die allgemein gültigen Anforderungen an ein CMS behandelt werden sollen. Zusätzlich ist in diesem Zusammenhang zu beachten, dass solche gesetzlichen Anforderungen sich zwar vordergründig auf konkrete Organisationsfragen beziehen, regelmäßig aber auch bestimmte Anforderungen an Maßnahmen beinhalten[445]. Insoweit handelt es sich um konkrete Maßnahmen, die dem Bereich des Compliance-Programms zuzuordnen sind.

4.5.4. Wirksame Ausgestaltung der Organisation

Die Organisation von CMS soll sicherstellen, dass die Maßnahmen des CMS insgesamt angemessen umgesetzt werden und die Ziele des CMS, Erkennen von Risiken für Non-Compliance, angemessene Reaktion um Verstöße hinreichend sicher zu verhindern bzw. Aufdecken von Verstößen erreicht wird. Dazu muss die Organisation sicherstellen, dass alle implementierten Grundsätze und Maßnahmen tatsächlich durchgeführt werden. Hierfür ist die Einhaltung von organisatorischen Mindestanforderungen aber auch die Akzeptanz des CMS und der Organisation des CMS durch alle direkt oder indirekt betroffenen Menschen erforderlich[446].

---

442 Spindler [Unternehmensorganisation], 2011, S. 460
443 Vgl. Ebenda, S. 503
444 Ebenda, S. 507
445 So regelt § 4f Bundesdatenschutzgesetz die Pflicht zur Bestellung eines Datenschutzbeauftragten und § 4g regelt detailliert dessen Aufgabenstellung und Befugnis
446 Vgl. Schmidt, Götz, Methode und Techniken der Organisation, 2000, S. 25 (Schmidt [Organisation])

Für diese Akzeptanz förderlich ist es, wenn für die Maßnahmen und Prozesse folgende Grundregeln eingehalten werden:

- Die Art und Weise ihrer Durchführung ist verständlich
- Ihr Sinn und Zweck ist leicht erkennbar
- Der Sinn und Zweck wird von den handelnden Personen akzeptiert
- Die zusätzliche Arbeitsbelastung ist möglichst gering bzw. wird von den handelnden Personen in Verbindung mit Sinn und Zweck der Maßnahme akzeptiert.

Gerade das Verständnis für die Art und Weise der Durchführung sowie den Sinn und Zweck von Maßnahmen und damit die Motivation der betroffenen Mitarbeiter kann durch die frühzeitige Beteiligung der Betroffenen gesteigert werden[447]. Durch Einbindung der Betroffenen kann deren Fachwissen in die Ausgestaltung von Maßnahmen einfließen und auch dadurch die Wirksamkeit der Maßnahmen verbessert werden.

Umso höher Maßnahmen und Prozesse in die allgemeinen organisatorischen Maßnahmen und Prozesse integriert sind, umso eher kann das Ziel einer möglichst niedrigen zusätzlichen Arbeitsbelastung erreicht werden. Diese Intergration fördert daher die Akzeptanz und in der Folge die Wirksamkeit von Maßnahmen und Prozessen.

Die formelle Einrichtung der für die Erfüllung aller Anforderungen der CMS Grundelemente notwendig erachteten Prozesse und Maßnahmen alleine ist nicht ausreichend. Damit diese auch in der Unternehmenspraxis tatsächlich wirksam durchgeführt werden, sind organisatorische Grundanforderungen zu beachten. Diese lassen sich grundsätzlich aus den allgemeinen Anforderungen an ein Organisationsmanagement ableiten. An dieser Stelle sollen für das CMS besonders wesentliche Aspekte hervorgehoben werden. Dabei soll erörtert werden, welche organisatorischen Mindestanforderungen erforderlich sind, damit die in den anderen Grundelementen angesprochenen Maßnahmen und Grundsätze wirksam umgesetzt werden können.

4.5.5. Zuständigkeit und Verantwortlichkeit

Die Zuständigkeit und Verantwortlichkeit für alle Prozesse und Maßnahmen des CMS muss eindeutig geregelt sein. Dies betrifft nicht nur die Verantwortlichkeit auf oberster Ebene, die immer bei der Organisationsführung als gesetzlich Verantwortliche liegt[448]. „Die Zuständigkeit für das Thema Compliance sollte in der ersten Führungsebene klar geregelt sein und z.B. im Geschäftsverteilungsplan einem Mitglied der Geschäftsleitung zugeordnet werden."[449] Notwendig ist eine eindeutige

---

447 Vgl. Ebenda, S. 124
448 Eine entsprechende Verantwortung lässt sich u.a. aus §§ 31,831 BGB ableiten
449 Schmalenbach Gesellschaft [Compliance], 2010a, S. 1511

Zuordnung von Zuständigkeiten und Verantwortlichkeiten auf allen Ebenen[450]. Liegt eine solche eindeutige Zuordnung von Verantwortlichkeiten nicht vor, wäre die Durchführung von Maßnahmen davon abhängig, dass irgendjemand sich dazu berufen fühlt, die Maßnahme durchzuführen. Eine Sicherstellung der ordnungsmäßigen Durchführung wird hierdurch kaum möglich sein. Die Delegation der Verantwortung muss nicht zwingend schriftlich dokumentiert sein, „der Verzicht auf die schriftliche Fixierung von Organigrammen und Instruktionen kann aber einen eigenen Aufsichtsmangel darstellen"[451]. „Lässt sich keine für die Aufsicht zuständige Person feststellen oder bestehen Zweifel hinsichtlich der Zuständigkeit, so liegt regelmäßig ein den Inhaber treffender Organisationsmangel vor"[452].

Die konkrete Ausgestaltung hängt wesentlich von der Komplexität und Größe der Organisation ab. In großen Unternehmen kann die formale Benennung eines hauptamtlichen Chief Compliance Officers (CCO) auf Leitungsebene oder auch einer Ebene darunter sinnvoll sein, tatsächlich „gibt es einen Trend, dass Unternehmen eigenständige Compliance-Abteilungen mit einem Chief Compliance Officer an der Spitze einrichten"[453]. Dieser Trend ist aber eher auf große Unternehmen beschränkt. Bei kleinen oder mittleren Unternehmen wird diese Gesamtführungsaufgabe zumeist von der Geschäftsleitung selbst oder einem anderen Mitglied des leitenden Managements wahrgenommen werden. Allerdings muss ein zentral verantwortlicher Mitarbeiter für Compliance auch nicht zwingend eine umfangreiche „Abteilung" leiten. Es kann ausreichend sein, wenn dieser im Wesentlichen koordinierende Tätigkeiten wahrnimmt und konkrete Handlungsanweisungen an Mitarbeiter anderer Abteilungen (z.B. Rechtsabteilung, Interne Revision, Risikomanagement) verteilt. Es kann aber auch notwendig sein, mehrere Tätigkeiten des CMS innerhalb einer Abteilung mit mehreren Mitarbeitern zu zentralisieren. Die Entscheidung hierfür ist maßgeblich von den konkreten Rahmenbedingungen des Unternehmens und vom grundsätzlichen Organisationsaufbau des Unternehmens abhängig. Aufbau- und Ablauforganisation eines CMS muss sich in die Aufbau- und Ablauforganisation des Unternehmens einfügen. Die Notwendigkeit, dass die Durchführung und Überwachung aller Prozesse und Maßnahmen des CMS eindeutig bestimmten Personen zugeordnet werden, ergibt sich aber auf allen Delegationsebenen. „Grundsätzlich betrifft Compliance alle Abteilungen in einem Unternehmen"[454]. Die Frage „wer" macht „was", „wann" und „wo" muss für alle Maßnahmen und Prozesse des CMS unabhängig davon, ob sie in einer Compliance-Abteilung oder anderswo im Unternehmen implementiert sind – eindeutig beantwortet

---

450 Vgl. Schulte-Zurhausen [Organisation] S. 120 zur Zuordnung von Prozessverantwortung in Organisationen Schulte [Organisation], 2010,
451 Bock [Criminal Compliance], 2011, S. 607
452 Rogall, Klaus Prof. Dr.: Vierter Abschnitt. Verletzung der Aufsichtspflicht in Betrieben und Unternehmen §130 OWiG, in: Karlsruher KommentR zum Gesetz über Ordnungswidrigkeiten, 2006, Rdnr. 53 (Rogall [§ 130 OWiG])
453 Behringer, Stefan Prof. Dr., Die Organisation von Compliance in Internationalen Unternehmen, in: ZFRC, 2010/ 1(Behringer [Organisation von Compliance])
454 Ebenda

werden können. Dabei können einzelne Maßnahmen und Prozesse in gemeinsamer Verantwortung einer definierten Gruppe von Personen liegen. Hierbei muss auf der Basis umfassender Information und transparenter Prozesse jeder sich unmittelbar zuständig und verantwortlich fühlen und dafür Sorge tragen, dass die notwendigen Tätigkeiten rechtzeitig und ordnungsgemäß durchgeführt werden. Die Gruppe muss die Planung und Kontrolle der Aufgaben insgesamt übertragen bekommen und durchführen[455]. „Wer Verantwortung ... delegiert, hat darauf zu achten, dass sich Kompetenzen nicht überschneiden[456]". Ansonsten besteht die Gefahr, dass „sich mehrere Mitarbeiter gegenseitig aufeinander verlassen und sich niemand für die Ergreifung gebotener Maßnahmen für zuständig hält"[457].

Maßgeblich ist zunächst nicht wie die Zuständigkeit und Verantwortlichkeit organisiert ist, sondern dass sie eindeutig organisiert ist. D.h. die obersten Organisationsverantwortlichen müssen einen Prozess implementiert haben, der für alle Maßnahmen und Prozesse des CMS die Zuständigkeit und Verantwortung überprüft und definiert. Die Organisationszuständigkeit muss transparent und nachvollziehbar sein und sollte betriebswirtschaftlich sinnvoll, d.h. ressourcenschonend und effizient sein.

4.5.6. Kompetenz

Die Kompetenz bei der Durchführung der Maßnahmen und Prozesse ist zu gewährleisten. „Die sachgerechte Delegation von Aufgaben hängt stets auch von der sorgfältigen Auswahl der Delegatare und nicht nur von der klaren, funktionellen Zuweisung von Verantwortungen ab.[458]" Die Organisationverantwortlichen dürfen die Kompetenz nicht unkritisch voraussetzen, sondern müssen jeweils umfassend ermitteln, welche Qualifikationen und allgemeinen Kenntnisse für einzelne einzurichtende Prozesse und Maßnahmen erforderlich sind und ob die vorgesehenen handelnden Personen diese besitzen[459]. Die Überforderung von Personen, auf die Verantwortung übertragen werden soll, stellt einen Verstoß gegen die Auswahlpflichten der originär Verantwortlichen dar[460]. Die Kompetenz ist bei der Auswahl von Verantwortlichkeiten und Zuständigkeiten zu berücksichtigen, sowie gegebenenfalls durch Fortbildung zu schaffen und zu erhalten.

Vor Zuordnung von organisatorischen Positionen ist ein Anforderungsprofil für die notwendige Wissenskompetenz zu erstellen, dieses muss dann mit der vorhandenen Kompetenz potentieller Kandidaten abgeglichen werden. Das Anforderungsprofil muss dabei gezielt auf die konkrete Situation und die Rahmenbedingungen des Unternehmens abgestellt sein. Als Beispiel soll die Position eines Chief Com-

---

455 Vgl. Schulte [Organisation], 2010, S. 161
456 OLG Düsseldorf, 2 Ss (OWi) 385/98 – (OWi) 112/98 III):; 12.11.1998, verfügbar unter: (OLG Düsseldorf [2 Ss (OWI) 385/98])
457 Bock [Criminal Compliance], 2011, S. 612
458 Spindler [Unternehmensorganisation], 2011, S. 63
459 Vgl. Rogall [§ 130 OWiG], 2006, Rdnr. 52
460 Vgl. Bock [Criminal Compliance], 2011, S. 604

pliance Officers (CCO) betrachtet werden. In der Literatur wird wiederholt empfohlen, dass der CCO ein Jurist sein sollte[461], in der Unternehmenspraxis überwiegen nach Einschätzung des Autors die Juristen in dieser Position. In Umfragen wird auch regelmäßig erhoben, ob ein Unternehmen einen Chief Compliance Officer haben muss und ob dies ein Jurist sein muss[462]. Rieder/Falge heben hervor, dass „die Erfüllung der gesellschafts- und strafrechtlichen Organisationspflichten eine Rechtsfrage darstellt."[463]

Die Diskussion wird häufig nicht zielorientiert geführt bzw. es wird übersehen, dass zunächst die gegebenen Rahmenbedingungen geklärt werden müssen, bevor diese Qualifikationsfrage – jeweils im Einzelfall – beurteilt werden kann. Aus der oben nachvollzogenen Feststellung, dass es – bis auf einzelne spezialgesetzliche Ausnahmen – keine allgemein verbindliche Organisationsform für ein CMS gibt, leitet sich zwingend ab, dass auch die Position eines CCO nicht zwingend notwendig ist. Es findet sich darüber hinaus auch keine abschließende Definition dieser Position. Wird sie im umfassendsten Sinn verstanden, ist der CCO eine Person innerhalb einer Organisation, der die oberste und evtl. alleinige Verantwortung für die Sicherstellung der Compliance obliegt. Da diese gesetzlich bei der Unternehmensführung liegt, muss zur Unterscheidung für eine Definition der Position CCO gegebenenfalls noch ergänzt werden, dass diese oberste Verantwortung im Wege der Delegation durch die Unternehmensführung ausgeübt wird. Damit ist über die fachlichen Anforderungen aber noch nicht viel ausgesagt.

Betriebswirtschaftlich betrachtet handelt es sich häufig in erster Linie um eine Organisationsverantwortung. Juristischer Sachverstand ist in einer Compliance-Organisation immer erforderlich, „ob die juristische Subsumtion von einer internen Rechtsabteilung vorgenommen wird oder durch externe Berater, ist solange irrelevant, wie die Qualität der Rechtsberatung das gebotene Mindestmaß erreicht"[464]. Neben der Bearbeitung von juristischen Fragestellungen sind in der täglichen Arbeit eines Compliance-Verantwortlichen eine Vielzahl von organisatorischen Aufgaben zu bewältigen. Ein CCO muss in der Lage sein die betrieblichen Prozesse in Bezug auf Compliance-Risiken zu analysieren und Prozesse und Maßnahmen des CMS möglichst effizient in die betrieblichen Abläufe zu integrieren. D.h. es muss sowohl ein Verständnis für juristische Fragen als auch die Kenntnis der betrieblichen Prozesse vorhanden sein. Diese Kenntnisse können bei einer Person vorhanden sein. Der Leiter einer Compliance Abteilung kann aber auch die juristischen Beurteilungen und Rahmensetzungen auf der Basis seiner eigenen Kompetenz selbst vornehmen bzw. verantworten, die organisatorischen Umsetzungen aber z.B. durch Abteilungsleiter der betrieblichen Prozesse durchführen und z.B. von der

---

461 stellvertretend für alle Bürkle [Beauftragte], 2010, S. 36
462 z.B. PWC PriceWaterhouseCoopers AG, Internes Kontrollsystem – Führungsinstrument im Wandel, 2007 (PWC [IKS])
463 Rieder, Markus S. Dr. / Falge, Stefan: Grundlagen für Compliance A. Deutschland, in: Compliance Aufbau – Management – Risikobereiche, S. 19 (Rieder/Falge [Grundlagen])
464 Bock [Criminal Compliance], 2011, S.594

Internen Revision unterstützen lassen. Ein CCO kann aber auch umgekehrt selbst vorrangig betriebswirtschaftlich und prozesstechnisch ausgerichtet sein und juristischen Sachverstand durch Mitarbeiter seiner Abteilung oder externe Berater sicherstellen. Häufig wird dies aufgrund der komplexen organisatorischen Ansprüche der effizientere Weg sein. Dies auch deshalb, da die notwendigen juristischen Kenntnisse sehr umfassend sein müssen und letztlich die Hinzuziehung mehrerer juristischer Spezialisten erfordern. „Es spricht viel dafür, dass Compliance ein neues Berufs- und damit Ausbildungsfeld ist, was sich sowohl juristischen als auch betriebswirtschaftlichen Methoden bedient"[465]. „Solides juristisches Handwerkzeug ist in dieser Position sicherlich von großem Vorteil, spielt aber letztendlich zur effektiven Bewältigung der Compliance-Position nur sekundär eine Rolle."[466]

Dieses Beispiel verdeutlicht, dass die Frage der Qualifikation für einzelne Tätigkeiten innerhalb eines CMS nicht allgemeingültig und ohne konkrete Analyse des Einzelfalls erfolgen kann. Ebensowenig ist die Beurteilung eine einmalige Angelegenheit, geänderte Rahmenbedingungen können veränderte Kompetenzanforderungen stellen. Die Organisation muss sicherstellen, dass vorhandene Qualifikationen fortlaufend aktualisiert werden.

4.5.7. Objektive Kriterien
Die Durchführung aller Maßnahmen und Prozesse muss nach objektiven, neutralen Kriterien erfolgen[467]. Primär muss die Objektivität in der Durchführung schon bei der Auswahl der mit Compliance-Handlungen beauftragten Personen berücksichtigt werden. Wie bei jeder Beauftragung müssen die ‚hidden characteristic' über den zu beauftragenden Agenten soweit möglich in Erfahrung gebracht werden. Dies ist allerdings ein Widerspruch in sich, da die Eigenschaften nicht ‚hidden' wären, wenn sie in Erfahrung gebracht werden können. Die Informationslücke wird also definitionsgemäß nicht völlig schließbar sein. Es besteht somit immer „das Risiko der Auswahl ungeeigneter Agenten"[468]. Soweit bei der Rechtsanwendung grundsätzlich ein Ermessen möglich ist, wird die objektiv richtige Ermessensausübung durch die Anforderungen an die Qualifikation des Entscheidungsträgers ermöglicht, aber noch nicht zwingend sichergestellt. Es besteht die Gefahr von sog. ‚hidden actions' der beauftragten Agenten, die Compliance-schädlich sein können. Dieses Risiko muss durch entsprechende Aufsichtsmaßnahmen adressiert werden. Die Delegation von Ermessensentscheidungen und die dafür notwendige Auswahl der Vertreter kann erleichtert werden, wenn der Umfang der Ermessensentscheidungen eingeschränkt wird. Sind eindeutige Entscheidungskriterien ermittelt, kommuniziert und den Handlungen verpflichtend zugrunde gelegt worden, beschränkt sich die Aufsichtspflicht auf die tatsächliche Berücksichtigung der Kriterien bei Ent-

---

465 Behringer [Compliance Kompakt], 2013, S. 372
466 Inderst [Aufbau], S. 113
467 Vgl. Ebenda, S. 114 mit Verweis auf Bürkle [Beauftragte] Rn. 23}
468 Stiglbauer [Corporate Governance], 2010, S. 18

scheidungen. Umso eindeutiger die Kriterien gefasst werden, umso sicherer kann von einer angemessenen und wirksamen Durchführung ausgegangen werden. Tatsächlich werden aber im Rahmen eines CMS nicht immer solche eindeutigen Kriterien verfügbar sein. Beispielsweise spielt bei Maßnahmen zur Verhinderung von Korruption die Höhe von als noch angemessen geltenden Geschenken oder Einladungen zum Essen eine bedeutende Rolle. Der Versuch einen konkreten Betrag zu ermitteln, bei dem -möglichst noch weltweit- davon ausgegangen werden kann, dass der Empfänger der Zuwendung sich nicht korrumpieren lässt muss aber fast zwangsläufig fehlschlagen. Der Sachbearbeiter in einer Einkaufsabteilung z.B. wird sich voraussichtlich mit einem wesentlich geringeren Betrag zu einem „wohlwollenden Geschäftsabschluss überzeugen" lassen als der Vorstand eines börsennotierten Unternehmens.

Wird der Entscheidungsrahmen in einem CMS zu sehr eingeengt und durch scheinbar objektive, tatsächlich aber nicht in allen Fällen zutreffende Kriterien ersetzt, werden im „günstigsten" Fall falsche Entscheidungen getroffen, weil die Kriterien tatsächlich nicht auf den konkreten Fall anwendbar sind. Die Verantwortung für diese falschen Entscheidungen liegt regelmäßig bei demjenigen, der die ungeeigneten Kriterien festgelegt hat, eine wirksame Verantwortungsdelegation hat nicht stattgefunden.

Noch kritischer sind die Folgen, die solche falschen Kriterien auslösen können, wenn ihre fehlende Angemessenheit dem Anwender auffällt. CMS-Anwender sind – wie alle Menschen – dafür anfällig, einzelne Erlebnisse, die ihre Grundeinschätzung einer Situation zu bestätigen scheinen als Beweis dafür zu nehmen, dass ihre Grundeinstellung insgesamt tatsächlich richtig ist[469]. Dieser „confirmation bias[470]" genannte Vorgang kann entsprechend dazu führen, dass ein CMS-Anwender der aus seiner Sicht zu Recht die Sinnhaftigkeit eines Kriteriums verneint, dies anschließend als Beleg dafür nimmt, dass das gesamte CMS – wie von ihm schon zuvor vermutet – unsinnig ist und er damit eine innere Rechtfertigung hat, das CMS insgesamt nicht mehr anzuwenden. Die Akzeptanz des Systems, eine wesentliche Wirksamkeitsvoraussetzung wäre nicht mehr gegeben.

Es besteht somit ein Spannungsfeld, dass Entscheidungskriterien zwar so konkret wie notwendig sind, gleichzeitig aber dort nur Entscheidungsrahmen vorgeben und Flexibilität erhalten wird, wo ein Ermessensfreiraum tatsächlich vorhanden und sachlich sinnvoll ist. Für diese Entscheidungsräume muss dann durch die Kriterienrahmen und die vorhandene Kompetenz die richtige Ermessensentscheidung gesichert werden. Hilfreich kann es auf jeden Fall sein, wenn in solchen Fällen bedarfsweise auch auf externe Beratung zurückgegriffen werden kann. Umso größer der Ermessensfreiraum – und damit die Gefahr von für die Compliance schädliche

---

469 Vgl. Taleb [Black Swan], 2007; 2010, S. 109
470 Vgl. Kossendey, Christoph, Confirmation Bias, auf: Verfügbar unter:
    http://www.leuphana.de/fileadmin/user_upload/Forschungseinrichtungen/imf/files/lexikon/wahrnehmung/Confirmation_Bias.pdf, letzter Abruf am: 28.8.2013(Kossendey [Confirmation])

‚hidden-actions' – umso größer ist die Notwendigkeit, die Ausübung des Ermessens im Nachgang zumindest in Stichproben zu überprüfen.

4.5.8. Unabhängigkeit
Insbesondere soweit Ermessensfreiräume vorhanden sind, ist es für die Wirksamkeit des CMS zwingend notwendig, dass alle Personen bei ihren Handlungen unabhängig sind. Diese Anforderung hat eine herausragende Bedeutung und stellt besondere Herausforderungen an die Beurteilung der Voraussetzungen. Ohne im Detail auf die verschiedenen Theorien zur Entscheidungsfindung in Organisationen einzugehen[471], kann festgehalten werden, dass jedes Tun oder auch Unterlassen von handelnden Personen in Unternehmen mehreren Ebenen der Entscheidung unterliegt. Neben der sach- oder organisationsbezogenen Ebene, besteht eine persönliche und eine soziale Ebene. Gerade wenn Entscheidungen auf der sach- oder organisationsbezogenen Ebene gegen persönliche oder soziale Bindungen verstoßen würden, kann eine Tendenz bestehen sich für die persönliche Bindung zu entscheiden, Gigerenzer nennt diesen Effekt „Don't break ranks"[472]. „Das Handeln zum eigenen Nutzen oder zum Nutzen von nahestehenden Personen oder Gesellschaften ist regelmäßig mit der Vermutung verbunden, dass Sondereinflüsse außerhalb des Unternehmensinteresses die Entscheidung des Geschäftsleiters beeinflusst haben"[473]. Die Forderung nach Unabhängigkeit[474] bezieht sich entsprechend darauf, dass alle Entscheidungen möglichst ausschließlich nach sachlichen und organisationsbezogenen Gesichtspunkten erfolgen. Einflüsse anderer Entscheidungsebenen sollten so weit wie möglich ausgeschlossen werden, da sie eine objektive Entscheidung gefährden.

Die auszuschließenden Einflüsse anderer Entscheidungsebenen sind vielfältig. Ein vollkommener Ausschluss ist nur eine theoretische Möglichkeit und in der Praxis eine nicht zu erreichende Fiktion, da menschliches Handeln immer in einem persönlichen und sozialen Kontext erfolgt. Die Aufgabe der Compliance-Organisation ist es daher solche Einflüsse möglichst weitgehend auszuschließen, die die Wirksamkeit des CMS gefährden können. Den potentiell höchsten Einfluss aus der persönlichen Entscheidungsebene dürften Überlegungen zur Bezahlung und Arbeitsbelastung haben. Dies ergibt sich bereits aus der relativen Bedeutung dieser beiden persönlichen Entscheidungskomponenten innerhalb eines Beschäftigungsverhältnisses. Der Quotient aus Bezahlung und Arbeitseinsatz spielt, neben persönlicher Neigung und Fähigkeit eine maßgebliche Rolle bei der Aufnahme und Beibehaltung einer Beschäftigung.

---

471 Für weiterführende Darstellungen zu und kritische Auseinandersetzung mit diesen Theorien vgl. z.B.Holling, Heinz / Kanning, Uwe Peter: Theorien der Organisationspsychologie, in: Lehrbuch Organisationspsychologie, 2007, S. 59ff (Holling/Kanning [Organisationspsychologie])
472 Vgl. Gigerenzer [Gut Feeling], 2007, S. 180
473 Fissenewert [Legal Compliance], 2013b, S. 62
474 Vgl. auch Inderst [Aufbau], S. 114

Compliance-Maßnahmen verursachen oftmals, je nach Umfang und Möglichkeit der Integration dieser Maßnahmen in die allgemeinen Prozesse einer Organisation zusätzlichen Arbeitsaufwand. Umso höher dieser Aufwand wird, umso mehr wächst der ‚Anreiz' für denjenigen, der den Aufwand hat sich diesem durch Nichtbefolgung zu entziehen. Die Gefahr wächst, wenn der Arbeitsaufwand für den Handelnden nicht mehr in einem vernünftigen Zusammenhang mit dem sich ihm erschließenden Sinn und Zweck der Compliance-Maßnahme steht. Die Entscheidung zur Nichtbefolgung führt zwangsläufig zur Unwirksamkeit der eigentlich implementierten Prozesse oder Maßnahmen zur Sicherstellung der Compliance. Die Entscheidungsebene „persönlicher Arbeitsaufwand" der von den Prozessen und Maßnahmen betroffenen Personen sollte deshalb stets bei der Ausgestaltung der Prozesse und Maßnahmen beachtet werden. Jeder zusätzliche Aufwand sollte tendenziell so gering wie möglich gehalten werden. Den handelnden Personen soll sich der Sinn und Zweck dieser Handlungen so gut wie es geht erschließen.

Umso stärker die Entlohnung der mit compliance-relevanten Tätigkeiten beauftragten Personen an betriebliche Leistungsziele gekoppelt ist, umso mehr muss auch diese Entscheidungsebene in Betracht gezogen werden. Häufig könnten zumindest kurzfristig – und auf einzelne Bereiche bezogen – höhere betriebliche Leistungsziele erreicht werden, wenn beschränkende Regeln nicht eingehalten würden. Es besteht ein Zielkonflikt zwischen (durchaus sinnvollen) leistungsbezogenen Anreizsystemen und ‚leistungsbeschränkenden' Compliance-Maßnahmen. Arbeitnehmer müssen sich entscheiden, ob sie z.B. auf einen höheren Bonus verzichten, weil sie die gesetzten Umsatzziele mit regelkonformem Verhalten nicht erreichen können oder ob sie z.B. durch Korruption einen zusätzlichen Auftrag abschließen und die Umsatzziele und damit den höheren Bonus erreichen. Grundsätzlich ist es erforderlich bereits bei der Ausgestaltung von leistungsbezogenen Anreizsystemen auf solche Zielkonflikte zu achten. Hierzu gehört auch insgesamt das Augenmerk auf Konflikte zwischen Aussagen des Managements zu Compliance-Zielen bzw. zur Compliance-Kultur und betrieblichen Zielvorgaben im Unternehmen, auch soweit diese nicht unmittelbar Einfluss auf die Entlohnung haben. Die ‚Umgehung' von einzuhaltenden Regeln – auch unter Verstoß gegen klare Vorgaben des CMS – kann von Mitarbeitern auch damit innerlich begründet und gerechtfertigt werden, dass dies im Sinne des Unternehmens wäre (‚unsere Arbeitsplätze sind in Gefahr, wenn wir unsere Umsätze nicht ausweiten'). Ein möglicher Zielkonflikt zwischen Einhaltung von Compliance-Regeln und Erfüllung von Leistungsvorgaben kann oft durch eine klare Aufgaben- und Funktionstrennung gelöst werden.

Eine eindeutige Funktionstrennung ist auch vor dem Hintergrund divergierender Arbeitsaufträge notwendig. So muss kritisch hinterfragt werden, ob die für die rechtliche Vertretung des Unternehmens verantwortliche Person gleichzeitig eine übergeordnete Verantwortung für Compliance einnehmen kann. Hier könnten die Aufgaben zur Verteidigung des Unternehmens bei Rechtsverstößen mit der Notwendigkeit kollidieren, die Ursachen von Verstößen zur notwendigen Verbesserung des Systems lückenlos aufzuklären und schadensmindernd – auch im Interesse

Dritter – mitzuwirken[475]. „Bei allfälligen Konflikten muss er (der Syndicus Anm. d.Verf.) sich strikt auf seine Rolle als Anwalt der Gesellschaft besinnen.[476]„ Alle für die Sicherstellung der Compliance zuständigen Mitarbeiter müssen weitestgehend ungebunden von Weisungen außerhalb der Compliance-Abteilung tätig werden können. Für den Leiter der Compliance-Abteilung kann die Unabhängigkeit unter Umständen durch besondere Kündigungsschutzmaßnahmen gestärkt werden[477]. Auch direkte Berichtslinien zum Aufsichtsgremium eines Unternehmens kann die Unabhängigkeit der Compliance-Abteilung stärken. In den US Sentencing Guidelines wird eine solche direkte Berichtspflicht als Voraussetzung dafür gefordert, dass im Falle eines Compliance Verstoßes trotzdem ein wirksames CMS gegeben sein kann[478]. Das WpHG fordert zwar keine unmittelbare Berichtslinien an das Aufsichtsorgan, aber, dass dieses mindestens jährlich „Berichte der mit der Compliance-Funktion betrauten Mitarbeiter" erhält[479].

Die soziologische Entscheidungsebene kann trotz bestehender Aufgaben- und Funktionstrennung Einfluss auf die objektive, sachlich gebundene Entscheidung erhalten. Z.B. kann bei einer Trennung zwischen leistungsbezogener Tätigkeit (z.B. Vertrieb) und Maßnahmen zur Sicherstellung der Compliance (z.B. außerhalb des Vertriebs angeordnete Freigabe von Barzahlungen oder Zahlungen an Dienstleister zur Vermeidung von Vertriebskorruption), die Entscheidung des Freigebenden durch die Kenntnis vom Einfluss seiner Entscheidung auf die Vertriebserfolge und damit den Einfluss auf die Bonuszahlung des Vertriebsleiters beeinflusst sein. Hierzu ist es noch nicht einmal zwingend erforderlich, dass eine enge persönliche Beziehung oder gar eine gegenseitige Abhängigkeit (eine Hand wäscht die andere) besteht. Die Entscheidung kann schon beeinflusst sein, wenn der Entscheidende den Vertriebsleiter nur sympathisch findet oder vielleicht zufällig von einer schwierigen finanziellen Lage des Vertriebsleiters Kenntnis hat. Umgekehrt kann eine Freigabe auch aus persönlichen Gründen (persönliche Abneigung, Rache) unterbleiben, obwohl objektiv keine compliancebezogene Begründung gegeben ist. Diese soziologischen Einflüsse können vermieden werden, wenn einerseits persönliche Verbindungen zwischen den Compliance-Maßnahmen durchführenden bzw. verantwortenden Personen und den hiervon betroffenen Personen möglichst vermieden werden oder zumindest darauf geachtet wird, dass solche Beziehungen nicht zu eng sind (keine enge Verwandtschaft oder finanziellen Verflechtungen).

Umso weniger Compliance-Maßnahmen auf objektiven Kriterien basieren, umso stärker muss bei der Planung und Überwachung solcher Maßnahmen auf Einflüsse aus sachfremden Entscheidungsebenen geachtet werden. Es muss im Einzel-

---

475 Vgl. Bock [Criminal Compliance], 2011, S. 724 mit Verweis auf eine Vielzahl von Urteilen und weiterer Literatur
476 Schwung, Siegfried Dr., Corporate Governance/Compliance und der Syndikusanwalt, in: Anwaltsblatt, / 2007; S. 15 (Schwung [Syndicus])
477 Vgl. Schmalenbach Gesellschaft [Compliance], 2010a, S. 1513
478 Vgl. USSC [Guidelines Manual], 10.08.2013
479 Vgl. § 33 Abs. 1 S. 2 Nr. 5 WpHG

fall eine Analyse möglicher sachfremder Einflussfaktoren erfolgen. Ein vollständiger Ausschluss aller denkbaren Einflüsse anderer Entscheidungsebenen auf die sach- und organisationsbezogenen Entscheidungen wird in der Regel nicht erreichbar sein. Daher muss ein verbleibender Resteinfluss bei der Konzeption und der Überwachung der Wirksamkeit von Maßnahmen und Prozessen berücksichtigt werden. Eine günstige Compliance-Kultur kann sachfremde Einflussnahme begrenzen.

4.5.9. Ressourcen

Neben der Zuordnung von Zuständigkeiten und Verantwortung an kompetente und unabhängige, objektiv handelnde Personen müssen die handelnden Personen auch jeweils über hinreichende Ressourcen verfügen. „Die Compliance-Funktion muss personell ausreichend besetzt, ausgebildet und erfahren sein."[480] Dies kann z.B. ein Grund dafür sein, dass in großen Unternehmen die Institutionalisierung einer Compliance Abteilung notwendig ist. Eine solche „Compliance-Abteilung muss hinreichend ausgestattet sein."[481] Die Verantwortung für Compliance ist insgesamt bei der Unternehmensführung angeordnet. Ihr obliegt die Einhaltung gesetzlicher Vorschriften und die entsprechende gehörige Aufsicht bei der Delegation von Compliance-bezogenen Tätigkeiten. Mit zunehmender Größe eines Unternehmens steigt die faktische Notwendigkeit dieser Verantwortung durch Delegation nachzukommen. Gleichzeitig wird die Größe eines Unternehmens auch ein Anhaltspunkt für die notwendige Ausstattung der Compliance-Abteilung eines Unternehmens sein. Ein weiteres Kriterium liegt in der Wahrscheinlichkeit von Verstößen und der sich hieraus ableitenden Überwachungsintensität[482]. Gut 80% der in der KPMG Studie befragten großen und börsennotierten Unternehmen haben solche Compliance Abteilungen, während bei den kleinen und mittelgroßen Unternehmen dies nur auf knapp mehr als die Hälfte der Unternehmen zutrifft. Dass die Aufgabenkomplexität mit wachsender Unternehmensgröße offenbar steigt, lässt sich daran erkennen, dass die Anzahl der in solchen Abteilungen in Vollzeit beschäftigten Mitarbeiter pro Tausend Mitarbeiter mit wachsender Unternehmensgröße steigt.

---

480 Roth [Compliance Officer], 2012 S. 57
481 Bock [Criminal Compliance], 2011, S. 757
482 Vgl. Baumert [Handlungssicherheit], 2013, S. 267

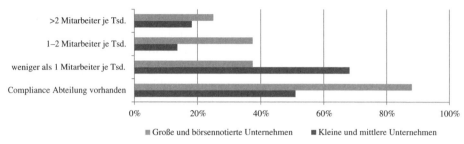

Abbildung 19 Ressourcen Ausstattung von Compliance Abteilungen[483]

Eine Studie der Martin-Luther-Univeristät in Zusammenarbeit mit der Wirtschaftsprüfungsgesellschaft PWC aus dem Jahr 2013 interpretiert die Umfrage unter 603 Unternehmen dahingehend, dass „eine Compliance-Abteilung mit einer Funktionsstelle für etwa 2.000 Mitarbeiter in der bisherigen Praxis als ausreichend gilt"[484]. Gleichzeitig weist die Studie aber in einer Fußnote auf ältere Rechtsprechung hin, die für eine Revisionsabteilung fünf Mitarbeiter bei 5.000 Unternehmensmitarbeitern für angemessen hielt. Faktisch muss festgestellt werden, dass solche ‚Zahlenspiele' relativ wenig helfen. Maßgeblich ist immer der Einzelfall des Unternehmens, sein organisatorischer Aufbau und die Risikosituation. Die Organisation muss in der Lage sein „auf Grund ihrer Mitgliederzahl eine nach § 130 OWiG erforderliche Kontrolle zu gewährleisten"[485]. Im Einzelfall kann eine Compliance-Abteilung durchaus hunderte von Mitarbeitern umfassen[486].

Jegliches Missverhältnis zwischen Anforderungen und zur Verfügung stehenden Ressourcen birgt die Gefahr, dass dieses zu Lasten der tatsächlichen und wirksamen Durchführung von Maßnahmen aufgelöst wird. Jede geplante Tätigkeit innerhalb eines CMS muss unter Ressourcen-Gesichtspunkten auf ihre Durchführbarkeit überprüft werden. Sind nicht hinreichende Investitionen in Sach- und Personalausstattung getätigt, kann dies über die fehlende Angemessenheit der Aufsicht entsprechende Haftungsrisiken nach § 130 OWiG auslösen[487]. Fehlende Verfügbarkeit von Ressourcen kann auch die Unabhängigkeit und damit die Objektivität gefährden. Die handelnden Personen werden einem Zielkonflikt zwischen Erfüllung der Aufgabenstellung und Einhaltung ihres Ressourcenbudget ausgesetzt. Da der Ressourcenverbrauch meist unmittelbarer prüfbar ist, als die Einhaltung der Complianceziele, besteht die Gefahr, dass dieses Ziel bevorzugt wird, zumal wenn ein überplanmäßiger Verbrauch von Ressourcen sich auch auf persönliche Ziele (Be-

---

483 Vgl. jeweils S. 27 in KPMG [Benchmark-I], 2013b, KPMG [Benchmark-II], 2013c,
484 PWC PriceWaterhouseCoopers AG / Martin Luther Universität, Wirtschaftskriminalität und Unternehmenskultur 2013, 2013 (PWC/Martin-Luther-Universität [Studie 2013])
485 Rogall [§ 130 OWiG], 2006, Rdnr. 54
486 Siemens baute in den ersten Jahren nach Aufdeckung der Korruptionsvorwürfe eine neue Compliance-Abteilung mit bis zu 500 Mitarbeitern auf
487 Vgl.Steinmeyer, Roland Dr. / Späth, Patrick: Rechtliche Grundlagen und Rahmenbedingungen, in: Handbuch Compliance-Management, 2010, S. 197 (Steinmeyer/Späth [Grundlagen])

zahlung) auswirken kann. Können die notwendigen Ressourcen nicht zur Verfügung gestellt werden, sollte die Maßnahme gar nicht eingeführt werden. Stattdessen ist eine andere Maßnahme zu konzipieren, die das jeweilige Ziel mit geringerem oder anderem Ressourceneinsatz erreicht.

Eine mangelhafte Ressourcenausstattung, die der Compliance-Abteilung die sachgerechte Erfüllung der ihr übertragenen Aufgaben unmöglich werden lässt, ist mit der unzureichenden Auswahl von Beauftragten gleichzusetzen. Zu den allgemeinen Delegationsgrundsätzen gehört neben der Auswahl fachlich kompetenter Personen und deren stichprobenartige Überwachung eben auch die Ausstattung mit den notwendigen Mitteln und angemessener Mitarbeiterzahl[488].

4.5.10. *Zwischenfazit zum CMS-Grundelement Compliance Organisation*

Als Zwischenfazit lassen sich zur Compliance-Organisation die folgenden grundlegenden betriebswirtschaftlichen Aussagen festhalten:

1. Die Organisation des CMS ist ein integraler Bestandteil des organisationsweiten RMS und soll als solches in die allgemeinen Strukturen und Abläufe des Unternehmens eingebunden sein. Ob und in welchem Umfang eine eigenständige, institutionalisierte Organisation der Compliance in einer Compliance-Abteilung notwendig ist, hängt von den jeweiligen Rahmenbedingungen, insbesondere von der Komplexität der notwendigen Maßnahmen des CMS und der Größe des Unternehmens ab.
2. Eine wirksame Delegation der Compliance-Verantwortlichkeiten auf von der Unternehmensleitung ausgewählte Mitarbeiter erfordert eine sorgfältige Auswahl.
3. Verantwortlichkeit und Zuständigkeit für die Compliance-Organisation und innerhalb der Compliance-Organisation müssen klar und eindeutig bestimmt sein.
4. Die Durchführung von Prozessen und Maßnahmen des CMS muss von Personen erfolgen, die über notwendige Kompetenzen verfügen. Dies umfasst sowohl solide Kenntnisse der betrieblichen Prozesse wie auch notwendigen (juristischen) Sachverstand. Kenntnisse können entweder direkt bei den beauftragten Personen vorhanden sein oder von diesen unternehmensintern oder unternehmensextern eingeholt werden.
5. Beauftragte sollten wo möglich eindeutige Kriterien für ihre übertragene Handlungsverantwortung erhalten. Soweit Ermessensspielräume vorhanden und notwendig sind, muss die Auswahl der Beauftragten dies in Bezug auf Kompetenz und Unabhängigkeit berücksichtigen.
6. Die Beauftragung muss frei von Abhängigkeiten erfolgen. Potentielle Konflikte zwischen den Compliance-Zielen der Organisation und Interessen der Beauf-

---

488 Vgl. Hauschka, Christoph E. Dr., Die Voraussetzungen für ein effektives Compliance System i. S. von § 317 Abs. 4 HGB, in: DB, / 2006; S. 1145 (Hauschka [Voraussetzungen])

tragten sind zu analysieren und zu vermeiden. Dies betrifft insbesondere Widersprüche zwischen Compliance-Zielen und Anreizsystemen zur Erreichung anderer betrieblicher Ziele sowie Zielkonflikte zwischen unterschiedlichen Auftragsgebieten der beauftragten Personen.
7. Personen, denen Compliance Verantwortung übertragen wird, müssen insoweit unabhängig von Weisungen durch andere Stellen im Unternehmen sein. Direkte Berichtslinien zu Aufsichtsgremien sowie gesonderte Kündigungsschutzvorschriften können die persönliche Unabhängigkeit erhöhen.
8. Zur Sicherstellung der Wirksamkeit von Organisationsstrukturen müssen die notwendigen Ressourcen zur Verfügung gestellt werden. Für alle Aufgaben und Maßnahmen des CMS ist zu beurteilen, ob die notwendigen Ressourcen verfügbar sind.

4.6. Compliance-Programm

4.6.1. Grundlagen des Programms
Als Compliance-Programm bezeichnet der Prüfungsstandard des IDW „Grundsätze und Maßnahmen", die auf die Begrenzung der Compliance-Risiken und damit auf die Vermeidung von Compliance-Verstößen ausgerichtet sind". In den Anwendungshinweisen führt der Standard hierzu Beispiele auf:

– Funktionstrennungen,
– Berechtigungskonzepte,
– Genehmigungsverfahren und Unterschriftsregelungen,
– Vorkehrungen zum Vermögensschutz und andere Sicherheitskontrollen,
– unabhängige Gegenkontrollen (4-Augen-Prinzip) und Job-Rotationen[489]

und verweist ansonsten auf die allgemein anerkannten Rahmenkonzepte. COSO nennt diese Systemkomponente ‚Control Activities'. Systematisch betrachtet handelt es sich um alle konkreten Reaktionen auf die identifizierten Ereignisse, die Compliance-Risiken (Regelverstoßrisiken) bergen[490].

COSO stellt unter den ‚Control Activities' vornehmlich alle Maßnahmen dar, die als Reaktion auf die identifizierten Risiken die Eintrittswahrscheinlichkeit von Risiken verringern sollen[491]. Hierbei erwähnt COSO ausdrücklich auch IT-gestützte Kontrollen[492], die sicherlich für unterschiedliche Risikobereiche unterschiedliche Bedeutungen haben mögen. COSO fasst unter ‚Control Activities' aber nicht nur

---

489 Vgl. IDW [PS 980] Tz.A17 vgl. IDW [PS 980], 2011b, Tz. A17
490 Das Regelungsrahmen-Risiko wird nicht durch Maßnahmen des Compliance Programms adressiert, sondern zum einen im Rahmen der Risikoidentifikation und außerdem im Rahmen der Informationsbeschaffung als Teil des Grundelements „Kommunikation"
491 Vgl. COSO [IC updated], 2013, S. 87 principle 10
492 Vgl. Ebenda, S. 87 principle 11

die konkreten Maßnahmen („Procedures")[493] zusammen, sondern auch die Richtlinien („Policies"), mit denen diese Maßnahmen im Unternehmen kommuniziert werden.

Je nach Art des identifizierten Ereignisses bzw. Risikos kann es sich um Anweisungen zu einem bestimmten Tun oder Unterlassen, bestimmten Arbeitsabläufen oder z.B. auch Genehmigungsprozeduren unterschiedlicher Art handeln. All diesen Grundsätzen und Maßnahmen ist gemein, dass sie entweder präventiv das Eintreten eines Compliance-Verstoßes verhindern oder aufgetretene Compliance-Verstöße innerhalb der normalen Prozessabläufe zeitnah aufdecken und das weitere Geschehen für diesen Fall normieren. Der Unterschied zu den Maßnahmen im Grundelement CMS-Überwachung liegt darin, dass es sich bei Überwachungsmaßnahmen um prozessexterne Maßnahmen handelt, die zumeist auch mit deutlichem Zeitverzug die Einhaltung der Normen überprüft bzw. Verstöße gegen die Grundsätze und Maßnahmen des CMS feststellt und Anpassungsbedarf des Systems identifiziert. Der Prüfungsstandard rechnet auch die bei festgestellten Compliance-Verstößen zu ergreifenden Maßnahmen zum Compliance-Programm. COSO führt die Notwendigkeit zu ‚Corrective Actions' in verschiedenen Komponenten[494] auf. Neben den Control Activities enthalten auch die Komponenten zu ‚Communication' und zu ‚Monitoring' entsprechende Hinweise. Hiermit sind aber Veränderungen (Korrekturen) am System gemeint. Reaktionen auf Verstöße sind nach PS 980 aber umfassender zu verstehen. Hierzu zählen auch Sanktionen gegenüber den Personen, die für Verstöße verantwortlich sind. Diese werden in COSO ERM unter dem Begriff ‚Penalties' in der Komponente ‚Internal Environment' erwähnt[495]. Dies deckt sich mit der Darstellung der Bedeutung von Sanktionen und Anreizen im Abschnitt zu Compliance-Kultur weiter oben und der entsprechenden Darstellung in PS 980[496].

Im PS 980 wird ähnlich wie in den COSO Rahmenwerken die Reaktion auf aufgedeckte Verstöße ebenfalls zusätzlich im Grundelement Überwachung erwähnt. Dies ist aber nicht der Fokus der Überwachung, da sich diese auf die Wirksamkeit des CMS bezieht, nicht auf die Überwachung der Einhaltung der Compliance. Bei der Überwachung der System-Wirksamkeit des CMS können sich Hinweise auf das Vorkommen von Compliance-Verstößen ergeben. Ist dies der Fall, muss solchen Hinweisen nachgegangen werden und gegebenenfalls auf tatsächliche Verstöße reagiert werden. Konkrete Maßnahmen zur Aufdeckung von Compliance-Verstößen als Bestandteil des CMS sind dagegen – als detektivische Maßnahmen oder als Reaktion auf Compliance-Verstöße – Bestandteil des Compliance-Programms[497].

---

493 Vgl. Ebenda, S. 87 principle 12
494 Vgl. COSO [ERM], 2004a, Appendix B S.105, 106, 107
495 Vgl. COSO [ERM] S. 31
496 Vgl. IDW PS 980.A14
497 Vgl. COSO [IC updated], 2013, S. 88

Grundsätze und Maßnahmen des Compliance-Programms sollen möglichst eng in die betrieblichen Prozessabläufe eingebettet sein und möglichst wenig zusätzlichen Aufwand erfordern. Hierzu sollte bei der Konzeptionierung und Einrichtung eines CMS auch untersucht werden, welche Maßnahmen im Unternehmen (z.B. im rechnungslegungsbezogenem IKS) bereits vorhanden sind, die auch eine präventive oder detektivische Kontrolle in Bezug auf Non-Compliance darstellen. „Viele Unternehmen verfügen, zum Teil ohne es zu wissen, bereits über zahlreiche Compliance-Maßnahmen in ihrem IKS, haben diese bislang nur nicht explizit als solche identifiziert"[498]. Die Maßnahmen des Compliance-Programms müssen auf die Situation des jeweiligen Unternehmens zugeschnitten sein. Der notwendige Aufwand hängt von „Größe, Geschäftsmodell und Internationalität eines Unternehmens ab"[499]. Jedes Unternehmen hat andere Strukturen, andere Mitarbeiter, andere kulturelle Einbindungen und letztlich auch andere Risikosituationen[500]. Dies erschwert die Beurteilung von ‚gehöriger Aufsicht', bzw. den dafür notwendigen Aufsichtsmaßnahmen, denn um solche handelt es sich beim Compliance-Programm. Jeder Versuch dies durch einen Verweis auf ‚Best Practice' zu ignorieren und eine Scheinsicherheit bei der Auswahl von standardisierten Maßnahmen zu schaffen, wird bestenfalls nur genau dies machen – eine Scheinsicherheit produzieren – schlimmstenfalls aber zur Unwirksamkeit des gesamten Systems führen, da Mitarbeiter sich z.B. übermäßig kontrolliert fühlen. Gerade eine solche Überregulierung muss vermieden werden. „Eine Flut von Regeln führt zu einer für die operativen Geschäfte nachteiligen Bürokratisierung, bindet unnötig Personal und verunsichert die Mitarbeiter mehr als dass Compliance als Hilfestellung verstanden wird".[501] „Übertriebene, nicht angepasste Maßnahmen führen möglicherweise zu Umgehungen von Compliance-Maßnahmen, sicher aber zur Frustration"[502]. Diese Frustation kann letztlich insgesamt die Akzeptanz des CMS gefährden und dazu führen, dass Maßnahmen nicht oder nur oberflächlich umgesetzt werden. Wird das CMS nicht mehr akzeptiert, weil es als „Überreaktion" der Unternehmensleitung empfunden wird, kann dies auch dazu führen, dass Anzeichen für Verstöße bewusst übersehen und nicht z.B. im Wege von Whistleblower-Hotlines gemeldet werden.

Den Anforderungen zur Einbindung in betriebliche Prozesse und zur Minimierung zusätzlichen Aufwands ist dann eine Grenze gesetzt, wenn die Wirksamkeit der Compliance-Maßnahmen durch weitere Vereinfachung von Maßnahmen gefährdet wäre. Aber nicht nur diese Grenze „nach unten" im Sinne von zu wenig oder nicht hinreichend und dadurch nicht wirksamen Maßnahmen ist zu beachten. Es wäre auch falsch zu versuchen, jegliche Compliance-Maßnahme in betriebliche Prozesse einzubinden, dies wird nicht immer praktikabel und sinnvoll sein. Maß-

---

498 Gnändiger [RMS,IKS,CMS], 2013, S. 185
499 Schmalenbach Gesellschaft [Compliance], 2010a, These 3
500 Vgl. COSO [IC updated], 2013, S. 90
501 Schaupensteiner [Grundzüge], 2011, S. 19
502 Schefold, Christian Dr., Risikoanalyse im Sinne IDW PS 980, in: ZFRC, / 2012; S. 16
    (Schefold [Risikoanalyse])

nahmen als Reaktion auf identifizierte Verstöße werden z.b. regelmäßig nicht Bestandteil der betrieblichen Prozessabläufe sein, sondern in der Verantwortung der engeren Compliance Organisation liegen.

COSO weist zutreffend auf die enge Verbindung der ‚control acitivities' mit dem ‚risk assessment' hin. Die Maßnahmen des Compliance Programms dienen dazu, die nach der Identifizierung und Bewertung von Risiken festgelegte Art der Reaktion auf Risiken sicherzustellen[503]. Alle implementierten Maßnahmen des Compliance-Programms sollten den identifizierten Risiken zugeordnet werden. Z.B. durch eine Risk-Response-Matrix kann sichergestellt werden, dass auf alle identifizierten Risiken angemessen reagiert wurde und umgekehrt keine Maßnahmen vorhanden sind, die Aufwand verursachen, aber nicht durch relevante, identifizierte Risiken begründet sind.

Für die weitere Betrachtung soll auf vier unterschiedliche Kategorien von Programmbestandteilen abgestellt werden:

Kategorie	Beschreibung
CMS-Richtlinien	Sie geben einen Regelungsrahmen vor und legen allgemeine Handlungsanweisungen fest, die allen Stakeholdern die notwendigen Informationen und Entscheidungshilfen zur Sicherstellung der Compliance an die Hand geben. Hierzu müssen die Grundsätze klar und verständlich kommuniziert werden
Präventive Maßnahmen	Hierbei handelt es sich zumeist um in die Prozesse eingebettete Handlungsabläufe. Sie sollen Abläufe so gestalten, dass die an diesen Prozessschritten identifizierten Risiken für das Auftreten von Compliance-Verstößen verringert werden oder das Auftreten oder die Realisierung von besonderen Risiken frühzeitig erkannt werden.
Detektivische Maßnahmen	Diese ersetzen präventive Maßnahmen dort, wo diese nicht praktikabel sind und ergänzen ansonsten präventive Maßnahmen. Sie vermögen damit die immanenten Grenzen eines CMS zu erweitern und die Zuverlässigkeit des Systems zu erhöhen. Das Vorhandensein von detektivischen Maßnahmen kann über die Auswirkungen auf die Compliance-Kultur auch eine präventive Wirkung entfalten.
Reaktionen auf Compliance-Verstöße	Auf alle Compliance-Verstöße muss zwingend eine Reaktion erfolgen, die die Bedeutung der einzuhaltenden Normen verdeutlicht. Reaktionen müssen der Art des Compliance Verstoßes, seiner Ursache sowie den Folgen des Verstoßes für Unternehmen und Dritte angemessen sein. Angemessene Reaktionen umfassen nicht nur Sanktionen, sondern können auch in Schulungen oder Veränderungen im CMS, insbesondere des CMS-Programms bestehen.

Tabelle 5 Kategorisierung des Bestandteile des Compliance-Programms

---

[503] Vgl. COSO [IC updated], 2013, S. 89

4.6.2. CMS-Richtlinen

CMS-Richtlinien legen die Grundsätze des CMS fest. Es handelt sich um allgemeingültige, grundsätzliche Anweisungen für ein bestimmtes Verhalten (sowohl Tun als auch Unterlassen). Diese basieren auf den allgemeinen Grundsätzen der Compliance-Kultur und den Compliance-Zielen, sind aber spezieller in Art, quasi Ausführungsbestimmungen. Typische Beispiele sind Geschenke- und Bewirtungsrichtlinien in einem auf Korruptionsverhinderung ausgerichteten CMS. „Sie bilden die Leitplanken für risikofreie Entscheidungen in kritischen Situationen, definieren die verbreiteten Formen wirtschaftskrimineller Handlungen, sorgen dafür, dass die Regelbeachtung nicht allein vom Zufall oder der besonderen Aufmerksamkeit einer einzelnen Person abhängt und verhindern so, dass fahrlässig oder aus Unkenntnis gegen Gesetze verstoßen wird"[504]. Auch die zumeist der Unternehmens-Kultur zugerechneten Verhaltenskodizi (Code of Ethics, Code of Conduct, etc.) sind Richtlinien, in denen die Werte des Unternehmens dargelegt werden, deren Beachtung die Einhaltung relevanter Regeln sicherstellen soll. In diesen Richtlinien versuchen Unternehmen regelmäßig nicht nur „Selbstverständlichkeiten zu normieren, sondern sie betonen ganz bestimmte Arten ethischen Verhaltens und die Einhaltung sozialer Standards ... um damit bestimmte Botschaften auszusenden – sowohl an Wettbewerber als auch an Kunden und Lieferanten sowie nicht zuletzt auch an Mitarbeiter"[505].

Die Herausforderung bei der Ausgestaltung solcher Richtlinien besteht darin den Regelungsrahmen verständlich und praktikabel zu gestalten. Werden diese Zielsetzungen nicht erreicht, können diese Richtlinien – wenn überhaupt – nur einen sehr geringen Beitrag zur Verhinderung von Compliance-Verstößen erbringen, eher handelt es sich dann um konsequenzlose Dokumente, die zwar formal einen Zweck zu erfüllen scheinen und dem CMS dienen, tatsächlich aber das Medium nicht Wert sind, auf dem sie festgehalten wurden.

Die Verständlichkeit von Richtlinien ist zunächst ein sprachliches Problem. Die Sprache muss der Anwendergruppe angemessen sein. „Kommunikationsbotschaften sollten in Inhalt, Form und Sprache den jeweiligen Zielgruppen angemessen vermittelt werden"[506]. Ein häufig zu beobachtender Kardinalfehler in international ausgerichteten Unternehmen ist dabei die unreflektierte Verwendung einer einheitlichen Konzernsprache, obwohl zumeist nicht davon ausgegangen werden kann, dass alle Anwender diese Sprache (häufig Englisch) wirklich so sicher beherrschen, dass sie die Richtlinie zweifelsfrei verstehen. Es „empfiehlt sich die Übersetzung in

---

504 Schaupensteiner [Grundzüge], 2011, S. 20
505 Waldzus, Dagmar / Behringer, Stefan Prof. Dr.: Best Practice bei der Einführung eines Verhaltenskodex, in: Compliance Kompakt, 2013, S. 331 (Waldzus/Behringer [Verhaltenskodex])
506 Kleinfeld, Annette / Müller-Störr, Clemens: Die Rolle von interner Kommunikation und interaktiver Schulung für ein effektives Compliance-Management, in: Handbuch Compliance-Management, 2010, S. 408 (Kleinfeld/Stör [Interne Kommunikation] 2009)

alle Sprachen des Konzerns"[507]. Ein alternativer Fehler wird allerdings dann begangen, wenn zwar notwendige Übersetzungen in alle relevanten Sprachen vorgenommen werden, dies aber nicht mit der notwendigen Professionalität erfolgt. Eine klare und einfache Sprache dient nicht nur der Verständlichkeit. „Die Vorschriften ... sollen den Mitarbeiter anleiten, nicht verwirren!"[508] Ohne Berücksichtigung einer angemessenen Sprache, unter „Bedachtnahme auf die Lebenswelten der Angesprochenen"[509] besteht die Gefahr, dass die Kommunikation der Richtlinien scheitert und sie damit auch keine Wirkung entfalten können. Die Thomas Jefferson zugeschriebene Aussage:"The most valuable of all talents is that of never using two words when one will do"[510] trifft nicht nur auf Reden zu, sondern ebenso auf schriftliche Anweisungen. Umso komplexer die Anweisungen in den Richtlinien sind oder umso größer der Ermessensfreiraum ist, den die Richtlinie als zulässig einräumt, umso größer wird die Gefahr von Verständnis- und Übersetzungsfehlern. Die Übersetzung muss nicht nur durch sprachlich kompetentes Personal erfolgen, sondern auch mit einem notwendigen fachlichen (juristischen) Hintergrund.

Aber auch in der Muttersprache der Adressaten verfasste Richtlinien können durch Verwendung eines Schreibstils, der nicht adressatengerecht ist unwirksam sein. Eine Richtlinie, die sich auf „Allgemeinplätze" und plakative Aussagen beschränkt, bietet keine konkrete Handlungsanweisung. So wäre z.B. die Aussage „die Annahme von Bestechungszahlungen ist untersagt" zwar im Rahmen eines der Compliance-Kultur zuzuordnenden Code of Conduct als wertbezogene Aussage geeignet, bietet aber im Rahmen einer Vertriebsrichtlinie keine Grundlage für eine Handlungsentscheidung, da es gerade an der notwendigen Definition von „Bestechungszahlung" fehlt. Ebenso muss Zielsetzung sein, Richtlinien in „verständlicher Sprache"[511] zu formulieren. Komplexe juristische Aussagen oder für den Adressaten unverständliche Fachbegriffe können dieser Zielsetzung entgegenstehen und Richtlinien damit wertlos werden lassen. Häufig wird es notwendig sein, Richtlinien nicht nur ‚auszurollen', d.h. per E-Mail, Intranet oder anderem Medien bekannt zu machen, sondern die Inhalte der Richtlinien parallel durch Schulungsmaßnahmen zu vermitteln.[512]

Die Praktikabilität von Richtlinien kann auch durch zu geringe Zielausrichtung gefährdet werden, z.B. wenn die Anweisungen einerseits sehr konkret sind und keinen Auslegungsspielraum lassen und gleichzeitig auf jeden Einzelfall anwendbar sein sollen. So kann das generelle Verbot für die Hingabe oder Annahme von

---

507 Waldzus/Behringer [Verhaltenskodex], 2013, S. 337
508 Inderst [Praktische Umsetzung], S. 132
509 Menz, Florian Prof. Dr. / Stahl, Heinz K. Prof. Dr., Handbuch Stakeholderkommunikation Grundlagen – Sprache – Praxisbeispiele; 2013, S. 31 (Menz / Stahl [Stakeholderkommunikation])
510 Goodreads.com, Quote by Thomas Jefferson (Online), verfügbar unter: http://www.goodreads.com/quotes/14310-the-most-valuable-of-all-talents-is-that-of-never letzter Abruf am: 28.11.2013 (goodread [Jefferson])
511 Schaupensteiner [Grundzüge], 2011, S. 20
512 Vgl. Ebenda, S. 22

Bargeschenken bei Geschäftstätigkeit in Ländern, in denen das Verschenken von Geldscheinen anlässlich hoher Feiertage oder bei Hochzeiten von Geschäftspartnern landestypischer Brauch ist zu einem Entscheidungsdilemma führen. Das Nichteinhalten der Richtlinie führt zu einem Verstoß gegen das CMS, die Einhaltung der Vorschrift kann zu ernsthaften Störungen des Geschäftsklimas führen, da solche Geschenke in diesen Ländern ein üblicher Akt der Höflichkeit sind und keineswegs unter Korruptionsverdacht stehen. Selbst in Deutschland sind kleinere Geldgeschenke z.B. anlässlich einer Konfirmation von Kindern von Geschäftspartnern eine übliche gesellschaftliche Konvention, die wohl kaum Anlass für einen Korruptionsverdacht liefert.

Fehlt es in Richtlinien auch nur an einzelnen Stellen an sinnvollen und rechtlich zulässigen Ermessensfreiräumen oder einfachen Wegen zur Erlangung von (rechtlich zulässigen) Ausnahmen besteht die Gefahr, dass die Anwender die gesamte Richtlinie als unsinnig und praxisfern beurteilen und nach Möglichkeiten zur Umgehung der Anweisungen suchen. Die (vermeintliche oder tatsächliche) Nicht-Praktikabilität kann dann den notwendigen oder willkommenen Rechtfertigungsgrund für einen Compliance-Verstoß liefern. Umso mehr Richtlinien nicht als sinnvolle Wissensbasis für eigene Entscheidungen, sondern als anzuwendende, eng ausgestaltete Vorschrift oder auch determinierte Handlungsempfehlung empfunden werden, umso größer wird die Gefahr einer Reaktanz-Reaktion. Eine Überdehnung von Kontrollen, Richtlinien und Vorschriften birgt die Gefahr, dass die Umgehung genau dieser nur noch als ‚Einschränkung' empfundener CMS-Maßnahmen zu einem ‚sportlichen Ziel' wird, um die eigenen Freiheiten wieder herzustellen[513]. Richtlinien – und letztlich alle Maßnahmen des CMS – sollen so wenig wie möglich als Einschränkung der eigenen Handlungsfreiheiten, sondern wo immer möglich, als willkommene Unterstützung bei der Umsetzung eines Compliance konformen Verhaltens empfunden werden. Bevorzugt auf Basis eines verinnerlichten Compliance-Anspruchs. Deisenhofer/Germelmann heben hervor, dass nicht jede Beeinflussung von Handlungen als freiheitseinschränkend empfunden und damit Reaktanz auslösend sein muss. Reaktanz kann vermieden werden, wenn die Entscheidungsfindung nicht als Einengung empfunden wird, sondern durch glaubwürdige, d.h. kompetente und vertrauenswürdige Information, beeinflusst wurde[514]. Die Ausgestaltung des CMS muss daher auch bemüht sein, den Zusammenhang zwischen Beeinflussungsstärke und durch die Beeinflussung erreichten konformen oder reaktantem Verhalten auszuloten. Wird die Beeinflussung nicht als übermäßig empfunden, kann die Tendenz zu einem konformen Verhalten durchaus gesteigert

---

513 Crawford [Reactance], 2002, schreiben auf S. 56: „When any of these free behaviours is eliminated or threatened with elimination, the individual experiences psychological relactance, a motivational state directed towards the reestablishment of the free behavior."
514 Vgl. Deisenhöfer, Anna / Germelmann, Claas Christian Prof. Dr., Der widerständige Konsument: Reaktanz gegen Marketingmaßnahmen (Online), veröffentlicht von: Universität Bayreuth, 2012, letzter Abruf 2012, S. 20 (Deisenhöfer et.al [Konsument])

werden[515]. Umso verständlicher und nachvollziehbarer Richtlinien ausgestaltet sind, umso höher die Wahrscheinlichkeit, dass diese als glaubwürdig eingestuft und ihre Befolgung nicht als Verlust an Freiheitsgraden empfunden wird.

Die für die Erstellung der Richtlinien Verantwortlichen müssen sich bei der Ausarbeitung auch vergegenwärtigen, dass die Organisation zwar die Legalitätspflicht zu beachten hat und die Richtlinie ein Mittel dazu ist, die Regeleinhaltung sicherzustellen. Die Leitungsverantwortlichen können aber Einzelfallentscheidungen an andere Personen in der Organisation delegieren. Notwendig ist hierfür, dass diese Personen sorgfältig ausgewählt werden und ihnen alle für eine bei der Entscheidung notwendige Ermessens- und Beurteilungsausübung notwendigen Informationen zur Verfügung gestellt werden. Eine Richtlinie kann somit auf allgemeine Kriterien für die Ermessensausübung beschränkt werden. So müssen z.B. in einer Geschenkerichtlinie keine konkreten Wertgrenzen definiert oder bestimmte Arten von Geschenken generell untersagt sein. Stattdessen kann der allgemeine Grundsatz festgelegt sein, dass Geschenke der sozialen Position des Empfängers und der Gepflogenheit im Lande adäquat sein müssen und jeglichen Anschein einer Bevorzugung oder Einflussnahme vermeiden müssen. Dies kann dann durch Beispiele erläutert und unter Umständen in der Anwendung durch eine Frage-Hotline unterstützt werden. Die Abwägung zwischen notwendiger Konkretisierung einer Richtlinie, um sie verständlich zu gestalten und dem Vermeiden einer Überregulierung, die die Praktikabilität der Richtlinie gefährden kann, ist regelmäßig eine besondere Herausforderung.

Eine weitere Herausforderung kann es sein, Richtlinien an unterschiedliche Rahmenbedingungen im Unternehmen anzupassen. Ist die Organisation z.B. in verschiedenen Ländern tätig, müssen die unterschiedlichen juristischen Rahmenbedingungen in diesen Ländern beachtet werden. Ein prominentes Beispiel ist diesbezüglich der U.S.-amerikanische Einzelhandelskonzern Wal-Mart, der in seinem konzernweiten Verhaltenskodex jegliche privaten Verhältnisse zwischen Mitarbeitern, unabhängig davon, ob diese im Unternehmen tatsächlich zusammen arbeiteten, untersagte. Der deutsche Betriebsrat klagte hiergegen erfolgreich vor deutschen Gerichten. Das Landesarbeitsgericht Düsseldorf erkannte in diesen Vorschriften eine unzulässige Einmischung in die Privatsphäre der Mitarbeiter und damit ein Verstoß gegen Art. 1 und 2 GG[516].

Ebenso sollte beachtet werden, dass die von Mitarbeitern zu beachtenden Richtlinien diese auch tatsächlich betreffen. Werden Mitarbeiter mit Regelungsinhalten „überschwemmt" die sie in ihrem Arbeitsumfang nicht tatsächlich benötigen, kann dies ebenfalls zu einer abnehmenden Aufmerksamkeit führen. Hierdurch können Richtlinien durch das ‚Aufmerksamkeitsraster' von Mitarbeitern fallen. Dieser ‚In-

---

515 Vgl. Dickenberger, Dorothee, et al.: Die Theorie der psychologischen Reaktanz, in: Theorien der Sozialpsychologie 1 Kognitive Theorien, 1993, S. 328 ff. (Dickenberger [Reaktanz])
516 Landesarbeitsgericht Düsseldorf, 10 TaBV 46/05 abrufbar unter
http://www.justiz.nrw.de/nrwe/arbgs/duesseldorf/lag_duesseldorf/j2005/10_TaBV_46_05besc hluss20051114.html

formation-Overflow' genannte Effekt ist aus vielen anderen Bereichen bekannt. Tatsächlich ist dies eher ein „Daten-Overflow", die Mitarbeiter erhalten eine solche Menge an Richtlinien, Anweisungen, Hinweisen, etc., dass sie diese nur noch als ‚Rauschen' wahrnehmen und nicht mehr in der Lage oder auch nicht mehr gewillt sind, die für sie relevanten Daten herauszufiltern und als Information wahrzunehmen[517]. Für die Wirksamkeit eines CMS ist es daher notwendig, dass die Verantwortlichen eine angemessene Vorauswahl der relevanten Inhalte vornehmen und diese dann zielgerichtet den Personen zukommen lassen, die von diesen Inhalten betroffen sind. Ein ‚Weniger' an Informationsmaterial kann häufig ‚Mehr' sein.

Insgesamt muss sichergestellt sein, dass die Mitarbeiter alle für sie relevanten, von ihnen zu beachtenden Richtlinien auch tatsächlich zur Kenntnis nehmen. D.h. bevor Mitarbeiter die Inhalte verstehen und als für sie relevant erkennen können, müssen sie diese zunächst tatsächlich zur Kenntnis erlangt haben. Alleine das Einstellen von Richtlinien z.B. in das Intranet des Unternehmens oder die Wiedergabe in Handbüchern sichert keinesfalls diese tatsächliche Kenntnisnahme. Hieran ändert auch nicht die Tatsache etwas, dass die Mitarbeiter (u.U. in einer weiteren Richtlinie oder auch durch den Arbeitsvertrag) verpflichtet wurden, regelmäßig die Aktualisierung des Intranets oder des Handbuchs selber zu verfolgen. Compliance-Richtlinien mögen arbeitsrechtlich wirksam als ‚Holschuld' ausgestaltet werden, für die Wirksamkeit der Inhalte der Richtlinien für das CMS kommt es vornehmlich darauf an, dass diese den Mitarbeitern tatsächlich bekannt sind und sie sich daran halten.

Dass die in den Richtlinien verlangten Handlungen der Mitarbeiter nicht selber gegen gesetzliche Bestimmungen verstoßen sollten ist selbsterklärend. Es ist grundsätzlich problematisch, einen Compliance-Verstoß (gegen Gesetz A) mittels eines Compliance-Verstoßes (gegen Gesetz B) verhindern zu wollen. Hieraus muss auch abgeleitet werden, dass „jede Einzelregelung anhand des Mitbestimmungskataloges des BetrVG auf ihre Mitbestimmungspflichtigkeit zu überprüfen"[518] ist. Wird dies nicht beachtet, ist die Richtlinie selbst ein Compliance-Verstoß, auch wenn dieser in einem anderen rechtlichen Teilbereich vorliegt, als vom dezidierten CMS gegebenenfalls adressiert. Arbeitsrechtlich würde diese Richtlinie keine Verbindlichkeit auslösen können. Eine arbeitsrechtliche Unwirksamkeit einer Richtlinie kann sich z.B. auch daraus ergeben, dass die Richtlinie arbeitsrechtlich nicht wirksam bekanntgegeben wurde. Eine solche Richtlinie wird in der Regel auch für das CMS keine wirkliche Wirkung erzielen können, denn – wie oben ausgeführt – ist die Kenntnisnahme natürliche Voraussetzung für die Wirksamkeit einer Richtlinie. Fehlt es an einer arbeitsrechtlichen Wirksamkeit von Richtlinien – aus welchen Gründen auch immer – wird der Arbeitgeber möglicherweise keine Sanktionierung

---

517 Vgl. Menz / Stahl [Stakeholderkommunikation], 2013, S. 31
518 Neufeld, Tobias / Knitter, Janna Dr., Mitbestimmung des Betriebsrats bei Compliance Systemen, in: BB, 2013/ 14; S. 822, mit Verweis auf weitere Quellen (Neufeld/Knitter [Mitbestimmung])

bei einem Verstoß gegen die dort geregelten Anforderungen durchsetzen können.[519] Allerdings führt die arbeitsrechtlich unwirksame Richtlinie nicht grundsätzlich dazu, dass hieraus keinerlei Sanktionsmöglichkeiten bei einem Fehlverhalten ableitbar sind. Das Bundesarbeitsgericht unterscheidet zwischen „betriebsverfassungsrechtlichen Rechtsfolgen mitbestimmungswidriger Maßnahmen einerseits und den kündigungsrechtlichen Auswirkungen zwischen Arbeitgebern und Arbeitnehmern andererseits"[520]. So könnten auch Erkenntnisse, die unter Verstoß gegen Mitbestimmungsrechte erlangt wurden, in einem Kündigungsverfahren verwendet werden. Gleichwohl wäre es für die Compliance-Kultur sicherlich nicht förderlich, wenn gerade Compliance-Richtlinien unter Verstoß gegen rechtliche Bestimmungen durchgesetzt werden.

Grundsätzlich ist die arbeitsrechtliche Unwirksamkeit, z.B. fehlende Zustimmung des Betriebsrats aber kein absoluter Grund, um davon auszugehen, dass die Richtlinie keine Wirkung für das CMS entfaltet, ist sie dem Mitarbeiter bekannt und hält er sich (freiwillig) daran, obwohl er hierzu arbeitsrechtlich nicht verpflichtet ist, wird die gewünschte Wirkung der enthaltenen Maßnahmen auch eintreten. Die Wahrscheinlichkeit, dass sich Mitarbeiter auch an nicht verbindliche Richtlinien halten, wird umso größer sein, soweit sie diese ohnehin nicht als ‚Restriktion' sondern als ‚Hilfestellung' empfinden.[521] Auf der anderen Seite sollte aber beachtet werden, dass gerade die Verbindlichkeit von Richtlinien dazu dient, diese als Normen zu implementieren und damit die Compliance-Kultur zu definieren und zu festigen.

Fehlt es an einer eindeutigen Verbindlichkeit besteht zudem immer die Gefahr, dass der Mitarbeiter widersprüchlichen Anforderungen ausgesetzt wird, indem ihm z.B. durch unmittelbare Vorgesetze ein Vorgehen entgegen der Richtlinie angeordnet wird. Um einen solchen potentiellen Konflikt, der vom BAG als „nicht etwa nach allgemeinen Erfahrungssätzen ausgeschlossen"[522] bezeichnet wird, zu vermeiden schlägt Wybitul vor, dass nicht nur darauf geachtet werden soll, dass die Richtlinien arbeitsrechtlich verbindlich erlassen werden, sondern Unternehmen auch „in ihren Compliance-Richtlinien unmissverständlich klarstellen, dass abweichende Anweisungen von Vorgesetzten nicht dem Willen des Arbeitgebers entsprechen"[523].

Im weitesten Sinn können Richtlinien auch als präventive Maßnahmen eingeordnet werden, ihre Einhaltung soll das Entstehen von Compliance-Verstößen verhindern. Sie unterscheiden sich aber von anderen Präventivmaßnahmen dadurch, dass sie selbst keine prozesssteuernde Komponente darstellen, sondern allenfalls

---

519 Vgl. Bundesarbeitsgericht, 2 AZR 694/11; 21.6.2012 (BAG [2 AZR 694/11]);Wybitul, Tim, „Vorgesetzte müssen Compliance-Richtlinien konsequent und ausnahmslos umsetzen", in: BB, 2013/ 14; S. 831 (Wybitul [Compliance-Richtlinien])
520 Bundesarbeitsgericht, 2 AZR 537/06; 13.12.2007, Rndr. 31, mit Verweis auf 2 AZR 724/98 – BAGE 93, 41 (BAG [2 AZR 537/06])
521 Voraussetzung ist selbstverständlich, dass die Richtlinie nicht ihrerseits zu gesetzeswidrigen Verhalten, z.B. Verstoß gegen Datenschutzbestimmungen auffordert
522 BAG [2 AZR 694/11], 2012, Tz. 30a
523 Wybitul [Compliance-Richtlinien], 2013,

solche definieren. Insbesondere die Verhaltensrichtlinien (Code of Ethics, Code of Conduct, etc.) sollen über die Ausgestaltung der Unternehmens-Kultur präventiv wirken.

4.6.3. Präventive Maßnahmen
Unter präventiven Maßnahmen werden in der Regel alle Arten von prozessbezogenen Kontrollen verstanden. Diese werden basierend auf der Risikoanalyse an den Prozesspunkten implementiert, an denen es zu Complianceverstößen kommen könnte, bzw. an denen Voraussetzungen für das Entstehen oder die Verhinderung von Complianceverstößen identifiziert wurden. Die Implementierung sollte nach Möglichkeit unmittelbar innerhalb von Prozessabläufen erfolgen und die Anzahl von zusätzlichen Arbeitsschritten minimieren, um die Akzeptanz der Maßnahmen zu verbessern.

Welche Art von prozessbezogener Präventivkontrolle erforderlich ist, muss sich aus der Risikoidentifizierung ableiten lassen. Häufig wird es sich um Genehmigungsverfahren oder sogenannte „4-Augen-Kontrollen" handeln. Beispielsweise kann die Mitgliedschaft in Unternehmensverbänden kartellrechtliche Probleme entstehen lassen, wenn „die vom Verband gebotene Plattform von den Mitgliedern für unzulässigen Austausch und unzulässige Zusammenarbeit missbraucht wird"[524]. Eine wirksame Kontrolle zur Vermeidung dieser Probleme kann z.B. ein Genehmigungsverfahren für alle Mitgliedschaften in Unternehmensverbänden sein. Diese Kontrolle kann z.B. in die Prozesse zur Freigabe oder Abrechnung von Mitgliedschaftsbeiträgen oder Reisekosten für die Teilnahme an Verbandstagungen erfolgen. Die Kontrolle müsste entsprechend beurteilen, um welche Art von Zusammenarbeit es sich bei dem betreffenden Verband handelt und auf welche Weise sichergestellt ist, dass es nicht zu kartellrechtswidrigem Verhalten kommt.

Die Festlegung von Richtlinien (z.B. Geschenkerichtlinie zur Vermeidung von Korruption) kann, wie oben festgestellt eine geeignete Maßnahme zur Prävention von Verstößen darstellen. Soweit in der Richtlinie konkrete Handlungsschritte bei der Auswahl und Vergabe von Geschenken an Dritte festgelegt werden (z.B. Genehmigungserfordernisse ab bestimmten Größenordnungen). stellt sie die Grundlage für prozessbezogene Kontrolle im Rahmen des Compliance-Programms dar. Schulungen zu den einzuhaltenden Regeln können sowohl als Teil der Compliance-Kultur als auch der Compliance-Kommunikation oder eben des Compliance-Programms gerechnet werden. Im Wesentlichen als Teil des Programms sind Schulungsmaßnahmen dann zu betrachten, wenn sie klare Handlungsanweisungen für bestimmte Prozessschritte vermitteln, z.B. Hinweise zur Identifikation von landestypischen Besonderheiten. Letztlich ist es aber für die Praxis der Ausgestaltung eines CMS kaum relevant, in welchem Grundelement eines CMS bestimmte Maßnahmen verortet werden. Wesentlich ist es, Zielsetzung und Wirkung von Maß-

---

524 Kapp, Thomas Dr., Kartellrechts-Compliance in der Verbandsarbeit, in: CCZ, 2013/ 2013; S. 241 (Kapp [Kartellrecht])

nahmen verlässlich einzuschätzen. Anhand dieser Einschätzung kann beurteilt werden, wieweit die Kenntnis der Funktionsfähigkeit dieser Kontrolle zur Aussagesicherheit über die Wirksamkeit des gesamten CMS beitragen kann.

Nicht ausreichend ist es, wenn Programmmaßnahmen zielgerichtet konzipiert werden. Sie müssen auch tatsächlich eingerichtet und wirksam durchgeführt werden. D.h. die Umsetzung muss der Konzipierung entsprechen. Als **Beispiel** sollen Anforderungen an das häufig verwendete sogenannte „Vier-Augen-Prinzip" betrachtet werden. Hierbei kann eine bestimmte Entscheidung (z.B. Warenbestellung oder allgemein Vertragsabschluss) nicht von einer Person alleine vorgenommen werden, sondern erfordert die Genehmigung einer zweiten Person. Diese Genehmigung soll sicherstellen, dass bei der Entscheidung vorgegebene Regeln oder Entscheidungsgrundlagen eingehalten werden. Für die Ausgestaltung der Kontrolle ist auf das jeweilige identifizierte Risiko für einen Compliance-Verstoß abzustellen. Das identifizierte Risiko kann z.B. darin bestehen, dass ein Geschenk an einen Geschäftspartner strafrechtlich als Bestechung ausgelegt werden könnte.

Für die Abgrenzung zwischen erlaubten, üblichen Höflichkeitsgeschenken und nicht zulässigen Vorteilsgewährungen besteht oft ein großer oder schwierig auszulegender Ermessensfreiraum. Zwar kann bis zu einem relativ niedrigen Wert regelmäßig eine Vorteilsgewährung ausgeschlossen werden, darüber hinaus muss aber auch die relative Werteinschätzung des Geschenkes durch den Empfänger berücksichtigt werden. So wird ein Geschenk in Höhe von 100 € an einen Sachbearbeiter diesen tendenziell in seiner Entscheidung eher beeinflussen können als ein Geschenk gleicher Höhe an den Vorstand eines DAX-Unternehmens. Es ist auf den subjektiven Wert des Geschenks abzustellen, wobei dieses Kriterium damit nicht einfacher wird, sondern erhebliche Unschärfen in der Beurteilung vorliegen[525].

Die Genehmigungskontrolle kann sicherstellen, dass bei jedem Geschenk an einen Geschäftspartner, welches einen definierten Betrag überschreitet, durch eine zweite Person die Angemessenheitsentscheidung überprüft wird. Hier würde eine Grenze festgelegt werden, die in der weitaus überwiegenden Zahl von Fällen eine hinreichende Sicherheit zur Vermeidung von Bestechung gewährleistet und gleichzeitig die Geschäftsüblichkeit nicht behindert. Für darüber liegende Beträge wird im Einzelfall geprüft, dass sie nach Abwägung der Umstände und rechtlichen Anforderungen als nicht gesetzeswidrig einzustufen sind, z.B. ob der Betrag sowohl geschäftsüblich ist als auch keine Gefahr auslöst, dass die Hingabe als Bestechung gewertet wird.

Die freigebende Person muss sich entsprechend mit dem Sachverhalt objektiv und sachkompetent befassen können[526] und nicht lediglich ein formelles „Gegen-

---

525 Vgl. auch Bundesgerichtshof, 1 StR 260/08; 14.10.2008 (BGH [1 StR 260/08]), LG Karlsruhe, 3 KLs 620 Js 13113/06; 28.11.2007, Tz. 155 (LG Karlsruhe [3 KLs 620 Js 13113/06]), Hamacher, Karl / Roback, Marcus Dr., Strafbarkeit von „Hospitality"-Einladungen zu großen Sportevents gem. §§ 331, 333 und § 299 StGB?, in: DB, 2008/ 50; S. 2751] (Hamacher/Robak [Hospitality])
526 Vgl. COSO [IC updated], 2013, S. 102

zeichnen" durchführen. Sie muss die Kriterien für die Angemessenheit kennen, deren Einhaltung überprüfen können und durch die Freigabe bestätigen bzw. die Hingabe des Geschenkes untersagen können. Neben der fachlichen Kompetenz muss dafür auch die notwendige Unabhängigkeit gewährleistet sein. D.h. die freigebende Person darf von der zu überwachenden Person weder weisungsabhängig noch anderweitig abhängig sein. Hierbei können auch „Konkurrenzsituationen" die Unabhängigkeit beeinflussen. Eine völlige Unabhängigkeit ist allerdings nur selten zu erreichen, umso kleiner die jeweilige Organisation ist, umso eher werden sich z.B. beide Personen kennen. Menschliche Entscheidungen werden durch vielfältige Kräfte gleichzeitig beeinflusst, die „Komplexität macht es schwierig, genau festzustellen, wie jede einzelne dieser Kräfte unser Verhalten beeinflusst"[527]. Somit muss auch davon ausgegangen werden, dass potentiell immer eine Beeinflussung durch die sozialen Kontakte gegeben ist. Solche bestehenden, auch nur potentiellen Beeinflussungen müssen bei der Beurteilung berücksichtigt werden, ob eine geplante Kontrolle wirksam werden kann. Hierbei wird es einen Unterschied ausmachen, ob z.B. eine ‚Vier-Augen-Kontrolle' dem Vermeiden von Fahrlässigkeit dient oder eher der Verhinderung von vorsätzlichen Verstößen. Im ersten Fall wird eine gute persönliche Beziehung zwischen dem Kontrolleur und dem Kontrollierten tendenziell dazu führen, dass der Kontrolleur ein Interesse daran hat, potentielle Fehler bei seiner Durchsicht zu beseitigen, bevor diese an anderer (z.B. vorgesetzter Stelle) auffallen. Dagegen können gute persönliche Beziehungen im Falle der ‚Vier-Augen-Kontrolle' zur Vermeidung von vorsätzlichen, betrügerischen Verstößen tendenziell eher problematisch sein, da sie ein gemeinschaftliches Verstoß-Handeln begünstigen könnten.

Je nach Risikoeinschätzung, d.h. nach dem von der Kontrolle zu adressierenden Verstoßrisiko werden daher gegebenenfalls weitere Überwachungsmaßnahmen notwendig sein (oder nicht). Diese können z.B. durch Stichproben einer dritten unabhängigen Instanz oder durch zusätzliche aufdeckende Kontrollen erfolgen. Die Entscheidung über zusätzliche Maßnahmen wird unmittelbar im Zusammenhang mit der Ausgestaltung der Kontrolle getroffen. Die Fragestellung ist, ob die jeweilige, geplante Kontrolle alleine geeignet ist, um das jeweilige Risiko angemessen zu reduzieren.

Die Einrichtung der Kontrollmaßnahme geschieht durch die (möglichst schriftliche) Festlegung und Kommunikation der entsprechenden Arbeitsanweisungen. Soweit notwendig ist diese Einrichtung durch Schulungen zu begleiten. Für eine Vier-Augen-Kontrolle muss die Kontrollperson identifiziert werden, sie muss über die erforderlichen Genehmigungskriterien informiert sein und sie muss zeitlich in der Lage sein die Genehmigungen durchzuführen. Des Weiteren sind die erforderlichen Kommunikationswege zwischen beiden Personen einzurichten. Es muss sichergestellt sein, dass insgesamt alle notwendigen Ressourcen zur tatsächlichen Durchführung der Kontrolle vorhanden sind. Für jede Maßnahme ist zu beurteilen,

---

527 Ariely [Denken], 2008, Pos. 329 der eBook Ausgabe

welcher Mehraufwand für die mit der Maßnahme betrauten Personen entsteht. Dieser kann regelmäßig dadurch niedrig gehalten werden, dass Kontrollen in die bestehenden Arbeitsprozesse integriert werden. Es muss beurteilt werden, inwieweit ein entstehender Mehraufwand dazu führen könnte, dass die Mitarbeiter die Kontrolle tatsächlich nicht oder nicht in der vorgesehenen Art und Weise durchführen, um diesen Mehraufwand zu vermeiden. Hierfür wird auch entscheidend sein, ob die Mitarbeiter die Notwendigkeit und Angemessenheit der Maßnahme verstehen. D.h. alle präventiven Maßnahmen sollten – z.B. durch oben erwähnte Schulungen – begründet werden.

Eine andere Gruppe von präventiven Maßnahmen stellen Kontrollen dar, die Anzeichen für entstehende Compliance-Risiken identifizieren und dann zunächst den Prozess der Risikobeurteilung und Entscheidungen über die Risikoreaktion auslösen. Sie werden regelmäßig auf Basis der allgemeinen Identifikation von Risikofeldern implementiert. Als Beispiel kann eine Kontrolle angeführt werden, die vor der Geschäftsaufnahme mit neuen Kunden zunächst einen ‚Background-Check' zu dem potentiellen Kunden durchführt, um eventuelle Risiken zu Ausfuhrbeschränkungen aufzudecken und einzuschätzen. Auf der Basis von Informationen zum Sitz des Kunden und eventuell seiner Zweigniederlassungen oder Tochterunternehmen, der Geschäftstätigkeit des Kunden oder auch der Kenntnis, ob der Kunde eventuell auf Embargo-Listen geführt wird oder selbst in Geschäftsbeziehungen zu Unternehmen oder Ländern steht, die auf einer Embargo-Liste geführt werden, kann beurteilt werden ob und wenn ja welches Risiko besteht, dass Lieferungen an den Kunden zu einem Verstoß gegen deutsche oder internationale Ausfuhrbeschränkungen führen können. Auf der Basis dieser Risikobeurteilung kann in der Folge entschieden werden, ob mit diesen Kunden eine Geschäftsbeziehung eingegangen wird und ob für diese eventuell spezifische Kontrollen implementiert werden, die Compliance-Verstöße verhindern sollen. Auch zu anderen potentiellen Compliance-Risiken sind solche Background-Checks oder „Due-Diligence" Überprüfungen zunehmend Routine[528].

4.6.4. Detektivische Maßnahmen

Kein CMS ist in der Lage alle denkbaren Compliance-Verstöße voll umfänglich zu verhindern, da derartige Systeme immer inhärenten Beschränkungen unterliegen. Diese sind sowohl in praktischen als auch in menschlichen Unzulänglichkeiten begründet. Praktische Unzulänglichkeiten liegen u.a. in zu beachtenden Kosten-/Nutzenrelationen, so kann nicht ernsthaft gefordert werden, dass nur für den Zweck der Einrichtung von unabhängigen Vier-Augen-Kontrollen ein zusätzlicher Mitarbeiter eingestellt wird, der dann wöchentlich nur 20 leicht zu beurteilende Sachverhalte genehmigen muss. Die menschliche Unzulänglichkeit hängt sowohl mit der grundsätzlichen Fehleranfälligkeit menschlichen Arbeitens als auch mit dem durchaus größeren Risiko krimineller Handlungen zusammen. Zwar sind auch

---
528 Vgl. Rieder/Falge [Due Dilligence], S. 577

kriminelle Vorgänge grundsätzlich in die Risikoanalyse eines CMS einzubeziehen, allerdings ist es aus den zuvor erwähnten Kosten/Nutzenüberlegungen dann wieder nicht zu rechtfertigen, jedes nur mögliche kriminelle Handeln vorherzusehen und mit Kontrollen zu adressieren. Hierdurch würden nicht nur unverhältnismäßige Kosten entstehen, sondern die Organisation wurde auch Gefahr laufen ein „Orwell'sches" Überwachungssystem aufzubauen. Eine solche Übermaßüberwachung hätte auch auf die Akzeptanz und damit die Wirksamkeit der Maßnahmen des CMS eher negative Auswirkungen.

Zielsetzung eines CMS ist es daher nicht nur Compliance-Verstöße zu vermeiden oder zumindest wesentlich zu erschweren, sondern trotzdem auftretende Verstöße möglichst zeitnah zu erkennen und erforderliche Sanktions- und/oder Beseitigungsmaßnahmen zu ergreifen. Die Rechtsprechung verlangt daher auch: „Aufsichtspflichtige müssen regelmäßig stichprobenartige, überraschende Kontrollen durchführen (lassen)"[529]. Diese Aufdeckung von Verstößen erfolgt durch detektivische Kontrollen. Ihr Einsatz sollte nicht nur an den Stellen erfolgen, an denen eine Präventivmaßnahme als nicht möglich oder praktikabel eingeschätzt wird, sondern auch zum zeitnahen Aufdecken des Versagens von präventiven Maßnahmen, insbesondere solchen, die hohe Risiken adressieren oder z.B. auf Grund ihrer Komplexität ein hohes Risiko der Unwirksamkeit durch Versagen beinhalten. Staatsanwälte verstehen teilweise unter gehöriger Aufsicht nach § 130 OWiG gerade „eine eingehende Prüfung des Arbeitsverhaltens der Mitarbeiter"[530]. „Zu den gehörigen Aufsichtsmaßnahmen zählt ... auch die stichprobenweie, überraschende Kontrolle der Mitarbeiter."[531] Gerade bei solchen Überwachungsmaßnahmen sind aber „zahlreiche Vorschriften u. a. des Arbeits- und des Datenschutzrechts zu beachten, bei deren Missachtung gleichermaßen erhebliche Konsequenzen drohen, die von Unterlassungs- und Schadensersatzansprüchen bis hin zu strafrechtlichen Sanktionen reichen"[532]. Sowohl die Mitbestimmungsrechte des Betriebsrat als auch insbesondere Datenschutzbestimmungen sind zu beachten. Dies gilt umso mehr, wie Unternehmen auch in fremden Rechtsordnungen tätig sind und dort detektivische Maßnahmen des CMS installiert werden sollen.

Auch wenn es hierbei Überschneidungen zur Compliance-Überwachung gibt, sind detektivische Maßnahmen nicht mit den z.B. durch die interne Revision durchgeführten Nachprüfungen zu verwechseln. Bei letzteren geht es um die allgemeine Überwachung der Wirksamkeit von Systemkomponenten sowie dem Erkennen von Anpassungsmaßnahmen und Verbesserungspotential. Bei detektivischen Kontrol-

---

529 Grützner/Leisch [Probleme für Unternehmen], 2012, S. 792 mit Verweis auf: BGH, wistra 1982 S.34, Hölters, AktG, 2011, §93 Rdn.65
530 Baumert [Handlungssicherheit], 2013, S. 268
531 OLG Düsseldorf, VI-Kart 3/05 OWi; 27.3.2006, verfügbar unter: http://www.rechtsportal.de/lnk/go/r/ger_olg_duesseldorf_dat_20060327_akt_vi_kart_3_05_o wi, Entscheidungsgründe, IV. 3) a) (OLG Düsseldorf [VI-Kart 3/05 OWi])
532 Heldmann, Sebastian, Betrugs- und Korruptionsbekämpfung zur Herstellung von Compliance, in: DB, 2010/ 22; S. 1235 (Heldmann [Betrugsbekämpfung])

len handelt es sich dagegen um Kontrollen, die in die laufenden Prozesse eingebaut sind, aber im Gegensatz zu den Präventivmaßnahmen nicht im Vorfeld ein bestimmtes Verhalten steuern, sondern Anzeichen für Compliance-Verstöße identifizieren und entsprechende Kommunikations- und Überwachungsroutinen anstoßen.

So lassen sich z.b. kartellrechtswidrige Absprachen von Angestellten mit Mitbewerbern durch präventive Kontrollen kaum tatsächlich verhindern. Schulungen und Maßnahmen zu Compliance-Kultur können das Bewusstsein der Mitarbeiter für die Kartellrechtsprobleme wecken. Kontakte zwischen Mitarbeitern und Mitbewerbern können überwacht und gesteuert werden. Alle Maßnahmen können zwar die Wahrscheinlichkeit für das Auftreten von Kartellrechtsverstößen verringern aber im weitaus geringeren Umfang als präventive Maßnahmen in anderen Rechtsgebieten. In solchen Situationen erlangen aufdeckende Maßnahmen eine erhöhte Bedeutung. So kann das Vorliegen von Kartellen häufig durch empirische Analysen aufgedeckt werden[533]. Veränderungen in Preisstrukturen am Markt oder Veränderungen im Preis-Kosten-Verhältnis können bei regelmäßiger Beobachtung auf das Entstehen oder die Beendigung von Kartellen hinweisen und den Anlass für gezielte Untersuchungen bieten. Auch bereits durch Vergleich von Margen zwischen unterschiedlichen Vertriebsstrukturen kann sich der Verdacht ergeben, dass in einem Vertriebsbereich Kartellverstöße vorliegen, solche Verdachtsmomenten können Anlass zu Nachforschungen geben[534]. Eine weitere Maßnahme kann die inhaltliche Kontrolle der Protokolle von Verbandssitzungen durch die Rechtsabteilung auf ihre kartellrechtliche Relevanz sein[535].

Eine besonders häufig anzutreffende detektivische Kontrolle ist das Vorhandensein von sogenannten „Whistle-Blower-Systemen". Ein solches Hinweisgebersystem dient dazu, dass Stakeholder des Unternehmens (im Fokus sollten nicht nur Mitarbeiter stehen, sondern z.B. auch Lieferanten und Kunden), Verdachtsmomente oder gar konkrete Hinweise auf Non-Compliance – möglichst anonym – den CMS-Verantwortlichen zur Kenntnis bringen können. Solche Systeme „haben sich in den Unternehmen hervorragend etabliert und sind zum zentralen Bestandteil der Aufklärung von Compliance-Verstößen geworden"[536] auch wenn „das deutsche Recht ... grundsätzlich keine explizite Pflicht zur Einrichtung vor(sieht)"[537]. Bewährt haben sich dabei unterschiedliche Verfahren, die alle gewisse Vor- wie Nachteile haben. Bei rein anonymen Verfahren, die z.B. über email oder Internetzugänge eine Meldung von Verdachtsmomenten für Compliance-Verstöße ermöglichen, könnte die Gefahr einer mißbräuchlichen Nutzung tendenziell höher sein.

---

533 Nothelfer, Wolfgang, Empirische Screening als innovative Methode im Rahmen der Antitrust-Compliance, in: CCZ, / 2012; S. 186 (Nothelfer, Sreening)
534 Vgl. OLG Düsseldorf [VI-Kart 3/05 OWi], 2006, Entscheidungsgründe IV. 3) b)
535 Vgl. Kapp, Thomas Dr., Kartellrechts-Compliance in der Verbandsarbeit, in: Corporate Compliance Zeitschrift, Verlag C.H. Beck, 2013/ 6; S. 247 (Kapp [Kartellrecht])
536 Neufeld/Knitter [Mitbestimmung], 2013, S. 822
537 Hülsberg, Frank M. Dr. / Kuhn, Carsten: Hinweisgebersysteme zur Identifikation von Compliance-Verstößen, in: Compliance Aufbau – Management – Risikobereiche, 2013, S. 539 (Hülsberg/Kuhn [Hinweisgebersystme])

Regelmäßig wird es auch für das Nachverfolgen von Hinweisen notwendig werden, über den Inhalt der ersten Meldung hinausgehende Informationen zu erhalten. Ein solches ‚Nachfragen' wird bei einem Ombudsmannsystem einfacher sein, bei dem die Hinweise regelmäßig telefonisch eingehen und die Ombudsperson – häufig Angehörige der rechtsberatenden Berufe – unmittelbar nachfragen können. Dafür mag hier eine höhere Hemmschwelle für einen ersten Kontakt vorliegen.

Vor dem Hintergrund von Studien, die aufzeigen, dass Wirtschaftskriminalität weitaus überwiegend durch Hinweise von Mitarbeitern oder auch von Externen (Kunden, Lieferanten) zur Aufdeckung kommen, erscheint die teilweise erhobene Aussage verständlich, dass ein solches Hinweisgebersystem „ein unverzichtbares Instrument zur Aufdeckung und Vermeidung von Korruption und anderen Regelverstößen"[538] ist.

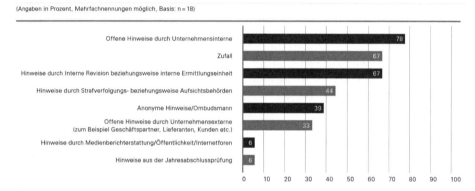

Abbildung 20 KPMG: Hinweisquellen für wirtschaftskriminelle Handlungen nach Angaben der betroffenen Unternehmen[539]

Anonyme Systeme, wie Ombudsleute oder Whistleblower-Hotline sind dabei ohne Frage sehr effektiv und bieten gerade durch die Anonymität eine hohe Erfolgschance. Es wäre aber unter Kosten-Nutzen-Gesichtspunkten verfehlt, generell ein ‚professionelles' Whistle-Blower-System zu fordern. Tatsächlich ist nur zu fordern, dass sichergestellt werden muss, dass potentielle Hinweisgeber eine einfache und vertrauenswürdige Möglichkeit haben, um ihre Verdachtsmomente oder konkreten Informationen an verantwortlicher Stelle zu Gehör zu bringen. Gerade in kleinen oder mittelständischen Unternehmen kann auch eine vertrauenswürdige und offene Unternehmenskultur angemessene und ausreichende Möglichkeiten einräumen. Umso größer ein Unternehmen ist und umso komplexer die Unternehmensstrukturen, umso dringender wird die Einrichtung von ‚professionellen' Whistle-Blower-Systemen. Denn letztlich muss die Möglichkeit bestehen, die Hinweise an die letztverantwortliche Stelle mitzuteilen. Hat der einzelne Mitarbeiter aber realistisch nur

---

538 Schaupensteiner [Grundzüge], 2011, S. 27
539 KPMG AG [Wirtschaftskriminalität], 2013e, Abb. 13

noch die Möglichkeit mit seinem unmittelbaren Vorgesetzten zu kommunizieren, besteht faktische keine Möglichkeit mehr gerade dessen Fehlverhalten zu offenbaren, außerdem besteht die Gefahr, dass „Hinweise auf einen Missstand innerhalb der Berichtslinie nicht weitergegeben werden"[540].

Umgekehrt kann eine Whistleblowing-Hotline sich dann negativ auf die Unternehmenskultur auswirken, wenn ihr Bestehen als ‚Spitzelei' empfunden wird. Eine in 2009 von der Wirtschaftsprüfungsgesellschaft PWC zusammen mit der Martin-Luther-Universität Wittenberg durchgeführte Umfrage bei Personen in 500 deutschen Unternehmen ergab, dass noch immer mit solchen Hinweisgebersystemen erhebliche Bedenken verbunden sind.

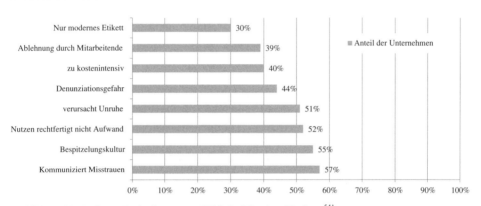

Abbildung 21 Umfrage: Bedenken gegen Whistle-Blowing-Hotlines[541]

Der besondere Kontext mit der jeweiligen Gesellschaftskultur darf (wie bei allen anderen Maßnahmen des CMS) nicht außer Betracht bleiben. Nicht nur in Bezug auf ‚Whistleblowing' können hier bedeutende Akzeptanzunterschiede bestehen. Gerade die deutsche Gesellschaft hat mit zwei totalitären politischen Systemen in der jüngeren Vergangenheit mit unliebsamen Assoziationen und einer besonders ausgeprägten Sensibilität für Datenschutz zu kämpfen[542]. Nicht nur, aber auch insbesondere bei der Einrichtung einer Whistleblowing Hotline, müssen daher die rechtlichen Rahmenbedingungen beachtet werden, und die Einführung einer solchen CMS-Maßnahme auch allen Beteiligten hinreichend begründet werden und eventuelle Bedenken der Beteiligten ernst genommen und offen besprochen werden. Jede Maßnahme des CMS wird in ihrer Wirksamkeit durch fehlende Akzeptanz beeinträchtigt. Eine Whistleblowing-Hotline, deren Inanspruchnahme als nicht akzeptabel empfunden wird, ist von schwierig zu überwindenden Hemmnissen der Inanspruchnahme umgeben. Bei der PWC Studie wurde auch festgestellt, dass in

---

540 Hülsberg/Kuhn [Hinweisgebersystme], 2013, 541
541 Bussmann, Prof. Dr. Kai-D, et al., Compliance und Unternehmenskultur – Zur aktuellen Situation deutschen Großunternehmen, 2009 (PWC [Compliance])
542 Siehe auch: Tödtmann, Ulrich, Whistleblowing: Anzeigepflichten als Compliance-Bestandteil bergen erhebliche Risiken, in: BB, 67/ 2012; S. I (Tödtmann [Anzeigepflichten])

Unternehmen mit einer als positiv bewerteten Unternehmenskultur lediglich eine 6%-ige Missbrauchsrate bei Meldungen an das Hinweisgebersystem geschätzt wurde, während solche mit einer durchschnittlichen bzw. unterdurchschnittlichen Unternehmenskultur 21% bzw. 20% Missbrauch registrierten[543].

Solche Hinweisgebersysteme dienen aber – wie alle detektivische Kontrollen – nicht nur der Aufdeckung von Compliance-Verstößen. Das Vorhandensein von detektivischen Kontrollen erhöht primär das Entdeckungsrisiko für Non-Compliance und damit auch die Hemmschwelle für solches Verhalten. Da Compliance-Verstöße häufig im unmittelbaren Umfeld als erstes auffällig werden oder sogar der Mitwirkung oder zumindest Duldung von Kollegen oder weisungsgebundenen Mitarbeitern bedürfen, erhöht insbesondere die Möglichkeit, dass diese Kollegen oder Mitarbeiter– gegebenenfalls sogar anonym, folglich ohne der Gefahr von sozialen Repressalien – das sanktionsbehaftete Verhalten offenbaren, die Angst vor Entdeckung und gegebenenfalls Ahndung[544]. Hieraus ergibt sich die präventive Wirkung der Aufsichtsmaßnahme. Detektivische Maßnahmen bedürfen daher einer ‚Sichtbarkeit', ebenso wie die Reaktionen auf hierdurch aufgedeckte Verstöße. Die detektivischen Kontrollen sollten daher regelmäßig offengelegt und ihre Ergebnisse transparent dargestellt werden. Hierdurch können sie zur Verbesserung oder Stabilisierung der Compliance-Kultur beitragen und bergen damit auch wieder präventive Züge. Dass stets die Transparenz der Maßnahmen mit ihrer Wirksamkeit abgewogen werden muss, versteht sich von selbst. Hierzu dient z.B. bei Hinweisgebersystemen die Anonymität, denn erst diese senkt für viele potentielle Hinweisgeber die Furcht vor (sozialen) Repressalien und damit die Hemmschwelle für eine Meldung. Ebenso müssen Maßnahmen zwar transparent aber trotzdem unvorhersehbar sein. D.h. die genaue Ausgestaltung von z.B. empirischen Analysen zur Aufdeckung möglicher Kartellrechtsverstöße[545] sollte nicht offengelegt werden, allerdings die Tatsache, dass solche Analysen oder andere Screenings nach ‚Red-Flags' erfolgen. Die konkreten Maßnahmen sollten stichprobenartig und überraschend sein[546]. „Der gegen ein Verbot vorsätzlich verstoßende Betriebsangehörige (muss) ernsthaft mit seiner Entdeckung und daraus resultierenen Konsequenzen rechnen"[547].

4.6.5. Reaktionen auf Compliance-Verstöße
Die Reaktion auf Compliance-Verstöße, seien sie tatsächlich eingetreten oder sei es, dass Anhaltspunkte, Verdachtsmomente für das Auftreten von Verstößen vorliegen, ist grundsätzlich ebenfalls Teil des Compliance-Programms. Eine trennscharfe Abgrenzung zu den Maßnahmen im Rahmen der Compliance-Überwachung ist aber weder möglich noch notwendig. Letztlich ist die Aufteilung in die Grundelemente keine organisatorische Trennung, sondern lediglich zur strukturier-

---

543 PWC [Compliance], 2009, S. 35
544 Bundesgerichtshof, KRB 4/80; 24.03.1981, Rz. 12 (BGH [KRB 4/80])
545 Vgl. S. 165
546 BGH [KRB 4/80], 1981, Rz. 12
547 Rogall [§ 130 OWiG], 2006, Rdnr. 60

teren Beschreibung des Systems notwendig. Da zwischen der Aufklärung von Compliance-Verstößen und den detektivischen Maßnahmen viele Überschneidungen bestehen, erscheint es sinnvoll, die Reaktion auf Compliance-Verstöße bereits hier zu behandeln. Wie bereits erwähnt ist die uneingeschränkte Reaktion auf solche Verstöße oder Verdachtsmomente (Zero-Tolerance)[548] ein wichtiger Baustein der Compliance-Kultur, da diese Zero-Tolerance die Bedeutung des CMS und die Glaubwürdigkeit der für das CMS Verantwortlichen stützt. Daneben können solche Reaktionen, die Sanktionscharakter haben auch eine präventive Wirkung entfalten. Die Rechtsprechung sieht auch durchaus eine Pflicht rechtlich mögliche Sanktionen anzudrohen[549]. Das konsequente Durchsetzen von Regeln sorgt dafür, dass diese als verbindlich und nicht nur auf Papier stehende Floskeln verstanden werden.[550] Ohne eine solche Reaktion besteht die Gefahr, dass „die Verbindlichkeit von Verhaltensvorschriften in Frage gestellt wird"[551].

Allerdings sollte „Reaktion" nicht nur mit „Sanktion" gleichgesetzt werden. Solche Sanktionierungen sind ein wichtiger Baustein, aber eben nur ein Baustein der möglichen und notwendigen Reaktionen. „Prinzipienreiterei erzeugt Härten im Einzelfall, schockiert die Belegschaft und stößt an die praktischen Grenzen des Arbeitsrechts"[552]. „Die Grenze bildet hier die Verhältnismäßigkeit der angedrohten Sanktion und die Zumutbarkeit ihrer Androhung"[553]. Die Vielfalt der gegebenenfalls notwendigen Reaktionen ist auch der Grund dafür, dass diese zum Compliance-Programm zu rechnen sind. Handelt es sich zunächst nur um Hinweise, Verdachtsmomente auf einen Verstoß, muss als Erstes eine genaue Beurteilung erfolgen, ob es tatsächlich zu einem Verstoß gegen die Compliance gekommen ist. Hinweise können sich z.B. aus detektivischen Maßnahmen des Compliance Programms ergeben. Insbesondere können sie in Hinweisgebersystemen (Whistleblower Hotline) eingegangen sein. Liegen solche Hinweise vor, ist es einerseits unumgänglich, abzuklären, ob sie auf einen tatsächlichen Compliance-Verstoß beruhen. Die Analyse muss ernsthaft, vorurteilsfrei und umfangreich erfolgen. Andererseits müssen entsprechende Untersuchungen zumindest anfänglich diskret erfolgen. Es muss sowohl berücksichtigt werden, dass die Hinweise „Fehlalarm" darstellen als auch, dass ein frühzeitiges Bekanntwerden den Erfolg der Untersuchungen gefährden kann, insbesondere wenn der Verstoß mit krimineller Energie begangen wurde. Der Untersuchung auf das tatsächliche Vorliegen eines Verstoßes muss eine Analyse der Ursachen des Verstoßes nachfolgen. Entscheidend ist u. a., ob ein vorsätzlicher Verstoß, d.h. kriminelle Energie vorliegt oder der Verstoß durch Unkenntnis oder falsche Ermessensentscheidungen verursacht wurde. Erst wenn dies geschehen ist,

---

548 Vgl. S.109 Zero-Tolerance als Korrektiv für möglichen Verstoß-Druck
549 Vgl.Rogall [§ 130 OWiG], 2006, Rdnr. 61
550 Schaupensteiner [Grundzüge], 2011, S. 24
551 Bock [Criminal Compliance], 2011, S.667
552 Ebenda, S. 667, mit Verweis auf Hauschka, in ZIP 2004, S. 877, 882
553 Vgl.Rogall [§ 130 OWiG], 2006, Rdnr. 62

kann über notwendige und sinnvolle Folgen für die an dem Verstoß beteiligten Personen entschieden werden.

Liegt ein Compliance-Verstoß oder Hinweise auf einen solchen vor, teilt sich die Reaktion hierauf folglich in drei Stufen auf:

Reaktionsstufe	Vorgehen
Untersuchung	Die Ursachen für den Verstoß müssen analysiert werden, gegebenenfalls muss zuvor erst noch ermittelt werden, ob tatsächlich ein Verstoß vorliegt, d.h. ein gegebener Verdacht sich erhärtet. Hierzu gehört eine Aufklärung über die gesamten Umstände und Abläufe des Verstoßes. Dies dient der Identifizierung aller Beteiligten und ihrer Rollen, der Feststellung der eingetretenen Folgen für das Unternehmen und Dritte sowie der Frage, wie der Verstoß trotz des vorhandenen CMS eintreten konnte.
Veränderung	Als Folge muss beurteilt werden, ob und gegebenenfalls wie das CMS verändert werden kann, um ähnlich gelagerte Verstöße in der Zukunft zu verhindern. Hier gelten die allgemeinen Grundsätze der Reaktion auf Risiken. Auch ein tatsächlich eingetretener Verstoß rechtfertigt keine „überzogenen" Maßnahmen. Aber ein solcher Verstoß sollte jedenfalls zu einer Überprüfung der bisherigen Risikoeinschätzung und der Angemessenheit der bisherigen Reaktionen auf die Risiken führen. Die vorschnelle Einordnung eines Verstoßes als „Restrisiko", das jedem CMS innewohnt, wäre fahrlässig.
Folgen für beteiligte Personen	Als Teil der Verhinderung zukünftiger Verstöße ist auch die Reaktion gegenüber den am Verstoß beteiligten Personen zu verstehen. Wie oben erwähnt, dient diese unbedingte Reaktion gegenüber den Beteiligten als Teil der Compliance-Kultur zur Vermittlung der Ernsthaftigkeit der Compliance-Vorschriften und auch zur Abschreckung potentieller Täter.

Tabelle 6 Reaktionen auf Compliance-Verstöße

4.6.5.1. Untersuchung

Schneider nennt Untersuchungen zur Aufdeckung von (vermuteten) Compliance-Verstößen „repressive Compliance-Nachforschungen" zur Unterscheidung von den detektivischen Kontrollen, die er als „präventive Compliance-Nachforschungen" bezeichnet[554]. Während präventive Untersuchungen zu den detektivischen Kontrollen zählen und regelmäßig von den Compliance-Verantwortlichen durchzuführen sind, ist die Durchführung von solchen repressiven Untersuchungen zur Aufklärung von Verstößen oder diesbezüglichen Verdachtsmomenten nicht primärer Arbeitsauftrag der Compliance-Abteilung. Sie werden in der Regel nicht durch „Mitarbeiter aus dem Bereich Compliance durchgeführt, sondern durch die Innenrevision."[555]

---

554 Vgl. Schneider, Uwe H. Prof. Dr. jur., Investigative Maßnahmen und Informationsweitergabe im konzernfreien Unternehmen und im Konzern, in: NZG, 2010/ 31; S. 1201 (Schneider [Investigative Maßnahmen])

555 Vgl. Poppe, Sina: Unternehmensinterne Ermittlungen in Compliance Fällen, in: Compliance Aufbau – Management – Risikobereiche, S. 581 (Poppe [Ermittlungen])

Eine solche Untersuchung erfordert zumeist andere Kenntnisse und Erfahrungen, die in Richtung Forensik ausgeprägt sein müssen. Häufig werden hierzu externe Berater mit einschlägiger Ausbildung hinzugezogen. Aufgabe des CMS und der Compliance-Abteilung ist es „geeignete Vorbereitungsmaßnahmen zu treffen, welche eine sofortige Reaktion im Ernstfall erlauben"[556]. Ohne solche Vorbereitungsmaßnahmen drohen im ‚Ernstfall' wichtige Informationen verloren zu gehen. „Die ersten 48 Stunden einer Untersuchung sind entscheidend für die weiteren Weichenstellungen, oft genug für den Ausgang der gesamten Untersuchung"[557]. Im Rahmen des CMS sollte daher festgelegt werden, welche Maßnahmen im Falle eines hinreichend begründeten Anfangsverdachts von Compliance-Verstößen oder insbesondere auch für den noch (zeit-) kritischeren Fall der – u.U. durch Medien oder Staatsanwaltschaft erfolgten – Aufdeckung von Compliance-Verstößen zu ergreifen sind. Sowohl die personelle Zuständigkeit (Untersuchungs-Team) als auch die ad hoc zu ergreifenden Maßnahmen (z.B. Sicherung von Datenbeständen und/oder Akten)[558] und gegebenenfalls Information innerhalb des Unternehmens oder an die Öffentlichkeit sollte nicht erst im ‚Ernstfall' entschieden werden, sondern frühzeitig festgelegt sein. Eine „Notfallmanagement und dessen Implementierung in ein Compliance-Management System (dürfte) unerlässlich sein"[559].

Eine Trennung dieser Vorbereitung für mögliche repressive Untersuchungen und deren tatsächlicher Durchführung empfiehlt sich nicht nur auf Grund der im Zweifel erforderlichen besonderen Kenntnise für solche forensische Untersuchungen. Es sollte auch beachtet werden, dass solche Untersuchungen zusätzliches Konfliktpotential haben können, wenn sie von denjenigen Personen durchgeführt werden, die auch für das CMS und seine Maßnahmen verantwortlich sind. Diese Konflikte können durch widersprüchliche Wahrnehmung der CMS-Verantwortlichen bei den Mitarbeitern entstehen. Fernandez nennt dies einen ‚Janus-Effekt', der entsteht, wenn diejenigen, die im Rahmen der Compliance-Prävention vertrauensvolle Berater sind, an die sich Mitarbeiter auch jederzeit u.a. bei Zweifelsfragen wenden können, gleichzeitig die Aufklärung von Verdachtssachverhalten durchführen[560]. Er plädiert dafür, dass Mitarbeiter von der Stelle an die sie sich wenden, um in kritischen Situationen Hilfe zu erhalten – dies sollte eine CMS-Abteilung sein – „ein rein positives Bild ... haben", da sie dann eher „bereit sind sich dieser (Stelle, d. Verf.) zu öffnen"[561]. Diese mögliche Auswirkung auf das Vertrauensverhältnis zu den CMS-Verantwortlichen sollte nicht unterschätzt werden. „Die Mitarbeiter des Unternehmens sollen nicht das Gefühl bekommen unter Beobachtung zu stehen,

---

556 Wisskirchen, Gerling Dr. / Glaser, Julia, Unternehmensinterne Untersuchungen – Eine praktische Anleitung, in: DB, 2011/ 24; S. 1392 (Wisskirchen/Glaser [Untersuchungen])
557 Ebenda, S. 1393
558 Vgl. Ebenda, S. 1394 ff
559 Schmalenbach Gesellschaft [Compliance], 2010a, S. 1515
560 Vgl. Fenandez, Thomas, Innenrevision und Korruptionsprävention – erfolgreiche Partnerschaft oder unglückliche Allianz?, in: ZIR, 2013/ 6; S. 288 (Fernandez [Innenrevision])
561 Ebenda

sondern sich bei mutmaßlichen Verstößen gegen die Verhaltensrichtlinien vertrauensvoll an den Compliance-Officer wenden können"[562]. Die Beratung der Mitarbeiter sollte „zu den grundlegenden Funktionen der Compliance-Organisation"[563] gehören.

4.6.5.2. Veränderung

Noch kritischer kann ein möglicher innerer Konflikt sein, den sich die CMS-Verantwortlichen ausgesetzt sehen, wenn sie im Rahmen repressiver Untersuchungen auch beurteilen müssen, warum der Compliance-Verstoß trotz der vorhandenen CMS-Richtlinien und Maßnahmen auftreten konnte. Hierbei muss nicht nicht nur analysiert werden, welche Anpassungen des CMS sich für die Zukunft ergeben, sondern auch, ob diese aufgedeckten Schwachstellen des CMS bereits früher hätten aufgedeckt werden können oder müssen. Insoweit würde jede repressive Untersuchung, die von den für das CMS verantwortlichen Personen geleitet wird, eine Selbst-Prüfung der CMS-Verantwortlichen darstellen.

Hieraus kann allerdings nicht abgeleitet werden, dass jeglicher auftretende Verstoß gegen Compliance-Vorschriften eine zu beseitigende Schwachstelle des CMS darstellt. Kein System wird in der Lage sein 100% aller denkbaren Verstöße zu verhindern (oder auch nur zeitnah aufzudecken). Die Analyse von sinnvollem Anpassungs- und Verbesserungsbedarf muss daher immer mit Augenmaß erfolgen. Im Rahmen der Reaktion auf Compliance-Verstöße selbst ist zunächst nur die sorgfältige Analyse der Umstände und Ursachen erforderlich. Wichtig ist die Frage, ob es trotz eines grundsätzlich wirksamen CMS zu dem Verstoß gekommen ist oder wegen einer Unwirksamkeit des CMS. Die Beurteilung des eventuell vorhandenen Anpassungsbedarfs und dessen Umsetzung sind darüber hinaus gehende Tätigkeiten, die dem Grundelement Compliance-Überwachung zuzuordnen sind.

4.6.5.3. Folgen für beteiligte Personen

Im Kapitel zur Compliance-Kultur[564] wurde bereits darauf hingewiesen, dass es für die Art der angemessenen Reaktion gegenüber den Beteiligten eines Verstoßes auf die Motivation bzw. Ursache für den Verstoß ankommt. Handelt es sich um einen vorsätzlichen Verstoß, ist eine Sanktionierung der Täter unumgänglich. Diese Sanktionierung ist es auch, die zumeist mit „Zero-Tolerance" bezeichnet wird, auch wenn hierunter tatsächlich ein weitaus größeres Spektrum an Reaktionen zu verstehen ist. Die Sanktionierung muss unabhängig von der Person des Täters (und seiner Stellung im Unternehmen) erfolgen. Sie soll auf der anderen Seite der „Schwere der Tat" angemessen sein. Dabei ist auf die Tat als solche abzustellen, etwa Art und Aufwand bei der etwaigen Umgehung von CMS-Vorschriften. Daneben sollten auf die Folgen des Verstoßes für das Unternehmen und Dritte berücksichtigt werden.

---

562 Schmalenbach Gesellschaft [Compliance], S. 1517
563 Inderst [Praktische Umsetzung], S. 136
564 Vgl. S.109 Zero-Tolerance als Korrektiv für möglichen Verstoß-Druck

Die potentiellen Sanktionen auf CMS-Verstöße sowie die Kriterien für die Festlegung der Art und Schwere der Sanktion sollten für alle Beteiligten jederzeit transparent sein. Dies dient einerseits der Abschreckung[565], aber auch der Akzeptanz des CMS insgesamt. Insbesondere für die Akzeptanz ist es förderlich, wenn nicht nur die Vorschriften des CMS verständlich erscheinen, sondern auch potentielle Sanktionen als „gerecht" und nicht willkürlich eingeschätzt werden. Art und Schwere von Sanktionen sowie gegebenenfalls auch das Verfahren und die Zuständigkeit für deren Verhängung, müssen angemessen sein. Dass sie den rechtlichen Rahmenbedingungen des Unternehmens entsprechen müssen, sollte selbstverständlich sein. „Niemand kann zur Drohung mit einer Maßnahme verpflichtet werden, deren Verwirklichung ihm aus Rechtsgründen verwehrt ist"[566]. So wird in Deutschland bei weniger schwerwiegenden Verstößen häufig zunächst nur eine Abmahnung zulässig und gegebenenfalls die Beteiligung des Betriebsrats notwendig sein. Daneben müssen die Maßnahmen aber auch zumutbar sein[567]. Alle Verstöße und die Reaktionen hierauf sollten im Unternehmen – und soweit externe Personen beteiligt waren auch außerhalb – kommuniziert werden. Dabei müssen allgemeine Datenschutz- und Persönlichkeitsrechte beachtet werden. Die Kommunikation von Verstößen sollte im Unternehmen nicht als ‚Pranger' wahrgenommen werden. Eine solche Kommunikation könnte zu einer ‚Solidarisierung' mit dem Tätern führen und dadurch die Compliance-Kultur eher beschädigen.

Ist die Ursache für den Verstoß nicht mit Vorsatz oder auch grober Fahrlässigkeit begründet, sollte die Reaktion vorrangig in Schulungsmaßnahmen bestehen. Dies umso mehr, wie derjenige, der gegen Vorschriften aus Unkenntnis verstoßen hat, die zugrundeliegende Norm unter Umständen eigentlich internalisiert hatte und somit die Absicht hatte, die Regeln einzuhalten, aber Einzelheiten des regelgerechten Verhaltens nicht kannte. Hier sind unterstützende Schulungsmaßnahmen und auch die Einbindung des Regelbrechers in die Analyse des Vorstoßes wesentlich. Geschieht dies nicht, besteht die Gefahr, dass der Regelbrecher an der Bedeutung der gebrochenen Norm zweifelt und der Grad der Internalisierung der Norm sinkt. Ob zusätzlich eine Sanktion angemessen und notwendig ist, sollte insbesondere bei unbewusst begangenen Verstößen sehr genau abgewogen werden. Waren unklare Bestimmungen oder unzureichende Schulung für den Verstoß ursächlich oder spielten zumindest eine wesentliche Rolle, besteht die Möglichkeit, dass Betroffene jegliche Sanktion als „Übermaß" und damit ungerecht empfinden. Die Akzeptanz des CMS insgesamt würde darunter leiden.

Die abgestufte Reaktion auf CMS-Verstöße lässt sich aus entsprechenden Umfragen als Praxis in den Unternehmen erkennen. Die KPMG Benchmarkstudie zeigt aber, dass bei der Reaktion auf Compliance-Verstöße noch ein gravierender Unter-

---

565 Vgl.John, Dieter / Hoffmann, Bernd: Empfehlungen für Unternehmen zur internen Bekämpfung von Mitarbeiterkriminalität, in: Der Wirtschaftsstraftäter in seinen sozialen Bezügen, 209, S. 20 (John/Hoffmann[Empfehlungen])
566 Rogall [§ 130 OWiG], 2006, Rdnr. 61
567 Ebenda, Rdnr. 62

schied zwischen großen oder börsennotierten Unternehmen und den mittelgroßen oder kleinen Unternehmen besteht. Bei letzteren hat sich der ‚Zero-Tolerance'-Gedanke noch nicht durchgesetzt. 15,6% der befragten Unternehmen in diesem Kluster haben angegeben nach Compliance-Verstößen keine der genannten Maßnahmen umgesetzt zu haben.

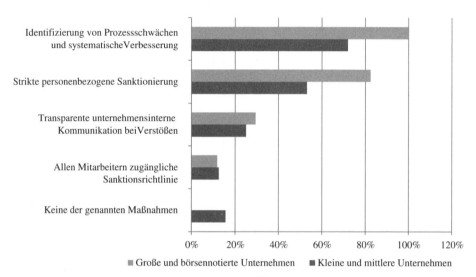

Abbildung 22 Maßnahmen als Reaktion auf Verstöße[568]

Bezüglich der Transparenz von aufgedeckten Verstößen und Sanktionskatalogen ist insgesamt bisher wenig Verständnis für die Bedeutung dieser Maßnahmen vorhanden. Dies verwundert insoweit, da die Studie von PWC/Universität Halle durchaus aufzeigen, dass Transparenz in einem engen Zusammenhang mit der Unternehmenskultur und der Akzeptanz von Compliance-Programmen gesehen wird[569]. Allerdings weist auch die KPMG-Studie bereits in der Einleitung darauf hin, dass es „deutliche Differenzen zwischen der wahrgenommenen und der tatsächlichen Ausgestaltung des Compliance-Management-Systems der Unternehmen"[570] gibt. Offenbar ist die Fehleinschätzung der Ausgestaltung und Wirksamkeit von CMS auch darauf zurück zuführen, dass die Bedeutung von einzelnen Maßnahmen unterschätzt wird.

4.6.6. Zwischenfazit zum CMS-Grundelement Compliance Programm
Als Zwischenfazit lassen sich zum Compliance-Programm die folgenden grundlegenden betriebswirtschaftlichen Aussagen festhalten:

---

568 Vgl.KPMG [Benchmark-I], 2013b, KPMG [Benchmark-II], 2013c, jeweils Abb. 6
569 Vgl.PWC/Martin-Luther-Universität [Studie 2013], 2013, S. 57 zum Zusammenhang zwischen Transparenz, Integritätskultur und Akzeptanz eines Anti-Korruptionsprogramms
570 KPMG [Benchmark-I], 2013b, S. 5

1. Das Compliance-Programm umfasst konkrete Richtlinien und Maßnahmen zur Umsetzung der als Reaktion auf erkannte und beurteilte Risiken getroffen Entscheidung zur Begrenzung des Risikos.
2. Alle Maßnahmen des Compliance-Programms sollten den identifizierten Risiken zugeordnet sein. Das Pflegen einer Risk-Response-Matrix ist zu empfehlen, um sowohl Lücken bei der Reaktion auf Risiken, wie auch unnötige oder unnötig redundante Maßnahmen zu vermeiden.
3. Die Maßnahmen sollen möglichst eng in die betrieblichen Prozessabläufe eingebettet sein und möglichst wenig zusätzlichen Aufwand erfordern.
4. Maßnahmen des Compliance-Programms lassen sich in vier unterschiedliche Kategorien aufteilen:

Kategorie	Beschreibung
CMS-Richtlinien	Regelungsrahmen, allgemeine Handlungsanweisungen, notwendige Informationen und Entscheidungshilfen zur Sicherstellung der Compliance, klare und verständliche Kommunikation von Grundsätzen
Präventive Maßnahmen	In die Prozesse eingebettete Handlungsabläufe, die das Auftreten von Compliance-Verstößen verringern oder das Auftreten oder die Realisierung von besonderen Risiken frühzeitig erkennen.
Detektivische Maßnahmen	Maßnahmen zur Aufdeckung von Compliance-Verstößen, die nicht durch präventive Maßnahmen verhindert wurden. Nachschauen, Red-Flag-Indikatoren, stichprobenweise, überraschende Untersuchungen, Hinweisgebersysteme.
Reaktionen auf Compliance-Verstöße	Analyse der Ursachen eines Verstoßes und der Abläufe Erkennen und Umsetzen von Anpassungsbedarf des CMS Schulungen oder Sanktionierungen für beteiligte Personen

Tabelle 7 Kategorien des Compliance-Programms (Kurzbeschreibung)

5. Bei allen Programm-Elementen muss eine Kosten-Nutzen-Analyse erfolgen.
6. Richtlinien sollten verständlich und zielgruppenorientiert formuliert werden und möglichst mehr als Unterstützung denn als Eingriff in die persönlichen Freiheitsrechte empfunden werden, um keine Reaktanz-Reaktion auszulösen.
7. Die Regelungsinhalte von Richtlinien müssen selbst im Einklang mit gesetzlichen Bestimmungen sowie den Werten des Unternehmensumfelds stehen. Hierbei sind nicht nur unterschiedliche gesetzliche Bestimmungen und Wertvorstellungen in einzelnen Ländern zu beachten, sondern insbesondere arbeitsrechtliche Anforderungen. Z.B. sind Mitbestimmungsrechte des Betriebsrats zu beachten.
8. Zur Prävention werden Arbeitsabläufe sowie z.B. Zustimmungs- oder Genehmigungsroutinen definiert, die auf die Punkte der Unternehmensprozesse einwirken, an denen ein Compliance-Verstoß vorsätzlich oder fahrlässig eintreten könnte.
9. Präventive Kontrollen sollten in bestehende Arbeitsprozesse soweit möglich ohne nennenswerten Mehraufwand eingegliedert sein. Die mit der Durchführung

der Kontrollen beauftragten Personen müssen hinreichend geschult sein. Es müssen alle notwendigen Ressourcen zur Durchführung zur Verfügung stehen. Angemessenheit und Notwendigkeit von Maßnahmen sollten den mit der Durchführung betrauten Personen hinreichend erklärt sein.
10. Präventive Kontrollen richten sich auch auf die Identifizierung von neu entstehenden Risiken oder den Eintritt bereits identifizierter potentieller Risiken
11. Detektivische Kontrollen können z.B. in Form der Identifizierung von ‚Red-Flags' oder durch Hinweisgebersysteme erfolgen. Daneben gehören detektivische Kontrollen in Form von stichprobenweisen, überraschenden Kontrollen von Mitarbeitern nach der Rechtsprechung zur Pflicht einer gehörigen Aufsicht.
12. Detektivische Kontrollen sollten sichtbar sein und dadurch die Gefahr einer Aufdeckung von Compliance-Verstößen erkennbar erhöhen.
13. Hinweisgebersysteme sind grundsätzlich effektive Möglichkeiten zur Aufdeckung von Compliance-Verstößen. Die Ausgestaltung solcher Systeme ist abhängig von der Größe und Organisationsstruktur des Unternehmens.
14. Unternehmensinterne Untersuchungen als Reaktion auf Verdachtsmomente oder erkannte Compliance-Verstöße müssen die Ursachen des Verstoßes und seine genauen Umstände analysieren helfen und Basis für die Beurteilung von Veränderungen am CMS sein.
15. Untersuchungen von (vermuteten) Compliance-Verstößen sollten nicht von den für das CMS verantwortlichen Personen durchgeführt werden, sondern von hiervon unabhängigen und mit der Durchführung von forensischen Untersuchungen vertrauten Stellen.
16. Verstöße gegen Regelungen des CMS müssen Konsequenzen für die handelnden Personen haben. Diese Konsequenzen müssen angemessen und transparent sein. Neben gegebenenfalls erforderlichen Sanktionen ist insbesondere bei fahrlässigen Verstößen die Notwendigkeit von (Nach-)Schulungen zu beurteilen.

4.7. Compliance-Kommunikation

4.7.1. Grundlagen der CMS-Kommunikation

Der Begriff „Kommunikation" kann unterschiedlich interpretiert werden. Das einfachste Modell des Mathematikers Shannon beschreibt Kommunikation als die Übertragung von Daten von einem Sender an einen Empfänger, die auf ihrem Weg einen Störrauschen ausgesetzt sind.[571] Diese Betrachtung ist für Zwecke der Kommunikationstechnologie zielführend. Für die Erklärung der Kommunikation zwischen Menschen und innerhalb von Organisationen bedarf es komplexerer Erklä-

---

571 Vgl. Shannon, Claude Elwood, A Mathematical Theory of Communication, auf: Reprinted with corrections from The Bell System Technical Journal, Vol. 27, pp. 379–423, 623–656, July, October, 1948., verfügbar unter: http://cm.bell-labs.com/cm/ms/what/shannonday/shannon1948.pdf, letzter Abruf am: 15.11.2013(Shannon [Communication])

rungsversuche, diese ziehen die Kontextsetzung und Verarbeitung der Daten zu Informationen durch die Empfänger ein. Die Empfänger der Daten sind diejenigen, die „immer auch anders auf jede Mitteilung reagieren könnten, als es der jenige, der sich auf eine bestimmte Weise und mit einer bestimmten Absicht verhält (der Sender der Daten, d.Verf.), vorhersagen kann …. Niemand kann eindeutig festlegen, wie sein eigenes Verhalten von anderen verstanden wird"[572]. Für die Betrachtung im Rahmen von CMS ist dieser komplexere Definitionsansatz erforderlich aber auch hinreichend. Auf weitere Ansätze zur Definition von Kommunikationsvorgängen soll daher hier nicht eingegangen werden.[573]

Kommunikation umfasst danach nicht nur Daten im umgangssprachlichen Sinn, sondern jede Form von ‚Signalen', die von einer Person an eine andere Person übertragen wird. Diese Signale können „bewusst in Form von Entscheidungen, Anweisungen, Fragen usw., oder meist unbewusst als Symbole, in der Gestalt von Handlungen, Ritualen, Gegenständen usw."[574] ‚gesendet' werden. Faktisch findet Kommunikation daher stets statt, wenn zwei oder mehr Menschen aufeinandertreffen. Simon sieht in „Kommunikationen und ihren Relationen (d.h. … ihrer raum-zeitlichen Ordnung: Kommunikationen, die gleichzeitig und/oder nacheinander erfolgen)"[575] die Struktur von Organisationen. Diese umfassende Betrachtung von Kommunikation macht das Grundelement ‚Kommunikation' zu einem zentralen Bindeglied für das CMS und seine Einbindung in das Unternehmen.

Der IDW Prüfungsstandard PS 980 erfasst im Grundelement Compliance-Kommunikation alle internen und externen Informationsanforderungen an ein CMS. „Die jeweils betroffenen Mitarbeiter und ggf. Dritte werden über das Compliance-Programm sowie die festgelegten Rollen und Verantwortlichkeiten informiert, damit sie ihre Aufgaben im CMS ausreichend verstehen und sachgerecht erfüllen können. Im Unternehmen wird festgelegt, wie Compliance-Risiken sowie Hinweise auf mögliche und festgestellte Regelverstöße an die zuständigen Stellen im Unternehmen (z.B. die gesetzlichen Vertreter und erforderlichenfalls das Aufsichtsorgan) berichtet werden."[576] Diese Beschreibung ist vom Wortlaut knapper als die ausführlichen Ausführungen zu ‚Information and Communication' in den COSO Rahmenwerken zu IKS bzw. und umfasst scheinbar nur die Informationsvermittlung vom CMS an Mitarbeiter und Dritte.

In COSO ERM findet sich u.a. die zentrale Aussage „Having the right information, on time and at the right place, is essential to effecting enterprise risk management."[577] COSO weist zu Recht darauf hin, dass es sowohl um die Ermittlung

---

[572] Simon, Fritz B. Prof. Dr., Einführung in die systemische Organisationstheorie, 2013, S. 21 (Simon [Organisationstheorie])
[573] Eine sehr ausführliche Darstellung zu Kommunikationstheorien findet sich bei Menz / Stahl [Stakeholderkommunikation], 2013, S. 23 ff.
[574] Ebenda, S. 27
[575] Simon [Organisationstheorie], 2013,
[576] IDW [PS 980], 2011b, Tz. 23
[577] COSO [ERM], 2004a, S. 71

aller für das CMS notwendigen Informationen[578] als auch um die zeitgerechte Kommunikation dieser Informationen[579] an die Personen geht, die auf Basis dieser Informationen Handlungsentscheidungen vornehmen und Handlungen durchführen müssen. Diese Anforderung, „erforderliche Informationen zur richtigen Zeit und im richtigen Format zum Entscheider zu bringen"[580] wird als wesentliche Aufgabe eines Informationsmanagements gesehen. Hierbei können die Informationen sowohl intern wie auch extern zu beschaffen sein. Die Kommunikation ist keineswegs eine Einbahnstraße. Die Vermittlung von Information kann sowohl in das Unternehmen hinein als auch aus dem Unternehmen hinaus[581] notwendig sein. Kommunikationsstrukturen sind sowohl für die Vermittlung von Informationen ‚Top-Down', d.h. vom Management an die Mitarbeiter als auch ‚bottom-Up', d.h. von den Mitarbeitern oder aus den Prozessen heraus an das Management oder die für das CMS Verantwortlichen erforderlich.

Tatsächlich ist Kommunikation für das CMS in und aus mehrere(n) Richtungen und zu unterschiedlichen Zwecken erforderlich. Betrachtet man das CMS in einem institutionellen Sinn, bestehen Kommunikationsströme nicht nur innerhalb des CMS, sondern auch zur CMS-Abteilung hin und von ihr weg. Beides sowohl in Richtung auf unternehmensinterne und unternehmensexterne Kommunikationsteilnehmer. Ziel der Kommunikationsanstrengungen ist sowohl das Vermitteln und Ermitteln von Informationen zur Festlegung der CMS-Ziele als auch das Ver- und Ermitteln von Informationen für die wirksame Umsetzung dieser Ziele wie auch für die Beurteilung dieser Wirksamkeit.

Das CMS beinhaltet eine Vielfalt von notwendigen Kommunikationsströmen, in deren Zentrum eine CMS-Abteilung steht. Wie oben dargestellt, wird zu diesen Kommunikationsströmen nicht nur die Vermittlung von Daten im umgangssprachlichen Sinn, sondern jegliches ‚Versenden' von Signalen verstanden. Für die Betrachtung des CMS-Grundelements ‚Kommunikation' soll hier aber unterschieden werden zwischen Datenmengen, die durch Kontextsetzung und Verarbeitung zu Information innerhalb des CMS und des Unternehmens werden und den ‚anderen Signalen', die im Rahmen der Kommunikation ausgetauscht werden. Datenmengen, die zwischen unterschiedlichen Sender/Empfänger-Gruppen ausgetauscht werden, können z.B. sein:

---

578 Vgl. COSO [IC updated], S. 105 principle 13
579 Vgl. Ebenda, S. 105 principle 14
580 Krcmar, Helmut, Informationsmanagement, 2010, S. 31 (Krcmar [Informationsmanagement])
581 Vgl. COSO [IC updated], 2013, S. 105 principle 15

Datenmenge	Sender	Empfänger
Gesetze, Regeln	Gesetzgeber	CMS-Abteilung
	CMS-Abteilung	CMS-Abteilung
		Geschäftsleitung / AR
		Mitarbeiter
Werte	Geschäftsleitung / AR	Mitarbeiter
		CMS-Abteilung
		Öffentlichkeit
	CMS-Abteilung	Mitarbeiter
Handlungsanweisungen	Geschäftsleitung	CMS-Abteilung
		Mitarbeiter
	CMS-Abteilung	Mitarbeiter
		Zulieferer
		Sub-Auftragnehmer
Prozessabläufe	Mitarbeiter	CMS-Abteilung
	CMS-Abteilung	Mitarbeiter
Risiken	CMS-Abteilung	CMS-Abteilung
		Geschäftsleitung / AR
		Mitarbeiter
	Mitarbeiter	CMS-Abteilung
	Umfeld	CMS-Abteilung
Nachweise über Kontrollhandlungen	Mitarbeiter	CMS-Abteilung
	CMS-Abteilung	Geschäftsleitung/AR
	Geschäftsleitung	AR
		Öffentlichkeit
Berichte über Evaluierungen	CMS-Abteilung	Geschäftsleitung
		AR
		Mitarbeiter
		CMS-Abteilung
	Geschäftsleitung	Öffentlichkeit

Tabelle 8 Beispiele für Datenströme im CMS

Im Sinne der mathematischen Definition von Kommunikation ist das CMS somit zeitweise Sender und zeitweise Empfänger von Kommunikation. Zur besseren Unterscheidung sollen diese Funktionen im Weiteren als Informationsbeschaffung (Kommunikationsempfänger) und Kommunikation (Kommunikationssender) bezeichnet werden.

Die zweite Gruppe von Signalen, die überlicherweise nicht als Daten bezeichnet werden, umfasst die Signale, die bei der Vermittlung dieser Datenmengen ‚nebenbei' übermittelt werden. Hierunter fällt z.B. die Art und Weise wie relevante Datenmengen vermittelt werden, umgangssprachlich besteht der Ausdruck ‚der Ton macht die Musik', d.h. es kann einen erheblichen Unterschied machen, wie, von wem, wann, mit welchem Medium und in welchem Stil versucht wird Informationen zu vermitteln. Mitarbeiter werden auf Anweisungen unter Umständen anders reagieren, als auf Hinweise in Form freiwilliger Informationsangebote. Inhalte von Mitarbeiterzeitungen erzeugen potentiell andere Wirkungen als persönliche Worte eines Vorgesetzten, etc. Diese „anderen Signale" sollen im Weiteren als ‚Kommunikationsrahmen' bezeichnet werden, um eine eindeutige Trennung von den Daten und den ‚anderen Signalen' zu erreichen. Mit diesem Kommunikationsrahmen kann der Sender in einer Kommunikation bewusst oder unbewusst auf die Interpretation und Verarbeitung der Signale beim Empfänger einwirken. Aber auch bei der Informationsbeschaffung kann der Empfänger versuchen, durch einen geeigneten Kommunikationsrahmen die Informationsbeschaffung zu erleichtern. Nachfolgend soll zunächst die Informationsbeschaffung und die Kommunikation in Bezug auf CMS allgemein dargestellt werden. Anschließend werden diese allgemeinen Aussagen dann für die Bereiche ‚Schulungen' und ‚Wissensmanagement' konkretisiert, da es sich hierbei um die wesentlichen Umsetzungswege für ein CMS handelt.

4.7.2. Informationsbeschaffung

Ein funktionsfähiges CMS benötigt permanent Informationen, z.B. über Rahmenbedingungen des Unternehmens sowie Prozessabläufe. „Mit unzureichenden Informationen kann eine qualifizierte unternehmerische Entscheidung nicht getroffen werden"[582]. Fehlt es an einer qualifizierten unternehmerischen Entscheidung, kann eine haftungsbefreiende Wirkung nach der Business Judgment Rule nicht eintreten. Informationen sind mehr als reine Daten. Eine einheitliche Definition von und damit starre Grenze zwischen Daten und Information besteht im Wissensmanagement nicht[583]. Angeknüpft werden soll an die hierarchische Abfolge, dass Daten gezielt zusammengestellt und mit einem Zweck in Kontext gebracht werden müssen, damit ihnen eine Bedeutung und damit die Qualität von Information zukommen kann und diese Information dann wiederum durch Verknüpfung und intellektuelle Einbindung zu Wissen wird.[584] Daten sind somit zunächst ‚Fakten', im CMS z.B. Geset-

---

582 Sieg, Oliver Dr. / Zeidler, Simon-Alexander Dr.: § 3. Business Judgment Rule, in: Corporate Compliance: Handbuch der Haftungsvermeidung in Unternehmen, 2010, Rdnr. 16 (Sieg/Zeidler [BJR])
583 Vgl. Loh, Sonja Gust von, Wissensmanagement und Informationsbedarfsanalyse in kleinen und mittleren Unternehmen, in: Information Wissenschaft & Praxis, 2008/ 2008; S. 119 (Loh [KMU-1])
584 Vgl. Ebenda, S. 119

zestexte oder Regeln im Allgemeinen. Das reine Sammeln von solchen Gesetzestexten macht für das CMS aber noch keinen Gebrauchswert. Diese Daten müssen ‚in Form' gebracht werden, sie stellen „das entscheidende Rohmaterial zur Schaffung von Informationen bereit"[585].

Für das CMS kann diese hierarchische Abgrenzung der Begriffe sinnvoll angewendet werden um die unterschiedlichen Stufen der Informationsbeschaffung im CMS darzustellen:

Kategorie	Inhalte
Daten	Gesetze, (Verbands-)Richtlinien, etc.
	Unternehmensprozesse, Organisationsstrukturen
	Daten über: Kunden, Lieferanten, Sub-Unternehmen, Mitarbeiter, etc.
Informationen	Als relevant für das CMS identifizierte Daten, abhängig vom Kontext zwischen den Daten
Wissen:	Umsetzung der Informationen in konkrete Grundlagen für die Prozesse und Maßnahmen des CMS, kommuniziert an alle relevanten Adressaten

Tabelle 9 Hierarchische Darstellung der CMS-Informationsbeschaffung

Erst durch die Transformation von Daten in Information können diese in Verbindung mit den Erfahrungen aus Risk Management, internen Regeln, Prozessabläufen etc. zu Wissen transformiert werden, das die Grundlage für die Organisation des CMS darstellt. Bereits bei der allgemeinen Risikoidentifikation kann z.B. das Regelungsrahmen-Risiko nur eingeschätzt werden, wenn Informationen über die einzuhaltenden Regelungen vorliegen. D.h. bestehende Regelungen (Daten) müssen als für das Unternehmen grundsätzlich relevant erkannt, bestimmten Prozessen und Abläufen im Unternehmen zugeordnet (in einen Kontext gesetzt) und damit für das CMS als relevant eingestuft werden. Die Relevanz von Daten begründet sich sowohl im juristischen Kontext als auch im betrieblich, prozessualem Kontext. Juristisch muss beurteilt werden, welche der Vielzahl von Regelungen grundsätzlich vom Unternehmen, seinen Mitarbeitern und Organen zu beachten sind, es sind sowohl zivilrechtliche Haftungsfragen, als auch strafrechtliche Tatbestandsmerkmale zu beurteilen. Erforderlich ist ein „nach Rechtsgebieten, Jurisdiktionen und konkreten Tätigkeiten des Unternehmens aufgegliederter Erfassungsprozess"[586]. Aus betriebswirtschaftlicher Sicht ist zu klären, welche Tatbestände potentiell durch die betriebliche Tätigkeit des Unternehmens verwirklicht werden können. Die Relevanz von zur Verfügung stehenden Daten über rechtliche Anforderungen kann so-

---

585 Davenport, Thomas H. / Prusak, Laurence, Wenn Ihr Unternehmen wüßte, was es alles weiß* … das Praxishandbuch zum Wissensmanagement; [aus Informationen Gewinne machen; verborgenes Potential entdecken; von internationalen Organisationen lernen], 1999, S.28 (Davenport [Wissen])
586 Busekist/Schlitt [Mindestanforderungen], 2012, S. 88

mit nicht ohne Kenntnis der tatsächlichen betrieblichen Prozesse beurteilt werden. Die notwendigen Daten sind nicht statisch, sondern unterliegen fortlaufenden Veränderungen, sowohl auf der Seite der potentiell relevanten Regelungen als bei den betrieblichen Prozessen.

Veränderungen der Regelungen durch Änderungen der gesetzlichen Bestimmungen sind unternehmensextern verursacht. Unternehmensinterne Entscheidungen können aber die Relevanz von bestehenden oder sich verändernden Regelungen verändern. Dies ist u.a. der Fall, wenn das Unternehmen neue Geschäftsfelder bedienen will, für die besondere Regelungsanforderungen bestehen. Ebenso wird eine regionale Ausdehnung der Geschäftstätigkeit auf andere Jurisdiktionen regelmäßig veränderte Anforderungen an die Beachtung von gesetzlichen Regelungen bedeuten. Die Anforderungen zur Ermittlung relevanter externer Informationen können sich somit auf der Basis relevanter interner Informationen verändern. Diese internen Informationen stoßen aber nur die Notwendigkeit zur Ermittlung neuer oder veränderter externer Informationen an.

Dagegen sind die notwendigen Informationen zur Identifikation des Regelungsverstoß-Risikos zumeist intern verfügbar. Informationen über unternehmensinterne Prozesse und Verfahrensabläufe dienen der Einschätzung des Risikos gegen bekannte, relevante Regeln zu verstoßen. Auch hier ist eine einmalige Erhebung nicht ausreichend, vielmehr müssen ebenfalls alle Veränderungen erfasst werden. Denn die Forderung, dass ein Risk Assessment kein singuläres Ereignis im Unternehmen darstellen darf, sondern einer regelmäßigen Aktualisierung bedarf,[587] ist nur erfüllbar, wenn die dafür notwendigen Informationen regelmäßig vorhanden sind. Dabei darf nicht erst eine erneute Durchführung des Risk Assessments der Auslöser für die Ermittlung aktualisierter Informationen sein, vielmehr muss sichergestellt sein, dass immer, wenn eine relevante Veränderung von Informationen vorliegt, die Notwendigkeit einer erneuten Risiko-Bewertung beurteilt wird. Verändert sich das Regelungsrahmen-Risiko ist ebenfalls eine Neubewertung der internen Prozesse und Verfahrensabläufe notwendig, um das Regelungsverstoß-Risiko bewerten zu können. Externe Informationen, die das Regelungsverstoß-Risiko betreffen sind z.B. die Beurteilung von Geschäftspartnern in Bezug auf Compliance-Risiken. Hier stellt der im Abschnitt „Compliance-Programm" erwähnte Background-Check[588] eine der vielen Maßnahmen des CMS dar, die unter dem Aspekt unterschiedlicher Grundelemente betrachtet werden können. Ebenso wie die Notwendigkeit zur (Neu-)Ermittlung von externen Informationen zum Regelungsrahmen-Risiko intern verursacht und damit entsprechende Tätigkeiten angestoßen werden, kann die Notwendigkeit zur (Neu-)Ermittlung von internen Informationen zum Regelungsverstoß-Risiko extern verursacht und entsprechende Tätigkeiten damit angestoßen werden. Dies ist regelmäßig bei Veränderungen des Regelungsrahmen-Risikos der Fall. Verändern sich einzuhaltende Regeln, muss intern über-

---

587 Vgl. Ebenda, S. 95
588 Vgl.4.6.3 Präventive Maßnahmen S. 171 ff.)

prüft werden, ob sich dadurch Veränderungen beim Regelungsverstoß-Risiko ergeben.
Die notwendigen Daten sind theoretisch auf der Basis von entsprechenden Geschehnissen verfügbar. Ändert sich das Regelungsrahmen-Risiko z.b. durch eine Gesetzesänderung, wird das geänderte Gesetz entsprechend bekannt gemacht. Die grundsätzliche Verfügbarkeit von Daten ist aber nicht gleichbedeutend mit der Verfügbarkeit für das Unternehmen. Es müssen daher Verantwortlichkeiten und Prozesse für die Ermittlung der genannten internen und externen Daten definiert werden, um diese in Kontext zu setzen und zu Informationen zu verarbeiten. Diese Festlegungen müssen sowohl die fortlaufende Datenerhebung betreffen als auch eine anlassbezogene (z.B. der bereits erwähnte Geschäftspartner-Backgroundcheck). Die Identifizierung von Zeitpunkt, Anlaß und Umfang solcher anlassbezogenen Informationssammlung ist Teil der Risikoanalyse, ebenso die Häufigkeit und Intensität der fortlaufenden Informationssammlungen. So kann unter Umständen davon ausgegangen werden, dass Veränderungen nationaler Gesetze eher allgemein bekannt sein werden und daher einen weniger formalen Prozess benötigen. Veränderungen von gesetzlichen Vorschriften in Ländern, in denen das Unternehmen zwar Geschäftstätigkeit hat, aber u.U. keine eigene Niederlassung werden dagegen regelmäßig seltener den Verantwortlichen durch die allgemeine Geschäftstätigkeit bekannt werden. Hier kann es z.B. notwendig sein regelmäßig spezielle Erhebungen durchzuführen oder – je nach Risikolage – im jeweiligen Land einen Juristen zu beauftragen, die Entwicklung fortlaufend zu beobachten und ad hoc zu berichten.
Daten müssen vom Unternehmen nicht nur ermittelt und zu Informationen verarbeitet werden. Das Unternehmen muss diese Informationen in unternehmensweites Wissen umsetzen. In der Literatur werden verschiedene Definitionen von ‚Wissen' diskutiert. Davenport charakterisiert Wissen als „fließende Mischung aus strukturierten Erfahrungen, Wertvorstellungen, Kontextinformationen und Fachkenntnissen, die in ihrer Gesamtheit einen Strukturrahmen zur Verteilung und Eingliederung neuer Erfahrungen und Informationen bietet"[589]. Wenn der BGH „die Notwendigkeit der Einrichtung einer unternehmensinternen Informationsorganisation betont"[590], dann reicht es regelmäßig nicht aus, nur die schlichten Informationen zur Verfügung zu stellen. Vielmehr muss die Verfügungsstellung so erfolgen, dass die Informationen in Wissen transformiert werden. Das Unternehmen muss somit Compliance-relevante Informationen an Mitarbeiter des Unternehmens sowie – soweit notwendig – an Dritte in einer Art und Weise kommunizieren, damit diese entsprechend das Wissen beim Handeln berücksichtigen. Dies erfolgt häufig durch „Einbettung (des Wissens, d.Verf.) in organisatorische Routinen, Prozesse, Praktiken oder Normen"[591].

---

589 Davenport [Wissen], 1999, S. 32
590 Wecker/Galla [Compliance Organisation], 2009, S. 53; Bundesgerichtshof, IX ZR 227/04;
   15.12.2005 (BGH [IX ZR 227/04])
591 Davenport [Wissen], 1999, S. 32

4.7.3. Kommunikation

Sowohl bei dem intern wie dem extern verfügbarem Informationmaterial besteht regelmäßig eine Diskrepanz zwischen den Personen, die Informationen unmittelbar selbst besitzen oder ermitteln und den Personen, die auf der Basis dieser Informationen die Risiken konkret identifizieren und bewerten, entsprechende Reaktionen auf die Risiken festlegen und abschließend als Reaktion definierte Maßnahmen durchführen. Häufig werden diese Schritte des CMS zusätzlich von unterschiedlichen Personengruppen durchgeführt. Damit alle am CMS beteiligten Personen stets relevante aktuelle Informationen für ihre Handlungen besitzen, müssen Informationen ausgetauscht werden. Hierzu gehören auch eventuelle Veränderungen am CMS aufgrund der geänderten Informationen. Diese sind selbst wiederum eine Information, die alle relevanten Beteiligten wissen müssen, d.h. die Information muss ihnen so zur Kenntnis gebracht werden, dass sie ihr Handeln auf Basis dieser Information ausrichten können.

Die Informationen müssen somit nicht nur zeitgerecht ermittelt werden, sie müssen auch zeitgleich an die relevanten Personen übermittelt werden. Eine entsprechende „Pflicht zur Weiterleitung von Informationen innerhalb eines Unternehmens[592]" wird auch aus juristischer Sicht betont. Es reicht aber nicht aus, wenn die Informationen grundsätzlich allen relevanten Gruppen im Unternehmen zur Verfügung stehen. Die Vermittlung muss so erfolgen, dass sie von den relevanten Personen verstanden wird und sie in der Lage sind, die Information bei ihrem Handeln zu beachten. Hierfür sind konkrete Kommunikationsstrukturen festzulegen. Ob diese als „Bringschuld", d.h. definierte Berichtswege oder als „Holschuld" z.B. durch Zurverfügungstellung innerhalb von Datenbankstrukturen definiert werden, ist nicht nur eine pragmatische, betriebswirtschaftliche Entscheidung. Die Kommunikationsstruktur muss stets sicherstellen, **dass ‚die richtigen Informationen, den richtigen Personen, zur richtigen Zeit'** in einer Art und Weise zur Verfügung stehen, die das Verständnis der Information gewährt[593] und die Informationen somit Bestandteil des Wissens der relevanten Personen werden. Es besteht im Rahmen der Aufsichtspflicht eine Pflicht zur fortlaufenden Instruktion über die betrieblichen Pflichten[594].

Insbesondere für den Fall von gravierenden Veränderungen, die einen akuten Handlungsbedarf vermuten lassen oder deren Nichtbeachtung ein erhebliches Verstoßrisiko auslöst, sollte es daher entsprechende ad hoc Vermittlungen von Informationen geben. Werden die Informationen durch Berichte, Schulungen oder ähnliche Informationswege regelmäßig aktiv an die relevanten Personen vermittelt, sind neben festen Informationsintervallen auch solche ad hoc Unterrichtungen außerhalb von festgelegten Zeiträumen notwendig. Stehen die Informationen den Entschei-

---

592 Buck-Heeb, Petra Dr.: § 2 Wissenszurechnung und Informationsmanagement, in: Corporate Compliance: Handbuch der Haftungsvermeidung im Unternehmen, 2010, Tz. 18 (Buck-Heeb [Wissenszurechnung])
593 Vgl. Krcmar [Informationsmanagement], 2010, S. 31
594 Vgl.Rogall [§ 130 OWiG], 2006, Rdnr. 55

dungsträgern z.B. in einer Datenbank jederzeit zum Abrufen zur Verfügung, kann bei wesentlichen Veränderungen nicht darauf vertraut werden, dass die Betroffenen sich immer aktuell in der Datenbank informieren. Vielmehr sollten wesentliche Veränderungen der Datenbankinhalte ein Aufmerksamkeitssignal auslösen, dass die Kenntnisnahme der Veränderungen durch die Betroffenen sicherstellt. Auch hier bietet sich eine Vielzahl von Vermittlungsmethoden an. Gerade bei der Verwendung von elektronischen Medien sollte die latente Gefahr eines „Information-Overload" stets beachtet werden. Auch arbeitsrechtlich kann nicht ohne Weiteres der Standpunkt vertreten werden, dass Mitarbeiter durch Rundmails, Newsletter oder ähnliches hinreichend informiert wurden. Für die angemessene Ausgestaltung eines CMS und damit dessen Wirksamkeit kommt es ebenso wie im Arbeitsrecht auf die tatsächlich erfolgreiche Information, d.h. die Wissensvermittlung an alle relevanten Personen an. Wird die Vielzahl von Rundmails, Newslettern, Aushängen, etc. letztlich gar nicht mehr gelesen, kommen beim beabsichtigten Empfänger gar keine Informationen mehr an, sondern nur noch ein Datenrauschen. Tatsächlich handelt es sich damit gar nicht um das Problem eines ‚Information Overload', vielmehr besteht ein ‚Daten-Overload', der den beabsichtigten Adressaten überlastet und von ihm nur noch als beständiger „Strom von Signalen, Störungen und Rauschen"[595] wahrgenommen wird.

Kommunikationsstrukturen müssen daher so ausgestaltet sein, dass abhängig vom Risiko tatsächlich sichergestellt ist, dass die Daten in angemessener Zeit mit angemessener Sicherheit alle notwendigen Empfänger erreicht und von diesen auch verstanden und als Information wahrgenommen werden[596]. Für das Verständnis ist dabei eine klare und offene Kommunikation notwendig. Alle verfügbaren, relevanten Informationen sollten den Betroffenen transparent zur Verfügung stehen. Eine Kommunikationspolitik, die sich an dem berühmten Ausspruch des früheren Vorsitzenden der U.S. Notenbank, Alan Greenspan orientiert: „Ich weiß Sie meinen verstanden zu haben, was ich gesagt habe, ich bin mir aber nicht sicher, ob Ihnen bewusst ist, dass das was Sie gehört haben nicht das ist, was ich gemeint habe", wird kaum dazu geeignet sein, Daten so zu vermitteln, dass sie als Informationen verarbeitet werden.[597]

Teil der notwendigerweise zu kommunizierenden Information ist die Vermittlung der Normen und Werte des Unternehmens. Im Kapitel zur Compliance-Kultur wurde auf die herausragende Bedeutung hingewiesen, die der ‚tone at the top' aber auch insgesamt die Vermittlung von „commons beliefs, shared values, norms of

---

595 Menz / Stahl [Stakeholderkommunikation], 2013, S. 31
596 KG Berlin 5. Senat für Bußgeldsachen, 2 Ss 223/00 – 5 Ws (B) 784/00, 2 Ss 223/00, 5 Ws (B) 784/00; 31.10.2001, Leitsatz (KG Berlin [2 Ss 223/00])
597 Ein verlässlicher Nachweis, dass dieses Zitat tatsächlich Alan Greenspan zuzuschreiben ist, lies sich nicht finden, es entspricht aber sicherlich dem Redestil des ehemaligen U.S.-Notenbankers goodreads.com, Quote by Alan Greenspan (Online), verfügbar unter: http://www.goodreads.com/quotes/204034-i-know-you-think-you-understand-what-you-thought letzter Abruf am: 26.11.2013 (goodread [Greenspan])

behavior and assumptions[598]„ für die Unternehmens-Kultur insgesamt und die Compliance-Kultur insbesondere haben[599]. Wie bei allen anderen Informationen ist es auch bei der Vermittlung dieser Normen und Werte entscheidend, dass diese bei den Empfängern ankommen und auch tatsächlich verstanden werden. Gerade hierbei kann der Kommunikationsrahmen entscheidend sein. „Nur ein ‚Commitment‘, das nachweislich „unten angekommen" ist, kann seine Wirkung entfalten"[600]. Die Ernsthaftigkeit und damit Glaubwürdigkeit solcher Wertevermittlungen kann durch die Art und Weise der Kommunikation sowohl erhöht als auch vermindert werden. Empfinden die Mitarbeiter entsprechende ‚Statements' als ‚Fensterreden', die pflichtgemäß entsprechende Inhalte vermitteln sollen, werden sie Ihnen kaum Bedeutung beimessen. Mit Blick auf ein Organisationsverschulden nach § 130 OWiG sehen Juristen bei „sichtbar werdender Diskrepanz zwischen kommuniziertem Mission Statement auf der einen Seite und einer diese real nicht abbildenden (Non-) Compliance- Organisation auf der anderen Seite besonders gravierende Konsequenzen"[601]. „Ein Mission Statement, das beim Empfängerhorizont Mitarbeiter … als überzogen und unglaubwürdig ankommt, wird der angestrebten Compliance-Kultur einen Bärendienst erweisen."[602]

Kommunikationstrukturen müssen auch in Richtung CMS(-Abteilung) verfügbar sein. Hierzu gehört z.B. die bereits erwähnten Hinweisgebersysteme, aber auch die Einbindung der Compliance-Verantwortlichen in Veränderungen prozessualer Abläufe oder z.B. der Neuentwicklung von Produkten oder Dienstleistungen, der Erschließung neuer Märkte und andere Veränderungen, die eine Auswirkung auf die Compliance-Risiken haben könnten. Ebenso ist innerhalb der CMS-Organisation eine verlässliche Kommunikationsstruktur notwendig, unabhängig davon, ob diese eine eigene Organisationseinheit (Compliance-Abteilung) darstellt oder Compliance-Funktionen in unterschiedlichen organisatorischen Einheiten wahrgenommen werden. Diese – von Adam ‚Binnenkommunikation' genannten – Strukturen müssen darauf abzielen, innerhalb des CMS stets die notwendigen ‚Fähigkeitspotentiale der Compliance-Fachkräfte durch stetigen Informations- und Wissenserwerb zu optimieren"[603].

Ebenfalls Teil der Anforderungen an Kommunikation sind die notwendigen Berichterstattungen an die Geschäftsleitung und das Aufsichtsorgan. Nur wenn dort alle CMS-relevanten Informationen regelmäßig zur Verfügung stehen, können diese Organe ihren Überwachungsfunktionen nachkommen und gegebenenfalls auf veränderte Rahmenbedingungen oder Verdachtsmomente zeitnah reagieren.

---

598 Vgl. Anthony/Govindarajan [Management], 2007, S. 100
599 Vgl. Compliance Kultur S. 113 ff.
600 Hauschka [Voraussetzungen], 2006, S. 1146
601 Klindt/Pelz/Theusinger [Rechtsprechung], 2010, S. 2385
602 Inderst [Aufbau], S. 109
603 Adam, Anatol Dr., CMS-Kommunikation – ein ganzheitliches Konzept und Analyseraster, in: ZFRC, 2013/ 2; S. 94 (Adam [CMS-Kommunikation])

4.7.4. Schulungen
Eine besonders bedeutende Form der CMS-Kommunikation ist die Schulung. Die Begriffe „Schulung" und „Wissensvermittlung" sind synonym soweit der Begriff „Schulung" weitgehend verstanden wird und nicht nur eingeengt auf eine formelle Unterrichtsmethodik. Regelmäßig wird der Begriff „Schulung" aber für Kurse, Lehrgänge, etc. verwendet. Diese stellen einen bedeutenden Teil der Wissensvermittlung dar. Die Instruktion der Mitarbeiter in Bezug auf die von ihnen zu beachtenden Regeln ist eine Grundvoraussetzung für ein wirksames CMS und bei jeder Delegation von Aufgaben auch eine grundlegende Forderungen an die notwendige gehörige Aufsicht[604]. Ohne hinreichende Belehrung über die einzuhaltenden Vorschriften und die potentiellen Verstoßrisiken, werden Mitarbeiter kaum in der Lage sein, diese zu beachten. Damit ist die Schulung eine der „zentralen präventiven Maßnahmen"[605]. Eine Schulung erfordert allerdings mehr als ‚Merkblätter'[606] zu verteilen, die Schulungsinhalte müssen bei den Adressaten tatsächlich ankommen, d.h. verstanden sein, damit diese sich bei ihrer Tätigkeit auch danach richten. Hierzu kommt es auf mehr als die reinen Inhalte an. Die angemessene Kommunikation der Inhalte ist gleichfalls bedeutend.

Die Verwendung einer adressatengerechten Sprache ist für das Verständnis und damit die Wirksamkeit von Schulungen von hervorragender Bedeutung. Schulungen müssen, wie jede Erwachsenenbildung zielgruppenorientiert durchgeführt werden[607]. Sie sollten nach Möglichkeit immer in der Muttersprache der Teilnehmer durchgeführt werden. Der Verzicht auf die Nutzung der Muttersprache wird selbst beim Erlernen einer Fremdsprache als falsch eingestuft. „Einsprachiges Unterrichten ohne Zuhilfenahme der Muttersprache ist zwar äußerlich möglich, einsprachiges Lernen aber eine innere Unmöglichkeit."[608] Selbst bei guter Kenntnis einer Fremdsprache werden Teilnehmer insbesondere bei Fachvokabular häufig überfordert. Das geistige Nachvollziehen der Unterrichtsinhalte erfolgt in Sprache, da wir in Sprache denken. Seidman führt zutreffend aus, dass die Erkenntnis mit Umfang des Vokabulars und Kenntnis der Sprachsyntax wächst[609]. Da nur wenige Menschen in einer Fremdsprache die gleichen Kenntnisse besitzen, wie in ihrer Muttersprache, besteht die Gefahr, dass insbesondere Feinheiten der Unterrichtsinhalte verloren gehen und darüber hinaus die notwendige Konzentration auf die Lerninhalte

---

604 Vgl.Rogall [§ 130 OWiG], 2006, Rdnr. 55
605 KPMG [Benchmark-I], 2013b, S. 23
606 Vgl.OLG Düsseldorf [VI-Kart 3/05 OWi], 2006, 4.C)3)a)
607 Vgl. Siebert, Horst Prof. Dr., Methoden für die Bildungsarbeit, 2008, S. 54 (Siebert [Bildungsarbeit])
608 Vgl. Butzkamm, Wolfgang, Die Muttersprache als Sprach-Mutter: ein Gegenentwurf zur herrschenden Theorie (Online), verfügbar unter:
http://www.jochenenglish.de/misc/butzkamm_muttersprache.pdf, letzter Abruf am: 15.11.2013 (Butzkamm [Muttersprache]) S. 7
609 Vgl. Seidman, Dov, HOW: Why HOW we do anything means everything, 2011, S. 91 „we think in language. The greater our vocabulary and command of the syntax of language becomes, the more refined and nuanced becomes our cognition" (Seidman [How])

und die Gefahr unzureichender Konzentration als Folge von Ablenkung steigt. Es besteht die Gefahr, dass die Hemmschwelle in einer Fremdsprache (Nach-)Fragen zu stellen höher ist, als wenn die Fragen in der Muttersprache vorgebracht werden können.

Allerdings ist alleine die Verwendung der Muttersprache der Teilnehmer noch keine Garantie dafür, dass die Teilnehmer die Schulungsinhalte verstehen. Daher sollten „die Schulungen in einer einfachen und den jeweiligen Schulungsteilnehmern vertrauten Sprache mit zahlreichen Beispielen aus ihrem Arbeitsumfeld erfolgen[610]." Die Schulungsinhalte müssen dabei stets am Schulungsbedarf der Teilnehmer ausgerichtet werden. Mitglieder der Geschäftsführung haben andere Informationsbedürfnisse als Abteilungsverantwortliche und diese andere als Sachbearbeiter. Die Schulung muss „am Arbeitsalltag der jeweiligen Zielgruppe ausgerichtete Schwerpunkte"[611] setzen.

Die Entscheidung, ob Schulungen als Präsenzmaßnahme oder über moderne Medien (z.B. Web-based Training) durchgeführt werden, ist stets kritisch zu hinterfragen. Auch wenn e-Learning vielerlei (Kosten-) Vorteile[612] bietet, darf die betriebswirtschaftliche Abwägung zwischen unterschiedlichen Schulungsmethoden, nicht nur an Kostenpunkten festgemacht werden, sondern muss das Risiko berücksichtigen, das aus der nicht erfolgreichen Vermittlung von Schulungsinhalten entstehen kann. Schulungen dürfen nicht als „Feigenblatt" verstanden werden, um letztlich Verantwortlichkeiten auf die Teilnehmer zu „delegieren". Die Wissensvermittlung durch Schulungen ist Teil der Kommunikation und ein wesentlicher Bestandteil des CMS. Werden die relevanten Schulungsinhalte nicht tatsächlich vermittelt, kann das CMS regelmäßig keine Wirksamkeit entfalten. Dies muss nicht nur bei der grundsätzlichen Wahl der Schulungsmethoden beachtet werden, sondern auch bei der konkreten didaktischen und fachlichen Ausgestaltung der Schulung. Unternehmen sind gut beraten, die Notwendigkeit einer Inanspruchnahme externer, professioneller Unterstützung sorgfältig abzuwägen. Häufig wird eine Kombination verschiedener Lernmethoden zu einem optimalen Lernerfolg führen. Beim sogenannten „Blended Learning" erfolgt eine Verbindung der Stärken von Präsenz- und Online-Lernen[613].

Ebenfalls ist es unablässig, den Schulungserfolg – wiederum risikobasiert – zu überprüfen. Dies betrifft zunächst – aber nicht abschließend – die zeitnahe Überprüfung der Teilnahme aller als relevant eingestuften Personen. Abhängig von Größe des Unternehmens, Teilnehmerzahl und Ressourcen im CMS bieten sich hier auch automatisierte Kontrollen an. Wesentlich ist aber nicht die Art der Teilnahmekontrolle, sondern dass sie tatsächlich und vor allen Dingen zeitnah erfolgt. Dies

---

610 Lampert [Organisation], 2010,
611 Kleinfeld/Stör [Interne Kommunikation] 2009, 2010, S. 408
612 Vgl. Inderst [Praktische Umsetzung], S. 140
613 Negri, Christoph, Angewandte Psychologie für die Personalentwicklung: Konzepte und Methoden für Bildungsmanagement, betriebliche Aus- und Weiterbildung, 2010, S. 178 (Negri [Angewandte Psychologie])

dient nicht nur als erste Stufe einer inhaltlichen Erfolgskontrolle, sondern vermittelt – im Zusammenhang mit einem wirksamen Mahnverfahren und gegebenenfalls Sanktionen bei Nicht-Teilnahme – auch wiederum die Bedeutung und Ernsthaftigkeit der Compliance-Bemühungen des Unternehmens und wirkt sich so auf die Compliance Kultur aus. Darüber hinaus muss aber auch sichergestellt werden, dass die Teilnehmer nicht nur „teilgenommen" haben, sondern auch die Lerninhalte verstanden haben. Die im Rahmen der Aufsichtspflicht notwendige Pflicht zur Instruktion der Mitarbeiter kann nicht erfüllt werden, ohne dass kontrolliert wird, das „Mitarbeiter das Material tatsächlich gelesen und verstanden haben"[614]. Umso bedeutender die zu vermittelnden Inhalte eines Trainings sind, umso mehr muss der Erfolg, gegebenenfalls auch durch Wissenstests überprüft werden. Die kritische Überprüfung der Schulungsteilnahme sollte insbesondere auch bei Schulungen mittels „neuer Medien" erfolgen. Anders als bei einem Präsenztraining ist eine „real time" Überprüfung der Teilnahme und des Verständnisses der Teilnehmer durch den Vortragenden nicht möglich. So können Teilnehmer z.B. am PC wiedergegebene Folien ungelesen weiterblättern, sie können bei online übertragenen „Live-Sessions" diese weiterlaufen lassen, aber trotzdem einer anderen Tätigkeit nachgehen oder sie können eventuelle Tests von Dritten oder mithilfe von Nachschlagewerken lösen ohne selber aktiv über das notwendige Wissen zu verfügen[615]. (Hierbei kann abhängig vom Risiko und vom Wissensgebiet selbstverständlich auch die verständliche Nutzung von Nachschlagewerken einen hinreichenden Wissenstand darstellen.) Bei einem Präsenztraining ist eine fortlaufende Kontrolle durch den Vortragenden – zumindest bei einem angemessen kleinen Teilnehmerkreis – effektiver (und häufig auch effizienter) möglich. „Ein Classroom Training (kann) wesentlich flexibler und individueller gestaltet werden als ein vorgefertigtes Trainingsmodul, das bei Zweifels- und Auslegungsfragen auch durchaus für Verwirrung sorgen kann."[616] Die tendenziellen Nachteile von medienbasierten Trainings, die den Trainingserfolg gefährden können, müssen durch professionelle Konzeption des Trainings abgemildert werden, z.B. werden teilweise Methoden aus PC-Spielen eingesetzt[617], um Schulungen interessant und abwechslungsreich zu gestalten.

Die effektive und effiziente Teilnahme an solchen häufig am PC zu absolvierenden Kursen kann auch allgemein durch eine aktive Compliance-Kultur gesteigert werden, in der die Bedeutung der Compliance und damit auch des Compliance-Trainings entsprechend hervorgehoben ist. Hierzu zählt auch, dass die Teil-

---

614 KG Berlin [2 Ss 223/00], 2001, 2. Leitsatz
615 Vgl. ComTeam AG, ComTeamStudie.2012 FührungsRaum Im Spannungsfeld von Regulierung, Virtualisierung und dem Kampf um Talente, 2012 (ConTeam [Studie 2012])
616 Inderst [Praktische Umsetzung], S. 139
617 Vgl. Rodier, Melanie, A Game Called Compliance, auf: www.wallstreetandtech.com, 25.12.2012, verfügbar unter: http://www.wallstreetandtech.com/regulatory-compliance/a-game-called-compliance/240004357, letzter Abruf am: 12.08.2013(Rodier [Game called Compliance])

nehmer tatsächlich ausreichend Zeit zur Absolvierung des Trainings erhalten. Dies kann in der Praxis einer der größten Nachteile von Training mittels moderner Medien sein, der mit einem (vordergründigen) betriebswirtschaftlichen Vorteil einhergeht. Anders als bei Präsenztrainings müssen Teilnehmer nicht anreisen oder zumindest ihren Arbeitsplatz verlassen. Reisekosten werden (zunächst) in durchaus erheblichem Umfang eingespart. Faktisch besteht in der Praxis aber die Gefahr, dass die Teilnehmer solche Trainings „nebenbei" oder nach dem Ende der eigentlichen Arbeitszeit (abends oder am Wochenende) erledigen (müssen). Die betriebswirtschaftlich sinnvoll erscheinende Kosteneinsparung wird dann aber unter Umständen zu Lasten der Aufmerksamkeit für das Training und damit des Trainingserfolgs erkauft. Wird hierdurch eine Wiederholung des Trainings oder im schlechtesten Fall ein Compliance-Verstoß verursacht, muss hinterfragt werden, ob tatsächlich eine Kosteneinsparung gegeben ist. Besteht die Gefahr, dass bereits Art und Methode des Trainings den Eindruck vermittelt, dass nicht die tatsächliche Schulung sondern eine „Cover my Ass"[618] Mentalität den eigentlichen Grund für das Training darstellt, wird sich ein Schulungserfolg kaum einstellen. Studien, wie die von ConTeam, in denen festgestellt wird, dass 60 % der Schulungsteilnehmer ihr Verhalten tatsächlich nicht ändern, sind dann wenig überraschend. Soweit Medientrainings eingesetzt werden, insbesondere dann, wenn hierauf ein Schwerpunkt des Trainings liegt, sollten daher besonders sorgfältig die oben genannten Fragen der Sicherstellung und Messung des Trainingserfolgs beurteilt werden. In der Praxis wird regelmäßig ein Mix aus unterschiedlichen Lernmethoden den größten Lernerfolg erzielen.

Treten nach Beendigung von Schulungsmaßnahmen Compliance-Verstöße auf, die ihre Ursache (auch) in Sachverhalten haben, die Gegenstand der Schulungen waren, kann dies einen Hinweis auf unzureichende Vermittlung der Schulungsinhalte geben. Waren die Ursachen bzw. das konkrete Verstoßszenario nicht Gegenstand der Schulungen, müssen die Schulungsinhalte kritisch überprüft werden. Eine unerwartet hohe Inanspruchnahme einer Compliance-Hotline für relativ einfache Sachverhalte oder umgekehrt – eine unerwartet niedrige Inanspruchnahme trotz erwarteter komplexer Sachverhalte – sollte ebenfalls vor dem Hintergrund der vorhandenen bzw. notwendigen Schulungsmaßnahmen analysiert werden.

4.7.5. Wissens-Management
Insgesamt muss die Information und Kommunikation innerhalb des CMS sicherstellen, dass das im Unternehmen grundsätzlich vorhandene CMS-relevante Wissen „zur richtigen Zeit, am richtigen Ort" verfügbar ist und tatsächlich genutzt wird. Unternehmen stehen im CMS, wie in vielen anderen Bereichen eines Unternehmens vor der Aufgabe Wissen zu „managen". Es reicht nicht aus, dass Wissen im Unternehmen implizit verfügbar ist, das implizite Compliance-Wissen muss allen relevanten Mitarbeitern zur Verfügung stehen. Das im Unternehmen vorhandene

---

618 Vgl. ConTeam [Studie 2012], 2012, S. 15

Wissen muss identifiziert und visualisiert werden, damit es jedem relevanten Mitarbeiter explizit zur Verfügung steht[619]. „Explizites Wissen kann durch unterschiedliche Medien gespeichert, verarbeitet und übertragen werden"[620].

Hierzu bieten sich neben den bereits angeführten Schulungen eine große Menge weiterer Instrumente an, die im Sinne einer Wissensvermittlung im weiteren Sinne auch Schulungen darstellen. Aufgabe des Wissensmanagements ist dabei auch, das vorhandene explizite Wissen bei den Mitarbeitern zu internalisieren, d.h. in die „bestehenden mentalen Modelle und Fähigkeiten des Einzelnen ... zu integrieren wodurch die Handlungsmöglichkeiten eines Individuums erweitert werden"[621].

Ein Instrument, um CMS-relevantes Wissen unternehmensweit zur Verfügung zu stellen sind Informationsstellen (Hotlines, Helpdesks). Hier können CMS-Beteiligte sich bei Zweifelsfragen über die zutreffende Auslegung von CMS-Vorschriften oder Handlungsalternativen informieren. Anders als bei den sog. Whistleblower-Hotlines geht es dabei nicht um die Meldung von Verstößen oder Verdachtsmomenten, also die Kommunikation an CMS-Verantwortliche, sondern um die aktive Informations- und Wissenserlangung durch die am CMS Beteiligten. Bei jedem Wissensaustausch spielt Vertrauen „eine nicht zu unterschätzende Rolle"[622], daher sollten bei solchen Informationsstellen eben die Hilfestellung und Vermittlung von Information im Vordergrund stehen und keine Koppelung mit Hinweisgeber-Systemen (‚Whistle-Blower-Hotline') erfolgen.

Informationsstellen können dabei, je nach Notwendigkeit sowohl Mitarbeitern des Unternehmens als auch Sub-Unternehmern, Kunden oder Lieferanten zur Verfügung stehen. Auch hier ist die Verwendung adressatengerechter Sprache entscheidend, so müssen solche Hotlines in allen Sprachen zur Verfügung stehen, die im Unternehmen eine relevante Bedeutung haben. Außerdem sollte die Hemmschwelle zur Nutzung solcher Informationsstellen möglichst gering sein. Notwendig ist sowohl eine einfache und unkomplizierte Erreichbarkeit als auch die diskriminierungsfreie Verwendung der Hilfe. Dazu darf die Inanspruchnahme für den Nutzer keine Nachteile (z.B. Interne Kostenbelastung) auslösen, Dokumentationen der Inanspruchnahme können in diesem Zusammenhang kritisch sein, da sie für Nutzer die Gefahr beinhalten, dass ihre Inanspruchnahme z.B. durch Vorgesetzte kritisch beurteilt wird.

Eine weitere Möglichkeit können Datenbanken sein, die CMS-Beteiligten ermöglichen z.B. über das Intranet des Unternehmens relevante Informationen abzurufen. Im Gegensatz zu einer Informationsstelle, die mit Personen besetzt ist, ist der Fragende bei einer Datenbank im Wesentlichen auf sich selbst gestellt. Solche Lösungen sind daher tendenziell anspruchsvoller in der Konzeption, da sicher gestellt sein muss, dass Anfragende möglichst einfach und schnell eine Antwort auf ihre

---

619 Zur Diskussion über implizites Wissen vgl. Prange, Christiane, Organisationales Lernen und Wissensmanagement, 2002, S. 133 ff (Prange [Wissensmanagement])
620 Krcmar [Informationsmanagement], 2010, S. 626
621 Ebenda, S. 632
622 Ebenda, S. 630

Frage finden. Dies ist insbesondere dann eine Herausforderung, wenn die ‚Frage' unter Umständen dem Anfragenden selber noch nicht wirklich klar ist. Die sich stetig verbessernden Möglichkeiten von Internet-Suchmaschinen lassen aber erkennen, dass auch solche Lösungen zumindest technisch realisierbar sind. Ist die Erfolgsaussicht auf der Intranet-Seite des CMS schnell eine möglichst präzise Antwort / Hilfestellung zu finden allerdings faktisch niedrig, ist die Wahrscheinlichkeit hoch, dass Anwender nach mehreren Fehlversuchen zukünftig keinen Gebrauch vom Hilfs-Angebot machen.

Die Bereitstellung von Informationsstellen muss daher – unabhängig von der Art der Ausgestaltung – durch regelmäßige Nutzungsanalysen und Nutzer-Feedback kritisch hinterfragt werden, um gegebenenfalls durch Veränderungen sicher zu stellen, dass alle Fragestellungen beantwortet werden können.

Die nachfolgende Aufstellung, die der Umfrage der KPMG Wirtschaftsprüfungsgesellschaft AG zu CMS entnommen wurde, gibt einen Hinweis auf die Umsetzung von Kommunikationsstrukturen in der Praxis.

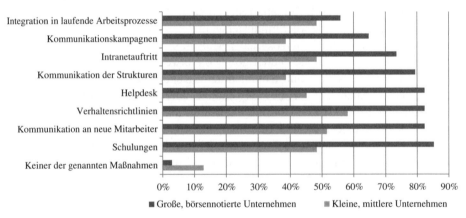

Abbildung 23 KPMG: Überblick über Compliance-Kommunikationsmaßnahmen in deutschen Unternehmen[623]

Gerade in den kleineren und mittelständischen Unternehmen scheint noch ein größerer Bedarf an feststehenden Kommunikationsstrukturen vorhanden zu sein. Abgefragt wurden in dieser Studie auch nur die Strukturen und Maßnahmen zur innerbetrieblichen Kommunikation in Richtung Mitarbeiter sowie in einer weiteren Analyse die Kommunikation des Unternehmens an Externe, da die Studie nur diesen Teil der Kommunikation unter dieses Grundelement subsumierte. Weitere Hinweise zum Umfang der Kommunikationsstrukturen lassen sich in der Studie aus den Darstellungen zur Compliance-Programm ablesen. Hier zeigte sich aber ein ähnliches Bild. Während nur 5,9 % der befragten großen oder börsennotierten Unter-

---

623 Jeweils Abb. 25 in: KPMG [Benchmark-I], 2013b, KPMG [Benchmark-II], 2013c

nehmen kein Hinweisgebersystem installiert hatte, mit dem eine umgekehrte Kommunikation von den Mitarbeitern an das CMS, bzw. das Unternehmen erfolgen kann, war dieser Anteil bei den kleinen oder mittelständischen Unternehmen mit 19,4% gut dreimal so groß[624].

Es kann davon ausgegangen werden, dass „informelle Netzwerke" umso eher unternehmensübergreifend bestehen, umso kleiner die Mitarbeiterzahl ist. Hierdurch kann bei kleinen bzw. mittelständischen Unternehmen zumindest zu einem Teil das Fehlen von festen Kommunikationsstrukturen kompensiert werden. Solche informellen Netze im Unternehmen können aktiv zum Wissensmanagement beitragen. In ihnen wird insbesondere das nicht tazite Wissen, das nicht kodifiziert sondern „nur" im Kopf der Mitarbeiter vorhanden ist, vermittelt. „Durch gemeinsame Erfahrungen und Beobachtungen der Handlungen Anderer"[625] wird dieses tazite Wissen mittels Sozialisation vermittelt. „Der informelle Charakter solcher Netze hat sowohl Vorteile als auch Nachteile. Da sie nur über persönliche Kontakte funktionieren, sorgen sie für ein Vertrauen, das einen erfolgreichen Wissensaustauch erheblich zu fördern vermag."[626] Neben dem von Davenport/Prusak in der angegebenen Quelle angesprochenen Nachteil, dass das Fehlen der notwendigen persönlichen Kontakte einen Ausschluss von wichtigen Informationen bedeuten kann, darf aber auch nicht unbeachtet bleiben, dass gerade der informelle und nicht dokumentierte Charakter des Informationsaustausches zu einer Fehlinformation beitragen kann. Das Unternehmen sollte somit über entsprechende vertrauensfördernde Maßnahmen, zu einem solchen informellen Informationsaustausch ermuntern. Es darf sich aber bezüglich der Vermittlung wesentlicher und grundlegender Informationen hierauf nicht verlassen. Sie können keinen vollständigen Ersatz für feststehende Kommunikationsstrukturen darstellen.

---

624 Jeweils Abb. 17 in: KPMG [Benchmark-I], 2013b, KPMG [Benchmark-II], 2013c
625 Krcmar [Informationsmanagement], 2010, S. 627
626 Vgl. Davenport [Wissen], 1999

4.7.6. Zwischenfazit zum CMS-Grundelement Compliance-Kommunikation
Als Zwischenfazit lassen sich zur Compliance-Kommunikation die folgenden grundlegenden betriebswirtschaftlichen Aussagen festhalten:

1. Es muss sichergestellt sein, dass „die richtige Information, zur richtigen Zeit, am richtigen Ort" verfügbar ist.
2. Informationen sind als relevant erkannte und in Kontext gesetzte Daten. Daten können unternehmensextern und unternehmensintern anfallen. Unternehmensexterne Daten sind z.b. Veränderungen des Regelungsrahmens (Gesetze, Standards, etc.) sowie des Unternehmensumfelds (geänderte Werte der Gesellschaft, Veränderungen bei Lieferanten und Kunden, etc.) Unternehmensinterne Daten sind z.b. Veränderungen in Prozessabläufen, geänderte (neue) Produkte und Dienstleistungen, neue Märkte/Regionen, etc.
3. Veränderungen dieser Daten können eine Relevanz für das CMS besitzen, wenn sie die Risiken für Compliance-Verstöße oder das Risiko aus Compliance-Verstößen verändern.
4. Es müssen Prozesse und Verantwortlichkeiten festgelegt sein, um regelmäßig Umfelddaten zu ermitteln, die für das CMS relevant sind und diese im Kontext des CMS zu Informationen für das CMS zu verarbeiten.
5. Alle im Unternehmen verfügbaren CMS-relevanten Informationen müssen allen, für die diese Informationen von Relevanz sind, zeitnah zur Verfügung stehen. Hierzu sind Kommunikationsstrukturen zu definieren, die sowohl in Richtung CMS als auch aus Richtung CMS strukturiert sein müssen.
6. Die Informationen müssen nicht nur theoretisch zur Verfügung stehen, sondern es muss sichergestellt sein, dass jeder im Unternehmen das für ihn notwendige ‚Wissen' hat. D.h. jeder muss die für ihn relevanten Informationen tatsächlich kennen und verstanden haben.
7. Schulungen müssen stets am tatsächlichen Lernerfolg gemessen werden. Hierzu ist eine Anwesenheits-/Teilnahme-Kontrolle erforderlich, aber nicht hinreichend. Es muss mit hinreichender Sicherheit beurteilt werden können, dass die Lerninhalte tatsächlich verstanden wurden.
8. Ausgestaltung (Sprache / Didaktik) und technische Vermittlung (eLearning/Präsenztraining) von Schulungsinhalten haben regelmäßig eine Rückwirkung auf den Lernerfolg und ist bei der Beurteilung der Eignung unterschiedlicher Methoden zu berücksichtigen.
9. Informationsquellen sollten diskriminierungsfrei und leicht zugänglich zur Verfügung stehen.
11. Inhalte von Schulungen und anderen Informationsquellen sollen auf die Adressaten zugeschnitten sein. Unterschiedliche betriebliche Tätigkeiten erfordern regelmäßig unterschiedliche Detailtiefe und Intensität von Informationsinhalten.

12. Informelle Netzwerke können gute Ergänzungen zu strukturierten Wissensvermittlungen sein. Gleichzeitig muss beachtet werden, dass die Gefahr besteht, dass durch informelle Netzwerke Fehlinformationen vermittelt werden.

4.8. Compliance-Überwachung und Verbesserung

4.8.1. Grundlagen der Überwachung

Im IDW PS 980 wird die laufende Überwachung und Verbesserung des CMS als letztes Grundelement genannt[627]. Zur Definition erläutert das IDW: „Angemessenheit und Wirksamkeit des CMS werden in geeigneter Weise überwacht. Voraussetzung für die Überwachung ist eine ausreichende Dokumentation des CMS. Werden im Rahmen der Überwachung Schwachstellen im CMS bzw. Regelverstöße festgestellt, werden diese an das Management bzw. die hierfür bestimmte Stelle im Unternehmen berichtet. Die gesetzlichen Vertreter sorgen für die Durchsetzung des CMS, die Beseitigung der Mängel und die Verbesserung des Systems."

Diese Definition erscheint weitergehend als die der COSO-Komponente ‚Monitoring' im Rahmenwerk. COSO definiert das Monitoring nur als „assessing the presence and functioning of its components over time. This is accomplished through ongoing monitoring, activities, separate evaluations, or a combination of the two.[628]" Allerdings weist auch COSO in den weiteren Ausführungen darauf hin, dass „corrective action" notwendig sind[629], weswegen von COSO eine Berichterstattung der Ergebnisse an entsprechende Managementebenen als notwendig beschrieben wird[630]. Auch die im IDW PS 980 geforderte Dokumentation des CMS als Grundlage der Überwachung wird von COSO im Kapitel Monitoring angesprochen[631] und deckt sich mit der Definition des IDW PS 980.

Die konkreten Überwachungstätigkeiten ordnet der IDW Standard als Regelfall der Internen Revision zu, die diese prozessunabhängig durchführt. Soweit ein Unternehmen keine Interne Revision besitzt, können solche Maßnahmen durchaus auch von anderen Mitarbeitern durchgeführt werden[632]. Die Unabhängigkeit der mit der Überwachung betrauten Mitarbeiter hat dabei auf die Aussagekraft der Überwachungsergebnisse einen maßgeblichen Einfluss. Grundsätzlich sollten daher die mit den Überwachungsmaßnahmen betrauten Personen nicht identisch mit denen sein, die mit der Durchführung der zu überwachenden Prozesse betraut sind. Gleichwohl kann aber auch eine Selbst-Überprüfung der Maßnahmendurchführung durch die Person, der diese Maßnahme obliegt, sinnvoll sein. Hierbei muss der Kontrollinhaber nicht nur beurteilen, ob er die notwendigen Prozessschritte der

---

627 IDW [PS 980], 2011b, Tz. 30
628 Vgl. COSO [ERM], 2004a, S. 75; vgl. COSO [IC updated], 2013, S. 123 principle 16
629 Vgl. COSO [ERM], 2004a, S. 81
630 Vgl. COSO [IC updated], 2013, S. 17 Principle 17
631 Vgl. COSO [ERM], 2004a, S. 79
632 IDW [PS 980], Tz. A20

Kontrolle entsprechend den Anweisungen durchgeführt hat, sondern auch ob diese Tätigkeit – soweit für ihn erkennbar – geeignet war, die Zielsetzung der Maßnahme (Kontrollziel) zu erreichen. Ein solches, sogenanntes „Self-Assessment" dient dabei sowohl der eigenen Qualitätssicherung des Mitarbeiters als auch der Fortentwicklung des Systems. Für die Überwachung des Systems durch die Systemverantwortlichen hat ein solches Self-Assessment naturgemäß durch die fehlende Unabhängigkeit wenig Aussagekraft. Die Hinzuziehung von externen Dritten kann insbesondere bei Ressourcenknappheit im Unternehmen oder auch auf Grund zusätzlicher Expertise in Betracht kommen[633].

4.8.2. Abgrenzung der internen Überwachung von externer Prüfung
Externe Dritte können für die interne Überprüfung unterstützend hinzugezogen werden. Eine externe Überprüfung des CMS (z.B. nach IDW PS 980) kann aber nicht als Ersatz für das System-Grundelement Überwachung verstanden werden. Die interne, systemimmanente Überwachung hat eine andere Aufgabenstellung als eine externe Prüfung, die häufig auch nicht im Auftrag der Geschäftsleitung durchgeführt wird, sondern von den Aufsichtsorganen initiiert wird oder der Geschäftsleitung als Mittel für ihre Überwachung der umfangreichen Delegation der Compliance-Aufgaben an eine Compliance-Abteilung, geleitet von einem Chief Compliance Officer (CCO) dient. In beiden Fällen erfolgt eine Überwachung von außerhalb des Systems und hat das gesamte System im Blick.

Die Überwachung im Sinne des Grundelements ‚Monitoring' ist dagegen Bestandteil des CMS. Sie dient dem zeitnahen Erkennen von Änderungsbedarf des CMS, sei es aufgrund von fehlerhafter Durchführung von eingerichteten Maßnahmen oder von veränderten Rahmenbedingungen. Alle Maßnahmen und Grundsätze des CMS sollen fortlaufend auf ihre Wirksamkeit überprüft werden. Dies soll die für das CMS verantwortlichen Personen bei ihrer Organisationspflicht unterstützen. Externe Prüfungen dienen der nachträglichen Überprüfung, ob ein CMS in einem bestimmten Zeitraum (dem Prüfungszeitraum) wirksam durchgeführt wurde. Sie können damit z.B. das Dilemma lösen, dass es praktisch schwierig ist, Jahre nach einem Compliance-Verstoß im Rahmen von Untersuchungen zu belegen, dass zum Zeitpunkt des Verstoßes ein wirksames CMS vorhanden war[634]. Externe Prüfungen dienen vorrangig der Unterstützung der Personen, die verpflichtet sind, die benannten Compliance-Verantwortlichen zu beaufsichtigen. So muss z.B. der Aufsichtsrat im Rahmen seiner Verantwortung die Wirksamkeit des CMS als Teil des Risikomanagementssystems (RMS)[635] überwachen. Aber auch die Geschäftsleitung kann sich dieser externen Überwachung bedienen, um ihrer Aufsichtspflicht nachzukommen. Eine solche Aufsichtspflicht muss sie beispielsweise ausüben, wenn sie

---

633 Vgl. auch COSO [ERM], S. 78
634 Vgl. Berenheim, Ronald E. / Kaplan, Jeffrey M., Ethics and Compliance Enforcement Decisions – the Information Gap; 2009, S. 6 (Berenbeim et. al. [Ethics]) vgl. S. 6
635 Vgl. § 107 Abs. 3 S. 2 AktG

ihre u.a. aus § 130 OWiG abzuleitende, originäre Pflicht zur Sicherstellung der Compliance auf Mitarbeiter delegiert hat[636]. Die Geschäftsleitung kann sich dabei nur beschränkt auf die internen Überwachungsmaßnahmen des CMS stützen, da diese in der Verantwortung der zu beaufsichtigenden Organisationsverantwortlichen geplant und durchgeführt werden. Auch soweit entsprechende Prüfungen von system- oder unternehmensexternen Personen durchgeführt wurden, kann die Beauftragung durch den zu beaufsichtigenden Delegartar die Frage der Objektivität der Prüfung beeinflussen. Die Geschäftsleitung hat eine Pflicht zur „Überwachung der Überwacher (Meta-Überwachung)"[637] kann sich aber ihrer „Aufsichtspflicht ... nicht allein durch die Beschäftigung einer Aufsichtsperson, die (sie) selber nicht überwacht, entziehen"[638]. Da die fortlaufende Überwachung (Monitoring) aber als Systembestandteil für die fortgesetzte Wirksamkeit des Systems notwendig ist, liegt sie im Aufgabenbereich des beauftragten Delegartars. Damit unterliegen auch die Maßnahmen in diesem Grundelement der Wirksamkeitsüberwachung durch die Geschäftsleitung („Meta-Überwachung').

Eine davon abgetrennte Überwachungsebene ist die des Aufsichtsorgans, der die Compliance-Bemühungen der Geschäftsleitung überwachen muss – unabhängig davon, ob diese ihre Pflichten delegiert hat oder nicht. Auch der Aufsichtsrat kann – und sollte – zwar Auskünfte aus dem CMS und insbesondere Berichte bezüglich der CMS-Überwachung erhalten und diese als Basis für seine Überwachung zu Grunde legen. Die aufsichtspflichtigen Personen müssen für eine objektive Überwachung diese aber entweder selber durchführen oder selbst Auftraggeber und unmittelbarer Berichtsempfänger der Überwachung sein. Bei der Überwachung muss stets sichergestellt sein, dass eine „ununterbrochene Überwachungskette"[639] sichergestellt ist und jede Hierarchiestufe von einer übergeordneten Aufsichts- und Hierarchiestufe überwacht wird. Regelmäßig wird bei einer mehrköpfigen Geschäftsleitung, z.B. dem Vorstand einer AG die organisatorische Zuständigkeit für Compliance auch nur bei einem Geschäftsleitungsmitglied angeordnet sein. Dies entbindet aber nicht die anderen Organmitglieder von ihrer Mitverantwortung für die Einhaltung der Compliance durch das Unternehmen. Insoweit trifft diese Organmitglieder auch eine Pflicht, sich über die Durchführung der Compliance-Aufgaben durch das beauftragte Geschäftsleitungsmitglied zu informieren und dieses auch insoweit zu überwachen. Diese Informations- und Überwachungsverantwortung im

---

636 Vgl. Pelz, Christian Dr.: § 6. Strafrechtliche und zivilrechtliche Aufsichtspflicht, in: Corporate Compliance: Handbuch der Haftungsvermeidung im Unternehmen, 2010, Tz. 23 (Pelz [Aufsichtspflicht])
637 Schmitt-Husson, Franck G. Dr.: § 7. Delegation von Organpflichten, in: Corporate Compliance: Handbuch der Haftungsvermeidung im Unternehmen, 2010, Rdnr. 27 (Schmitt-Husson [Delegationspflichten])
638 Rogall [§ 130 OWiG], 2006, Rdnr. 58 mit Verweis auf Rechtsprechung
639 Pelz [Aufsichtspflicht], 2010, Tz. 30

Verhältnis der Organmitglieder zueinander können die Mitglieder des geschäftsführenden Organs nicht delegieren.[640]

Die Rolle der Internen Revision muss daher jeweils individuell beurteilt werden. Wird die IR bereits im CMS selbst tätig, weil sie z.B. im Auftrag der CMS-Verantwortlichen Überprüfungen durchführt oder sogar bei der Ausgestaltung und Implementierung von Maßnahmen unterstützt, kann die Geschäftsleitung für ihre Überwachung der CMS-Verantwortlichen sich nicht uneingeschränkt auf die IR verlassen. Diese würde sich zumindest teilweise selbst prüfen. Grundsätzlich müssten somit im CMS, unabhängig von der Tätigkeit der IR ausreichend eigene Überwachungsroutinen vorhanden sein. Soweit die IR dann im Auftrag der Geschäftsleitung eine Prüfung des CMS durchführt, stehen eventuelle Erkenntnisse der IR selbstredend auch dem CMS für Anpassungsmaßnahmen zur Verfügung, das CMS darf dann aber nicht auf diese Prüfung durch die IR angewiesen sein.

Da die IR regelmäßig im Weisungsverhältnis zur Geschäftsleitung steht, sind deren Berichte aber für die Überwachungsaufgabe eines Aufsichtsorgans stets nur mit Einschränkungen verwendbar. Eine wirklich objektive Beurteilung kann nur durch von der Geschäftsleitung unabhängigen Prüfern durchgeführt werden. Denn auch wenn die Geschäftsleitung die Verantwortung für das CMS z.B. auf einen CCO und eine Compliance-Abteilung delegiert hat, bleibt die Geschäftsleitung verantwortlich und ist die Geschäftsleitung Objekt der Wirksamkeitsüberwachung durch die Aufsichtsorgane. Auch hier werden die Erkenntnisse aus externen Prüfungen im Auftrag von Aufsichtspflichtigen von den unmittelbaren Organisationsverantwortlichen für notwendige Anpassungen und Verbesserungen des Systems zu nutzen sein. Sie können aber die eigenen Pflichten zur fortlaufenden Überwachung und Verbesserung des Systems nicht ersetzen.

Die Beauftragung eines externen Dritten kann somit sowohl für die Geschäftsleitung als auch für Aufsichtsorgane bei der Ausübung ihrer Aufsichts- und Überwachungspflichten ein geeignetes Instrument darstellen[641]. Hierbei kann die Prüfung durch einen unabhängigen, externen Prüfer gleichzeitig der Überwachungsaufgabe durch Geschäftsleitung und Aufsichtsgremium dienen. Dabei reicht es nicht aus, dass ein externer Dritter beauftragt wird, es ist eine gehörige Auswahl und Aufsicht des Dritten erforderlich[642]. Beides sollte sinnvollerweise – analog der Abschlussprüfung – durch den Aufsichtsrat erfolgen. Sowohl die Qualifikation und Unabhängigkeit des Dritten als auch dessen Prüfungsansatz und -durchführung muss kritisch gewürdigt werden. Das IDW hat gerade aus diesem Gesichtspunkt mit der Veröffentlichung des Prüfungsstandards IDW PS 980 für eine gestiegene Rechtssicherheit gesorgt.

---

640 Schneider, Uwe H. Prof. Dr. jur., Überwachung der Mitglieder des geschäftsführenden Organs durch den Compliance-Beauftragten?, in: BB, 2013/ 48(Schneider [Überwachung])
641 Vgl. auch Hülsberg, Frank M. Dr. / Laue, Jens C.: Die Prüfung von Compliance Management Systemen nach IDW PS 980, in: Compliance Aufbau – Management – Risikobereiche, S. 161 mit weiteren Gründen für eine externe Prüfung (Hülsberg/Laue [Prüfung])
642 Vgl. Pelz [Aufsichtspflicht], 2010, Tz. 41

Ein weiterer Unterschied zwischen der internen Überwachung und der externen Prüfung liegt nämlich im Abstraktionsgrad. Die Prüfung richtet sich daran aus, ob das System insgesamt wirksam ist. Dieser unterschiedliche Fokus prägt eine unterschiedliche Betrachtung dessen, was für die Durchführung von interner Überwachung einerseits und externer Prüfung andererseits bei der Planung und Durchführung als wesentlich zu beurteilen ist. So wird der Prüfer auch bei kleineren Mängeln durchaus zu dem Gesamturteil kommen, dass eine Systemwirksamkeit gegeben ist. Er wird zwar auch nicht wesentliche Feststellungen dem Auftraggeber mitteilen und dieser wird sie für die Weiterentwicklung des CMS nutzen. Der externe Prüfer wird aber voraussichtlich schon bei der Auswahl der Prüfungshandlungen risikobasierte Wesentlichkeitsüberlegungen anstellen. Dabei wird ein externer Prüfer gegebenenfalls auch übergeordnete Kontrollen oder Maßnahmen als Basis für sein Gesamturteil überprüfen. Diese können im Sinne einer Gesamtbeurteilung der Systemwirksamkeit hinreichende Sicherheit geben, da sie eventuelle Schwachstellen prozessnäherer Kontrollen kompensieren können. Für einen externen Prüfer würden damit diese Schwachstellen entweder gar nicht bekannt oder sie hätten auf Grund der Kompensation durch übergeordnete Kontrollen keine wesentliche Auswirkung auf das Gesamturteil. Gleichwohl bestehen die Schwachstellen selber weiter und Organisationsverantwortliche stehen vor der Entscheidung die prozessnahen Kontrollen zu verändern um die Schwachstellen zu beseitigen oder sie eventuell abzuschaffen, soweit die übergeordneten Kontrollen insgesamt die Aufgaben des CMS hinreichend erfüllen. Oft wird dies allerdings nur beschränkt der Fall sein, da solche übergeordneten Kontrollen häufig nur detektivisch arbeiten, während die prozessnahen Kontrollen präventiv arbeiten und daher wirtschaftlich effizienter sind. Anders als die Wirksamkeit ist die Effizienz aber nicht Gegenstand externer Prüfungen, da sie auch nicht Gegenstand der Überwachungsaufgabe von Aufsichtsorganen ist.

Die fortlaufende, systemimmanente Überwachung zielt dagegen weniger auf ein Gesamturteil ab, sondern auf die fortwährende Selbstanalyse aller Grundsätze und Maßnahmen des Systems. Zielsetzung ist das zeitnahe Erkennen von notwendigen Anpassungen und Veränderungen. Die interne Überwachung zielt somit grundsätzlich auf jede einzelne Maßnahme und deren sachgerechter Durchführung, auf die Einhaltung aller festgelegten Grundsätze und Richtlinien des CMS ab. Ein wichtiger Punkt der internen Überwachung ist darüber hinaus das Erkennen von Änderungsbedarf für die Zukunft[643], z.B. durch Änderungen von Rahmenbedingungen, insbesondere Änderungen des Regelungsrahmen-Risikos oder des Regelungsverstoß-Risikos[644]. Diese Aufgabe kann zwar auch extern vergeben werden, ist aber kein Gegenstand z.B. einer Prüfung nach IDW PS 980. Diese bezieht sich

---

643 Vgl. IDW [PS 980], 2011b, Tz. A20
644 Vgl. auch die Ausführungen zur Informationsbeschaffung auf S. 180 ff

ausdrücklich auf die Wirksamkeit in einem abgelaufenen Zeitraum und weist sogar ausdrücklich auf die eingeschränkte Aussagekraft für die Zukunft hin[645].

4.8.3. Aufgabenstellung der Überwachung

Dieses zeitnahe Erkennen von Anpassungs- und Verbesserungsbedarf sowie die Umsetzung dieser Erkenntnisse ist wahrscheinlich die wesentliche Aufgabenstellung der systenimmanenten Überwachung. Dies wird im IDW Prüfungsstandard durch die Bezeichnung des Grundelements mit ‚Compliance-Überwachung und Verbesserung' bereits ausgedrückt. Während COSO erst in der inhaltlichen Beschreibung der Komponente ‚Monitoring' hierauf eingeht. Die Überwachung des Systems dreht sich nicht primär um das Erkennen von und Reagieren auf Compliance-Verstößen. Dies ist eher Gegenstand von konkreten Maßnahmen im Compliance-Programm[646], auch wenn es hier naturgemäß keine strengen Unterscheidungen gibt und eine Maßnahme sowohl einen Compliance-Verstoß aufdecken und damit die Notwendigkeit von Systemanpassungen aufzeigen kann. Wie aber bereits oben, bei der Unterscheidung zwischen interner Systemüberwachung und externer Prüfung dargestellt, hat eine systemimmanente Überwachung des CMS keinesfalls vorrangig die Aufgabenstellung, Grundlage für die Überwachungspflichten[647] z.B. durch die Aufsichtsorgane darzustellen.

Die Identifizierung von Anpassungs- und Verbesserungsbedarf erfordert es, dass Schwachstellen jeglicher Art möglichst zeitnah aufgedeckt und analysiert werden. Das CMS besteht aus einer Vielzahl von Aufgabendelegationen auf unterschiedlichen Unternehmensstufen. Ebenso, wie die für das CMS Verantwortlichen der Überwachung durch die Geschäftsleitung unterliegen, müssen sie selbst ihre Aufsichtspflicht über ihre Beauftragten wahrnehmen. „Die notwendige Beaufsichtigung der Delegartare darf nicht erst ansetzen, wenn es „Zweifel an der ordnungsgemäßen Aufgabenerfüllung auftreten"[648]. Nicht sachgerechte und damit unwirksame Durchführung von eingerichteten Maßnahmen, die Nichtbeachtung von Richtlinien oder auch die Umgehung von Maßnahmen muss vielmehr frühzeitig in Erwägung gezogen und daher überwacht werden. Diese Verstöße gegen das CMS liegen im Fokus der Überwachung. Ein solcher Verstoß gegen Anforderungen des CMS bedeutet nicht zwingend, dass es tatsächlich zu einem Verstoß gegen vom CMS unterstützte Gesetze, Regeln oder Normen gekommen ist. Dies ist auch nicht der Hauptfokus der CMS-Überwachungsmaßnahmen, sondern Teil der detektivischen Kontrollen des CMS-Programms.

Trotzdem ist bei jedem Verstoß gegen Anforderungen des CMS die Frage zu stellen, ob es hierdurch zu Compliance-Verstößen gekommen ist. Vorrangig ist

---

645 Vgl. IDW [PS 980], 2011b, Tz. 68
646 Vgl. die Ausführungen im Kapitel Detektivische Maßnahmen ab S. 163
647 Die in § 107 Abs. 3 AktG kodifizierte Pflicht des Aufsichtsrats die Wirksamkeit des Risikomanagementsystems (RMS) zu überwachen beinhaltet auch eine Überwachung des CMS, das ein Subsystem des RMS darstellt.
648 Schmit-Husson [Delegationspflichten], 2010, Rdnr. 24

aber zu beurteilen, mit welchen Mitteln solches Nichtbeachten von Anforderungen zukünftig vermieden werden kann (z.b. Schulungen oder Androhung von Sanktionen) oder ob die missachtete Anforderung unter Umständen grundsätzlich ungeeignet oder unter Umständen auch unnötig ist. Während eine zukünftige Vermeidung von Nichtbeachtung durch Schulung oder z.b. durch Androhen von Sanktionen erreicht werden kann, stellt sich in den beiden letzten Fällen die Frage nach einer Systemanpassung. Um Veränderungen auf der Grundlage von erkannten Systemmängel sachgerecht initiieren zu können, muss die Überwachung zwingend erkannte Mängel oder Schwachstellen sorgsam analysieren. Denn nur wenn die Ursache für eine Schwachstelle bekannt ist, kann durch Systemanpassungen eine Beseitigung der Schwachstelle verlässlich erfolgen.

Wo	Was
Compliance-Programm	Regelmäßige detetivische Prozess-Kontrollen
	z.B.: Verprobungen, Nachschauen, stichprobenweise Überprüfungen von Prozesstätigkeiten
Compliance-Überwachung	Regelmäßige sowie periodische Überprüfung der gesamten CMS-Maßnahmen
	Stichproben von Kontroll-Handlungen
	Beurteilung der Aktualität der Maßnahmen
	Prüfen von Veränderungen von Rahmenbedingungen
	Bei Verdachtsmomenten oder Verstößen: Aufklären der Ursachen und Analyse von Schwachstellen
Forensische Untersuchunen	Gezielte Untersuchung und Aufdeckung von (vermuteten) Verstößen, außerhalb des eigentlichen CMS aber vom CMS unterstützt

Tabelle 10 Unterschiedliche Ansätze zu Überwachungstätigkeiten

Auch soweit im Rahmen der Überwachung nur ein Verstoß gegen Richtlinien und Maßnahmen des CMS selber aufgedeckt wird, erfordert dies die Beurteilung, ob hieraus zumindest ein Anfangsverdacht folgt, dass es zu einem Compliance-Verstoß gekommen ist. Regelmäßig wird es notwendig sein in weiteren Ermittlungen des Sachverhalts zu klären, ob der Verdacht begründet ist. Im Einzelnen wurde dies bereits im Abschnitt zum Compliance-Programm dargestellt[649]. Die Analyse muss beurteilen, ob es auf Grund dieser Nichtbeachtung des CMS zu bisher nicht aufgedeckten Compliance-Verstößen gekommen sein kann und gegebenenfalls diesbezüglich entsprechende Maßnahmen ermöglichen. Dabei muss berücksichtigt werden, dass die Nichtbeachtung von CMS-Anforderungen nicht zwingend unmittelbar mit einem Verstoß zusammenhängt. Hat z.B. ein Mitarbeiter eine vorgeschriebene Vier-Augen-Kontrolle nicht durchgeführt oder eine Genehmigung nicht eingeholt, so kann dies bewusst zur Vertuschung eines Compliance-Verstoßes oder auch weitaus einfacher aus Unkenntnis oder Bequemlichkeit erfolgt sein. Ist letzteres der Fall, ist vorrangig zu beurteilen, wie eine zukünftige Beachtung sichergestellt werden kann (s.o.). Trotzdem kann es auch in diesen Fällen zu einem Com-

---

649 siehe Reaktionen auf Compliance-Verstöße S. 168 ff.

pliance-Verstoß gekommen sein. Entweder weil die Nichtdurchführung der Maßnahme zufällig mit einem Compliance-Verstoß durch einen Dritten zusammengefallen ist oder weil ein Dritter von der Nichtdurchführung Kenntniss erlangt hat und die Situation ausgenutzt hat. Daher ist auch in diesen Fällen, in denen kein unmittelbarer Zusammenhang zwischen Nichtbeachtung von CMS-Anforderungen und Compliance-Verstößen erkennbar ist, eine angemessene Untersuchung auf mögliche Compliance-Verstöße notwendig. Immerhin wurde die nichtbeachtete CMS-Maßnahme als Reaktion auf ein identifiziertes Compliance-Risiko implementiert. Wurde sie erkennbar nicht durchgeführt, bedeutet dies, dass ein erkanntes Risiko nicht angemessen adressiert wurde. Dies muss zwingend detektivische Maßnahmen auslösen.

Die Überwachung des CMS muss neben der Identifikation von möglichen CMS-Fehlern auch einen Augenmerk auf sich verändernde Rahmenbedingungen werfen, und beurteilen, ob sich hierdurch Anpassungsbedarf ergibt. So können veränderte Verläufe der identifizierten Risikosituation z.B. Veränderungen in betrieblichen Prozessen Auswirkungen auf ursprünglich wirksame Maßnahmen haben und dazu führen, dass diese unwirksam oder auch überflüssig werden[650]. Dieser Teil der Überwachung sollte auch nicht erst als Reaktion auf bereits erfolgte Veränderungen greifen, sondern bereits erkennbare Veränderungen der Zukunft auf Auswirkungen auf die Systemwirksamkeit prüfen. So können bereits implementierte Maßnahmen im Rahmen der Überwachung z.B. daraufhin analysiert werden, ob sie auch für bereits bekannte rechtliche Veränderungen der Zukunft geeignet sind. Wie bei allen Grundelementen ist auch hier wesentlich, dass hinreichende Kommunikationsstrukturen bestehen. Nur so können die für die Überwachung verantwortlichen Personen auf entsprechende Veränderungen der Rahmenbedingungen angemessen reagieren.

Der Prüfungsstandard IDW PS 980 erwähnt unter dem Grundelement Überwachung auch die Reaktionen auf festgestellte Compliance-Verstöße[651]. Soweit es sich hierbei allerdings um die Aufklärung von Verstößen handelt bzw. die Reaktion gegenüber diejenigen, die Systemmängel fahrlässig oder gar vorsätzlich durch Missachtung von Richtlinien oder Durchführungsanordnungen verursacht haben, ist dies regelmäßig als Teil des Compliance-Programms[652] zu verstehen oder wird – soweit es sich um forensische Untersuchungen von Verstößen handelt – außerhalb des CMS, häufig auch durch externe Berater mit einschlägiger Erfahrung durchgeführt. Diese als „Zero-Tolerance bezeichnete unbedingte Reaktion auf die im Rahmen der Überwachung erfolgte Feststellung von Verstößen wurde bereits im Kapitel „Compliance-Kultur" beschrieben, auf die entsprechenden Ausführungen wird verwiesen[653]. Der Hinweis im Grundelement ‚Überwachung', auf die notwendigen Reaktionen im Falle aufgedeckter Verstöße ist gleichwohl notwendig, gerade weil die

---

650 Vgl. Withus [Risikobericht] Tz. 79
651 IDW [PS 980].A20
652 siehe Reaktionen auf Compliance-Verstöße S. 168 ff.
653 siehe Zero-Tolerance als Korrektiv für möglichen Verstoß-Druck S. 109

Überwachung nicht originär die Aufgabe hat solche Verstöße aufzudecken. Diese Aufgabe ist Teil des Compliance-Programms, gleichwohl muss natürlich auch auf ‚Zufallsfunde' angemessen reagiert werden. Wesentliche Folge für die Beurteilung von aufgedeckten Verstößen im Grundelement Überwachung ist die Beurteilung, welche Folgen sich aus dem aufgedeckten Verstoß für das CMS ergeben. Ist die Ursache in einer CMS-Schwäche zu finden, die den Verstoß ermöglichte oder begünstigte, ist nicht nur die CMS-Schwäche unverzüglich zu beseitigen, sondern auch zu beurteilen, welche veränderten, oder zusätzlichen Maßnahmen diesen Verstoß hätte vermeiden können, bzw. in der Zukunft vermeiden würden.

Die Überwachungsmaßnahmen können gleichwohl Compliance-Verstöße aufgedecken, bei denen nach einer gründlichen Analyse festgestellt wird, dass sie nicht mit einem Systemmangel im Zusammenhang stehen. Wie bereits festgestellt, kann es auch bei einem wirksamen CMS zu Verstößen kommen. Ein CMS wird aufgrund der inhärenten Grenzen solcher Systeme[654] niemals eine absolute Sicherheit vor Verstößen erreichen können. Die Beschränkung der Kontrolldichte auf ein angemessenes und zumutbares Maß einerseits sowie die kriminelle Energie von Einzelnen, die zudem durch das Zusammenwirken von mehreren Personen noch verstärkt werden kann, macht einen 100% Schutz unmöglich. Außerdem schützt auch ein grundsätzlich wirksam ausgestaltetes und eingerichtetes CMS nicht davor, dass im Einzelfall falsche Ermessensentscheidungen getroffen werden oder es ansonsten zu menschlichem Versagen kommt. Nicht jede dieser Fehlermöglichkeiten lässt sich ausschließen. Liegt menschliches Versagen oder eine Ermessensfehlentscheidung vor, sind zusätzliche gezielte Schulungsmaßnahmen zu erwägen.

Teil der Reaktion auf aufgedeckte Verstöße muss es sein, dass Hinweise oder Belege für Compliance-Verstöße an das Management berichtet werden. Nur so kann sichergestellt werden, dass entsprechende Maßnahmen tatsächlich eingeleitet werden. Bei wesentlichen Verstößen ist auch eine ad-hoc Berichterstattung an die Aufsichtsorgane notwendig[655]. Die Definition entsprechender Berichtslinien muss somit auch als Teil des Grundelements ‚Compliance-Überwachung und Verbesserung' geregelt werden.

4.8.4. Überwachungsverantwortlichkeit

Aus den Aufgabenstellungen der Überwachung ergeben sich die Verantwortlichkeiten für die Überwachungsmaßnahmen. Diese liegen in der Letztverantwortung bei denjenigen, die für die angemessene und wirksame Ausgestaltung des CMS verantwortlich sind, folglich regelmäßig der Geschäftsleitung[656], die diese Aufgabenstellung aber auch im Rahmen ihres Delegationsrechts[657] an eine Compliance-Abteilung bzw. einen CCO übertragen kann. Ist eine solche Delegation er-

---

654 Vgl. u.a.IDW [PS 980], 2011b, A12, COSO [IC updated], 2013, S. 17
655 COSO [IC updated], 2013, S. 14
656 die gesetzlichen Anforderungen ergeben sich u.a. aus § 93 Abs. 1 Satz 1 AktG, § 43 Abs. 1 GmbHG, § 130 Abs. 1 OWiG
657 Vgl. Rieder/Falge [Grundlagen], S. 17

folgt, muss die Geschäftsleitung allerdings den oder die Beauftragten wiederum überwachen, sie hat eine ‚Oberaufsicht' wahrzunehmen[658]. Hiervon zu trennen ist die Verantwortung von Aufsichtsorganen, denen ihrerseits eine Überwachung der Geschäftsleitung obliegt. Eine solche Überwachungspflicht besteht z.B. nach § 107 AktG, in dem eine Überwachung der Wirksamkeit des Risikomanagementsystems durch den Aufsichtsrat gefordert wird. Hierunter ist auch die Wirksamkeitsüberwachung des CMS zu subsumieren[659], das einen Teilbereich des RMS darstellt.

Wie oben dargestellt, handelt es sich hierbei um eine außerhalb des CMS liegende Überwachung, die das gesamte System, einschließlich der systemimmanenten Überwachung betrachten muss. Gleichwohl kann aber auch auf der Geschäftsleitungsebene eine solche systemexterne Wirksamkeitsprüfung des gesamten CMS notwendig sein. Dies ist immer dann der Fall, wenn die Geschäftsleitung die eigentlich bei ihr liegende Pflicht zur Sicherstellung der Compliance wirksam auf einen Beauftragten delegiert hat. Eine solche Delegation kann zulässig sein, wenn und soweit die Geschäftsleitung den Beauftragten angemessen ausgewählt hat. D.h. sie muss sich vorab davon überzeugen, dass dieser die notwendige Qualifikation besitzt und ihn mit den erforderlichen Kompetenzen ausstatten. Eine wirksame Delegation erfordert aber auch, dass der Geschäftsherr sich regelmäßig und angemessen davon überzeugt, dass die delegierten Aufgaben sachgerecht durchgeführt werden[660]. Auch hierbei handelt es sich dann um eine systemexterne Überwachung, die die Wirksamkeit des gesamten Systems, einschließlich des Grundelements ‚CMS-Überwachung und Verbesserung' betrachten muss.

Die Überwachung im Sinne einer fortlaufenden Schwachstellenanalyse zum Erkennen von Anpassungs- und Verbesserungsbedarf des CMS ist dagegen eine originäre Aufgabenstellung für die unmittelbar CMS-Verantwortlichen, d.h. im Zweifel für den Deleganten, z.B. den beauftragten Compliance-Officer.

Von der Verantwortlichkeit zu trennen ist die Durchführung von Überwachungsmaßnahmen durch prozessunabhängige Prüfer. Häufig wird sich dazu wie im Standard erwähnt die Interne Revision anbieten, soweit dort entsprechende Ressourcen für die Durchführung solcher Überprüfungen vorhanden sind. Abhängig von der Größe der gesamten CMS-Organisationsstruktur kann auch eine spezielle Revisionsabteilung innerhalb der engeren CMS-Organisation vorgesehen sein. Letztlich ist diese Frage der organisatorischen Zuordnung von Personen für die Durchführung von Überwachungshandlungen nach betriebswirtschaftlichen Gesichtspunkten zu entscheiden. Notwendig ist aber auf jeden Fall eine enge Zusammenarbeit zwischen den Personen, die für Ausgestaltung und Einrichtung des CMS verantwortlich sind und denjenigen, die für die Planung und Durchführung von Überwachungsmaßnahmen verantwortlich sind.

---

658 Vgl. Rogall [§ 130 OWiG], Rdnr. 69
659 so auch Schmalenbach-Gesellschaft [Best Practice], 2011, S. 2105 mit Verweis auf, Regierungskommission [DCGK 2013], 2013, Tz. 5.3.2
660 Vgl. Pelz [Aufsichtspflicht], 2010, Tz. 23

Wie oben bereits problematisiert ist die Rolle der Internen Revision nicht immer eindeutig einzuordnen. Diese kann z.B. auf der gleichen Ebene wie die CMS Verantwortlichkeit angesiedelt ist. Dies ist z.B. dann der Fall, wenn die Geschäftsleitung die CMS Verantwortung u.a. an einen Chief Compliance Officer delegiert hat. Die CMS-Organisations- und -Durchführungsverantwortung liegt dann unterhalb der Geschäftsleitung, regelmäßig die gleiche Ebene, an die ebenfalls die Verantwortung für interne Revisionsaufgaben delegiert wird. Hier steht die IR dann quasi neben dem CMS und kann zunächst unabhängig die Einrichtung und Wirksamkeit des CMS von „extern" prüfen. Der Geschäftsleitung steht somit eine objektive Beurteilung des CMS zur Verfügung. Dies bedingt aber, dass die IR keine Überwachungstätigkeiten innerhalb des CMS durchführt, da sie ansonsten ihre eigenen CMS-internen Überwachungsmaßnahmen prüfen müsste.

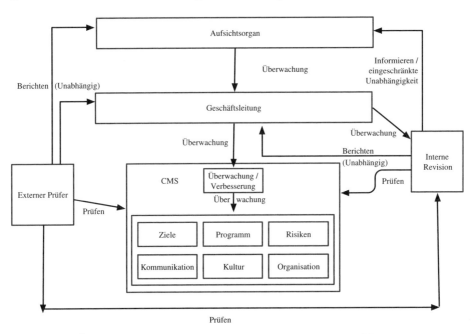

Abbildung 24 Überwachungspflichten bei „Gleichstellung" der Internen Revision

Nimmt die CMS-Abteilung selber die IR für eigene Überwachungspflichten quasi als ‚Dienstleister' – in Anspruch, kann diese das System nicht mehr objektiv von außen beurteilen, da sie selber Systembestandteil geworden ist. Die IR kann somit faktisch auch bei einer organisatorischen ‚Gleichstellung' im Unternehmen trotzdem Systembestandteil der gesamten CMS-Organisation sein. Grundsätzlich spricht auch nichts gegen eine solche Arbeitsteilung. Es kann sogar betriebswirtschaftlich sinnvoll sein, die gesamten CMS-Aufgaben bei der IR anzusiedeln, nicht nur die systemimmanente Überwachung. Insbesondere in kleineren Unternehmen wird für zwei getrennte Organisationsstrukturen weder die Notwendigkeit vorhanden sein, noch hinreichende Ressourcen zur Verfügung stehen. Letzlich ist dies eine Frage der optimalen Ressourcennutzung[661]. Das ‚Problem', dass sich die Geschäftsleitung bei der notwendigen Überwachung des CMS bzw. der für das CMS beauftragten Personen dann nicht auf eine objektive Aussage der IR über das CMS stützen kann, wenn diese Systembestandteil wird, lässt sich durch eine externe Prüfung lösen.

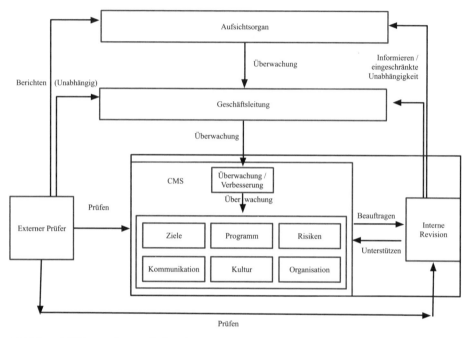

Abbildung 25 Überwachungspflichten bei Einbindung der IR in das CMS

Eine solche externe Beurteilung kann sich auch als notwendig erweisen, da den Aussagen der IR über das CMS für die Aufsichtsorgane stets ein Objektivierungsproblem innewohnt. Die IR steht im direkten Auftrags- und Abhängigkeitsverhältnis zur Geschäftsführung, die mit Einrichtung einer IR ihre eigene Kontrollaufgabe delegiert[662]. Da die CMS-Verantwortung aber originär bei der Geschäftsleitung liegt, kann diese ihre sachgerechte Aufgabenerfüllung nicht durch die Aussagen der von ihr abhängigen IR gegenüber Dritten belegen. Der Aufsichtsrat muss sich folglich entweder ein eigenes Bild machen oder sich externer Prüfer bedienen. In welchem Umfang das Aufsichtsorgan sich dabei ein eigenes Bild macht und dabei –

---

661 Bürkle [Beauftragte], 2010, Rdnr. 55 spricht sich aus Gründen der dann fehlenden Unabhängigkeit gegen eine Integration von Compliance Abteilung und Interner Revision aus
662 Vgl. Hampel, et al [Three-Lines] S. 203 Hampel, Volker, et al., Das Three-Lines-of-Defence-Modell und die Positionierung der Internen Revision innerhalb der Corporate Governance: konzeptionelle Überlegungen und empirische Ergebnisse für Deutschland, in: ZCG, Vol. 7.2012/ 2012(Hampel, et. al. [Three lines])

durchaus zulässig – auch die Aussagen der IR berücksicht und bewertet oder externe Dritte mit einer Prüfung und Beurteilung beauftragt hängt von den Risiken ab, die mit dem CMS verbunden sind.

4.8.5. Planung und Durchführung der Überwachung

Insgesamt muss die Überwachungsplanung sicherstellen, dass alle Maßnahmen und Teile des CMS in einem angemessenen Rhythmus auf ihre Angemessenheit, Eignung und tatsächliche Durchführung hin überprüft werden. Die „identifizierten Risiken sind in ihrer Entwicklung zu verfolgen"[663], um die fortlaufende Angemessenheit und Wirksamkeit der entsprechenden Maßnahmen beurteilen zu können. Hierzu sollten konkrete Überwachungspläne in Zusammenarbeit mit den für die Überwachung Verantwortlichen und den mit der Durchführung der Überwachung beauftragten Personen aufgestellt werden. Diese Erstellung von Überwachungsplänen sollte, so wie das gesamte CMS, risikoorientiert erfolgen. Die Beurteilung muss dabei sowohl das Risiko beachten, dass einzelne Maßnahmen z.B. aufgrund von Komplexität der Maßnahme Schwachstellen in der Durchführung aufweisen könnten als auch das potentielle Risiko für das Unternehmen oder Dritte aus einem Versagen einzelner Maßnahmen oder Grundsätze des CMS. Daneben sollte ein besonderer Schwerpunkt auf den CMS-Bereichen liegen, in denen es durch Zeitablauf zu geänderten Ausgangslagen für das CMS kommen könnte, welche Anpassungen des Systems erfordern. Die Überwachungspläne müssen dabei auch die verfügbaren Ressourcen für die Überwachung realistisch berücksichtigen. Wenn die zur Verfügung stehenden Ressourcn nicht ausreichen, muss der zusätzliche Bedarf analysiert und zur Verfügung gestellt werden.

Eine Überwachung wird häufig nicht ‚am Schreibtisch' ausschließlich durch Auswertung von Unterlagen durchgeführt werden können, sondern ‚vor Ort Besuche' erfordern. Unmittelbare Überwachungsmaßnahmen umfassen:

- Inaugenscheinnahme,
- Nachvollziehen,
- Verproben,
- Nachrechnen und
- Befragen

Die ausschließliche Befragung der mit den zu überwachenden Maßnahmen betrauten Personen, wird regelmäßig keine hinreichende Aussage über die wirksame Durchführung von Maßnahmen erbringen[664]. Es stehen aber auch andere Möglichkeiten zur Verfügung, um innerhalb des CMS eine fortlaufende Überwachung der Wirksamkeit und das Erkennen von Anpassungsbedarf zu implementieren. Soge-

---

663 Pampel/Glage [Unternehmensrisiken], 2010, Tz. 31
664 Vgl. Withus, Karl-Heinz: Überwachung und Verbesserung von CMS, in: Das wirksame Compliance Management System, 2013b, S. 125 (Withus [Überwachung])

nannte „Self-Assessments", bei denen die Kontrolleigner selbst z.B. im Wege einer regelmäßigen Nachschau oder durch Verprobung ihre eigene Kontrolltätigkeit kritisch überprüfen, können zwar unabhängige Überwachungshandlungen weder ersetzen, noch einzige Grundlage der Überwachung sein, sie stellen aber gerade für Bereiche mit geringerem Risiko eine gute Ergänzung dar. Daneben kann ein definiertes Reporting sowohl Grundlage für die Überwachung der tatsächlichen Durchführung von Maßnahmen als auch die Basis für weitergehende Maßnahmen zur Sicherstellung der Compliance darstellen. Mithilfe von regelmäßig erstellten Berichten „können zum Beispiel routinemäßig durchgeführte Analysen oder Verprobungen Hinweise auf Wirksamkeit oder Versagen von implementierten Kontrollen geben"[665].

Solche selbstüberwachenden Maßnahmen können z.B. in die Datenverarbeitung integriert werden und die Überwachung unterstützen sowie zusätzliche Überwachungshandlungen minimieren. Ein solches ‚Ongoing Monitoring' ist aus anderen Internen Kontrollsystemen bekannt und bewährt. Ein gutes Beispiel hierfür, stellt die automatisierte Überwachung von Preisentwicklungen dar, um Anzeichen für Kartellverstöße zu identifizieren. Auch der automatisierte Vergleich von Genehmigungsprozessen z.B. für Geschenke an Geschäftsfreunde über Zeitablauf, Abteilungen oder Standorte hinweg, kann Hinweise auf Fehlentwicklungen und dadurch sinnvolle Schwerpunkte der Überwachung liefern.

Wichtiger Ausgangspunkt jeder Erstellung von Überwachungsplänen muss dabei der Gedanke des „überraschenden Moments" sein. Denn auch wenn ein CMS nie vollends gegen mit krimineller Energie geplante Verstöße schützen kann, muss es trotzdem auch solche bewussten Umgehungen des CMS berücksichtigen. Vorhersehbare Überwachungsmaßnahmen sind daher soweit wie möglich zu vermeiden.

4.8.6. Gegenstand der Überwachung

Explizit stellt IDW PS 980.A20 klar, dass zu der Überwachung auch die Beurteilung der Wirksamkeit der prozessintegrierten Kontrollen aus dem Compliance-Programm gehört. Der Überwachung unterliegt aber grundsätzlich das gesamte CMS, d.h. alle Maßnahmen aus allen Grundelementen des CMS müssen fortwährend auf ihre Wirksamkeit und Eignung für die Zielsetzung des CMS überprüft werden. Für die konkreten Kontrollmaßnahmen des CMS-Programms dürfte dies mittels ‚herkömmlichen' Prüfungshandlungen (stichprobenbasierte Nachprüfung) relativ leicht verständlich sein. Ebenso lässt sich der Soll-Ist Abgleich beim Grundelement Compliance-Risiken relativ einfach durchführen. Regelmäßig wird hier zu überwachen sein, dass die vorgesehen Prozesse zur Risikoerkennung und –bewertung so durchgeführt werden, wie sie festgelegt wurden. Darüber hinaus bedarf

---

665 Withus, Karl-Heinz, Überwachung der Wirksamkeit von Internen Kontroll- und Risikomanagementsystemen: Effizienzgewinne durch „Ongoing monitoring", in: ZIR, 6/2009/ 2009; S. 267 (Withus [Ongoing Monitoring])

es der Beurteilung, ob diese Prozesse noch angemessen sind. Hierbei wird auf die Informationen zurückzugreifen sein, die durch die Maßnahmen des Grundelements Kommunikation z.B. über Veränderungen der Rahmenbedingungen gewonnen werden. Auch diese Maßnahmen sind relativ objektiv auf ihre Wirksamkeit hin zu beurteilen.

Die Überwachung der Compliance-Ziele als Teil des CMS beschränkt sich darauf, die Konkretisierung der außerhalb des CMS für das jeweilige dezidierte Teilgebiet bestimmten Zielsetzungen und die Konsistenz der CMS-Ziele mit den übrigen Unternehmenszielen zu überprüfen. Als Basis der Risikoidentifizierung und -bewertung, muss bei den Compliance-Zielen die genaue Identifizierung der relevanten Regeln erfolgen. Die Wirksamkeitsüberwachung muss den Prozess dieser Regel-Identifizierung evaluieren und beurteilen, ob entsprechende Informations- und Kommunikationsstrukturen vorhanden sind. Insbesondere in Bezug auf die Identifizierung und Auslegung der relevanten Vorschriften ist auch die Kompetenz der damit betrauten Personen zu beurteilen. Auch dieser Prozess muss kritisch hinterfragt werden, insbesondere sind auch hier die Angemessenheit der Informationsbeschaffung über Veränderungen von organisatorischen Zuschnitten des Unternehmens, neuen oder veränderten Prozessen oder z.B. den Eintritt in neue Märkte oder die Aufnahme von Geschäftsbeziehungen zu neuen Kundengruppen zu beurteilen. Nur wenn diese Prozesse fehlerfrei installiert sind, kann die Risikoidentifizierung hierauf aufbauen. Die Überwachung muss dabei nicht nur das Vorhandensein von Prozessen bzw. deren planmäßiges Durchführen sondern auch die Eignung der vorhandenen Prozesse beurteilen.

Die Beurteilung der Compliance-Organisation sowie des Grundelements Kommunikation bezieht sich ebenfalls im Wesentlichen auf eine formelle Einhaltungsprüfung sowie die Beurteilung, ob Änderungsbedarf – gegebenenfalls auch als Rückschluss aus Feststellungen in anderen Bereichen – erkennbar ist. Auch hier sind Soll und Ist relativ konkret zu ermitteln und ins Verhältnis zu setzen. Die inherenten Schwierigkeiten, die Angemessenheit und Eignung von Maßnahmen und der gesamten Aufbau- und Ablauforganisation zu bestimmen, unterscheiden sich bezüglich der Überwachung nicht oder wenig von der originären Implementierung des Systems.

4.8.7. Überwachung der Compliance-Kultur

Die Überwachung der Compliance-Kultur stellt dagegen eine „besondere Herausforderung"[666] dar. Zwar lassen sich auch diesbezüglich Prozesse und deren planmäßiges Durchführen beurteilen. So können Richtlinien inhaltlich beurteilt werden und es kann geprüft werden, ob diese Richtlinien tatsächlich an die Mitarbeiter bekannt gegeben wurden. Die Beurteilung der Zielsetzung – dem Erreichen einer Compliance förderlichen Unternehmenskultur – ist tatsächlich aber schwieriger zu beurteilen. Im Fokus steht nicht (nur) das tatsächlich beobachtbare Handeln, son-

---

666 Eichler [Compliance-Kultur], 2012, S. 134

dern die Einstellung, der ‚mindset' von Personen, d.h. inwieweit diese die von der Unternehmensleitung durch Richtlinien, Code of Conduct, Vorleben oder andere Maßnahmen vermittelten Werte und Normen internalisiert haben und tatsächlich bereit sind danach zu handeln.

Die Beurteilung, ob die vermittelten Werte bei den Mitarbeitern tatsächlich ‚angekommen' sind, d.h. die Richtlinien ‚gelebt' werden, kann nur anhand von Befragungen und der Betrachtung der gelebten Unternehmenskultur erfolgen. Die Prüfung folgt „dem Grundsatz ‚den Baum an seinen Früchten zu erkennen'"[667]. Teil einer die Compliance gefährdenden Compliance-Kultur kann z.B. sein, dass Beförderungsprozesse „als unzufriedenstellend wahrgenommen werden und somit zu Frustration oder Gefühlen der fehlenden Fairness führen. Ist dies der Fall, werden Bedingungen geschaffen, die Mitarbeiter für sich rechtfertigen können, bestimmte Compliance-Vorgaben zu umgehen oder außer Kraft zu setzen, um sich damit einen ihrer Meinung nach verdienten Vorteil zu schaffen"[668]. Solche ‚Frustationen' können z.B. durch Gespräche mit Mitarbeitern oder Fragebogenaktionen erkannt werden. Wichtig ist somit, dass nicht nur als Teil des Grundelements ‚Compliance-Kultur' eine Vielzahl von Maßnahmen ergriffen werden, die eine positive Einstellung zu Compliance schaffen sollen, sondern das im Rahmen der CMS-Überwachung auch kontinuierlich die vorhandene Compliance-Kultur überprüft und beurteilt wird. Es kann ansonsten schnell zu einer „Abweichung zwischen wahrgenommener und bevorzugter Unternehmenskultur (‚organizational culture gap')"[669] kommen.

„Zur Erfassung der Unternehmenskultur stehen inzwischen eine große Anzahl von Methoden zur Verfügung"[670], eine Vielzahl von empirischen Studien befasst sich mit der Problematik der Messung von Unternehmenskultur[671]. Unabhängig davon, welche Methode im Unternehmen gewählt wird, sollte sie auf jeden Fall konkret für die Messung von Compliance-relevanten Teilen der Unternehmenskultur geeignet sein. Sackmann beschreibt eine Methode, bei der zunächst der Soll-Zustand der Kultur aus der Unternehmensstrategie und den bestehenden Unternehmens- und Führungsgrundsätzen abgeleitet wird. Dies wäre in Bezug auf das CMS gegebenenfalls eine Ableitung aus Richtlinien und Verhaltenskodizes, aber auch

---

667 Ebenda
668 Gnändiger, Jan-Hendrik Dr. / Steßl, Antonia, Im Blickpunkt: Akzeptanz von Compliance-Management-Systemen auf Mitarbeiterebene, in: BB, 2012/ 37; S. VII (Gnändiger/Steßl [Akzeptanz])
669 Baetge [Unternehmenskultur und Unternehmenserfolg], Abruf, mit Verweis auf Wilderom, Celeste P.M. / Van den Berg, Peter T., A Test of the Leadership-Culture-Performance Model within a large Durch Financial Organization, Discussion Paper; 1998, S. 19 (Wilderom/Van den Berg [Leadership-Culture-Performance])
670 Sackmann, Sonja A: Erfassung von Unternehmenskultur – Eine Auswahl geeigneter Vorgehensweisen, in: Messen, werten, optimieren – Erfolg durch Unternehmenskultur, 2006b, S. 6 (Sackmann [Erfassen])
671 Vgl. Baetge [Unternehmenskultur und Unternehmenserfolg], Abruf

aus den relevanten Gesetzen und Vorschriften. Auf dieser Basis wird dann der Ist-Zustand der Kultur mit einer Kombination von Methoden ermittelt:

Was	Wo und mit wem
Interviews	obere zwei bis drei Führungsebenen
	zentrale Führungskräfte verschiedener Hierarchieebenen und Bereiche (Schlüsselkräfte)
Workshops	Führungskräfte der nachfolgenden Ebenen
	zentrale Fachkräfte
	bereichs- und standortübergreifend
Analyse	firmeninterne und externe Dokumente
Beobachtungen im Rahmen von	Gesprächen
	Treffen
	Rundgängen etc
informelle Gespräche	über Ebenen und Bereiche hinweg

Tabelle 11 Methoden zur Überwachung der Compliance-Kultur[672]

Es ist schnell erkennbar, dass diese strukturierte Erfassung von Unternehmens-Kultur eine besondere Herausforderung darstellt. Anders als bei der Überwachung der Einhaltung z.B. einer ‚Vier-Augen-Kontrolle' fehlt es sowohl an einem eindeutigen ‚Soll' als auch an der Möglichkeit das ‚Ist' einfach zu bestimmen. Dies entbindet aber im Anbetracht der Bedeutung der Compliance-Kultur nicht davon, die Instrumente, die zu ihrer Steuerung eingesetzt werden, auf ihre Wirksamkeit zu überwachen. Es kann sich empfehlen, dass Unternehmen insbesondere zur Beurteilung der (tatsächlichen) Compliance-Kultur externen Sachverstand hinzuziehen[673].

4.8.8. Dokumentation

Die Überwachung des CMS kann nur durchgeführt werden, wenn eine hinreichende Dokumentation des CMS vorhanden ist[674]. Fehlt es an einer Dokumentation der durchzuführenden Maßnahmen und Prozesse, kann keine Überprüfung des Soll mit dem Ist vorgenommen werden. Für alle Grundsätze und Maßnahmen des CMS muss daher zwingend dokumentiert sein, was durchgeführt werden sollte sowie was tatsächlich durchgeführt wurde. Die Dokumentation muss leicht verständlich sein, sie sollte erkennen lassen, wer sie wann erstellt hat und muss allen für die Überwachung des Systems verantwortlichen Personen jederzeit verfügbar sein. Nur dann kann beurteilt werden, ob die Zielsetzung des CMS mit den geplanten Maßnahmen erreicht wurde oder ob Verbesserungs- bzw. Anpassungsnotwendigkeiten bestehen. Auch ein nicht dokumentiertes CMS kann dagegen durchaus wirksame Maßnahmen zur Verhinderung oder Aufdeckung von Compliance-Verstößen beinhalten.

---

672 Nach:Sackmann [Assessment], 2006a, S. 36
673 Vgl. auch Baetge [Unternehmenskultur und Unternehmenserfolg], Abruf
674 IDW [PS 980], 2011b, Tz. 23

Nicht die Dokumentation, sondern die tatsächliche Durchführung der Maßnahmen stellt die angemessen Reaktion auf Risiken sicher. Ein solches CMS ist aber fraglich auf seine tatsächliche Wirkung hin überprüfbar. Die Tatsache, dass keine Verstöße eingetreten sind, ist kein zwingender Beweis dafür, dass angemessene Aufsichtsmaßnahmen implementiert sind. Solange keine Verstöße auftreten, kann diese Unterscheidung und die Kritik an fehlender Dokumentation noch als akademisch eingestuft werden. Auch ein gut eingerichtetes CMS wird aber nicht in der Lage sein, 100% Sicherheit zu geben, dass keine Verstöße auftreten[675]. Ohne Dokumentation sind die CMS-Verantwortlichen daher nicht in der Lage verlässlich einzuschätzen, dass und gegebenenfalls auch nachzuweisen, ob die Maßnahmen hinreichend sind, um ihrer Aufsichtspflicht nachzukommen oder das Nichtauftreten von Verstößen ‚Zufall' ist.

Auch für die Dokumentation gilt die grundsätzliche Verpflichtung der Geschäftsführung ebenso wie die Möglichkeit, diese Verantwortung an die Compliance Abteilung zu delegieren. Die Dokumentationspflicht dient auch der notwendigen Kontrolle innerhalb der Geschäftsführung, denn auch hierbei „ist zu beachten, dass die primäre Zuständigkeitsverteilung ... nicht davon befreit, einen prüfenden Blick auf die Tätigkeit des jeweils anderen Geschäftsführers zu werfen"[676]. Gleichzeitig sind aber auch die Aufsichtsorgane auf eine vollständige Dokumentation angewiesen, um ihrer Überwachungspflicht gegenüber der Geschäftsleitung nachzukommen.

Aus der Dokumentation muss sich sowohl erkennen lassen, welche Maßnahmen des CMS geplant sind (Soll-Zustand) als auch welche Maßnahmen von wem, auf welche Art und Weise und mit welchem Ergebnis durchgeführt wurden (Ist-Zustand). Im Rahmen der Überwachung muss beurteilt werden, ob der Ist-Zustand dem Soll-Zustand entspricht. Dabei dient die Dokumentation des Solls selber auch der Sicherstellung der Durchführung. Denn nur die zweifelsfreie Festlegung eines Solls kann Grundlage für die fehlerfreie Durchführung von Maßnahmen sein. Aus der Beschreibung sollen daher alle Kriterien erkennbar sein, die bei der Durchführung der Maßnahme beachtet werden müssen, um die Zielsetzung (Kontrollziel) der Maßnahme erreichen zu können. Im Einzelnen kann es sich hierbei um die Beschreibung von Tätigkeiten, Zeitpunkt oder Häufigkeit der Durchführung, heranzuziehende Unterlagen oder Informationen, Zuständigkeit für die Durchführung der Maßnahme oder jegliche sonstige Information für die Wirksamkeit handeln[677].

Neben der Sicherstellung der Wirksamkeit dient die Dokumentation des Soll-Objekts auch dazu, die Überprüfung der Wirksamkeit des CMS zu planen und bei Anpassungen und Verbesserungen des Systems stets eine Abstimmung aller vorhandenen CSM-Maßnahmen sicherzustellen. Im Rahmen der Überprüfung des

---

675 Vgl. Ebenda, Tz. A12 zu den inhärenten Grenzen eines CMS
676 Klindt/Pelz/Theusinger [Rechtsprechung], 2010, S. 2386
677 Vgl. auch COSO [IC updated], 2013, S. 29: „One reason (of documentation, d.Verf.) is to provide clarity around roles and responsibilities, which promotes consistency in adhering to the entity's practices, policies, and procedures in managing the business."

CMS dient die Dokumentation dazu eine risikobasierte Auswahl von entsprechenden Überwachungshandlungen zu ermöglichen[678]. Die Aufzeichnung des Ist-Zustands, d.h. der tatsächlichen Durchführung von vorgesehenen Maßnahmen ist letztlich bereits Teil der Überwachung des CMS. Sie dient der Nachschau von CMS-Maßnahmen und ist Grundlage für die Beurteilung der wirksamen Durchführung.

Daneben ist die Durchführungsdokumentation aber oft auch Bestandteil der Maßnahme selbst. Dies ist z.b. immer dann der Fall, wenn durch die Maßnahme eine Ermittlung von Sachverhalten erfolgt, die einer anschließenden Beurteilung unterliegen. So kann z.B. eine Kontrollhandlung darin liegen, dass eine regelmäßige Durchsicht von Aufwandskonten auf unzutreffende Erfassung von Zahlungen für Mitgliedsbeiträge oder Teilnahme an Sitzungen von Interessensgruppen erfolgt und diese auffälligen Zahlungen in Bezug auf kartellrechtliche Problematiken analysiert werden. Hier dient die Aufzeichnung auffälliger Zahlungen als Grundlage für die weitergehende Analyse, diese wäre ohne eine Dokumentation der grundlegenden Kontrollhandlung nicht möglich. Gleichzeitig dient die Dokumentation aber auch dem Zweck, die Durchführung der grundlegenden Kontrollhandlung nachzuweisen, insbesondere wenn bei der Durchsicht keine auffälligen Zahlungen identifiziert wurden. Ein weiteres Beispiel dafür, dass die Dokumentation von CMS-Maßnahmen, bzw. deren Ergebnisse bereits für die Wirksamkeit des CMS notwendig ist, ist die Risikoidentifizierung und -bewertung. Diese sind Grundlage der Auswahl von entsprechenden Maßnahmen des CMS-Programms. Gleichzeitig ist die Dokumentation der Ergebnisse des Risk Assessments die Grundlage für die fortlaufende Beobachtung der Rahmenparameter und des Unternehmensumfelds zur Identifikation von Veränderungen oder Anzeichen für neue Risiken. Auch hierfür ist ein ‚Status Quo' erforderlich, ohne diesen lassen sich keine Veränderungen erkennen.

Die planmäßige Durchführung der Überwachung selbst ist ebenso zu dokumentieren, um im Zweifel einen Nachweis über die Erfüllung der Aufsichtspflichten vorlegen zu können.

4.8.9. Zwischenfazit zum CMS-Grundelement Compliance Überwachung und Verbesserung

Als Zwischenfazit lassen sich zur Compliance-Überwachung und Verbesserung die folgenden grundlegenden betriebswirtschaftlichen Aussagen festhalten:

1. Die Compliance Überwachung und Verbesserung ist, im Gegensatz zur externen Systemprüfung, eine systemimmanente Aufgabe der für das CMS Verantwortlichen.
2. Da systemimmanente Überwachungsmaßnahmen in der Verantwortung der CMS-Verantwortlichen stehen, können die Erkenntnisse daraus nur einge-

---

678 Vgl. Withus [Überwachung], 2013b, S. 127

schränkt Grundlage für die Beurteilung der Wirksamkeit des CMS durch Aufsichtsverpflichtete darstellen.
3. Eine Unterstützung bei der Durchführung der systemimmanenten Überwachung durch die Interne Revision ist möglich und häufig effizient.
4. Eine hinreichend detaillierte Dokumentation des Soll-Zustands des CMS ist Grundlage der Überwachung. Die angemessene Dokumentation der Durchführung (Ist-Zustand) dient als Ausgangsbasis der Überwachung. Die Überwachung selbst ist ebenfalls zu dokumentieren.
5. Die Überwachung des CMS ist nicht auf die Aufdeckung von Compliance-Verstößen ausgerichtet. Diese Aufgabe ist Teil des Compliance-Programms und wird durch detektivische Kontrollen durchgeführt.
6. Die Compliance Überwachung dient der fortlaufenden Beurteilung der Angemessenheit, Eignung und tatsächlichen Durchführung aller einzelnen Maßnahmen und Komponenten des CMS sowie des zeitnahen Erkennens von notwendigen Anpassungs- und Verbesserungsmaßnahmen.
7. Werden durch das Compliance-Programm Verstöße aufgedeckt oder vermutet, muss als Teil der Überwachung analysiert werden, ob und wenn ja welche CMS-Maßnahmen versagt haben sowie ob Anpassungsbedarf besteht.
8. Wird durch Überwachungsmaßnahmen eine CMS-Schwachstelle aufgedeckt, so muss zusätzlich zur Beurteilung und gegebenenfalls Umsetzung von Anpassungsbedarf überprüft werden, ob es durch die Schwachstellen in der Vergangenheit zu Compliance-Verstößen gekommen ist.
9. Die Überwachung muss planmäßig erfolgen und risikobasiert sicherstellen, dass alle Bestandteile des CMS in einem angemessenen Zeitrahmen und Umfang beurteilt werden. Soweit sinnvoll kann die Überwachung hierbei durch ein automatisiertes „Ongoing Monitoring" unterstützt werden.
10. Die Überwachung beschränkt sich nicht darauf, die planmäßige Durchführung von CMS-Maßnahmen zu beurteilen, sondern muss darauf ausgerichtet sein zu beurteilen, ob durch die Maßnahmen das damit verfolgte Ziel erreicht wurde. Dies ist inbesondere für die Compliance-Kultur eine Herausforderung, die Hinzuziehung von (externen) Spezialisten zur Beurteilung von Unternehmens-Kultur ist zu erwägen.

5. Fazit: Betriebswirtschaftliche Grundsätze zur Struktur und Ausgestaltung von CMS

5.1. Zusammenfassende Betrachtung

Compliance ist keine Modeerscheinung[679] und auch nicht ‚alter Wein in neuen Schläuchen'[680]. Vielmehr ist Schneider zuzustimmen, dass die Pflicht zur Einhaltung von Gesetzen eine ‚Binsenwahrheit'[681] ist. Das gilt nicht nur für Gesetze, sondern auch für jede andere Form von verpflichtenden oder freiwillig übernommenen Regeln. Neu ist allenfalls die Beachtung, die Compliance-Verstößen in den letzten Jahren immer mehr erfährt. Diese Beachtung zeigt sich in steigenden Bußgeldern sowie höherer Aufmerksamkeit in den Medien.

Unternehmen müssen eine Vielzahl von Regeln einhalten, hierunter fallen Gesetze, freiwillig übernommene Selbstverpflichtungen sowie zivilrechtlich vereinbarte Verträge. Der Geschäftsleitung obliegt es sicherzustellen, dass alle von ihr beauftragten Personen bei ihrem Handeln für das Unternehmen sich compliant verhalten. Diese Verpflichtung besteht nach Strafrecht[682] und Zivilrecht[683] und leitet sich auch aus gesellschaftsrechtlichen Geschäftsleitungspflichten ab[684]. Auch die Einhaltung von ethischen Grundsätzen muss gegebenenfalls unter den Oberbegriff ‚Compliance' subsumiert werden, wenn diese Teil der definierten Unternehmensziele sind. Bei Verstoß gegen diese Pflichten drohen Sanktionen sowohl für das Unternehmen als auch für die Geschäftsleitung. Sanktionen können sowohl unmittelbar monetären Charakter als auch mittelbare monetäre Auswirkung über Reputationsschäden haben. Der Rufschaden kann gerade für die Geschäftsleitung auch einen erheblichen nicht-monetären Schaden darstellen.

Um diese Auswirkungen zu verhindern, bedarf es mehr als entsprechender Hinweise und Aufforderungen. Notwendig ist ein System von Grundsätzen und Maßnahmen zur Sicherstellung der Compliance, ein Compliance-Management-System. Dieses ist Teil der gesamten Governance-Struktur des Unternehmens. Compliance-Risiken sind vom Unternehmen zu identifizierende, zu bewertende und zu steuernde Risiken, damit ist das CMS auch Teil des übergeordneten Risikomanagementsystems. Im Unternehmen bestehen im Zweifel mehrere CMS, die sich auf unterschiedliche Pflichtenbereiche und/oder auf unterschiedliche organisa-

---

679 KPMG AG Wirtschaftsprüfungsgesellschaft, Compliance – Modererscheinung oder Chefsache; 2011(KPMG [Modererscheinung oder Chefsache])
680 Vgl. Scherer, Josef Prof. Dr., Good Governance und ganzheitliches strategisches und operatives Management: Die Anreicherung des „unternehmerischen Bauchgefühls" mit Risiko-, Chancen- und Compliancemanagement, in: CCZ, 2012/ 6; Fn. 32,102 (Scherer [Good Governance]), Scherer, Josef Prof. Dr.: Der Managerrisikokoffer – Nachhaltig Mehrwert schaffen und Haftung reduzieren durch Risiko-, Chancen- und Compliancemanagement, in: Compliance Kompakt, 2013b, S. 129 (Scherer [Managerrisikokoffer]), Fissenewert [Legal Compliance], 2013b, S. 49
681 Schneider [Compliance], 2003, S. 646
682 Vgl. §§ 30, 130 OWiG sowie eine Vielzahl von Bußgeldvorschriften in inländischen und ausländischen Spezialgesetzen
683 Vgl. u.a. § 831 BGB
684 Vgl. § 91 AktG sowie entsprechende Vorschriften für andere Gesellschaftsformen

Fazit: Betriebswirtschaftliche Grundsätze zur Struktur und Ausgestaltung von CMS

torische Einheiten des Unternehmens beziehen. Ein CMS ist eine besondere Ausprägung eines Internen Kontrollsystems (IKS), wobei diese Bezeichnung in der Praxis der Unternehmen häufig für das IKS der Rechnungslegung verwendet wird. Ebenso, wie mit Risikomanagementsystem (RMS) häufig die Prozesse zur Identifizierung, Bewertung und Steuerung der operativen Risiken bezeichnet werden. In dieser Betrachtung stehen CMS, IKS und RMS nebeneinander als Teile des übergeordneten Governance-Systems und fokussieren auf unterschiedliche Risikobereiche wie sie im COSO Rahmenwerk Internal Control – Integrated Framework abgegrenzt werden. Dieses Rahmenwerk eignet sich für die grundsätzliche Konzeption eines CMS. Zielgenauer ist allerdings der Prüfungsstandard PS 980 des Instituts der Wirtschaftsprüfer in Deutschland, der mit der Einteilung eines CMS in sieben Grundelemente in Deutschland eine breit akzeptierte Grundlage für die Beschreibung eines CMS geschaffen hat. Danach handelt es sich bei einem CMS um ein vernetztes System von Grundsätzen, Prozessen und Maßnahmen zur Vermeidung von Compliance-Verstößen. Die Grundelemente dienen dabei einer strukturierten Beschreibung, stehen aber nicht hierarchisch über- oder nebeneinander, sondern überschneiden sich und haben vielfältige Beziehungen.

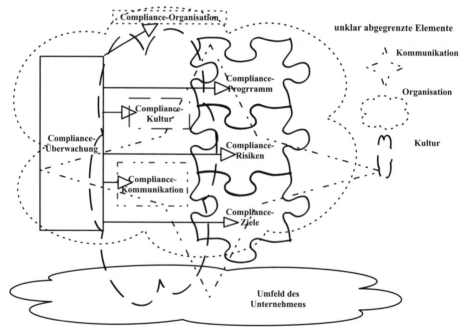

Abbildung 26 Vernetzung des CMS

Ein CMS dient mit diesen vernetzten Grundsätzen, Prozessen und Maßnahmen der betriebswirtschaftlichen Sicherstellung der gesetzlichen Organisations- und Aufsichtspflichten, u.a. der Umsetzung einer ‚gehörigen Aufsicht', die in § 130 OWiG

Fazit: Betriebswirtschaftliche Grundsätze zur Struktur und Ausgestaltung von CMS

gefordert wird oder den unternehmerischen Organisationsentscheidungen, für die nach § 91 AktG die Business Judgment Rule (BJR) Anwendung finden. Weder Betriebswirtschaftslehre noch die rechtswissenschaftliche Theorie oder Praxis hat bisher über die Definition von einzelnen Maßnahmen eine systematische Grundlage für die Umsetzung der Anforderungen an eine ‚gehörige Aufsicht' bzw. bei der Anwendung der BJR geschaffen. Der IDW PS 980 hat erstmals hierzu die grundlegende Betrachtungsweise für ein solches System definiert und zumindest kursorisch auch Aussagen zu den inhaltlichen Anforderungen an die einzelnen Grundelemente und damit an das System insgesamt aufgestellt.

Einem dezidierten CMS für einen bestimmten Teilbereich vorgelagert sind die strategischen Entscheidungen auf der Unternehmensebene, zu der auch die Bestimmung der Teilbereiche gehört, für die über die vorhandenen operativen Prozesse hinaus ein dezidiertes CMS erforderlich ist. Hierzu ist eine übergeordnete Risikoidentifizierung und -bewertung erforderlich, die alle Risiken für das Unternehmen beurteilen muss. Hieraus ergibt sich die übergeordnete Zielsetzung jedes CMS. Innerhalb des CMS muss diese Zielsetzung anhand der konkreten als relevant eingestuften Regeln (Gesetze) präzisiert werden. Nur wenn die für das CMS relevanten Regeln definitiv bekannt und abgegrenzt sind, können Risiken identifiziert und Maßnahmen zur Risikovermeidung oder -begrenzung implementiert werden.

Die Unternehmenskultur beeinflusst die Gefahr für das Auftreten von Compliance-Verstößen, eine positive, auf die Einhaltung von Regeln und Normen ausgerichtete ‚Compliance-Kultur' kann insbesondere durch das Vorbildverhalten der Führungsebene und der Kommunikation deren regelgerechten Verhaltens unterstützt werden. Allerdings gibt es in Unternehmen weder nur eine einheitliche Unternehmens-Kultur noch zwingend eine einheitliche Compliance-Kultur. Vielmehr können unterschiedliche Sub-Kulturen existieren, die das Verhalten der Mitglieder dieser Sub-Gruppen widerspiegelt bzw. auf deren Verhalten ausstrahlt. Unternehmens- und Compliance-Kultur sind teilweise selbststeuernde Systeme: Wichtigster Baustein für eine gute Compliance-Kultur ist eine gute Compliance. Die Unternehmensführung hat die Aufgabe, auf die Compliance-Kultur Einfluss zu nehmen, um die Basis für regelgerechtes Verhalten der Unternehmens-Mitglieder zu legen. Hierzu ist auch das Unternehmensumfeld zu analysieren und der Umfeldeinfluss auf die Unternehmens- und Compliance-Kultur zu beurteilen. Wo notwendig und sinnvoll möglich, sollte auch versucht werden, auf das Unternehmensumfeld und seine Werte und Normen Einfluss zu nehmen. Dies kann z.B. durch Unterstützung von unternehmensübergreifenden Netzwerken oder Verbänden erfolgen, die sich das Ziel der positiven Veränderung von Compliance-Werten im Umfeld des Unternehmens gesetzt haben.

Teil der Compliance-Kultur muss es sein, Normen als konkrete Handlungsanweisungen bei den Mitarbeitern des Unternehmens als eigene Verhaltensmuster zu internalisieren. Zusätzlich muss die Akzeptanz von Normen auch durch angedrohte Sanktionen oder positive Anreize erhöht werden. Hierzu gehört auch eine eindeutige Zero-Tolerance-Policy, die sicherstellt, dass aufgedeckte Compliance-Verstöße regelmäßig angemessene Reaktionen der Geschäftsleitung auslösen. Diese müssen nicht zwingend nur aus Sanktionen bestehen, sondern können auch Schulungen, Belehrungen oder andere Maßnahmen umfassen. Zero-Tolerance dient neben der Androhung von Sanktionen im Wesentlichen auch der Verdeutlichung, dass die Einhaltung der Regeln mit ausdrücklichem Ernst gefordert wird und zu den Kernwerten des Unternehmens gehört.

Bei der Identifizierung von Compliance-Risiken ist sowohl auf unterschiedliche Risikostrukturen als auf unterschiedliche Begehungsszenarien abzustellen. Es muss sowohl das Regelungsrahmen-Risiko als auch das Regelungsverstoß-Risiko berücksichtigt werden. Während es bei dem Rahmenrisiko um die Risiken geht, die sich aus drohenden Veränderungen an den relevanten Regelungen ergeben, berücksichtigt die Betrachtung des Verstoßrisiko die Gefahr, dass gegen relevante Regeln durch bewusste oder unbewusste Handlungen verstoßen wird. Das Risiko eines Compliance-Verstoßes durch einzelne Personen oder Gruppen von Personen lässt sich durch eine Erweiterung des bekannten ‚Fraud-Triangle' zum ‚Compliance-Viereck' darstellen.

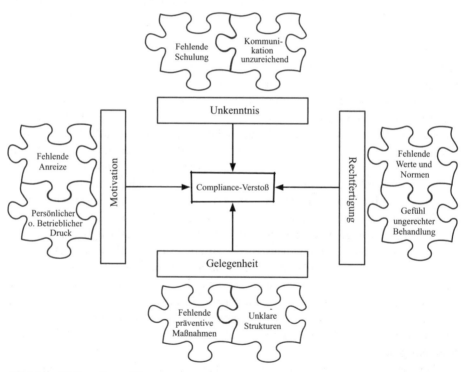

Abbildung 27 Compliance-Viereck

Die Risikoidentifikation im CMS muss umfassend erfolgen. Eine ausschließliche ‚top-down' Betrachtung, ohne Mitwirkung der mit den Prozessen vertrauten und in diesen Prozessen wirkenden Mitarbeiter wird regelmäßig nicht alle Verstoßrisiken identifizieren können. Ebenso wird bei der Beurteilung von Compliance-Risiken regelmäßig die Mitwirkung von Juristen erforderlich sein, soweit der CMS-Teilbereich sich auf gesetzliche Regelungen bezieht. Die Identifikation von potentiellen Risiken muss unabhängig von der Eintrittswahrscheinlichkeit erfolgen, auch sog. ‚Graue Schwäne', oder ‚Schwarze Schwäne', müssen identifiziert werden. Die Eintrittswahrscheinlichkeit wirkt sich zusammen mit dem Schadenspotential auf den Schadenserwartungswert aus, der Art und Umfang von Reaktionen auf die Risiken determiniert. Die Ermittlung des Schadenspotentials muss auch die Bedeutung der potentiell verletzten Rechtsgüter sowie die drohenden Schäden für Dritte berücksichtigen. Hierbei kann die Höhe des Straf- und Bußgeldrahmens als Anhaltspunkt für die Bedeutung der Rechtsgüter herangezogen werden. Als Reaktion wird insbesondere bei Risiken für Verstöße gegen gesetzliche Vorschriften regelmäßig nur die Vermeidung und Begrenzung der Risiken infrage kommen. Die festgelegten Reaktionen auf die identifizierten und bewerteten Risiken sind zu dokumentieren. Es muss eine Zuordnung zu den im Rahmen des Compliance-Programms festgelegten Maßnahmen möglich sein.

Als Compliance-Organisation bezeichnet der IDW Prüfungsstandard das Grundelement, in dem die Aufbau- und Ablauforganisation für alle Prozesse und Maßnahmen des CMS betrachtet wird. Diese ist ein integraler Bestandteil des unternehmensweiten RMS und als solche in die allgemeinen Strukturen und Abläufe des Unternehmens eingebunden. Ob und in welchem Umfang eine eigenständige, institutionalisierte Compliance-Abteilung erforderlich ist, hängt von den spezifischen Rahmenbedingungen und Verhältnissen des Unternehmens ab. Die organisatorische Zuordnung von Compliance-Maßnahmen und Prozessen kann auch an organisatorische Einheiten des Unternehmens delegiert werden, die primär andere Aufgabenstellungen haben. Unabhängig von der organisatorischen Struktur müssen die notwendigen Ressourcen zur Bewältigung der übertragenen Aufgaben zur Verfügung stehen. Die grundsätzliche Verantwortung für die Organistion von Compliance liegt bei der Geschäftsleitung, jegliche Delegation von Aufgaben und Verantwortlichkeiten muss eindeutig und klar sein, sowie auf Basis einer sorgfältigen Auswahl erfolgen. Bei der Delegation muss auf hinreichende Kompetenz, Objektivität und angemessene Unabhängigkeit in der Aufgabendurchführung geachtet werden.

Insbesondere sind in der Delegationskette mögliche Widersprüche zwischen Compliance-Zielen des Unternehmens und möglichen Interessen der Beauftragten zu berücksichtigen. Hierbei kann es sich auch um widerstreitende Unternehmensinteressen handeln, die z.B. einerseits Compliance einfordern aber andererseits Anreizsysteme zur Erreichung sonstiger betrieblicher Ziele vorsehen. Beauftragungen sind dann effizient, wenn sie auch ausreichende und angemessene Ermessensspielräume beim Handeln vorsehen. Insbesondere diese notwendigen und sinnvollen Ermessenspielräume innerhalb der Ablauforganisation erfordern eine sorgfältige Auswahl der Beauftragungen bezüglich Kompetenz, Objektivität und Unabhän-

Fazit: Betriebswirtschaftliche Grundsätze zur Struktur und Ausgestaltung von CMS

gigkeit in der Aufbauorganisation. Insbesondere die Objektivität und Unabhängigkeit kann durch weitgehende Weisungsunabhängigkeit und direkte Berichtslinien der Beauftragten zu Geschäftsleitung und Aufsichtsgremien gestärkt werden. Die persönliche Unabhängigkeit kann für herausgehobene Compliance-Verantwortliche auch durch gesonderte Kündigungschutzvorschriften gestärkt werden.

Im Grundelement Compliance-Programm fasst der Prüfungsstandard des IDW alle Richtlinien und Maßnahmen zusammen, die als Reaktion auf die identifizierten und beurteilten Compliance-Risiken implementiert werden. Diese sollten in einer Risk-Response-Matrix den jeweiligen Risiken eindeutig zugeordnet werden. Zielsetzung bei der Entwicklung und Einrichtung von Maßnahmen sollte stets sein, diese möglichst eng in die vorhanden betrieblichen Prozesse einzubinden. Die hierdurch erzielbare Reduktion zusätzlichen Aufwands ist nicht nur betriebswirtschaftlich zu fordern, sondern dient auch der Akzeptanz der Maßnahmen. Es sind stets ‚Kosten-Nutzen-Analysen' erforderlich. Der Nutzen von Maßnahmen liegt in der Höhe der Reduktion der Eintrittswahrscheinlichkeit des Risiko-Eintritts sowie dem dadurch verhinderten Schadenspotential. Hierzu gehören auch die mögliche Verletzung eines Rechtsguts sowie potentiell negative Folgen für Dritte. Die Kosten von Maßnahmen errechnen sich durch die mit der Einrichtung und der Durchführung von Maßnahmen verursachten unmittelbaren und mittelbaren Kosten. Als mittelbare Kosten können u.a. potentielle Auswirkungen auf Geschäftsabschlüsse zu bewerten sein. Bei der Beurteilung von Maßnahmen muss auch eine Betrachtung der Auswirkungen auf die Unternehmenskultur und damit die ‚Compliance-Kultur' erfolgen. Eine Überregulierung kann Reaktanz auslösen und dazu führen, dass Mitarbeiter einzelne oder alle Maßnahmen des CMS ‚umgehen'. Um dies zu vermeiden ist es auch wesentlich, dass Richtlinien und Arbeitsanweisungen für Compliance-Maßnahmen verständlich und zielgruppengerecht formuliert werden und von den betroffenen Zielgruppen eher als Unterstützung, denn als Eingriff in ihre persönlichen Freiheitsrechte und Entscheidungskompetenzen wahrgenommen werden. Alle Richtlinien, Anweisungen und Maßnahmen müssen außerdem selbst im Einklang mit den Unternehmenswerten, den Umfeldwerten und den gesetzlichen Bestimmungen stehen. Hierbei ist auch auf unterschiedliche gesetzliche Bestimmungen und Wertvorstellungen in unterschiedlichen Ländern abzustellen.

Die Maßnahmen des CMS-Programms lassen sich in vier Kategorien einteilen:

– CMS-Richtlinien
– Präventive Maßnahmen
– Detektivische Maßnahmen
– Reaktionen auf Compliance-Verstöße

Richtlinien wirken über das Setzen von Normen und die Vorgabe von Ermessensspielräumen präventiv. Eine weitere Prävention kann durch Definition von Arbeitsabläufen erreicht werden. ‚Vier-Augen-Kontrollen', vorgeschriebene Überprüfungs- und Genehmigungsroutinen etc. dienen zur Verhinderung der Realisierung von identifizierten Risikoszenarien. Umso fehleranfälliger solche präventiven Maßnahmen sind, umso bedeutender ist die Einrichtung und Durchführung von detektivischen Kontrollen. Diese können in der Identifizierung von Hinweisen auf mögliche Compliance-Verstöße durch ‚Red-Flag'-Kontrollen oder Hinweisgebersysteme oder in Form von stichprobenweisen, überraschenden Kontrollen von Mitarbeitern bestehen. Letzteres wird von der Rechtssprechung als Bestandteil der ‚gehörigen Aufsicht' gefordert. Hinweisgebersysteme sind mit am effektivsten bei der Aufdeckung von Compliance-Verstößen. Ihre konkrete Ausgestaltung muss den Gegebenheiten des einzelnen Unternehmens angepasst sein, um sowohl die Effizienz solcher Systeme als auch insbesondere ihre Akzeptanz und damit Wirksamkeit sicherzustellen. In kleineren Unternehmen kann eine vertrauensvolle Unternehmenskultur und die Möglichkeit sich unmittelbar an Mitglieder der Geschäftsleitung oder auch Unternehmensinhaber zu wenden hinreichend und angemessen sein. In Unternehmen mit Konzernstrukturen und/oder vielen Hierarchieebenen können formelle ‚Whistle-Blower-Hotlines' notwendig werden. Ergeben sich hieraus Hinweise auf Verdachtsmomente oder Erkenntnisse über tatsächliche Compliance-Verstöße, so müssen durch das CMS auch definierte Reaktionen vorgesehen werden. Hierzu gehört die Aufklärung der Verdachtsmomente bzw. Umstände von Verstößen sowie gegebenenfalls die Reaktion gegenüber an den Verstößen beteiligte Personen. Diese Reaktionen können aus Sanktionen aber auch – soweit dies angemessen ist – aus Belehrungen und Schulungen bestehen. Soweit für die Aufklärung z.B. forensische Untersuchungen notwendig werden, müssen die notwendigen Prozesse zur Veranlassung und Durchführung solcher Untersuchungen auch bereits als Regelprozesse im CMS vorgesehen werden. Die Untersuchungen selber sind häufig nicht Bestandteil des CMS und werden nicht von der Compliance-Abteilung, sondern von (externen) Spezialisten durchgeführt.

Eine Grundvoraussetzung für die Wirksamkeit von Prozessen und Maßnahmen des CMS ist, dass ‚die richtige Information, zur richtigen Zeit, am richtigen Ort' verfügbar ist. Der IDW PS 980 definiert daher ‚Kommunikation' als eines der Grundelemente, die bei der Prüfung eines CMS zu beurteilen sind. Die Kommunikationsstrukturen müssen sowohl innerhalb des CMS aber auch in Richtung auf das CMS und vom CMS hin zu unternehmensinternen und externen Adressaten erfolgen. Dabei müssen Daten so kommuniziert werden, dass sie von den Adressaten als relevant erkannt, in den notwendigen CMS-relevanten Kontext gesetzt werden und dadurch zu relevanten Informationen verarbeitet werden. Diese relevanten Informationen müssen zeitnah zu ihrer generellen Verfügbarkeit den relevanten Adressaten verfügbar gemacht werden. Hierzu gehört auch die Kenntnis der verantwortlichen Personenen innerhalb eines CMS über sich verändernde Rahmenbedingungen oder als relevant zu betrachtende Regeln. Alle Informationen innerhalb und außerhalb des Unternehmens, die als relevant zu gelten haben, müssen dem Unternehmen insgesamt als Wissen zur Verfügung stehen.

Dieses Wissen muss den mit Aufgaben des CMS betrauten Personen soweit notwendig durch Schulungen vermittelt werden. Dabei müssen diese Schulungen zielgruppenrelevant sein. Nur die erkennbare Relevanz von Daten führt zum Informationsgewinn und der Wissensbildung bei den Adressaten. Unterschiedliche Zielgruppen erfordern regelmäßig unterschiedliche Lerninhalte, die sich durch unterschiedliche Detailtiefe und Intensität auszeichnen. Die Vermittlung von Schulungen muss nicht nur in Bezug auf die Inhalte, sondern auch die Vermittlungsmethode berücksichtigt werden. Die Ausgestaltung (Sprache/Didaktik) und auch die Vermittlungsmethode (eLearning/Präsenztraining/etc.) haben eine Auswirkung auf den Lernerfolg. Der Lernerfolg ist zu beurteilen, maßgeblich ist nicht die reine Teilnahme an Schulungen, sondern dass die Inhalte tatsächlich verstanden wurden.

Informationsvermittlung kann auch auf anderen Wegen als Schulungen sichergestellt werden. Datenbanken, Handbücher oder auch sogenannte ‚Help-Lines' können zur regelmäßigen oder gezielten Vermittlung von Informationen und dem Aufbau von Wissen geeignet sein. Der Zugang zu Informationen muss diskriminierungsfrei erfolgen, die Inanspruchnahme muss leicht zugänglich sein und soll keine negativen Konsequenzen z.B. durch individualisierte Kostenbelastung haben. Informelle Netzwerke, Auskünfte von Kollegen u.ä. können den Informationsaustauch und die Wissensvermittlung effizient unterstützen, sie beinhalten gleichzeitig die Gefahr der Vermittlung von Fehlinformationen.

Sämtliche Strukturen, Prozesse, Richtlinien, Maßnahmen, etc. eines CMS müssen einer fortlaufenden Überwachung unterliegen, um Systemschwachstellen sowie sonstigen Verbesserungsbedarf zeitnah zu erkennen und entsprechende Änderungen umzusetzen. Es handelt sich hierbei um eine systemimmanente Überwachung, die von der externen Überwachung der Wirksamkeit des gesamten Systems zu unterscheiden ist. Beide Überwachungen haben andere Zielsetzungen und andere Adressaten sowie Verantwortlichkeiten. Die externe Überwachung dient der Aufsichtsfunktion von Aufsichtsorganen oder auch der gehörigen Aufsicht durch die Geschäftsleitung über eine vollständige Delegation der Compliance-Pflichten an Compliance-Abteilungen oder einen Chief Compliance Officer. Die systeminterne Überwachung dient den Aufsichtspflichten der für die operative Durchführung des CMS verantwortlichen Personen über die im System delegierten Aufgaben und Verantwortlichkeiten sowie der Beurteilung der eigenen Organisationspflichten. Die systemexterne Überwachung beurteilt die angemessene Funktion des Gesamtsystems, während die systemimmanente Überwachung die Angemessenheit und wirksame Durchführung jeder einzelnen CMS-Maßnahme beurteilen muss. Sowohl die unterschiedliche Fokussierung als auch die unterschiedlichen Verantwortlichkeiten schließen es aus, dass die systemexterne Überwachung sich ausschließlich auf die systemimmantene Überwachung verlässt.

Die Interne Revision kann – je nach Stellung im Unternehmen und Zuschnitt ihres Auftrags sowohl als systemimmanente als auch als externe Überwachungsinstanz tätig werden. Die gleichzeitige Wahrnehmung beider Aufgaben schließt sich in der Regel aus. Die systemimmanente Überwachung zielt nicht primär auf die Aufdeckung von Compliance-Verstößen – dies ist Zielrichtung von detektivischen Kontrollen des Compliance-Programms – sondern die Aufdeckung von –

bestehenden oder sich für die Zukunft abzeichnenden – Schwachstellen des Systems. Werden Schwachstellen identifiziert, müssen die Ursachen identifiziert und die Schwachstellen durch Änderungen am System beseitigt werden. Es ist außerdem zu prüfen, ob es durch eine als bereits vorhanden identifizierte Schwachstelle zu Compliance-Verstößen gekommen ist. Ausgangspunkt der Überwachung ist die Dokumentation des CMS. Diese dient zugleich der verlässlichen Durchführung und Wirksamkeit der Maßnahmen des CMS. Die Prüfung setzt bei dieser Dokumentation als gewünschtes ‚Soll-Konzept' an, beschränkt sich aber nicht auf die Feststellung, dass das gewünschte Soll erreicht wurde, sondern muss auch stetig beurteilen, ob damit jeweils die Zielsetzung des CMS, die angemessene Verhinderung bzw. Aufdeckung von Verstößen erreicht wurde und in Zukunft auch voraussichtlich erreicht werden wird. Diese Überprüfung der Zielsetzung ist inbesondere in Hinblick auf das Erreichen der gewünschten Rahmenparameter z.B. in der Compliance-Kultur eine besondere Herausforderung und wird regelmäßig die Beurteilung durch (externe) Spezialisten erfordern.

Die Überwachung muss planmäßig erfolgen. Dabei muss sichergestellt werden, dass risikobasiert – alle Komponenten des CMS in einem angemessenen Zeitrahmen und Umfang beurteilt werden. Die Überwachung wird dabei eine Mischung aus fortlaufenden, in die Prozesse implementierten Monitoring-Maßnahmen (‚ongoing monitoring') sowie anlaßbezogenen und anlaßlosen Einzelprüfungen bestehen. Die Überwachungsmaßnahmen müssen dabei selbst Kosten-Nutzen-Aspekte berücksichtigen und auch fortwährend die Kosten-Nutzen-Aspekte der zu beurteilenden Maßnahmen neu beurteilen.

5.2. Schlusswort

Die aus den Grundsätzen des COSO Rahmenwerks Internal Control – Integrated Framework und den CMS-Grundelementen des IDW Prüfungsstandards PS 980 abgeleiteten betriebswirtschaftlichen Grundsätze geben einen praxisorientierten Rahmen für die Ausgestaltung von Grundsätzen, Richtlinien, Maßnahmen und Strukturen. Hierdurch kann den straf- und ordnungsrechtlichen, zivilrechtlichen und gesellschaftsrechtlichen Anforderungen an die Sicherstellung der Compliance und an die gehörige Aufsicht über die zulässige und betriebswirtschaftlich notwendige Delegation von Organisations- und Durchführungsaufgaben nachgekommen werden. Die Grundsätze lassen dabei gleichzeitig ausreichend Raum für die erforderliche Berücksichtigung der jeweiligen betriebswirtschaftlichen Rahmenbedingungen unterschiedlicher Unternehmen. Eine thesenförmige Zusammenfassung der betriebswirtschaftlichen Grundsätze im Anhang soll die praktische Umsetzung dabei unterstützen. Die weitere praktische Einrichtung und Implementierung von CMS in Unternehmen wird in der Zukunft eine Konkretisierung von einzelnen sinnvollen und notwendigen Maßnahmen schaffen, denen zumindest eine ‚Best-Practice' Vermutung innewohnen kann. Insbesondere die Sozialwissenschaften sind gefordert weitere Forschung durchzuführen, um eine verlässliche Messbarkeit und Vergleichbarkeit von Unternehmenskultur zu ermöglichen. Damit einhergehend können dann vermutlich auch konkreter die Auswirkungen von Unternehmenskultur und soziologischen Zusammenhängen in Personengruppen auf die Internalisierung von Normen und damit verbunden auf die Bereitschaft zur Einhaltung von Normen abgeleitet werden. Soweit die zunehmende Verbreitung von systematischen Compliance Maßnahmen, insbesondere zur Aufdeckung von Compliance-Verstößen zu einer anzustrebenden größeren Transparenz in Bezug auf solche Verstöße führt, könnte zukünftig auch eher ein empirischer Zusammenhang zwischen dem Auftreten von Verstößen und dem Vorhandensein bzw. dem Fehlen von bestimmten Maßnahmen eines CMS hergestellt werden. Um eine solche Korrelation herzustellen, bedarf es aber zunächst einer Verringerung der Dunkelziffer in Bezug auf Compliance-Verstöße in Unternehmen.

6. Anhang

6.1. Thesenförmige Zusammenstellung der Allgemeinen Aussagen zu CMS

1. Unter ‚Compliance' ist die Einhaltung von gesetzlichen, vertraglichen oder anderen Regelungen und / oder Anforderungen aller Art an ein Unternehmen zu verstehen. Zielsetzung ist die Vermeidung von negativen Folgen einer Non-Compliance, d.h. von unmittelbar oder mittelbar negativen Konsequenzen auf die Zielerreichung der Organisation oder zivil-, straf- oder ordnungsrechtlichen Konsequenzen für die Personen, die für die Organisation handeln.
2. Die Einhaltung von ethischen Grundsätzen kann dann unter Compliance subsummiert werden, wenn die für die Unternehmensstrategie und -ziele verantwortlichen Personen entsprechende Strategieentscheidungen getroffen haben oder wenn der Verstoß gegen ethische Werte zwar nicht (z.B. gesetzlich) sanktioniert wird, aber trotzdem voraussichtlich z.B. über Reputationsschäden eine Erreichung der übrigen Unternehmensziele gefährden würde.
3. Als Compliance-Management-System wird die Gesamtheit aller miteinander vernetzten Maßnahmen, Prozesse und Richtlinien bezeichnet, die in einem Unternehmen auf der Basis von strategischen Entscheidungen, zur Einhaltung bestimmter Regeln, oberhalb der Ebene operativer Prozesse strukturiert und implementiert wurden und dabei auf die operativen Prozesse steuernd einwirken. In einem Unternehmen können mehrere CMS für unterschiedliche Regelungsbereiche bestehen, die sich mehr oder weniger stark überlappen.
4. Die Begriffe ‚Risikomanagementsystem' (RMS) und ‚Internes Kontrollsystem' (IKS) werden in Praxis und Literatur mit unterschiedlichen Inhalten und teilweise synonym verwendet. Beide Systeme fassen alle Maßnahmen in einem Unternehmen zusammen, mit denen Risiken, die die Zielerreichung gefährden erkannt und beurteilt werden und mit denen auf diese Risiken angemessen reagiert wird.
5. Eine mögliche Unterscheidung besteht darin, dass mit RMS die Maßnahmen zu Erkennung und Steuerung von operativen Risiken und mit IKS die Maßnahmen zur Erkennung und Steuerung von rechnungslegungsbezogenen Risiken verstanden wird.
6. COSO ERM unterscheidet dadurch, dass das RMS (COSO ERM) auch die Beurteilung von und Entscheidung über strategische Risiken und die strategische Entscheidung zu Risiken umfasst, während das IKS auf diesen strategischen Entscheidungen aufbaut. Dieses übergeordnete RMS wird auch als ‚Governance' System bezeichnet.
7. Das Management von Compliance Risiken ist ein Teil des gesamten Systems zum Management von Unternehmensrisiken. Die strategischen Entscheidungen zum grundsätzlichen Umgang mit Compliance Risiken sowie die Identifikation von grundsätzlichen Risikobereichen sind als Teil des übergeordneten Systems Voraussetzung für das CMS. Das CMS ist somit als besondere Ausprägung eines IKS zu verstehen.
8. Ein Rahmenwerk stellt allgemeingültige und allgemein anerkannte Rahmenbedingungen für die Ausgestaltung eines (Risikomanagement-/Compliancema-

nagement-)Systems dar. Umso generischer die Darstellungen sind, umso größer ist der Kreis möglicher Anwender und umso geringer ist die Möglichkeit für den einzelnen Anwender, die Grundsätze einfach und unmittelbar praktisch umzusetzen.

9. Die COSO Rahmenwerke ERM und IC beschreiben umfassend die theoretischen Zusammenhänge und unterschiedlichen Aspekte eines Risikomanagementsystems. Die COSO Rahmenwerke besitzen eine breite Akzeptanz. Eine Vielzahl anderer systembeschreibender Rahmenwerke kann den von COSO genannten Grundsätzen und der Systematik von COSO zugeordnet werden.

10. In den COSO Rahmenwerken werden die Compliance Risiken als eine von drei Risikokategorien beschrieben. Diese Rahmenwerke bieten sich entsprechend grundsätzlich auch zur Konzeption eines Systems zum Management von Compliance Anforderungen.

11. Die Abgrenzung von Compliance Mangement Systemen findet im übergeordneten RMS statt. Für die Austaltung des CMS bietet sich das COSO IC Rahmenwerk an.

12. Auf Grund der generischen Ausgestaltung eignen sich die COSO Rahmenwerke generell nicht optimal zu einer konkreten praktischen Umsetzung, da wenig konkrete praktische Hinweise enthalten sind.

13. Die grundlegenden Aussagen von COSO lassen sich aber auch in konkreter werdenden ‚Anforderungswerken' zu Risikomanagement oder Compliance-Management erkennen. Solche konkreteren ‚Anforderungswerke' eignen sich zu einer praktischen Umsetzung besser, die notwendige Anpassung an konkrete Situationen bei Unternehmen erfordert aber auch hier eine Auseinandersetzung mit den generischen Grundlagen von COSO.

6.2. Thesenförmige Zusammenstellung der betriebswirtschaftlichen Grundsätze

6.2.1. Compliance-Ziele

1. Die Gesamtverpflichtungen eines Unternehmens zur Einhaltung von gesetzlichen, vertraglichen oder anderen Regelungen und / oder Anforderungen aller Art (Compliance) können in einzelne Compliance-Teilbereiche unterteilt werden.
2. Ein Compliance-Teilbereich grenzt sich dabei regelmäßig anhand von bestimmten rechtlichen Teilanforderungen ab (z.B. Vorschriften zum Verbot von Korruption). Die Abgrenzung kann aber auch anhand von organisatorischen Einheiten oder Unternehmensprozessen erfolgen.
3. Ein großer Teil vom Unternehmen zu beachtender Vorschriften wird durch die laufenden betrieblichen Prozesse oder besonderen Unternehmensabteilungen sichergestellt. Diese stellen definitionsgemäß auch CMS-Teilbereiche dar. Üblicherweise werden sie in der Praxis aber nicht dezidiert als CMS bezeichnet.
4. Die Festlegung der Compliance-Teilbereiche, für die ein dezidiertes CMS – als einheitliches CMS oder in Form mehrerer sich gegebenenfalls überschneidender Systeme – einzurichten ist, erfolgt auf der übergeordneten Risikomanagementebene als strategische Entscheidung der Geschäftsleitung auf der Basis einer übergeordneten Risikoanalyse. Hierbei sind die möglichen Restriktionen aus rechtlichen Anforderungen ebenso zu beachten wie die sich aus den Werten des Unternehmens-Umfelds ergebenden Grenzen für Verstöße.
5. Die strategischen Entscheidungen sind im Einklang mit der allgemeinen Unternehmensstrategie und den Unternehmenszielen unter Beachtung von Kosten-Nutzen Analysen und der Verbindlichkeit der Restriktionswirkung der zu beachtenden Regeln zu treffen.
6. Die gesetzliche Restriktion leitet sich nicht nur unmittelbar aus der gesetzlichen Einzelvorschrift (z.B. Kartellrecht) ab, sondern aus der Pflicht des Unternehmens durch gehörige Aufsicht die Einhaltung von Restriktion (z.B. Verbot von Korruption) sicher zu stellen. Die Zielsetzung muss entsprechend beachten, welche Anforderungen an die gehörige Aufsicht im Einzelfall gestellt werden und die Kosten-Nutzen Analyse daran ausrichten.
7. Innerhalb des CMS legen die Compliance Ziele fest, wie der Teilbereich im Einklang mit den strategischen Entscheidungen abgegrenzt wird. Die Abgrenzung muss sich auf die einzuhaltenden Regeln sowie den räumlichen Geltungsbereich des CMS beziehen und auf der Basis einer umfassenden Risikoanalyse erfolgen.
8. Die Abgrenzung von CMS zu rechtlich bezogenen Teilgebieten erfordert detaillierte rechtliche Expertise, insbesondere soweit mehrere Rechtsordnungen berührt werden.

9. Die Abgrenzung des Teilbereichs muss eindeutig sein und den Grad der angestrebten Compliance sowie die Bedeutung im Verhältnis zu anderen Zielen möglichst auslegungsfrei erkennen lassen. Unterschiedliche Risiken und / oder Anforderungen können dabei unterschiedlich ausgeprägte CMS oder CMS-Komponenten notwendig werden lassen.

6.2.2. Compliance-Kultur
1. Die Compliance-Kultur ist ein Teilaspekt der Unternehmens-Kultur, als solche gibt es in allen im Unternehmen bestehenden Sub-Kulturen auch Compliance-Sub-Kulturen. Subkulturen müssen aktiv erkannt und deren Einfluss auf die Mitglieder der Sub-Gruppen und auf die Unternehmenskultur insgesamt sowie auf andere Sub-Kulturen beurteilt werden.
2. Die Führungsebene hat als Rollenmodell und Vorbild einen wesentlichen Einfluss auf die Unternehmens- und Compliance-Kultur. Durch aktives Kommunizieren von regelgerechtem Verhalten der Führungsebene muss diese Rollenmodell- und Vorbildfunktion zur Verankerung einer positiven Compliance-Kultur genutzt werden.
3. Die Unternehmens- und Compliance-Kultur sind sich teilweise selbststeuernde Systeme: Wichtigster Baustein für eine gute Compliance-Kultur ist eine gute Compliance. Um diesen positiven Rückkoppelungseffekt zu nutzen, muss die tatsächliche Einhaltung von Regeln im Unternehmensalltag allen Unternehmensbeteiligten bekannt sein, d.h. aktiv kommuniziert werden.
4. Unternehmens- und Compliance-Kultur werden durch das Umfeld beeinflusst. Das Unternehmen muss sein Umfeld entsprechend analysieren und wo notwendig und sinnvoll die Umfeldkultur positiv beeinflussen
5. Normen dienen der eindeutigen Umsetzung von Werten der Compliance-Kultur. Sie erschweren dadurch die Rechtfertigung von Compliance-Verstößen. Normen dienen auch als konkrete Handlungsanweisung. Das Unternehmen muss Normen so vermitteln, dass diese von den potentiellen Normanwendern entweder als eigne Verhaltensmuster internalisiert werden oder das Einhalten der Normen durch hierdurch ausgelöste persönliche Vorteile angestrebt wird. Ein persönlicher Vorteil kann in der Vermeidung von Sanktionen bestehen.
6. Fehlende Reaktionen auf Normverstöße können die Wertigkeit der Normeinhaltung verringern und wirken sich dann negativ auf die Compliance-Kultur aus. Jeglicher bekannt gewordener Compliance-Verstoß erfordert daher eine Reaktion („Zero-Tolerance"). Diese muss nicht zwingend in Sanktionen bestehen, sondern kann auch Schulungen, Belehrungen oder andere angemessene Maßnahmen umfassen.

6.2.3. Compliance-Risiken

1. Compliance-Risiken lassen sich in drei Risikogruppen einteilen:

Risikogruppe	Risikoausprägung
Regelungsrahmen-Risiko	Das Risiko, dass sich zu beachtende Regeln verändern oder neue zu beachtende Regeln auftreten und durch diese Veränderungen zusätzliche Compliance-Risiken entstehen
Regelungsverstoß-Risiko – Fahrlässigkeit	Das Risiko, dass aufgrund nicht beabsichtigtem Fehlverhalten gegen einzuhaltende Vorschriften verstoßen wird
Regelungsverstoß-Risiko – Vorsatz	Das Risiko, dass aufgrund vorsätzlichem Fehlverhalten gegen einzuhaltende Vorschriften verstoßen wird

Tabelle 12 Einteilung der Compliance-Risiken nach Risikogruppen

2. Die Risikogruppenzugehörigkeit beeinflusst die Kriterien zur Beurteilung der Eintrittswahrscheinlichkeit sowie die Auswahl angemessener Reaktionen auf die Risiken. Die Risikoidentifikation muss dies entsprechend berücksichtigen.
3. Die Risikoidentifikation muss umfassend erfolgen, eine Beschränkung auf Risiken mit vermutet relevanter Eintrittswahrscheinlichkeit widerspricht dem Grundsatz der umfassenden Information und kann daher nicht Grundlage einer gehörigen Aufsicht sein.
4. Bei der Risikoidentifikation ist sicherzustellen, dass alles im Unternehmen verfügbare Wissen über Risiken berücksichtigt wird. Die Risikoidentifikation muss daher sowohl „top-down" wie „bottom-up" erfolgen. Sie muss auf jeder Stufe von relevanter fachlicher (zumeist juristischer) Beratung unterstützt werden.
5. Bei der Beurteilung von Risiken muss jeweils Eintrittswahrscheinlichkeit und potentielle Schadenshöhe beachtet werden. Für beide Faktoren werden regelmäßig keine konkreten quantitativen Werte gegeben sein. Die qualitative Beurteilung beider Faktoren beeinflusst die Festlegung angemessener Reaktionen auf identifizierte Risiken.
6. Bei der Beurteilung des Schadenspotentials sind auch die Bedeutung der verletzten Rechtsgüter und drohende Schäden für Dritte maßgeblich. Die Höhe des Straf- und Bußgeldrahmens kann einen Anhaltspunkt für die Bedeutung der verletzten Rechtsgüter geben.
7. Identifizierte Risiken müssen nach Eintrittswahrscheinlichkeit und Schadenspotential gruppiert werden.
8. Angemessene Reaktionen auf Compliance-Risiken werden sich in der Regel auf Vermeidung und Begrenzung der Risiken beschränken. Auch eine beabsichtigte Risiko-Teilung (Versicherung) erfordert regelmäßig Begrenzungsmaßnahmen. Eine vollständige Überwälzung von Compliance-Risiken auf Dritte ist in der Regel rechtlich nicht möglich.

9. Für alle identifizierten Risiken ist die grundsätzliche Reaktion festzulegen und zu dokumentieren. Eine Zuordnung zu den im Rahmen des Compliance-Programms festgelegten Maßnahmen muss möglich sein.

6.2.4. Compliance-Organisation

1. Die Organisation des CMS ist ein integraler Bestandteil des organisationsweiten RMS und soll als solches in die allgemeinen Strukturen und Abläufe des Unternehmens eingebunden sein. Ob und in welchem Umfang eine eigenständige, institutionalisierte Organisation der Compliance in einer Compliance-Abteilung notwendig ist, hängt von den jeweiligen Rahmenbedingungen, insbesondere von der Komplexität der notwendigen Maßnahmen des CMS und der Größe des Unternehmens ab.
2. Eine wirksame Delegation der Compliance-Verantwortlichkeiten auf von der Unternehmensleitung ausgewählte Mitarbeiter erfordert eine sorgfältige Auswahl.
3. Verantwortlichkeit und Zuständigkeit für die Compliance-Organisation und innerhalb der Compliance-Organisation müssen klar und eindeutig bestimmt sein.
4. Die Durchführung von Prozessen und Maßnahmen des CMS muss von Personen erfolgen, die über notwendige Kompetenzen verfügen. Dies umfasst sowohl solide Kenntnisse der betrieblichen Prozesse wie auch notwendigen (juristischen) Sachverstand. Kenntnisse können entweder direkt bei den beauftragten Personen vorhanden sein oder von diesen unternehmensintern oder unternehmensextern eingeholt werden.
5. Beauftragte sollten wo möglich eindeutige Kriterien für ihre übertragene Handlungsverantwortung erhalten. Soweit Ermessensspielräume vorhanden und notwendig sind, muss die Auswahl der Beauftragten dies in Bezug auf Kompetenz und Unabhängigkeit berücksichtigen.
6. Die Beauftragung muss frei von Abhängigkeiten erfolgen. Potentielle Konflikte zwischen den Compliance-Zielen der Organisation und Interessen der Beauftragten sind zu analysieren und zu vermeiden. Dies betrifft insbesondere Widersprüche zwischen Compliance-Zielen und Anreizsystemen zur Erreichung anderer betrieblicher Ziele sowie Zielkonflikte zwischen unterschiedlichen Auftragsgebieten der beauftragten Personen.
7. Personen, denen Compliance Verantwortung übertragen wird, müssen insoweit unabhängig von Weisungen durch andere Stellen im Unternehmen sein. Direkte Berichtslinien zu Aufsichtsgremien sowie gesonderte Kündigungsschutzvorschriften können die persönliche Unabhängigkeit erhöhen.
8. Zur Sicherstellung der Wirksamkeit von Organisationsstrukturen müssen die notwendigen Ressourcen zur Verfügung gestellt werden. Für alle Aufgaben und Maßnahmen des CMS ist zu beurteilen, ob die notwendigen Ressourcen verfügbar sind.

6.2.5. Compliance-Programm

1. Das Compliance-Programm umfasst konkrete Richtlinien und Maßnahmen zur Umsetzung der als Reaktion auf erkannte und beurteilte Risiken getroffen Entscheidung zur Begrenzung des Risikos.
2. Alle Maßnahmen des Compliance-Programms sollten den identifizierten Risiken zugeordnet sein. Das Pflegen einer Risk-Control-Matrix ist zu empfehlen, um sowohl Lücken bei der Reaktion auf Risiken, wie auch unnötige oder unnötig redundante Maßnahmen zu vermeiden.
3. Die Maßnahmen sollen möglichst eng in die betrieblichen Prozessabläufe eingebettet sein und möglichst wenig zusätzlichen Aufwand erfordern.
4. Maßnahmen des Compliance-Programms lassen sich in vier unterschiedliche Kategorien aufteilen:

Kategorie	Beschreibung
CMS-Richtlinien	Regelungsrahmen, allgemeine Handlungsanweisungen, notwendige Informationen und Entscheidungshilfen zur Sicherstellung der Compliance, klare und verständliche Kommunikation von Grundsätzen
Präventive Maßnahmen	In die Prozesse eingebettete Handlungsabläufe, die das Auftreten von Compliance-Verstößen verringern oder das Auftreten oder die Realisierung von besonderen Risiken frühzeitig erkennen.
Detektivische Maßnahmen	Maßnahmen zur Aufdeckung von Compliance-Verstößen, die nicht durch präventive Maßnahmen verhindert wurden. Nachschauen, Red-Flag-Indikatoren, stichprobenweise, überraschende Untersuchungen, Hinweisgebersysteme.
Reaktionen auf Compliance-Verstöße	Analyse der Ursachen eines Verstoßes und der Abläufe Erkennen und Umsetzen von Anpassungsbedarf des CMS Schulungen oder Sanktionierungen für beteiligte Personen

Tabelle 13 Kategorien des Compliance-Programms (Kurzbeschreibung)

5. Bei allen Programm-Elementen muss eine Kosten-Nutzen-Analyse erfolgen.
6. Richtlinien sollten verständlich und zielgruppenorientiert formuliert werden und möglichst mehr als Unterstützung denn als Eingriff in die persönlichen Freiheitsrechte empfunden werden, um keine Reaktanz-Reaktion auszulösen.
7. Die Regelungsinhalte von Richtlinien müssen selbst im Einklang mit gesetzlichen Bestimmungen sowie den Werten des Unternehmensumfelds stehen. Hierbei sind nicht nur unterschiedliche gesetzliche Bestimmungen und Wertvorstellungen in einzelnen Ländern zu beachten, sondern insbesondere arbeitsrechtliche Anforderungen. Z.B. sind Mitbestimmungsrechte des Betriebsrats zu beachten.
8. Zur Prävention werden Arbeitsabläufe sowie z.B. Zustimmungs- oder Genehmigungsroutinen definiert, die auf die Punkte der Unternehmensprozesse einwirken, an denen ein Compliance-Verstoß vorsätzlich oder fahrlässig eintreten könnte.

9. Präventive Kontrollen sollten in bestehende Arbeitsprozesse soweit möglich ohne nennenswerten Mehraufwand eingegliedert sein. Die mit der Durchführung der Kontrollen beauftragten Personen müssen hinreichend geschult sein. Es müssen alle notwendigen Ressourcen zur Durchführung zur Verfügung stehen. Angemessenheit und Notwendigkeit von Maßnahmen sollten den mit der Durchführung betrauten Personen hinreichend erklärt sein.
10. Präventive Kontrollen richten sich auch auf die Identifizierung von neu entstehenden Risiken oder den Eintritt bereits identifizierter potentieller Risiken
11. Detektivische Kontrollen können z.B. in Form der Identifizierung von ‚Red-Flags' oder durch Hinweisgebersysteme erfolgen. Daneben gehören detektivische Kontrollen in Form von stichprobenweisen, überraschenden Kontrollen von Mitarbeitern nach der Rechtsprechung zur Pflicht einer gehörigen Aufsicht.
12. Detektivische Kontrollen sollten sichtbar sein und dadurch die Gefahr einer Aufdeckung von Compliance-Verstößen erkennbar erhöhen.
13. Hinweisgebersysteme sind grundsätzlich effektive Möglichkeiten zur Aufdeckung von Compliance-Verstößen. Die Ausgestaltung solcher Systeme ist abhängig von der Größe und Organisationsstruktur des Unternehmens.
14. Unternehmensinterne Untersuchungen als Reaktion auf Verdachtsmomente oder erkannte Compliance-Verstöße müssen die Ursachen des Verstoßes und seine genauen Umstände analysieren helfen und Basis für die Beurteilung von Veränderungen am CMS sein.
15. Untersuchungen von (vermuteten) Compliance-Verstößen sollten nicht von den für das CMS verantwortlichen Personen durchgeführt werden, sondern von hiervon unabhängigen und mit der Durchführung von forensischen Untersuchungen vertrauten Stellen.
16. Verstöße gegen Regelungen des CMS müssen Konsequenzen für die handelnden Personen haben. Diese Konsequenzen müssen angemessen und transparent sein. Neben gegebenenfalls erforderlichen Sanktionen ist insbesondere bei fahrlässigen Verstößen die Notwendigkeit von (Nach-)Schulungen zu beurteilen.

6.2.6. Compliance-Kommunikation
1. Es muss sichergestellt sein, dass „die richtige Information, zur richtigen Zeit, am richtigen Ort" verfügbar ist.
2. Informationen sind als relevant erkannte und in Kontext gesetzte Daten. Daten können unternehmensextern und unternehmensintern anfallen. Unternehmensexterne Daten sind z.B. Veränderungen des Regelungsrahmens (Gesetze, Standards, etc.) sowie des Unternehmensumfelds (geänderte Werte der Gesellschaft, Veränderungen bei Lieferanten und Kunden, etc.) Unternehmensinterne Daten sind z.B. Veränderungen in Prozessabläufen, geänderte (neue) Produkte und Dienstleistungen, neue Märkte/Regionen, etc..

3. Veränderungen dieser Daten können eine Relevanz für das CMS besitzen, wenn sie die Risiken für Compliance-Verstöße oder das Risiko aus Compliance-Verstößen verändern.
4. Es müssen Prozesse und Verantwortlichkeiten festgelegt sein, um regelmäßig Umfelddaten zu ermitteln, die für das CMS relevant sind und diese im Kontext des CMS zu Informationen für das CMS zu verarbeiten.
5. Alle im Unternehmen verfügbaren CMS-relevanten Informationen müssen allen für die diese Informationen von Relevanz sind zeitnah zur Verfügung stehen. Hierzu sind Kommunikationsstrukturen zu definieren, die sowohl in Richtung CMS als auch aus Richtung CMS strukturiert sein müssen.
6. Die Informationen müssen nicht nur theoretisch zur Verfügung stehen, sondern es muss sichergestellt sein, dass jeder im Unternehmen das für ihn notwendige ‚Wissen' hat. D.h. jeder muss die für ihn relevanten Informationen tatsächlich kennen und verstanden haben.
7. Schulungen müssen stets am tatsächlichen Lernerfolg gemessen werden. Hierzu ist eine Anwesenheits- / Teilnahme-Kontrolle erforderlich, aber nicht hinreichend. Es muss mit hinreichender Sicherheit beurteilt werden können, dass die Lerninhalte tatsächlich verstanden wurden.
8. Ausgestaltung (Sprache/Didaktik) und technische Vermittlung (eLearning/Präsenztraining) von Schulungsinhalten haben regelmäßig eine Rückwirkung auf den Lernerfolg und ist bei der Beurteilung der Eignung unterschiedlicher Methoden zu berücksichtigen.
9. Informationsquellen sollten diskriminierungsfrei und leicht zugänglich zur Verfügung stehen.
10. Inhalte von Schulungen und anderen Informationsquellen sollen auf die Adressaten zugeschnitten sein. Unterschiedliche betriebliche Tätigkeiten erfordern regelmäßig unterschiedliche Detailtiefe und Intensität von Informationsinhalten.
11. Informelle Netzwerke können gute Ergänzungen zu strukturierten Wissensvermittlungen sein. Gleichzeitig muss beachtet werden, dass die Gefahr besteht, dass durch informelle Netzwerke Fehlinformationen vermittelt werden.

6.2.7. Compliance-Überwachung und Verbesserung

1. Die Compliance Überwachung und Verbesserung ist, im Gegensatz zur externen Systemprüfung, eine systemimmanente Aufgabe der für das CMS Verantwortlichen.
2. Da systemimmanente Überwachungsmaßnahmen in der Verantwortung der CMS-Verantwortlichen stehen, können die Erkenntnisse daraus nur eingeschränkt Grundlage für die Beurteilung der Wirksamkeit des CMS durch Aufsichtsverpflichtete darstellen.
3. Eine Unterstützung bei der Durchführung der systemimmanenten Überwachung durch die Interne Revision ist möglich und häufig effizient.
4. Eine hinreichend detaillierte Dokumentation des Soll-Zustands des CMS ist Grundlage der Überwachung. Die angemessene Dokumentation der Durchführung (Ist-Zustand) dient als Ausgangsbasis der Überwachung. Die Überwachung selbst ist ebenfalls zu dokumentieren.
5. Die Überwachung des CMS ist nicht auf die Aufdeckung von Compliance-Verstößen ausgerichtet. Diese Aufgabe ist Teil des Compliance-Programms und wird durch detektivische Kontrollen durchgeführt.
6. Die Compliance Überwachung dient der fortlaufenden Beurteilung der Angemessenheit, Eignung und tatsächlichen Durchführung aller einzelnen Maßnahmen und Komponenten des CMS sowie des zeitnahen Erkennens von notwendigen Anpassungs- und Verbesserungsmaßnahmen.
7. Werden durch das Compliance-Programm Verstöße aufgedeckt oder vermutet, muss als Teil der Überwachung analysiert werden, ob und wenn ja welche CMS-Maßnahmen versagt haben sowie ob Anpassungsbedarf besteht.
8. Wird durch Überwachungsmaßnahmen eine CMS-Schwachstelle aufgedeckt, so muss zusätzlich zur Beurteilung und gegebenenfalls Umsetzung von Anpassungsbedarf überprüft werden, ob es durch die Schwachstellen in der Vergangenheit zu Compliance-Verstößen gekommen ist.
9. Die Überwachung muss planmäßig erfolgen und risikobasiert sicherstellen, dass alle Bestandteile des CMS in einem angemessenen Zeitrahmen und Umfang beurteilt werden. Soweit sinnvoll kann die Überwachung hierbei durch ein automatisiertes „Ongoing Monitoring" unterstützt werden.
10. Die Überwachung beschränkt sich nicht darauf, die planmäßige Durchführung von CMS-Maßnahmen zu beurteilen, sondern muss darauf ausgerichtet sein, zu beurteilen, ob durch die Maßnahmen das damit verfolgte Ziel erreicht wurde. Dies ist inbesondere für die Compliance-Kultur eine Herausforderung, die Hinzuziehung von (externen) Spezialisten zur Beurteilung von Unternehmens-Kultur ist zu erwägen.

6.3. Abkürzungsverzeichnis

a.a.O.	am angeführten Ort
AG	Aktiengesellschaft
AktG	Aktiengesetz
Art.	Artikel
BAG	Bundesarbeitsgericht
BB	Betriebsberater
BDSG	Bundesdatenschutzgesetz
BetrVG	Betriebsverfassungsgesetz
BGH	Bundesgerichtshof
BJR	Business Judgment Rule
bspw.	beispielsweise
BVerfG	Bundesverfassungsgericht
bzw.	beziehungsweise
CCO	Chief Compliance Officer
CCZ	Corporate Compliance Zeitschrift
CEP	Compliance and Ethic Program
CICA	Canadian Insitute of Chartered Accountants
CMS	Compliance Management System
CoCo	Criteria of Control
COSO	Committee of the Sponsoring Organisations of the Treadway Commission
d.h.	das heißt
d.Verf.	der Verfasser
DB	Der Betrieb
D&O	Directors & Officers
ERM	Enterprise Risk Management
et al.	et alii (und andere)
etc.	et cetera
evtl.	eventuell
FCPA	Foreign Corrupt Practice Act
GG	Grundgesetz
HGB	Handelsgesetzbuch
HRRS	Online Zeitschrift für Höchstrichterliche Rechtsprechung
IC	Internal Control
IDW	Institut der Wirtschaftsprüfer in Deutschland e.V.
IKS	Internes Kontrollsystem
IR	Interne Revision
KoR IFRS	KoR IFRS Internationale und kapitalmarktorientierte Rechnungslegung

LAG	Landesarbeitsgericht
MaComp	Rundschreiben 4/2010 Mindestanforderungen an die Compliance-Funktion und die weiteren Verhaltens-, Organsisations- und Transparenzpflichten nach §§ 31 ff. WpHG für Wertpapierdienstleistungsunternehmen
NJW	Neue Juristische Wochenzeitschrift
NZA	Neue Zeitschrift für Arbeitsrecht
NZG	Neue Zeitschrift für Gesellschaftsrecht
OECD	Organisation for Economic Co-Operation and Development
OLG	Oberlandesgericht
OWiG	Ordnungswidrigkeitengesetz (Gesetz über Ordnungswidrigkeiten)
PS	Prüfungsstandard
RFES	Risikofrüherkennungssystem
RMS	Risikomanagementsystem
s.o.	siehe oben
sog.	sogenannt/-e/-er
SOX / SOA	Sarbanes-Oxey Act
StGB	Strafgesetzbuch
StuB	NWB Unternehmenssteuern und Bilanzen
Tsd.	Tausend
u.a.	unter anderem
u.ä.	und ähnliches
USSC	United States Sentencing Commission
USSG	United States Sentencing Guidelines
usw.	und so weiter
u.U.	unter Umständen
VEEK	Versammlung eines Ehrbaren Kaufmanns zu Hamburg e.V.
vgl.	vergleiche
vs.	versus
WpG	Wirtschaftsprüfung
WpHG	Wertpapierhandelsgesetz (Gesetz über den Wertpapierhandel)
z.B.	zum Beispiel
ZCG	Zeitschrift für Corporate Governance
ZFRC	Zeitschrift Risk, Fraud & Compliance
ZFWU	Zeitschrift für Wirtschafts- und Unternehmensethik
ZIP	Zeitschrift für Wirtschaftsrecht
ZIR	Zeitschrift Interne Revision
ZIS	Zeitschrift für Internationale Strafrechtsdogmatik

6.4. Verzeichnis der Abbildungen und Tabellen

Abbildung 1	Für CMS als relevant erachtete Rechtsgebiete	30
Abbildung 2	Organisatorische Einordnung eines CMS am Beispiel CMS-Vertriebskorruption	32
Abbildung 3	Hierarchische Stellung von CMS	34
Abbildung 4	Unterschiede zwischen COSO IC und COSO ERM	45
Abbildung 5	Darstellung des Verhältnisses von IC – ERM – Governance nach COSO	46
Abbildung 6	Vorschlag zur Systematisierung von Governance Systemen	47
Abbildung 7	Grundelemente eines CMS nach IDW PS 980	75
Abbildung 8	KPMG: Gegenüberstellung von deliktspezifischer Risikowahrnehmung und deliktspezifischem Schaden	80
Abbildung 9	Zielbestimmung des CMS	85
Abbildung 10	Auswirkung von Compliance auf Geschäftsleitungsentscheidungen	91
Abbildung 11	Bedeutung einzelner Aspekte als Teil der Compliance-Ziele	93
Abbildung 12	Fraud Triangle	99
Abbildung 13	Compliance-Triangle	106
Abbildung 14	Verwendung unterschiedlicher Methoden zur Risikoerhebung	117
Abbildung 15	Verwendung von Indikatoren zur Risikoidentifizierung	117
Abbildung 16	Compliance-Viereck	123
Abbildung 17	Risikocluster	128
Abbildung 18	Einordnung von Risiken nach Reaktionsnotwendigkeit	131
Abbildung 19	Ressourcen Ausstattung von Compliance Abteilungen	148
Abbildung 20	KPMG: Hinweisquellen für wirtschaftskriminelle Handlungen nach Angaben der betroffenen Unternehmen	166
Abbildung 21	Umfrage: Bedenken gegen Whistle-Blowing-Hotlines	167
Abbildung 22	Maßnahmen als Reaktion auf Verstöße	174
Abbildung 23	KPMG: Überblick über Compliance-Kommunikationsmaßnahmen in deutschen Unternehmen	192
Abbildung 24	Überwachungspflichten bei „Gleichstellung" der Internen Revision	205
Abbildung 25	Überwachungspflichten bei Einbindung der IR in das CMS	206
Abbildung 26	Vernetzung des CMS	218
Abbildung 27	Compliance-Viereck	220

Tabelle 1	Beispiele für die Relevanz von Regeln für Compliance	25
Tabelle 2	Definitionsvergleiche IC – IKS – RMS	41
Tabelle 3	Darstellung von Risiken in Lageberichten der DAX-30-Unternehmen (Stand: 20.02.2009)	42
Tabelle 4	Einteilung der Compliance-Risiken nach Risikogruppen	131
Tabelle 5	Kategorisierung des Bestandteile des Compliance-Programms	153
Tabelle 6	Reaktionen auf Compliance-Verstöße	170
Tabelle 7	Kategorien des Compliance-Programms (Kurzbeschreibung)	175
Tabelle 8	Beispiele für Datenströme im CMS	179
Tabelle 9	Hierarchische Darstellung der CMS-Informationsbeschaffung	181
Tabelle 10	Unterschiedliche Ansätze zu Überwachungstätigkeiten	201
Tabelle 11	Methoden zur Überwachung der Compliance-Kultur	211
Tabelle 12	Einteilung der Compliance-Risiken nach Risikogruppen	233
Tabelle 13	Kategorien des Compliance-Programms (Kurzbeschreibung)	235

6.5. Literaturverzeichnis

Adam [CMS-Kommunikation]
    Adam, Anatol Dr. CMS-Kommunikation – ein ganzheitliches Konzept und Analyseraster, ZFRC, 2013, 2 92– 94.
Anthony [Control Function]
    Anthony, Robert Newton The Management Control Fuction, Boston, The Havard Business School Press, 1965
Anthony/Govindarajan [Management]
    Anthony, Robert Newton / Govindarajan, Vijay Management control systems, Boston, McGraw-Hill, 2007
Ariely [Denken]
    Ariely, Dan / Zybak, Maria Denken hilft zwar, nützt aber nichts: warum wir immer wieder unvernünftige Entscheidungen treffen [eBook], München, Droemer. 2008
ASAE [3100]
    Australian Goverment Auditing and Assurance Standard Board Standard on Assurance Engagements ASAE 3100 Compliance Engagements, Australien,2008
Baetge [Unternehmenskultur und Unternehmenserfolg]
    Baetge, Jörg Prof. Dr. Messung der Korrelation zwischen Unternehmenskultur und Unternehmenserfolg, veröffentlicht von: Bertelsmann-Stiftung Online-Aufsatz, Verfügbar unter: http://www.bertelsmann-stiftung.de/cps/rde/xbcr/SID-53850379-686D37C7/bst/Baetge – Messung der Korrelation zwischen Unternehmenskultur und Unternehmenserfolg.pdf [letzter Abruf am: 15.12.2013]
Baetge et.al. [Unternehmenskultur]
    Baetge, Jörg/ Melcher, Thorsten / Schmidt, Matthias Die Bedeutung der Unternehmenskultur für die Fraud-Prävention, In: Grundmann, Stefan/ Haar, Brigitte/ Merkt, Hanno, et al. (Hrg.) Festschrift für Klaus J. Hopt zum 70. Geburtstag am 24.August 2010. Göttingen: De Gruyter Verlag. 2010
BaFin [MaComp]
    Bundesanstalt für Finanzdienstleistungsaufsicht Rundschreiben 4/2010: Mindestanforderungen an die Compliance-Funktion und die weiteren Verhaltens-, Organisations- und Transparenzpflichten nach §§ 31 ff. WpHG für Wertpapierdienstleistungsunternehmen (MaComp),2010
BAG [2 AZR 537/06]
    Bundesarbeitsgericht, 2 AZR 537/06; 13.12.2007
BAG [2 AZR 694/11]
    Bundesarbeitsgericht, 2 AZR 694/11; 21.6.2012
BASF [Stellungnahme PS 980]
    BASF AG Stellungnahme zum Entwurf des IDW Prüfungsstandards „Grundsätze ordnungsgemäßer Prüfung von CMS" [Online], Verfügbar unter: http://www.idw.de/idw/download/IDWEPS980_BASF.pdf?id=596274&property= Datei, letzter Abruf am: 15.10.2013
Baumert [Handlungssicherheit]
    Baumert, Wolf-Tilman Handlungssicherheit in der Compliance-Arbeit an Beispielen, CCZ, 2013, 6 265– 269.

BDI [Stellungnahme]
> **BDI Bundesverband der Deutschen Industrie** Stellungnahme IDW-Prüfungsstandard/EPS 980, 2010, Verfügbar unter: http://www.idw.de/idw/download/IDWEPS980_BDI.pdf?id=601986&property=Datei, letzter Abruf am: 22.11.2013

Behringer [Compliance Kompakt]
> **Behringer, Stefan Prof. Dr. (Hrg.)** Die Organisation von Compliance in Unternehmen, Berlin, Erich Schmidt Verlag. 2013

Behringer [Organisation von Compliance]
> **Behringer, Stefan Prof. Dr.** Die Organisation von Compliance in Internationalen Unternehmen, ZFRC, 2010, 1 6–11.

Berenbeim et. al. [Ethics]
> **Berenbeim, Ronald E. / Kaplan, Jeffrey M.** Ethics and Compliance Enforcement Decisions – the Information Gap, 310 ed, The Conference Board, 2009

BGH [1 StR 260/08]
> **Bundesgerichtshof**, 1 StR 260/08; 14.10.2008

BGH [5 StR 394/08] 2009
> **Bundesgerichtshof**, 5 StR 394/08; 17. Juli 2009

BGH [IX ZR 227/04]
> **Bundesgerichtshof**, IX ZR 227/04; 15.12.2005

BGH [KRB 4/80]
> **Bundesgerichtshof**, KRB 4/80; 24.03.1981

Bock [Criminal Compliance]
> **Bock, Dennis Prof. Dr.** Criminal compliance, Baden-Baden, Nomos, 2011

Bock [Strafrechtliche Aspekte]
> **Bock, Dennis Dr.** Strafrechtliche Aspekte der Compliance-Diskussion – § 130 OWiG als zentrale Norm der Criminal Compliance, ZIS, 2009, 2 68–81.

Bock [Unternehmensaufsicht]
> **Bock, Dennis Prof. Dr.** Strafrechtlich gebotene Unternehmensaufsicht (Criminal Compliance) als Absenkung des Schadenserwartungswerts aus unternehmensbezogenen Straftaten, Onlinezeitschrift für Höchstrichterliche Rechtsprechung zum Strafrecht, 2010, 7/8 316–328.

Böttcher [IDW PS 980]
> **Böttcher, Lars Dr.** Compliance: Der IDW PS 980 – Keine Lösung für alle (Haftungs-)Fälle!, NZG, 2011, 27 1054–1058.

Brauer et al. [Compliance]
> **Brauer, Michael H./ Steffen, Klaus-Dieter/ Biermann, Sven, et al.** Compliance Intelligence Praxisorientierte Lösungsansätze für die risikobewusste Unternehmensführung [eBook], s.l., Schäffer-Poeschel Verlag für Wirtschaft Steuern Recht GmbH. 2009

Brehm [Reactance]
> **Brehm, Jack W.** A theory of psychological reactance, New York, NY [u.a.], Academic Press, 1966

BT-Drucksache [15/5092]
> **Bundestag** Gesetzentwurf der Bundesregierung: Entwurf eines Gesetzes zur Unternehmensintegrität und Modernisierung des Anfechtungsrechts (UMAG), 2005, verfügbar unter: BT-Drucksache [15/5092],

Buck-Heeb [Wissenszurechnung]
  Buck-Heeb, Petra Dr. § 2 Wissenszurechnung und Informationsmanagement, In: Hauschka, Christoph E. (Hrg.) Corporate Compliance: Handbuch der Haftungsvermeidung im Unternehmen. 2., überarb. und erw. Aufl. München: Beck. 2010
Bürkle [Beauftragte]
  Bürkle, Jürgen § 8 Compliance-Beauftragte, In: Hauschka, Christoph E. (Hrg.) Corporate Compliance: Handbuch der Haftungsvermeidung im Unternehmen. 2., überarb. und erw. Aufl. München: Beck. 2010
Busekist/Hein [Grundlagen, Kultur, Ziele]
  Busekist, R. Konstantin von / Hein, Oliver Der IDW PS 980 und die allgmeinen rechtlichen Anforderungen an ein wirksames Compliance Management System (1) – Grundlagen, Kultur und Ziele, CCZ, 2012**,** 2 41–48.
Busekist/Schlitt [Mindestanforderungen]
  Busekist, R. Konstantin von / Schlitt, Christian Der IDW PS 980 und die allgemeinen Mindestanforderungen an ein wirksames Compliance Management System (2) – Risikoermittlungspflicht, CCZ, 2012**,** 3 86 ff.
Butzkamm [Muttersprache]
  Butzkamm, Wolfgang Die Muttersprache als Sprach-Mutter: ein Gegenentwurf zur herrschenden Theorie [Online], Verfügbar unter: http://www.jochenenglish.de/misc/butzkamm_muttersprache.pdf, letzter Abruf am: 15.11.2013
BVerfG [1 BvL 21/60]
  Bundesverfassungsgericht, BVerfGE 12, 45 – Kriegsdienstverweigerung I; 20.12.1960
BVerfG [2 BvR 2559/08]
  Bundesverfassungsgericht, 2 BvR 2559/08, 2 BvR 105/09, 2 BvR 491/09
BVerwG [1 A 89.83]
  Bundesverwaltungsgericht, BVerwG 1 A 89.83
Campos Nave/Bonenberger [Korruptionsaffären]
  Campos Nave, Jose A. / Bonenberger, Saskia Korruptionsaffären, Corporate Compliance und Sofortmaßnahmen für den Krisenfall, BB, 2008**,** 15 734– 741.
Campos Nave/Vogel [Gestiegene Verantwortlichkeiten]
  Campos Nave, Jose A. Dr. / Vogel, Henrik Dr. Die erforderliche Veränderung von Corporate Compliance-Organisationen im Hinblick auf gestiegene Verantwortlichkeiten des Compliance Officers, BB, 2009**,** 48 2546–2551.
Collective Action [Web page]
  International Center for Collective Action Verfügbar unter: http://www.collective-action.com letzter Abruf am: 22.11.2013
Compliance-Platform [Zero-Tolerance]
  Schlueter, Katharina Die Zero-Tolerance-Illusion, Compliance – Die Online-Zeitschrift für Compliance-Verantwortliche, September**,** 2010 1–2.
ConTeam [Studie 2012]
  ComTeam AG ComTeamStudie.2012 FührungsRaum Im Spannungsfeld von Regulierung, Virtualisierung und dem Kampf um Talente, Gmund am Tegernsee,2012
COSO [ERM]
  COSO Enterprise Risk Management – Integrated Framework, COSO ERM Jersey City, USA, AICPA American Institute of Certified Public Accountant,2004a

COSO [IC updated]
: **COSO** Internal Contol – Integrated Framework, Durham, USA, AICPA American Institute of Certified Public Accountant,2013

COSO [Internal Control]
: **COSO** Internal Contol – Integrated Framework, Jercey City, USA, USA, AICPA American Institute of Certified Public Accountant,1994

COSO [Zusammenfassung]
: **COSO** Unternehmensweites Risikomanagement – Übergreifendes Rahmenwerk Zusammenfassung, Jercey City, 2004b

Crawford [Reactance]
: **Crawford, Matthew T./ McConnell, Allen R./ Lewis, Amy C., et al.** Reactance, Compliance, and Anticipated Regret, Journal of Experimental Social Psychology, 2002, 2002 56–63.

Davenport [Wissen]
: **Davenport, Thomas H. / Prusak, Laurence** Wenn Ihr Unternehmen wüßte, was es alles weiß* … das Praxishandbuch zum Wissensmanagement; [aus Informationen Gewinne machen; verborgenes Potential entdecken; von internationalen Organisationen lernen], Landsberg/Lech, mi, 1999

Deisenhöfer et.al [Konsument]
: **Deisenhöfer, Anna / Germelmann, Claas Christian Prof. Dr.** Der widerständige Konsument: Reaktanz gegen Marketingmaßnahmen, veröffentlicht von: Universität Bayreuth Online-Aufsatz, Verfügbar unter: http://www.marketing.uni-bayreuth.de/de/research/publications/2012/Der_widerstaendige_Konsument/WP_0 5-12.pdf [letzter Abruf am: 2012]

Dickenberger [Reaktanz]
: **Dickenberger, Dorothee/ Gniech, Giesela / Grabitz, Hans-Joachim** Die Theorie der psychologischen Reaktanz, In: Frey, Dieter (Hrg.) Theorien der Sozialpsychologie 1 Kognitive Theorien. Bern: Huber. 1993

Die Welt [Siemens]
: **Die Welt** Wegen Bestechung: Griechenland fordert Schadenersatz von Siemens – Nachrichten Wirtschaft – DIE WELT [Online], Verfügbar unter: http://www.welt.de/wirtschaft/article12330834/Griechenland-fordert-Schadenersatz-von-Siemens.html letzter Abruf am: 25.8.2013

DIIR [IKS]
: **DIIR Deutsches Institut für Interne Revision** Grundsätze des Internen Kontrollsystems (IKS) – Version 06/2001 [Online], Verfügbar unter: http://www.diir.de/arbeitskreise/ak09/pruefungshandbuch/iks/grundsaetze-des-internen-kontrollsystems-iks/, letzter Abruf am: 11.01.2014

DRSC [DRS 20]
: **DRSC Deutsches Rechnungslegungs Standards Committee** Deutscher Rechnungslegungs Standard Nr. 20 (DRS 20) Konzernlagebericht, Berlin, DRSC (Hrsg), Schäffer-Pöschel Verlag,2012

Duden [Kontrolle]
: **Duden** „Kontrolle" [Online], Verfügbar unter: http://www.duden.de /rechtschreibung/Kontrolle, letzter Abruf am: 22.8.2014

Durner [Normakzeptanz]
: **Durner, Wolfgang** Normakzeptanz und Regelakzeptanz, In: Arnauld, Andreas von (Hrg.) Recht und Spielregeln. Tübingen: Mohr-Siebeck. 2003

DWDS [Stichwort Kontrolle]
Wissenschaften, Berlin-Brandenburgische Akademie der Das Digitale Wörterbuch der deutschen Sprache [Online], Verfügbar unter: http://www.dwds.de/?qu=Kontrolle, letzter Abruf am: 30.08.2013

Eichler [Compliance-Kultur]
Eichler, Hubertus Die Prüfung der Compliance-Kultur, ZCG, 2012, 3 133–138.

Engel [Normakzeptanz]
Engel, Uwe Normakzeptanz und Orientierung am Verhalten Dritter, 2002.

Engelhart [Sanktionierung]
Engelhart, Marc Sanktionierung von Unternehmen und Compliance: eine rechtsvergleichende Analyse des Straf- und Ordnungswidrigkeitenrechts in Deutschland und den USA, Berlin, Duncker & Humblot, 2010

Ergün/Müller [Controlling]
Ergün, Ismail / Müller, Stefan Prof. Dr. Einbindung des Risikomanagements in die Corporate Governance, Controlling – Zeitschrift für erfolgsorientierte Unternehmenssteuerung, 1 18–23.

Fernandez [Innenrevision]
Fenandez, Thomas Innenrevision und Korruptionsprävention – erfolgreiche Partnerschaft oder unglückliche Allianz?, ZIR, 2013, 6 288–291.

Fernuni Hagen [Risikobegriff]
Fernuni Hagen Der Risikobegriff im Wandel der Gesellschaft [Online], Verfügbar unter: http://www.fernuni-hagen.de/PRPH/lehmris.html, letzter Abruf am: 28.11.2013

Financial Reporting Council [Turnbull Guidance]
The Financial Reporting Council (FRC) Internal Control: Revised Guidance for Directors on the Combined Code (October 2005), *In*: The Financial Reporting Council (Hrg.) October 2005 ed London, The Financial Reporting Council,2005

Fissenewert [Compliance Management]
Fissenewert, Peter Prof. Dr. Compliance Management contra Wirtschaftskriminalität, In: Behringer, Stephan Prof. Dr. (Hrg.) Compliance Kompakt. Berlin: Erich Schmidt Verlag. 2013a

Fissenewert [Legal Compliance]
Fissenewert, Peter Prof. Dr. Legal Compliance und Haftung, In: Behringer, Stephan Prof. Dr. (Hrg.) Compliance Kompakt. Berlin: Erich Schmidt Verlag. 2013b

Fries [Bußgelder]
Fries, Peter Bußgelder in Wirtschaftsverfahren, Transparency International – Scheinwerfer, Februar 2009, 2009.

Funk et al [Benchmarkstudie]
Funk RMCE GmbH/ Rödl & Partner GmbH / Weissmann & Cie. GmbH & Co. KG Risikomanagement im Mittelstand, Nürnberg,2011

Gallup [Engagement Index]
Gallup Engagement Index Präsentation 2012 – Pressegespräch 6. März [Online], Verfügbar unter: http://www.gallup.com/file/strategicconsulting/160904/Engagement Index Pr%C3%A4sentation 2012.pdf letzter Abruf am: 28.11.2013

GDV [Verhaltenskodex]
> **Gesamtverband der Deutschen Versicherungswirtschaft (GDV)** Verhaltenskodex des Gesamtverbandes der Deutschen Versicherungswirtschaft für den Vertrieb von Versicherungsprodukten, 2013

Gigerenzer [Gut Feeling]
> **Gigerenzer, Gerd** Gut feelings: the intelligence of the unconscious [eBook], New York, Viking. 2007

Gnändiger [RMS,IKS,CMS]
> **Gnändiger, Jan-Hendrik Dr.** Risikomanagementsystem, Internes Kontrollsytem & Compliance-Managementsystem, Steuer- und Bilanzpraxis (StuB), 2013 182–187.

Gnändiger/Steßl [Akzeptanz]
> **Gnändiger, Jan-Hendrik Dr. / Steßl, Antonia** Im Blickpunkt: Akzeptanz von Compliance-Management-Systemen auf Mitarbeiterebene, BB, 2012, 37 VII–VIII.

goodread [Greenspan]
> **goodreads.com** Quote by Alan Greenspan [Online], Verfügbar unter: http://www.goodreads.com/quotes/204034-i-know-you-think-you-understand-what-you-thought letzter Abruf am: 26.11.2013

goodread [Jefferson]
> **Goodreads.com** Quote by Thomas Jefferson [Online], Verfügbar unter: http://www.goodreads.com/quotes/14310-the-most-valuable-of-all-talents-is-that-of-never letzter Abruf am: 28.11.2013

Görtz/Roßkopf [Kosten]
> **Görtz, Birthe / Roßkopf, Michael** Kosten von Compliance Management in Deutschland, ZFRC, 2010 150-154.

Grüninger/Jantz [Prüfung]
> **Grüninger, Stephan Prof. Dr. / Jantz, Maximilian** Möglichkeiten und Grenzen der Prüfung von Compliance Management Systemen, ZCG, 2013, 3 131-136.

Grüninger/Remberg [Bedeutung]
> **Grüninger, Stephan Prof. Dr. / Remberg, Meinhard** Die Bedeutung eines Zertifikats nach IDW PS 980, Compliance Berater, 2013, 5 187-188.

Grützner/Leisch [Probleme für Unternehmen]
> **Grützner, Thomas Dr. / Leisch, Franz Clemens Dr.** §§ 130, 30 OWiG – Probleme für Unternehmen, Geschäftsleitung und Compliance-Organisation, DB, 2012, 14 787–794.

Habermas [Moralbewusstsein]
> **Habermas, Jürgen** Moralbewusstsein und kommunikatives Handeln [eBook], Frankfurt am Main, Suhrkamp. 1983

Hamacher/Robak [Hospitality]
> **Hamacher, Karl / Roback, Marcus Dr.** Strafbarkeit von „Hospitality"-Einladungen zu großen Sportevents gem. §§ 331, 333 und § 299 StGB?, DB, 2008, 50 2747–2754.

Hampel, et. al. [Three lines]
> **Hampel, Volker/ Eulerich, Marc / Theis, Jochen** Das Three-Lines-of-Defence-Modell und die Positionierung der Internen Revision innerhalb der Corporate Governance: konzeptionelle Überlegungen und empirische Ergebnisse für Deutschland, ZCG, Vol. 7.2012, 2012 201-207.

Handelsblatt [Siemens]
> **Höpner, Axel** Siemens will zum Musterschüler werden [Online], Verfügbar unter: http://www.handelsblatt.com/unternehmen/industrie/korruption-siemens-will-zum-musterschueler-werden/3454312.html letzter Abruf am: 28.11.2013

Hauschka [Einführung]
> **Hauschka, Christoph E.** Einführung, In: Hauschka, Christoph E. (Hrg.) Corporate Compliance: Handbuch der Haftungsvermeidung im Unternehmen. 2., überarb. und erw. Aufl. München: Beck. 2010

Hauschka [Voraussetzungen]
> **Hauschka, Christoph E. Dr.** Die Voraussetzungen für ein effektives Compliance System i. S. von § 317 Abs. 4 HGB, DB, 2006 1143–1146.

Hefermehl/Spindler [AktG]
> **Hefermehl, Wolfgang / Spindler, Gerald** Kommentar zu § 76 AktG, Münchner Kommentar zum Aktiengesetz, 2004, 3 2.

Hein/Withus [Prüfung]
> **Hein, Oliver / Withus, Karl-Heinz** Prüfung oder Zertifizierung eines Compliance Management Systems, CCZ, 4, 2011 125–133.

Heistermann [Norm]
> **Heistermann, Walter** Das Problem der Norm, Zeitschrift für philosophische Forschung, 1966, 20 197–209.

Heldmann [Betrugsbekämpfung]
> **Heldmann, Sebastian** Betrugs- und Korruptionsbekämpfung zur Herstellung von Compliance, DB, 2010, 22 1235–1239.

Hofmann [Anti Fraud]
> **Hofmann, Stefan** Handbuch Anti-Fraud-Management: Bilanzbetrug erkennen, vorbeugen, bekämpfen, Berlin, Erich Schmidt Verlag, 2008

Holle [Rechtsbindung]
> **Holle, Maximillian Friedrich** Rechtsbindung und Business Judgement Rule, AG Die Aktiengesellschaft, 2011, 21 778–786.

Holling/Kanning [Organisationspsychologie]
> **Holling, Heinz / Kanning, Uwe Peter** Theorien der Organisationspsychologie, In: Schuler, Heinz (Hrg.) Lehrbuch Organisationspsychologie. 4., aktualisierte Aufl. Bern: Huber. 2007

Hommelhoff [WpG] 2013
> **Hommelhoff, Peter Prof. Dr. Dres.** Compliance aus der Sicht des Prüfungsausschusses, WpG, 2013 I.

Horváth [Internes Kontrollsystem]
> **Horvàrth, Peter** Anforderungen an ein modernes Internes Kontrollsystem, WpG, Sonderheft Dezember 2003, 2003 211–218.

Hülsberg/Kuhn [Hinweisgebersystme]
> **Hülsberg, Frank M. Dr. / Kuhn, Carsten** Hinweisgebersysteme zur Identifikation von Compliance-Verstößen, In: Inderst, Cornelia Dr./ Bannenberg, Britta Prof. Dr. / Poppe, Sina (Hrg.) Compliance Aufbau – Management – Risikobereiche. München: C.F. Müller. 2013

Hülsberg/Laue [Prüfung]
> **Hülsberg, Frank M. Dr. / Laue, Jens C.** Die Prüfung von Compliance Management Systemen nach IDW PS 980, In: Inderst, Cornelia Dr./ Bannenberg, Britta Prof. Dr. / Poppe, Sina (Hrg.) Compliance Aufbau – Management – Risikobereiche. München: C.F. Müller. 2013

IDW [PS 261 n.F.]
: **Institut der Wirtschaftsprüfer in Deutschland (IDW)** IDW Prüfungsstandard: Feststellung und Beurteilung von Fehlerrisiken und Reaktionen des Abschlussprüfers auf die beurteilten Fehlerrisiken (IDW PS 261 n.F.), Düsseldorf, IDW Verlag, 2012

IDW [PS 261]
: **Institut der Wirtschaftsprüfer in Deutschland (IDW)** IDW Prüfungsstandard: Feststellung und Beurteilung von Fehlerrisiken und Reaktionen des Abschlussprüfers auf die beurteilten Fehlerrisiken (IDW PS 261), Düsseldorf, IDW Verlag, 2006

IDW [PS 340]
: **Institut der Wirtschaftsprüfer in Deutschland (IDW)** IDW Prüfungsstandard: Die Prüfung des Risikofrüherkennungssystems nach § 317 Abs. 4 HGB (IDW PS 340), Stand: 11.09.2000 Düsseldorf, IDW, 2011a

IDW [PS 951]
: **Institut der Wirtschaftsprüfer in Deutschland (IDW)** IDW Prüfungsstandard: Die Prüfung des Internen Kontrollsystems beim Dienstleistungsunternehmen für auf das Dienstleistungsunternehmen ausgelagerte Funktionen (IDW PS 951), Düsseldorf, IDW Institut der Wirtschaftsprüfer in Deutschland, 2010

IDW [PS 980]
: **Institut der Wirtschaftsprüfer in Deutschland (IDW)** IDW Prüfungsstandard: Grundsätze ordnungsmäßiger Prüfung von Compliance Management Systemen: IDW PS 980, Stand: 11.03.2011 Düsseldorf, IDW, 2011b

IDW [Stellungnahme]
: **Institut der Wirtschaftsprüfer in Deutschland** IDW Stellungnahme: Enterprise Risk Management Framework, WpG, 24/2003, 2003.

Inderst [Aufbau]
: **Inderst, Cornelia Dr.** Der Aufbau einer Compliance-Abteilung, In: Inderst, Cornelia Dr./ Bannenberg, Britta Prof. Dr. / Poppe, Sina (Hrg.) Compliance Aufbau – Management – Risikobereiche. München: C.F. Müller. 2013a

Inderst [Praktische Umsetzung]
: **Inderst, Cornelia Dr.** Compliance-Programm und praktische Umsetzung, In: Inderst, Cornelia Dr./ Bannenberg, Britta Prof. Dr. / Poppe, Sina (Hrg.) Compliance Aufbau – Management – Risikobereiche. München: C.F. Müller. 2013b

Initiative Corporate Governance [Leitfaden]
: **Initiative Corporate Governance der Deutschen Immobilienwirtschaft** Wertemanagement in der Immobilienwirtschaft, Berlin, 2009

ISACA [COBIT FAQ]
: **ISACA** COBIT FAQs [Online], Verfügbar unter: http://www.isaca.org/cobit/pages/default.aspx letzter Abruf am: 12.01.2014

ISACA [COBIT]
: **ISACA** COBIT 5: A Business Framework for the Governance and Management of Enterprise IT [Online], Verfügbar unter: http://www.isaca.org/cobit/pages/default.aspx letzter Abruf am: 12.01.2014

Janssen [Kartellrechts-Compliance]
: **Janssen, Helmut** Kartellrechts-Compliance, In: Wecker, Gregor / Laak, H. van (Hrg.) Compliance in der Unternehmerpraxis. 2. Aufl. Wiesbaden: Gabler. 2009

John/Hoffmann[Empfehlungen]
: **John, Dieter / Hoffmann, Bernd** Empfehlungen für Unternehmen zur internen Bekämpfung von Mitarbeiterkriminalität, In: Rölfs Partner / Leipzig, Universität (Hrg.) Der Wirtschaftsstraftäter in seinen sozialen Bezügen. Leipzig: Rölfs Partner Universität Leipzig. 209

Jonen [Risikobegriff]
: **Jonen, Andreas** Semantische Analyse des Risikobegriffs, In: Lingau, Volker Prof. Dr. (Hrg.) Kaiserslautern, Lehrstuhl für Unternehmensrechnung und Controlling · Technische Universität Kaiserslautern, 2007

Kajüter [Risikomanagement]
: **Kajüter, Peter** Riskomanagement im Konzern, Müchen, Vahlen Verlag, 2012

Kapp [Kartellrecht]
: **Kapp, Thomas Dr.** Kartellrechts-Compliance in der Verbandsarbeit, Corporate Compliance Zeitschrift, Verlag C.H. Beck, 2013, 6 240–247.

Kark [Zero-Tolerance]
: **Kark, Andreas** Die Zero-Tolerance-Regel – Aus der Bronx in die Welt der Unternehmen, CCZ, 5/2012, 2012 180–185.

KG Berlin [2 Ss 223/00]
: **KG Berlin 5. Senat für Bußgeldsachen**, 2 Ss 223/00 – 5 Ws (B) 784/00, 2 Ss 223/00, 5 Ws (B) 784/00; 31.10.2001

Klamt [Verortete Normen]
: **Klamt, Martin** Verortete Normen: öffentliche Räume, Normen, Kontrolle und Verhalten [eBook], VS Verlag für Sozialwissenschaften. 2007

Kleinfeld/Stör [Interne Kommunikation] 2009
: **Kleinfeld, Annette / Müller-Störr, Clemens** Die Rolle von interner Kommunikation und interaktiver Schulung für ein effektives Compliance-Management, In: Wieland, Josef Prof. Dr. habil/ Steinmeyer, Roland Dr. / Grüninger, Stephan Prof. Dr. (Hrg.) Handbuch Compliance-Management. Berlin: Erich Schmidt Verlag. 2010

Klindt/Pelz/Theusinger [Rechtsprechung]
: **Klindt, Thomas Prof. Dr./ Pelz, Christian Dr. / Theusinger, Ingo Dt.** Complinace im Spiegel der Rechtsprechung, NJW, 2010 2385–2391.

Knoll, et.al. [Compliance]
: **Knoll, Thomas / Kaven, Aram** Compliance Risk Assessment: Einordnung und Abgrenzung, In: Wieland, Josef Prof. Dr. habil/ Steinmeyer, Roland Dr. / Grüninger, Stephan Prof. Dr. (Hrg.) Handbuch Compliance Management. Berlin: Erich Schmidt Verlag. 2010

Konradt/Eggemann [KonTraG]
: **Konradt, Thomas / Eggemann, Gerd** Risikomanagement nach KonTraG aus dem Blickwinkel des Wirtschaftsprüfers, BB, 2000, 2000 503–509.

Kossendey [Confirmation]
: **Kossendey, Christoph** Confirmation Bias, Verfügbar unter: http://www.leuphana.de/fileadmin/user_upload/Forschungseinrichtungen/imf/files/lexikon/wahrnehmung/Confirmation_Bias.pdf, letzter Abruf am: 28.8.2013

KPMG [2013-Gesamt]
: **KPMG AG Wirtschaftsprüfungsgesellschaft** Compliance-Benchmarkstudie – Zusammenfassung, Vom Author vorgenommene Zusammenfassung der beiden KPMG Studien [2013-I] und [2013-II],2013a

KPMG [Benchmark-I]
: **KPMG AG Wirtschaftsprüfungsgesellschaft** Compliance-Benchmarkstudie I Auswertung für kleine und mittelständische Unternehmen, KPMG AG Wirtschaftsprüfungsgesellschaft, 2013b

KPMG [Benchmark-II]
: **KPMG AG Wirtschaftsprüfungsgesellschaft** Compliance-Benchmarkstudie II – Auswertung für große und börsennotierte Unternehmen, Auswertung für große und börsennotierte Unternehmen, KPMG AG Wirtschaftsprüfungsgesellschaft, 2013c

KPMG [Compliance Management]
: **KPMG AG Wirtschaftsprüfungsgesellschaft (Hrg.)** Das wirksame Compliance Management System, Herne, NWB Verlagsgesellschaft. 2013d

KPMG [Defining Issues 13–26]
: **KPMG LLP** COSO Releases Internal Control – Integrated Framework (2013), *In*: KPMG LLP (Hrg.) Mai 2013 ed Delaware, USA, 2013

KPMG [Modererscheinung oder Chefsache]
: **KPMG AG Wirtschaftsprüfungsgesellschaft** Compliance – Modererscheinung oder Chefsache, 2011

KPMG AG [Wirtschaftskriminalität]
: **KPMG AG Wirtschaftsprüfungsgesellschaft** Wirtschaftskriminalität Deutschland, Österreich, Schweiz im Vergleich, 2013e

Krcmar [Informationsmanagement]
: **Krcmar, Helmut** Informationsmanagement, Berlin u.a., Springer, 2010

Kromschröder [Risiko]
: **Kromschröder, Bernhard** Risiko, In: Lück, Wolfgang, WP/StB Prof. Dr. Dr. h.c. (Hrg.) Lexikan der Rechnungslegung und Abschlussprüfung, 4. Auflage. München: Oldenbourg Verlag. 1998

Küting/Busch [Wirrwarr]
: **Küting, Karlheinz Prof. Dr. / Busch, Julia** Zum Wirrwarr der Überwachungsbegriffe, DB, 2009, 26 1361–1368.

Lampert [Organisation]
: **Lampert, Thomas Dr.** § 9 Compliance-Organisation, In: Hauschka, Christoph E. (Hrg.) Corporate Compliance: Handbuch der Haftungsvermeidung im Unternehmen. 2., überarb. und erw. Aufl. München: Beck. 2010

Lenfter [Internationale Corporate Governance]
: **Lentfer, Thies** Einflüsse der internationalen Corporate Governacne-Diskussion auf die Überwachung der Geschäftsführung, in: Freidank, Carl-Christian Prof. Dr. (Hrg.) Wiesbaden, Gabler Editiion Wissenschaft, 2005

Leo.org [control]
: **dict.leo.org** „control" [Online], Verfügbar unter: http://dict.leo.org/ – /search=control&searchLoc=0&resultOrder=basic&multiwordShowSingle=on letzter Abruf am: 10.10.2013

LG Karlsruhe [3 KLs 620 Js 13113/06]
: **LG Karlsruhe**, 3 KLs 620 Js 13113/06; 28.11.2007

Locke [Essay]
: **Locke, John** An Essay Concerning Human Understanding, London, Dorset Road, Re-published by The Univerity of Adelaide, 2013, 1989

Loh [KMU-1]
: **Loh, Sonja Gust von** Wissensmanagement und Informationsbedarfsanalyse in kleinen und mittleren Unternehmen, Information Wissenschaft & Praxis, 2008, 2008 118–126.

LRN [HOW Report]
: **Corporation, LRN** The HOW Report,2012

Lück [Risikomanagement]
: **Lück, Wolfgang, WP/StB Prof. Dr. Dr. h.c.** Elemente eines Risiko-Managementsystems, DB, 1998, 01/02 8–14.

Malik [Management]
: **Malik, Fredmund** Management Das A und O des Handwerks, Band 1 der Buchreihe Malik Management Handwerk, Frankfurt a.M., Campus Verlag, 2005

Malik [Unternehmenspolitik]
: **Malik, Fredmund** Unternehmenspolitik und Corporate Governance wie sich Organisationen von selbst organisieren Band 2 der Buchreihe Malik Management Handwerk, Frankfurt/Main u.a., Campus-Verl., 2008

Mentzel [Integritätsmanagement]
: **Mentzel, Klaus Prof. Dr.** Integritätsmanagement als Waffe gegen Wirtschaftskriminalität, In: Inderst, Cornelia Dr./ Bannenberg, Britta Prof. Dr. / Poppe, Sina (Hrg.) Compliance Aufbau – Management – Risikobereiche. München: C.F. Müller. 2013

Menz / Stahl [Stakeholderkommunikation]
: **Menz, Florian Prof. Dr. / Stahl, Heinz K. Prof. Dr.** Handbuch Stakeholderkommunikation Grundlagen – Sprache – Praxisbeispiele, *In*: Hinterhuber, Hans H. Prof. Dr. / Stahl, Heinz K. Prof. Dr. (Hrg.) Kolleg für Leadership und Management 2. Auflage ed Berlin, Erich Schmidt Verlag,2013

Menzies/Engelmayer [COSO]
: **Menzies, Christof / Engelmayer, Birgit** COSO als führendes Rahmenwerk für interne Kontrollsysteme, KoR IFRS, 2013, 09 426–430.

Merriam-Webster [Compliance]
: **Merriam-Webster.com** „Compliance" [Online], Verfügbar unter: http://www.merriam-webster.com/thesaurus/compliance, letzter Abruf am: 14.08.2013

Merriam-Webster [comply]
: **Merriam-Webster.com** „comply" [Online], Verfügbar unter: http://www.merriam-webster.com/dictionary/comply?show=0&t=1376498952, letzter Abruf am: 14.08.2013

Merriam-Webster [conduct]
: **Merriam-Webster.com** „conduct" [Online], Verfügbar unter: http://www.merriam-webster.com/dictionary/conduct letzter Abruf am: 30.08.2013

Merriam-Webster [control]
: **Merriam-Webster.com** „Control" [Online], Verfügbar unter: http://www.merriam-webster.com/thesaurus/control, letzter Abruf am: 23.08.2013

Meyer [Strafverhalten]
: **Meyer, Frederik** Strafverhalten von Konsumenten Antezedenzien, Motive und Konsequenzen bei Unternehmensfehlverhalten, Wiesbaden, Gabler, 2011

Mintzberg [Not MBAs]
    Mintzberg, Henry Managers not MBAs – A hard look at the soft practice of managing and management development [eBook], San Francisco, Berrett-Koehler Publishers, Inc., 2005

Mittelsdorf [Unternehmensstrafrecht]
    Mittelsdorf, Kathleen Unternehmensstrafrecht im Kontext, Heidelberg, 2007

Moosmayer [Compliance]
    Moosmayer, Klaus Compliance Praxisleitfaden für Unternehmen, München, Beck, 2010

n-tv [Korruptionsbremse]
    N-TV 30 Manager gefeuert: Deutsche Bahn zieht Korruptionsbremse – n-tv.de [Online], Verfügbar unter: http://www.n-tv.de/wirtschaft/Deutsche-Bahn-zieht-Korruptionsbremse-article10839726.html, letzter Abruf am: 28.11.2013

Negri [Angewandte Psychologie]
    Negri, Christoph Angewandte Psychologie für die Personalentwicklung: Konzepte und Methoden für Bildungsmanagement, betriebliche Aus- und Weiterbildung, Berlin [u.a.], Springer, 2010

Neufeld/Knitter [Mitbestimmung]
    Neufeld, Tobias / Knitter, Janna Dr. Mitbestimmung des Betriebsrats bei Compliance Systemen, BB, 2013, 14 821–826.

Niedermeier [Romeo und Julia]
    Niedermeier, Sandra Psychologische Reaktanz: Der „Romeo-und Julia-Effekt" in der griechischen Mythologie, GRIN Verlag, 2010

Nimwegen/Koelen [COSO]
    Nimwegen, Sebastian Dr. / Koelen, Peter Dr. COSO II als Rahmen für die Beschreibung der wesentlichen Merkmale des internen Kontroll- und des Risikomanagementsystems, DB, 2010, 37 2011–2015.

Nothelfer, Sreening
    Nothelfer, Wolfgang Empirische Screening als innovative Methode im Rahmen der Antitrust-Compliance, CCZ, 2012.

NRW [Unternehmensstrafrecht – Gesetzesinitiative]
    Justizministerium Nordrhein-Westfalen Entwurf eines Gesetzes zur Einführung der strafrechtlichen Verantwortlichkeit von Unternehmen und sonstigen Verbänden,2013

OECD [Combating Bribery]
    OECD Convention on combating bribery of foreign public officials in international business transactions, 2011

OLG Düsseldorf [2 Ss (OWI) 385/98]
    OLG Düsseldorf, 2 Ss (OWi) 385/98 – (OWi) 112/98 III); 12.11.1998

OLG Düsseldorf [VI-Kart 3/05 OWi]
    OLG Düsseldorf, VI-Kart 3/05 OWi; 27.3.2006,Verfügbar unter: http://www.rechtsportal.de/lnk/go/r/ger_olg_duesseldorf_dat_20060327_akt_vi_kart_3_05_owi, letzter Abruf am: 29.11.2013

OWiG **Gesetz über Ordnungswidrigkeiten (OWiG)** 2013 Fassung der Bekanntmachung vom 19. Februar 1987 (BGBl. I S. 602), das durch Artikel 18 des Gesetzes vom 10. Oktober 2013 (BGBl. I S. 3786) geändert worden ist

Pampel/Glage [Unternehmensrisiken]
    Pampel, Jochen R. Dr. / Glage, Dietmar § 5. Unternehmensrisiken und Risikomanagement, In: Hauschka, Christoph E. (Hrg.) Corporate Compliance:

Handbuch der Haftungsvermeidung im Unternehmen. 2., überarb. und erw. Aufl. München: Beck. 2010
Partsch [FCPA]
Partsch, Christoph The Foreign Corrupt Practices Act (FCPA) der USA, Berlin, Der Juristische Verlag Lexxion, 2007
Paul [Unternehmenskultur]
Paul, Walter Prof. Dr. Die Bedeutung der Unternehmenskultur für den Erfolg eines Unternehmens und ihre Bestimmungsfaktoren, DB, 2005, 30 1581–1587.
Pelz [Aufsichtspflicht]
Pelz, Christian Dr. § 6. Strafrechtliche und zivilrechtliche Aufsichtspflicht, In: Hauschka, Christoph E. (Hrg.) Corporate Compliance: Handbuch der Haftungsvermeidung im Unternehmen. 2., überarb. und erw. Aufl. München: Beck. 2010
Pelz [Strafrechtskonflikte]
Pelz, Christian Dr. We observe local law – Strafrechtskonflikte in internationalen Compliance-Programmen, CCZ, 2013, 6 234–240.
Polenz [Konzeptionelle Überlegungen]
Polenz, Manfred Dr. Konzeptionelle Überlegungen zur Einrichtung und Prüfung eines Risikomanagementsystems – Droht eine Mega-Erwartungslücke?, DB, 1999, 8 393-399.
Poppe [Ermittlungen]
Poppe, Sina Unternehmensinterne Ermittlungen in Compliance Fällen, In: Inderst, Cornelia Dr./ Bannenberg, Britta Prof. Dr. / Poppe, Sina (Hrg.) Compliance Aufbau – Management – Risikobereiche. München: C.F. Müller. 2013
Prange [Wissensmanagement]
Prange, Christiane Organisationales Lernen und Wissensmanagement, Gabler Verlag, 2002
PWC [Compliance]
Bussmann, Prof. Dr. Kai-D/ Krieg, Oliver/ Nestler, Claudia, et al. Compliance und Unternehmenskultur – Zur aktuellen Situation deutschen Großunternehmen, PriceWaterhouseCoopers und Martin-Luther Universität Halle-Wittenberg, 2009
PWC [IKS]
PWC PriceWaterhouseCoopers AG Internes Kontrollsystem – Führungsinstrument im Wandel, Basel, 2007
PWC/Martin-Luther-Universität [Studie 2013]
PWC PriceWaterhouseCoopers AG / Martin Luther Universität Wirtschaftskriminalität und Unternehmenskultur 2013, Halle, 2013
Rathje [Kulturbegriff]
Rathje, Stefanie Prof. Dr. Der Kulturbegriff – Ein anwendungsorientierter Vorschlag zur Generalüberholung, In: Moosmüller, Alois (Hrg.) Konzepte kultureller Differenz – Münchener Beiträge zur interkulturellen Kommunikation. München: Waxmann. 2009
Ratzka [Kriminelles Handeln]
Ratzka, Melanie Differentielle Assoziationen, Rational Choice und kriminelles Handeln, Gelegenheitsstrukturen und Kriminalität. Bielefeld: Universität Bielefeld Fakultät für Soziologie, 2001
Regierungskommission [DCGK 2013]
Regierungskommission DCGK Deutscher Corporate Governance Kodex, Fassung vom 13.Mai 2013 Bundesanzeiger BAnz AT 10.6.2013 B3, 2013

Rieder/Falge [Due Dilligence]
> **Rieder, Markus S. Dr. / Falge, Stefan** Compliance-Due Dilligence, In: Inderst, Cornelia Dr./ Bannenberg, Britta Prof. Dr. / Poppe, Sina (Hrg.) Compliance Aufbau – Management – Risikobereiche. München: C.F. Müller, 2013a

Rieder/Falge [Grundlagen]
> **Rieder, Markus S. Dr. / Falge, Stefan** Grundlagen für Compliance A. Deutschland, In: Inderst, Cornelia Dr./ Bannenberg, Britta Prof. Dr. / Poppe, Sina (Hrg.) Compliance Aufbau – Management – Risikobereiche. München: C.F. Müller. 2013b

Rodier [Game called Compliance]
> **Rodier, Melanie** A Game Called Compliance, auf: http://www.wallstreetandtech.com, 25.12.2012, Verfügbar unter: http://www.wallstreetandtech.com/regulatory-compliance/a-game-called-compliance/240004357, letzter Abruf am: 12.08.2013

Rogall [§ 130 OWiG]
> **Rogall, Klaus Prof. Dr.** Vierter Abschnitt. Verletzung der Aufsichtspflicht in Betrieben und Unternehmen §130 OWiG, In: Senge, Lothar (Hrg.) Karlsruher KommentR zum Gesetz über Ordnungswidrigkeiten. München: C.H. Beck. 2006

Roth [Compliance Officer]
> **Roth, Monika** Der Compliance Officer und seine Instrumente, In: Pedergnana, Maurice/ Nadig, Linard / Lengwiler, Christoph (Hrg.) Management in der Finanzbranche – Finanzmanagement im Unternehmen Zug, Hochschule Luzern, 2012

Sackmann [Assessment]
> **Sackmann, Sonja A** Kulturassessment, In: Stiftung, Bertelsmann (Hrg.) Messen, werten, optimieren – Erfolg durch Unternehmenskultur. 2006a

Sackmann [Erfassen]
> **Sackmann, Sonja A** Erfassung von Unternehmenskultur – Eine Auswahl geeigneter Vorgehensweisen, In: Stiftung, Bertelsmann (Hrg.) Messen, werten, optimieren – Erfolg durch Unternehmenskultur. 2006b

Sackmann [Unternehmenskultur]
> **Sackmann, Sonja A** Erfolgsfaktor Unternehmenskultur: Mit kulturbewusstem Management Unternehmensziele erreichen und Identifikation schaffen [eBook], Wiesbaden, Gabler. 2004

Schanz [Organisation]
> **Schanz, Günter** Organisation, In: Frese, Erich (Hrg.) Handwörterbuch der Organisation. Stuttgart: Schäfer-Pöschel Verlag. 1992

Schaupensteiner [Grundzüge]
> **Schaupensteiner, Wolfgang** Grundzüge innerbetrieblicher und konzertierter Compliance-Management Systeme, In: V., Deggendorfer Forum zur digitalen Datenanalyse e. (Hrg.) Compliance- und Risikomanagement. Berlin: Erich Schmidt Verlag. 2011

Schechner [Gewissen]
> **Schechner, Erich** Gewissenslose Unternehmen, auf: no:os, 2007, 15, Verfügbar unter: http://www.abile.org/documents/noos/NOOS_15_GEWISSEN.pdf, letzter Abruf am: 20.11.2013

Schefold [Risikoanalyse]
> **Schefold, Christian Dr.** Risikoanalyse im Sinne IDW PS 980, ZFRC, 2012 209–213.

Schemmel/Minkoff [Wirtschaftsstrafrecht]
   Schemmel, Alexander / Minkoff, Andreas Die Bedeutung des Wirtschaftsstrafrechts für Compliance Management Systeme und Prüfungen nach IDW PS 980, CCZ, 2012 49–54.
Scherer [Good Governance]
   Scherer, Josef Prof. Dr. Good Governance und ganzheitliches strategisches und operatives Management: Die Anreicherung des „unternehmerischen Bauchgefühls" mit Risiko-, Chancen- und Compliancemanagement, CCZ, 2012, 6 201–211.
Scherer [Managerrisikokoffer]
   Scherer, Josef Prof. Dr. Der Managerrisikokoffer – Nachhaltig Mehrwert schaffen und Haftung reduzieren durch Risiko-, Chancen- und Compliancemanagement, In: Behringer, Stephan Prof. Dr. (Hrg.) Compliance Kompakt. Berlin: Erich Schmidt Verlag. 2013b
Schmalenbach Gesellschaft [Compliance]
   Arbeitskreis Externe und Interne Überwachung der Unternehmung der Schmalenbach-Gesellschaft für Betriebswirtschaft e.V. (AKEIÜ) Compliance: 10 Thesen für die Unternehmenspraxis, DB, 2010, 27/28 1509-1518.
Schmalenbach-Gesellschaft [Aktuelle Herausforderungen]
   Arbeitskreis Externe und Interne Überwachung der Unternehmung der Schmalenbach-Gesellschaft für Betriebswirtschaft e.V. (AKEIÜ) Aktuelle Herausforderungen im Risikomanagement – Innovationen undLeitlinien, DB, 2010, 23 1245–1253.
Schmalenbach-Gesellschaft [Best Practice]
   Arbeitskreis Externe und Interne Überwachung der Unternehmung der Schmalenbach-Gesellschaft für Betriebswirtschaft e.V. (AKEIÜ) Überwachung der Wirksamkeit des internen Kontrollsystems und des Risikomanagementsystems durch den Prüfungsausschuss – Best Practice, DB, 2011, 38 2101–2105.
Schmidt [Organisation]
   Schmidt, Götz Methode und Techniken der Organisation, Springer, 2000
Schmit-Husson [Delegationspflichten]
   Schmitt-Husson, Franck G. Dr. § 7. Delegation von Organpflichten, In: Hauschka, Christoph E. (Hrg.) Corporate Compliance: Handbuch der Haftungsvermeidung im Unternehmen. München: C.H. Beck. 2010
Schneider [Compliance]
   Schneider, Uwe H. Prof. Dr. jur. Compliance als Aufgabe der Unternehmensleitung, ZIP Zeitschrift für Wirtschaftsrecht, 15/2003, 2003 645–651.
Schneider [Investigative Maßnahmen]
   Schneider, Uwe H. Prof. Dr. jur. Investigative Maßnahmen und Informationsweitergabe im konzernfreien Unternehmen und im Konzern, NZG, 2010, 31 1201–1207.
Schneider [Überwachung]
   Schneider, Uwe H. Prof. Dr. jur. Überwachung der Mitglieder des geschäftsführenden Organs durch den Compliance-Beauftragten?, BB, 2013, 48 I.
Schulte [Organisation]
   Schulte-Zurhausen, Manfred Organisation, München, Vahlen, 2010
Schwung [Syndicus]
   Schwung, Siegfried Dr. Corporate Governance/Compliance und der Syndikusanwalt, Anwaltsblatt, 2007 14–17.

Seidman [How]
: **Seidman, Dov** HOW: Why HOW we do anything means everything, Hoboken, New Jersey, John Wiley & Sons, Inc., 2011

Shannon [Communication]
: **Shannon, Claude Elwood** A Mathematical Theory of Communication, auf: Reprinted with corrections from The Bell System Technical Journal, Vol. 27, pp. 379–423, 623–656, July, October, 1948., Verfügbar unter: http://cm.bell-labs.com/cm/ms/what/shannonday/shannon1948.pdf, letzter Abruf am: 15.11.2013

Siebert [Bildungsarbeit]
: **Siebert, Horst Prof. Dr.** Methoden für die Bildungsarbeit, Bielefeld, W. Bertelsmann Verlag, 2008

Sieg/Zeidler [BJR]
: **Sieg, Oliver Dr. / Zeidler, Simon-Alexander Dr.** § 3. Business Judgment Rule, In: Hauschka, Christoph E. (Hrg.) Corporate Compliance: Handbuch der Haftungsvermeidung in Unternehmen. München: C.H. Beck. 2010

Simon [Organisationstheorie]
: **Simon, Fritz B. Prof. Dr.** Einführung in die systemische Organisationstheorie, Heidelberg, Carl-Auer Verlag, 2013

Simons [Levers]
: **Simons, Robert** Levers of Control, Boston, Harvard Business School Press, 1995

Sjurts [Kontrolle]
: **Sjurts, Insa** Kontrolle, Controlling und Unternehmensführung: Theoretische Grundlagen und Problemlösungen für das operative und strategische Management, Wiesbaden, 1995

Spindler [Unternehmensorganisation]
: **Spindler, Gerald Prof. Dr.** Unternehmensorganisationspflichten Zivilrechtliche und öffentlich-rechtliche Regelungskonzepte [eBook], Göttingen, Universitätsverlag Göttingen. 2011

Steinmeyer/Späth [Grundlagen]
: **Steinmeyer, Roland Dr. / Späth, Patrick** Rechtliche Grundlagen und Rahmenbedingungen, In: Wieland, Josef Prof. Dr. habil/ Steinmeyer, Roland Dr. / Grüninger, Stephan Prof. Dr. (Hrg.) Handbuch Compliance-Management. Berlin: Erich Schmidt Verlag. 2010

Steßl [Compliance]
: **Steßl, Antonia** Effektives Compliance Management in Unternehmen [eBook], Springer DE. 2012

Stiglbauer [Corporate Governance]
: **Stiglbauer, Markus Dr.** Corporate Governance: Führung und Kontrolle im Insider System, Ventus Publishing ApS, 2010

Strohmeier [Ganzheitliches Risikomanagement]
: **Strohmeier, Georg** Ganzheitliches Risikomanagement in Industriebetrieben, In: Bauer, Ulrich/ Biedermann, Hubert / Wohinz, Josef W. (Hrg.) Techno-ökonomische Forschung und Praxis, Wiesbaden, Deutscher Universitäts Verlag, 2007

Sylvia [Reactance]
: **Sylvia, Paul J.** Deflecting reactance: The role of similarity in increasing compliance and reducing resistance, Basic and Applied Social Psychology, 27/2005, 2005, 277–284.

Tagesspiegel [Bauer Verlag]
    Alvarez, Sonja Bauer-Verlag stellt Magazin „Der Landser" ein, Der Tagesspiegel, 2013, 14.9.
Taleb [Black Swan]
    Taleb, Nassim Nicholas The Black Swan: the impact oft he highly impossible 2nd edition [eBook], New York, Random House. 2007; 2010
Thielemann [Integrity]
    Thielemann, Ulrich Compliance und Integrity–Zwei Seiten ethisch integrierter Unternehmenssteuerung, ZFWU, 6, 2005 31–45.
ThyssenKrupp [CMS Beschrteibung]
    ThyssenKrupp Beschreibung des Compliance Management Systems des ThyssenKrupp Konzerns, 2011
TI [CPI]
    Transparency International Corruption Perception Index 2013 [Online], Verfügbar unter: http://www.transparency.de/Tabellarisches-Ranking.2400.0.html, letzter Abruf am: 12.01.2013
Tödtmann [Anzeigepflichten]
    Tödtmann, Ulrich Whistleblowing: Anzeigepflichten als Compliance-Bestandteil bergen erhebliche Risiken, BB, 67, 2012 I.
Transparency [Principles]
    Transparency International Business Principles for Countering Bribery, *In*: Transparency International (Hrg.) Berlin, Transparency, 2009
United States Code [FCPA]
    The Foreign Corrupt Practices Act 1998
    http://www.justice.gov/criminal/fraud/fcpa/docs/fcpa-english.pdf
United States Court of Appeal [UNITED STATES v. BOOKER]
    United States Supreme Court, UNITED STATES v. BOOKER; 12.01.2005,Verfügbar unter: http://laws.findlaw.com/us/000/04-104.html.2005, letzter Abruf am: 01.07.2010
USSC [Guidelines Manual]
    USSC – United States Sentencing Commission USSC Guidelines Manual [Online], Verfügbar unter: http://www.ussc.gov/Guidelines/2012_Guidelines/Manual_PDF/index.cfm, letzter Abruf am: 10.08.2013
VEEK [Leitbild]
    Versammlung Eines Ehrbaren Kaufmanns zu Hamburg e.V. Leitbild des Ehrbaren Kaufmanns [Online], Verfügbar unter: http://www.veek-hamburg.de/wp-content/uploads/2011/07/VEEK-dtsch_2011.pdf, letzter Abruf am: 14.01.2014
Vester [Kunst vernetzt zu denken]
    Vester, Frederic Die Kunst vernetzt zu denken, München, Deutscher Taschenbuch Verlag, 2008
Vetter [Compliance]
    Vetter, Eberhard Compliance in der Unternehmerpraxis, In: Wecker, Gregor / van Laak, Hendrik (Hrg.) Compliance in der Unternehmerpraxis. Wiesbaden. 2008
Vogt [Labour Compliance]
    Vogt, Volker Labour Compliance and Investigations, In: Behringer, Stephan Prof. Dr. (Hrg.) Compliance Kompakt. Berlin: Erich Schmidt Verlag. 2013

Vona [Fraud Risk]
: **Vona, Leonard W.** Fraud risk assessment: building a fraud audit program [eBook], Hoboken, NJ, J. Wiley & Sons. 2008

Waldzus/Behringer [Verhaltenskodex]
: **Waldzus, Dagmar / Behringer, Stefan Prof. Dr.** Best Practice bei der Einführung eines Verhaltenskodex, In: Behringer, Stefan Prof. Dr. (Hrg.) Compliance Kompakt. 3. Auflage Berlin: Erich Schmidt Verlag. 2013

Wecker/Galla [Compliance Organisation]
: **Wecker, Gregor / Galla, S.** Aufbau einer Compliance Organisation als Pflicht der Geschäftsleitung, In: Wecker, Gregor / Laak, H. van (Hrg.) Compliance in der Unternehmerpraxis. 2. Aufl. Wiesbaden: Gabler. 2009

Weltbank [Siemens]
: **Weltbank** Press Release 2010/182/EXT [Online], Verfügbar unter: http://www.veek-hamburg.de/wp-content/uploads/2011/07/VEEK-dtsch_2011.pdf, letzter Abruf am: 12.01.2014

Wieland/Grüninger [Grundsätze], 2010
: **Wieland, Josef Prof. Dr. habil / Grüninger, Stephan Prof. Dr.** Die 10 Bausteine des Compliance Management:, In: Wieland, Josef Prof. Dr. habil/ Steinmeyer, Roland Dr. / Grüninger, Stephan Prof. Dr. (Hrg.) Handbuch Compliance-Management. Berlin: Erich Schmidt Verlag. 2010

Wilderom/Van den Berg [Leadership-Culture-Performance]
: **Wilderom, Celeste P.M. / Van den Berg, Peter T.** A Test of the Leadership-Culture-Performance Model within a large Durch Financial Organization, Discussion Paper, 1998

Wisskirchen/Glaser [Untersuchungen]
: **Wisskirchen, Gerling Dr. / Glaser, Julia** Unternehmensinterne Untersuchungen – Eine praktische Anleitung, DB, 2011, 24 1392–1395.

Withus [BilMoG]
: **Withus, Karl-Heinz** Neue Anforderungen nach BilMoG zur Beschreibung der wesentlichen Merkmale des Internen Kontroll-und Risikomanagementsystems im Lagebericht kapitalmarktorientierter Unternehmen, KoR IFRS, 7-8/2009, 2009 440–451.

Withus [Genormtes Risiko]
: **Withus, Karl-Heinz** Genormtes Risikomanagement: die neue ISO Norm 31000 zu Grundsätzen und Richtlinien für Risikomanagement, Zeitschrift für Risk Fraud Compliance, 2010 172–178.

Withus [Ongoing Monitoring]
: **Withus, Karl-Heinz** Überwachung der Wirksamkeit von Internen Kontroll- und Risikomanagementsystemen: Effizienzgewinne durch „Ongoing monitoring", ZIR, 6/2009, 2009 262–268.

Withus [Risikobericht]
: **Withus, Karl-Heinz** B. 5 Prognose-, Chancen- und Risikobericht, In: Müller, Stefan/ Stute, Andreas / Withus, Karl-Heinz (Hrg.) Handbuch Lagebericht Kommentar von § 289 und § 315 HGB, DRS 20 und IFRS Management Commentary. Berlin: Erich Schmidt Verlag. 2013a

Withus [Überwachung]
: **Withus, Karl-Heinz** Überwachung und Verbesserung von CMS, In: KPMG AG (Hrg.) Das wirksame Compliance Management System. Herne: NWB Verlagsgesellschaft. 2013b

Withus [Unterlassen]
> **Withus, Karl-Heinz** Strafbare Handlungen durch Unterlassen: Gefahren für Aufsichtsräte und Compliance-Verantwortliche; betriebswirtschaftliche Anmerkungen zum BGH-Urteil vom 17.7.2009, ZCG, 2/2010, 2010 71–77.

Withus [US Sentencing]
> **Withus, Karl-Heinz** Bedeutung der geänderten Compliance Anforderungen der US Sentencing Guidelines für deutsche Unternehmen, CCZ, 2011.

Withus [Wirksamkeitsüberwachung]
> **Withus, Karl-Heinz** Zur Umsetzung der HGB-Modernisierung durch das BilMoG: Wirksamkeitsüberwachung interner Kontroll- und Risikomanagementsysteme durch Aufsichtsorgane kapitalmarktorientierter Gesellschaften, DB, 23, 2009 82–90.

Wybitul [Compliance-Richtlinien]
> **Wybitul, Tim** „Vorgesetzte müssen Compliance-Richtlinien konsequent und ausnahmslos umsetzen", BB, 2013, 14 831.

Wybitul [Strafbarkeitsrisiken]
> **Wybitul, Tim** Strafbarkeitsrisiken für Compliance-Verantwortliche, BB, 2009, 2009 2590–2593.

Zak [Trust]
> **Zak, Paul** Trust, Capco Institute Journal of Financial Transformation, 2003 13–21.

Zeit-Online [17.3.2011]
> **Zeit-Online** Atomkonzerne prüfen Klagen gegen Meiler-Aus, 2011, 22.11., Verfügbar unter: http://www.zeit.de/wirtschaft/2011-03/akw-laufzeit-atomkonzerne-schadensersatz, letzter Abruf am: 12.01.2014

6.6. Stichwortverzeichnis

A

Abteilung 4, 29, 31, 33, 42, 79, 90, 134, 136, 139, 141, 142, 146, 147, 148, 170, 178, 186, 188, 196, 198, 203, 205, 212, 221, 223
AktG
  § 107 204
  § 91 .... 39, 78, 219
  § 93 .... 17, 27, 58, 59
Akzeptanz 21, 57, 59, 64, 71, 82, 108, 128, 137, 143, 152, 160, 164, 167, 173, 174, 219, 222, 223, 230
ASAE 3100 65

B

Beurteilungsspielraum 59
BJR ....*Siehe* Business Judgment Rule
Business Judgment Rule 27, 58, 59, 93, 116, 180, 219
Business Principles for Countering Bribery 70

C

CCO .... *Siehe* Chief Compliance Officer
Chief Compliance Officer......... 96, 139, 141, 142, 196, 198, 203, 205, 224
CMS................3, 11, 13, 22, **29, 34**, 46, 48, 229
CMS-Richtlinien.. 154–60
Code of Conduct..............*Siehe* Verhaltenskodex
Code of Ethics ....*Siehe* Verhaltenskodex
Compliance
  Kommunikation160, **176–95**, 236, *Siehe* auch: Kommunikation
  Kultur 82, 91, **95**, 111, 145, 147, 154, 155, 159, 160, 165, 168, 169, 172, 173, 185, 189, **209**, 219, 222, 225, 232
  Organisation 29, 33, 136, 137, 141, 144, **132–49**, 221, 234
  Programm 80, 91, 100, 103, 109, 112, 115, 124, 129, 137, 160, **150–76**, 177, 182, 192, 200, 201, 203, 208, 221, 222, 224, 235
  Risiken.. **114–32**, 233
  Überwachung.....164, 168, 172, **195–214**, 238, *Siehe* auch Überwachung
  Ziele **76–95**, 145, 154, 231, **76–95**
Compliance-Abteilung.................*Siehe* Abteilung
Compliance-Verstoß ....Siehe Verstoß
Compliance-Viereck................... 122, 123, 220
Control *Siehe* Interne Kontrolle: Control (Begriff)
COSO 4, 34, **35**, 43, 62
  ERM 36, **43, 54**, 65, 70, 71, 77, 95, 115, 151, 177, 195, 230
  Internal Control 36, 62, 71, 95, 115
  Rahmenwerk.. 76

D

Datenschutz................ 25, 77, 137, 164, 167, 173
DCGK ....*Siehe* Goverance: DCGK
detektiv 60, 112, 151, 152, 153, 169, 170, 199, 200, 202, 222, 223, 224
Detektivische Maßnahme........................**163–68**
DRS 20..40

E

ehrbarer Kaufmann 25
Enterprise Risk Management......36, *Siehe* COSO: ERM
Ermessen...... 22, 24, 58, 116, 142, 143, 144, 157, 169, 203, 221, 222, 234
Ermessensfreiraum................ 59, 71, 143, 144, 155, 156, 161

F

Fraud-Triangle .. **99**, 101, 105, 109, 122, 123, 220

G

gehörige Aufsicht........ 3, 20, 23, 93, 94, 100, 136, 147, 187, 231
Governance 11, 14, 34, 46, 47, 66, 217, 218
  DCGK 12, 14
Grauer Schwan................................ 124, 130, 221

H

Haftung 22, 23, 76, 78, 85, 93, 148, 180, 181

I

Identifikation....................*Siehe* Risiko:Erkennen
IDW
  PS 261 .... 37, 40, 41
  PS 340 .... 40, 66
  PS 980............. 4, 65, **75**, 76, 81, 95, 115, 133, 134, 151, 177, 195, 198, 208, 218, 219, 221, 223, 225
IKS .... *Siehe* Interne Kontrolle: Internes Kontrollsystem
Information 60, 70, 116
Internal Control ..*Siehe* Interne Kontrolle: Internal Control
Interne Kontrolle
  Control (Begriff).. 36
  Internal Control............. 34, 35, 38, 43, 44, 46
  Internes Kontrollsystem.................**37**, 53, 76
  Kontrolle (Begriff).. 36
Interne Überwachung.................................. 40, 45
Internes Lenkungssystem....................................38
Internes Überwachungssystem........................38
ISO-Norm 63

K

Kartell 19, 77, 118, 165, 168, 208
Kommunikation .... 11, 37, 56, 60, 61, 63, 70, 108, 154, 155, 162, 165, 173, 202, 209, 219, 223, *Siehe* auch: Compliance: Kommunikation
Kompetenz.. 68, 95, 108, 140, 143, 162, 204, 209, 221, 222
Kontrolle .... *Siehe* Interne Kontrolle: Kontrolle (Begriff)
Korruption 56, 70, 77, 84, 91, 101, 103, 104, 107, 110, 130, 143, 145, 154, 156, 160, 166
Kosten-Nutzen 58, 86

N

Nachteil 102, 103, 193
Norm 22, 24, 54, 58, 63, 85, 89, 91, 92, 93, 95, 101, 102, 103, 104, 106, 109, 110, 113, 118, 126, 137, 151, 153, 159, 173, 183, 185, 200, 210, 219, 222, 226, 232

O

Objektivität **142**, 148, 197, 221
Ordnungswidrigkeit .... *Siehe* OWiG
Organisation .. 4, 16, 17, 18, 22, 24, 25, 27, 28, 29, 39, 54, 57, 61, 77, 82, 95, 98, 102, 108, 116, **133**, *Siehe* auch: Compliance:Organisation
OWiG 20, 23
  § 130 .. 20, 22, 23, 59, 78, 80, 88, 93, 100, 136, 148, 164, 186, 197, 218
  § 30 .... 20, 78

P

präventiv 60, 111, 151, 152, 153, 159, 160, 164, 165, 168, 169, 170, 187, 199, 222, 223
Präventive Maßnahme **160–63**

R

Rahmenwerk 5, 12, 35, 37, 43, **53**, 62, 66, 67, 71, 137, 229
  COSO .... *Siehe* : COSO: Rahmenwerk
Reaktion .... *Siehe* Verstoß: Reaktion bzw. Risiko:Reaktion
Reputation 13, 15, 18, 21, 25, 27, 55, 78, 87, 89, 126, 217
Ressourcen 68, 134, **147**, 148, 162, 196, 204, 206, 207, 221
Richtlinie .... 32, 53, 66, 67, 68, 151, 153, 154, 155, 156, 157, 158, 159, 160, 172, 181, 199, 200, 201, 202, 209, 210, 222, 224, 225, 229, *Siehe* auch CMS-Richtlinien
Risiko 69, 78, 80, 87, 92, 109, **114**, 119, 142, 161, 163, 185, 188, 194, 202, 207, 220
  Akzeptanz .... *Siehe* Akzeptanz
  Begrenzung 60, 64, 87, 128, **129**
  Bewerten/Bewertung 37, 39, 57, 58, 62, 64, 65, 108, 121, **124–28**, 182, 184
  Cluster 127, 128, 130, 131
  Erkennen 39, 57, 64, 114, 116, 119, 121, 124, 129, 134, 137
  Früherkennung 12, 39, 40, 43, 45, 66
  Minderung 3, 60, 86, 87
  Neigung 45, 54, 56, 58, 64, 81
  Reaktion 36, 45, 57, 58, 59, 60, 64, 114, 115, 124, 127, 128, 129, 131, 150, 153, 163, 184, 212, 221, 222
  Regelungsrahmen 119, 120, 136, 154, 181, 182, 183, 199, 220
  Regelungsverstoß 119, 120, 121, 126, 182, 220
Risikomanagement ... 4, 11, 34, **39**, 41, 43, 46, 53, **54**, 56, 62, 63, 66, 71, 76, 88, 114, 120, 122, 134, 139, 196, 204, 217
  Teilung 60, 64
  Toleranz 54, 56, 57, 59
  Überwälzung **129**
  Vermeidung 60, 64
Risikofrüherkennungssystem .... *Siehe* Risiko: Früherkennung
Risk Appetite .... *Siehe* Risiko:Neigung
Risk Tolerance .... *Siehe* Risiko:Toleranz
Risk-Response-Matrix 129, 153, 175, 222
RMS .... *Siehe* Risikomanagement

S

Sanktion 16, 21, 25, 38, 61, 68, 78, 84, 87, 101, 102, 103, 104, 110, 111, 126, 151, 153, 158, 159, 164, 169, 172, 173, 174, 189, 201, 217, 219, 220, 223
Schaden 27, 79, 87, 90, 126, 128, 130, 217
Schadenserwartungswert **126**, 221
Schulung 68, 87, 110, 112, 119, 120, 121, 153, 155, 160, 162, 163, 165, 173, 180, 184, **187–90**, 191, 201, 203, 220, 223, 224
Schwarzer Schwan 124, 221
Spezialisten 120, 142, 225
StGB
  § 13 23
  § 73 19
Studie 6, 7, 17, 33, 42, 44, 53, 77, 85, 87, 91, 92, 93, 98, 100, 104, 108, 109, 110, 111, 115, 124, 125, 166, 190, 192

T

Transparency International (TI) 70

U

Überwachung ... 12, 34, 35, 36, 37, 38, 45, 47, 60, 61, 62, 63, 64, 69, 81, 96, 104, 112, 116, 120, 129, 139, 146, 147, 149, 151, 162, 164, 165, 186, *Siehe* auch: Compliance:Überwachung
Unabhängigkeit 96, **144**, 148, 162, 195, 196, 198, 221, 222
Unternehmenskultur 54, 91, **96**, 97, 98, 104, **106**, 108, 111, 112, 126, 166, 168, 209, 210, 219, 222, 223, 226

Unternehmensziel ...28, 36, 43, 55, 63, 82, 94, 96, 209, 217
Untersuchung...165, 169, **170**, 172, 196, 202, 223
US Sentencing Guidelines 67, 146

V

Verhaltenskodex 55, 71, 101, 154, 155, 157, 160, 210
Verstoß 85, 100, 110, 114, 116, 121, 130, 151, 154, 156, 158, 161, 169, 170, 172, 190, 196, 200, 201, 202, 220
  Reaktion.......96, 110, 111, 134, 137, 151, 153, 168, 202, 203, 220, 222, 223
Vorbild..................................55, 98, 109, 125, 219
Vorteil 79, 100, 102, 103, 111, 113, 126, 190, 210

W

Werte 81, 82, 83, 84, 92, 94, 98, 101, 104, 106, 107, 108, 113, 154, 179, 183, 185, 186, 194, 210, 219, 220, 222, 231, 232, 233, 235, 236

Wirtschaftskriminalität 79, 87, 124, 166
Wissen............ 116, 127, 140, 156, 180, 181, 183, 184, 185, 186, 187, 188, 189, 223, 224
Wissensmanagement.. 180
Wissenszurechnung.. 116

Z

Zero-Tolerance.. 57, **109**, 169, 172, 174, 202, 220
Zwischenfazit
  Compliance-Kommunikation.................... 194
  Compliance-Kultur 113
  Compliance-Organisation 149
  Compliance-Programm............................. 174
  Compliance-Risiken 131
  Compliance-Überwachung 213
  Compliance-Ziele 94
  Rahmenwerke 71
  Thematik ,Compliance' 48